中华泰山文库·著述书系

泰山风景名胜区管理委员会　编

古老的泰山
泰山游览指南
东岳神府岱庙

李继生　编著

山东人民出版社·济南

图书在版编目（CIP）数据

古老的泰山　泰山游览指南　东岳神府岱庙/李继生编著.--济南：山东人民出版社，2019.3
（中华泰山文库·著述书系）
ISBN 978-7-209-10933-8

Ⅰ.①古…　Ⅱ.①李…　Ⅲ.①泰山-旅游指南　Ⅳ.①K928.3

中国版本图书馆CIP数据核字（2018）第284209号

项目统筹　胡长青
责任编辑　李　涛
装帧设计　武　斌　王园园
项目完成　文化艺术编辑室

古老的泰山　泰山游览指南　东岳神府岱庙
GULAO DE TAISHAN　TAISHAN YOULAN ZHINAN　DONGYUE SHENFU DAIMIAO
李继生　编著

主管部门　山东出版传媒股份有限公司
出版发行　山东人民出版社
出 版 人　胡长青
社　　址　济南市英雄山路165号
邮　　编　250002
电　　话　总编室（0531）82098914
　　　　　市场部（0531）82098027
网　　址　http://www.sd-book.com.cn
印　　装　山东新华印务有限责任公司
经　　销　新华书店

规　　格　16开（210mm×285mm）
印　　张　19.5
字　　数　320千字
版　　次　2019年3月第1版
印　　次　2019年3月第1次
印　　数　1-1000
ISBN 978-7-209-10933-8
定　　价　220.00元

《中华泰山文库》编委会

岱庙坊

宋“宣和碑”

东御座正殿

天贶殿壁画

泰山神

岱庙天贶殿

东碑廊碑刻

秦刻石

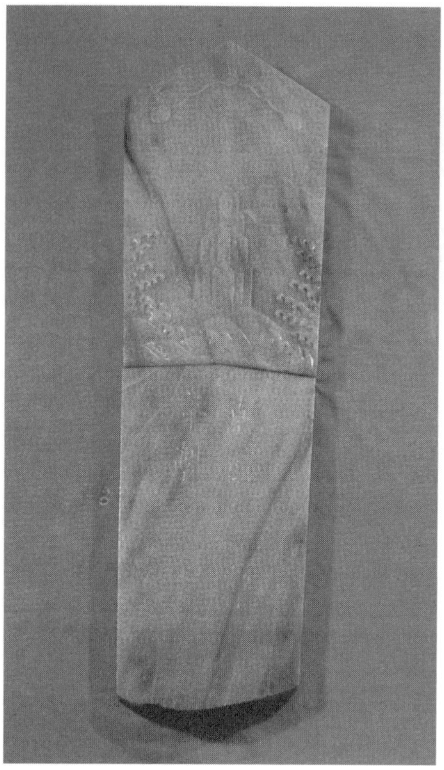

温凉玉

沉香狮子

泰山七珍（五件）

孔子登临处

红门

经石峪

五大夫松、飞来石

“五岳独尊”刻石

中天门

碧霞祠

泰山缆车

仙桃石

南天门

碧霞祠香亭与铜碑

玉皇顶

大观峰

瞻鲁台

探海石

仙人桥

天烛峰

泰山云海

云桥瀑布

灵岩寺辟支塔

灵岩寺墓塔林

灵岩寺彩塑

立岱宗之弘毅

——序《中华泰山文库》

一生中能与泰山结缘，是我的幸福。

泰山在中国人民生活中有着广泛而深远的影响，人们常说“重于泰山”“泰山北斗”“有眼不识泰山”……在中国人心目中，泰山几乎是“伟大”“崇高”的同义语。秉持泰山文化，传承泰山文化，简而言之，主要就是学做人，以德树人，以仁化人，归于“天人合德”的崇高境界。

自1979年到现在，我先后登临岱顶46次，涵盖自己中年到老年的生命进程。在这漫长岁月里，纵情山水之间，求索天人之际，以泰山为师，仰之弥高，探之弥深。从泰山文化的博大精深中，感悟到“生有涯，学泰山无涯”。

我学习泰山文化，经历了一个由美学考察到哲学探索的过程。美学考察是其开端。记得在20世纪80年代，为给泰山申报世界文化与自然遗产做准备，许多专家学者对泰山的文化与自然价值进行了考察评价。当时，北京大学有部分专家教授包括我在内参加了这一工作。按分工，我研究泰山的美学价值，撰写了《泰山美学考察》一文，对泰山的壮美——阳刚之美的自然特征、精神内涵以及对审美主体的重要作用，有了较深的体悟。除了理论上的探索，我还创作了三十多首有关泰山的诗作，如《泰山颂》：

高而可登，雄而可亲。
松石为骨，清泉为心。
呼吸宇宙，吐纳风云。
海天之怀，华夏之魂。

这是我对泰山的基本感受和认识。这首诗先后刻在了泰山的朝阳洞与天外村。

我认为泰山的最大魅力在于激发人的生命活力。我对泰山文化的学习，开端于美学，深化在哲学。两者往往交融在一起。在攀登泰山时，既有审美的享受，又有哲学的启迪（泰山自然景观和人文景观的结合，体现了一种天人合一的艺术境界）。对泰山的审美离不开形象、直觉，哲学的探索则比较抽象。哲学关乎世界观，在文化体系中处于核心地位，对人的精神影响更为深沉而持久。有朋友问我：能否用一个词来概括泰山对自己的最深刻的影响？我回答：这个词应该是生命的“生”。可以说，泰山文化是以生命为中心的天人之学，其内涵非常丰富，可谓中国文化史的一个缩影。泰山文化包容儒释道，但起主导作用的是儒家文化，与孔子思想有千丝万缕的联系。《周易·系辞下》中讲“天地之大德曰生”，天地生育万物，既不图回报，也不居功，广大无私，包容万物，这是一种大德。天生人，人就应当秉承这种德行，对于人的生命来说，德是其灵魂。品德体现了如何做人。品德可以决定一个人的人生方向、道路乃至生命质量。人的价值和意义离开德便无从谈起。蔡元培先生讲：“德育实为完全人格之本，若无德，则虽体魄智力发达，适足助其为恶，无益也。”

“天行健，君子以自强不息；地势坤，君子以厚德载物。”这两句话深刻地体现了“天人合德”的思想。学习泰山文化要与时代精神相结合。泰山文化中“生”的精神对我影响很大，近四十年，我好像上了一次人生大学，感到生生不已，日新又新，这种精神感召自己奋斗、攀登，为人民事业做奉献。虽然我已经97岁，但生活仍然过得充实愉快，是泰山给了我新的生命。

泰山文化是中华民族优秀传统文化的主要象征之一，是我们民族文化的瑰宝。在这方面，历史为我们留下了浩瀚的资料，亟待整理。挖掘、整理泰山文化，是推动中华优秀文化遗产的创造性转化、创新性发展的迫切需要。

日前，泰山风景名胜区管理委员会的同志来舍下，告知他们正在编纂《中华泰山文库》。丛书分为古籍、著述、外文及口述影像四大书系，拟定120卷本，洋洋五千万言，计划三到五年完成。我听了非常振奋！这是关乎泰山文化的一件大事，惠及当今，功在后世，是一项了不起的文化工程。我对泰山风景名胜区管理委员会领导同志的文化眼光、文化自觉、文化胆识和文化担当，表示由衷钦佩；对丛书的编纂，表示赞成。我认为，编纂《中华泰山文库》丛书，将其作为一个新的文化平台，重要意义在于：

首先，对于泰山文化的集成，善莫大焉。关于泰山的文献，正所谓“经典沉深，载籍浩瀚”（刘勰《文心雕龙》）。从大汶口文化时期的象形符号，到文字记载的《诗经》，再到二十五史，直至今天，在各个历史阶段都不曾缺项。一座山留下如此完整、系统、海量的资料，这是任何山岳都无法与其比肩的，在世界范围内也具有唯一性。《中华泰山文库》的编纂，进一步开拓了泰山文化的深度和广度，对于古今中外泰山文化资料及研究成果的发掘、整理、集成、保存，都具有无与伦比的综合性、优越性和权威性，可谓集之大成；同时，作为文化平台，其建设有利于文化资源和遗产共享。

其次，对于泰山文化的研究，善莫大焉。文献资料是知识的积累，是前人智慧的结晶，是文化、文明的成果。任何研究离开资料，都是无米之炊。任何研究成果都是建立在资料的基础上。同时，每当新的资料出现，都会给研究带来质的变化。《中华泰山文库》囊括了典籍志书、学术著述、外文译著、口述影像多个门类，一方面为学术研究提供了所必需的文献资料，大大方便了研究者的工作；另一方面，宏富的文献资料便于研究者海选、检索、取舍、勘校，将其应用于研究，以利于更好地去伪存真、去粗取精，提高研究效率和研究质量。

再次，对于泰山文化的创新，善莫大焉。文化唯有创新，才会具有更强大的生命力。所以说，文化创新工作永远在路上。新时代泰山文化的创新，质言之，泰山文化如何引领新时代的精神文明，服务于新时代的精神文明建设，是一个重大课题。就其创新而言，《中华泰山文库》丛书的编纂本身就是一种立意高远的文化创新。它有目的、有计划、有系统地广泛征集、融汇泰山文献资料，集腋成裘，聚沙成塔，夯实了泰山文化的基础，成为泰山文化创新的里程碑。另外，外文书籍的编纂，开阔了泰山走向世界、世界了解泰山的窗口，对于泰山更好地走向世界、融入世界，具有重要的现实意义。而口述泰山的编纂，则是首开先河，把音频、影像等鲜活的泰山文化资料呈现给世人。《中华泰山文库》的富藏，为深入研究泰山的文化自然遗产，提供了坚实的物质保障。

最后，对于泰山文化的传承，善莫大焉。从文化的视角着眼，随着经济社会的发展变革，亟须深化对优秀传统文化重要性的认识，以进一步增强文化自觉和文化自信；通过深入挖掘优秀传统文化价值内涵，进一步激发其生机与活力；着力构建优秀传统文化传承发展体系，使人民群众得到深厚的文化滋养，不断提高文化素养，以增强文化软实力。毋庸讳言，《中华泰山文库》负载的正是这样一个优秀传统文化传承发展体系。如上所述，集成、研究、创新的最终目的，就是为了增强泰山文化的生命力，祖祖辈辈传承下去，延续、共享这一人类文明的文化成果。这是一个民族兴旺发达的源泉所在。《中华泰山文库》定会秉承本初，薪火相传，继往开来。

更为可喜的是，泰山自然学科资料的整理和研究，也是《中华泰山文库》的重要组成部分，无论是地质的还是动植物的，同样是珍贵的世界遗产。

中国共产党第十九次全国代表大会报告中指出：“文化自信是一个国家、一个民族发展中更基本、更深沉、更持久的力量。必须坚持马克思主义，牢固树立共产主义远大理想和中国特色社会主义共同理想，培育和践行社会主义核心价值观，不断增强意识形态领域主导权和话语权，推动中华优秀传统文化创造性转化、创新性发展，继承革命文化，发展社会主义先进文化，不忘本来、吸收外来、面向未来，更好构筑中国精神、中国价值、中国力量，为人民提供精神指引。”这是我们编纂《中华泰山文库》丛书工作的指南。

编纂《中华泰山文库》丛书是一项浩繁的文化系统工程，要充分考虑到它的难度、强度和长度。既要有气魄，又要有毅力；既要正视困难，又要增强信心。行百里者半于九十，知难而进，迎难而上，才能善始善终地完成这项工作。这也是我的一点要求和希望。

值此《中华泰山文库》即将付梓之际，泰山风景名胜区管理委员会的同志嘱我为之作序，却之不恭，写下了以上文字。我晚年的座右铭是：“品日月之光辉，悟天地之美德，立岱宗之弘毅，得荷花之尚洁。”所谓“弘毅”，曾子有曰：“士不可以不弘毅，任重而道远。仁以为己任，不亦重乎？死而后已，不亦远乎？”故而，名序为：立岱宗之弘毅。

楊辛
2018年7月

目　录

古老的泰山

泰山游览指南

东岳神府岱庙

附　录

古老的泰山

李继生　编著

序

1983年10月，在中国地方史志协会第一届第二次学术讨论会上，我结识了《泰山志》主笔李继生同志。他生长在泰山脚下，战争年代，为躲避敌机的狂轰滥炸，以山洞为藏身之所；少年时代常以攀登泰山为赏心乐事。近几年，为编纂《泰山志》，更是广稽文献，亲自考察，研究泰山日渐精深，掌握了大量翔实的资料与掌故，成为一位“泰山通”。此书就是他以深挚的感情、流畅的文笔一气呵成的。

《古老的泰山》分为六编，从泰山的形成和名称的来历谈起，详载由自然景观与人文景观融为一体的具有极高美学价值和独特风格的风景名胜，继而历述各朝封禅祀典及泰山宗教、泰山石刻、旅游事宜等，并介绍先秦时的泰山齐长城遗址等，是有关泰山历史和岱宗导游之书。

中国名山首推五岳，而泰山又是“五岳之尊”，它不仅是一座山岳公园旅游胜地，而且是一所天然的、历史的、艺术的博物馆，久为中外士媛所景仰。有志游览泰山者，得此书而读之，可增广历史知识，可导引览胜之助；曾游泰山者，得此书而读之，既可得到一些知识，又可加深过去游览印象，回味无穷。

我热爱祖国壮丽河山和灿烂的文化，也爱礼义之邦的山东，更爱雄伟壮丽、气势磅礴的泰山和劳动人民智慧的结晶——封禅祭祀系列建筑及园林化的宫殿寺庙建筑群。我从壮年至晚年，曾三次游历其山，登高四望，心旷神怡，大快心意，乐而忘返，有终焉之志；此情此境至今不时映现于梦寐之中。

我们伟大的祖国幅员辽阔，历史悠久，古迹名胜遍布。国人游览，受到深刻的爱国主义教育；外宾游览，可以增进对中国的了解，加深国际友谊。深望所有胜迹的地方，都能编刊这类科学性、资料性很强而又能雅俗共赏的读物，对于社会主义精神文明的建设，实在是一件极有意义的事情！

傅振伦

1986年3月惊蛰节于中国历史博物馆

前　言

我出生在泰山脚下，从刚记事起，祖母就把古老的泰山传说一股脑儿讲给我听：什么东岳大帝能上管天、下管地，能让人生、让人死；泰山老奶奶有求必应；泰山石敢当专门拿妖捉邪；泰山灵芝草使人长生不老……待我五六岁时，便要跟祖父爬泰山，这时一向慈祥的祖母却板起了面孔对我说："山上妖魔鬼怪多得很，它们专抓小孩的魂，人没了魂那还得了？！再说小孩子不懂山规，倘若冒犯了泰山奶奶，更是吃罪不起。"但不管祖母如何劝阻，我还是哭闹着要去。祖父拗不过我的犟劲，便带着我爬泰山，一次又一次，记不清多少次了。

可是登泰山并不那么自在，一上了盘道，祖父就紧紧地攥着我的手，一步不放，话说多了也不行，动辄训斥："小孩子价不准胡说，泰山奶奶要问罪的！"更令我不解的是每经过一座庙宇，祖父就硬拉我到那可怕而又可笑的神像面前作揖叩头。从此，泰山便在我幼小的心灵里树起了神圣而雄丽的形象。每次登山，使我流连忘返的是那青青的山、绿绿的水、高高的崖、深深的涧，它们给了我极大的快活。后来兵荒马乱，泰安战事不休，祖父又时常领我与村民一起进山避难：住岩洞、睡草窝、喝泉水、吃野果。飞机嗡嗡炮声隆隆，可小伙伴们不顾这些，像是进了保险柜似的，都活蹦乱跳地跑到深涧里摸蟹捉鱼。我们在泰山的庇护下渡过了难关。从此，泰山又像亲人一样使我感到亲切和自豪。依着泰山，似乎一切磨难都可战胜。我多么想把泰山打开，看个究竟，孩童的幻想，像种子一样埋在心里。

随着时光的流逝，泰山的传说启迪着我，泰山的风光陶冶着我。直到"三十而立"之后，在接触有关泰山典籍的过程中，我才开始有所认识。特别是近几年，我有幸参加了《泰山志》的编纂工作，在大量阅读历代泰山史志书籍和多次实地考察中，逐渐识其真面目。泰山之所以成为中外驰名的"五岳之宗"，不仅因其雄伟壮丽、风光旖旎，更重要的是悠久的历史和古老的文化。这里有寒武纪标准剖面地层，是国际寒武纪地层对比的重要依据；有上古周天子巡狩泰山、会盟诸侯的遗址——周明堂；有春秋战国时中国最早的兵事防线——泰山齐长城；有历代帝王封禅祭告故址——古登封台；有碑制最早的刻石——泰山秦刻石；有大字鼻祖刻文——经石峪《金刚经》；有天下洋洋大观之铭——唐玄宗《纪泰山铭》；有中国历代天然书法展览——泰山摩崖石刻；有中国古代三大宫殿式建筑之一——宋天贶殿；有道教壁画之最——《泰山神启跸回銮图》；有自唐代就号称“域中四绝”之首的古刹——灵岩寺；有在祠庙建筑中规格最高的东岳神府——岱庙；有海内第一名塑——灵岩寺罗汉彩塑；有清帝御赐镇山三宝——沉香狮子、温凉玉和黄瓷釉葫芦；还有那动人的传说、浩瀚的典故及琳琅满目的祭品供器等，筑成了古老文明的泰山。

此书征引古籍资料较多，涉及面又广，限于水平，不妥之处在所难免，祈望读者不吝赐教。在编撰过程中，曾受到中国历史博物馆馆长傅老和北京大学谢凝高、李志敏、杨辛、何绿萍等教授、专家及泰安市、泰山风景名胜区管理委员会诸领导同志的支持与帮助，谨此致谢。

作　者

1986年12月于北京

第一章
泰山概况

中国最早的诗歌总集《诗经》称赞："泰山岩岩，鲁邦所詹。"孟子说："孔子登泰山而小天下。"汉武帝登封泰山后称颂它："高矣、极矣、大矣、特矣、壮矣、赫矣、骇矣、惑矣。"泰山，以拔地通天之势雄峙于中国东方，以五岳独宗的盛名享誉于古今。它地处华北大平原的东侧，盘亘于山东省中部，总面积426平方公里。主峰在泰安市北，海拔1545米。泰山东临黄海，西襟黄河，雄伟壮丽，气势磅礴，风光旖旎。由于这得天独厚的地理位置和自然条件，古人便视其为华夏神山、天下大宗。

泰山属掀斜性断块山，峰峦嵯峨，溪谷纵横。地理纬度最南缘为北纬36°10′，最北缘为北纬36°42′，属暖温带季风性气候，日照充足，雨量充沛，四季变化分明。年平均气温9.5℃。年降雨量1000多毫米。这优越的气候条件形成了茂密的植被、众多的泉溪。叠翠的峰峦随着四季的更换而变幻无穷：每当东风送暖、大地回春、草木萌发、桃蕾初绽时，满谷芳香，春意盎然，泰山成了远足踏青的极乐世界。到了夏天，整个泰山成了绿色的海洋，那瞬息万变的气候，忽而阴云滚滚，忽而晴空万里，忽而狂飙大作，忽而大雨滂沱。正像《春秋公羊传》[①]所云："触石而出，肤寸[②]而合，不崇朝[③]而遍雨乎天下者，唯泰山尔。"徜徉那飞云叠瀑、群鸟争鸣中，如入仙境。这时的泰山，处处是避暑胜地。秋天，五角枫、菠萝树、野海棠等，在苍松翠柏中透出片片红叶，似锦

---

① 《春秋公羊传》：亦称《公羊传》或《公羊春秋》。儒家经典之一，专门阐释《春秋》。旧题战国时公羊高撰。初时仅为口传，汉初才成书，是研究战国、秦汉间儒家思想的重要资料。

② 肤寸：古代长度单位，一指为寸，一肤等于4寸。比喻极小的空间。

③ 崇朝：终朝，一个早晨。

绣绢织；山崖上的黄花菜、百合欢、野葡萄、南蛇藤等，金灿灿、红艳艳、果累累，大自然的赏赐使人感到生活的充实。而每当严冬到来之时，那银装素裹的泰山，又呈现一派壮丽的奇观：殿宇在阳光下放射出绚丽夺目的异彩，犹如龙宫洞府；树丛上结满了毛茸茸的冰挂，像一株株巨大的白珊瑚；那傲然挺立的松柏更显露出了泰山的风骨。唐代大诗人杜甫在著名的《望岳》诗中歌颂道："岱宗夫如何？齐鲁青未了。造化钟神秀，阴阳割昏晓。荡胸生层云，决眦[①]入归鸟。会当凌绝顶，一览众山小。"

泰山在中国古代"四岳"和"五岳"中都被尊称为"宗长"，西、北两侧的黄河和古济水均为古代四大名川。中国东方的自然景观：山以泰山最为雄伟，水以东海最为浩瀚。古人云："使黄河若带，泰山若厉。"泰山周围成了古文化的发源地之一。

大约在四五万年以前的旧石器时代，这里就有了人类的踪迹。1965年在泰山东部的沂源奥陶纪石灰岩中，发现了旧石器时代的洞穴遗址，采集到刮削器、石核等石器及哺乳动物化石。1966年又在泰山东南部新泰市乌珠台发现了一枚旧石器晚期的少女左下臼齿和哺乳动物化石。其特征比北京猿人下臼齿进步，故称"智人牙齿"。经鉴定，距今已有五万多年的历史。在新石器时代，约公元前4000年至公元前2000年，在泰山周围有了"大汶口文化"，继而又出现了"龙山文化"，展示了由母系氏族公社向父系氏族公社过渡及原始社会解体的整个过程。

中华人民共和国成立后，有人根据《山海经》中所论述的大山"昆仑墟"的地貌特点，推断泰山就是昆仑墟，所言怪物及鬼神便是泰山周围的原始部落——图腾氏族。进入阶级社会后，以龙蛇风鸟为图腾的氏族部落逐渐建立了夏商王朝。商朝的"相土之东都"就建在泰山之前，如今泰安市满庄一带尚有一段遗址。公元前11世纪之前的商王族，在氏族时代其图腾是一只燕子，素称"玄鸟"。《诗经》中有"天命玄鸟，降而生商"之说，故商朝人自称是燕子后裔。据传：有娀氏[②]有两个美丽的姑娘，姊妹俩在河中游泳时，忽见一只燕子飞来，遗留下一个燕子蛋，其中名叫简狄的姑娘就把蛋卵吞吃了，后

① 决眦：决，裂；眦，眼角。言张大眼睛，看到归鸟飞入窝巢。

② 有娀氏：古代氏族部落首领，后建有娀氏国。其故址在山西运城蒲州镇。

来怀了孕，生下了殷商的祖宗——契。

到西周分封诸侯时，周天子把周公长子伯禽分到泰山前，建立了鲁国；把贵戚姜太公分到泰山后，建立了齐国。春秋时，齐桓公在泰山会盟诸侯，成为东方霸主。随后泰山周围又建立了大小40多个古国，春秋后期遂被齐、鲁所并，齐国又在泰山山脉的南北分水岭上开始修筑长城，这就是有名的“齐长城”。此外，这里又是孔孟之乡、稷下[①]故里，所以称为“齐鲁文化之邦”，泰山就成了古文化的历史见证。

《博物志》[②]云：“泰山一曰天孙，言为天帝孙也。主召人魂魄，东方万物始成，知人生命之长短。”由此并演绎出很多传说，流行出不少奇异的习俗。《三迁志》[③]载，孟子降生时，孟母梦见泰山神人腾云驾雾南游邹[④]峄山，凝视良久，忽见片云坠地，惊而醒；此时巷里邻舍都见孟母的屋上覆盖着吉祥的五彩云，后人便称孟子有“泰山岩岩之气象”。《风俗通义》[⑤]言，岱宗有金简玉策[⑥]，能知人寿命，汉武帝封泰山时得到了它，上书“十八”，倒读“八十”，后来他果然活了80岁（实享年69岁）。自古至民国初，泰山周围有一种名叫“托司”的习俗：百里之内亡人出殡的当晚，其子孙都要拄着哀杖，连夜到泰山前的蒿里山阎罗殿为亡灵祈祷，求阎王爷爷消罪增福，然后呼爹唤爷将其祖魂领回家供奉。

由于泰山神威赫赫，历代帝王跋山涉水，不远千里到泰山朝拜封禅，借助泰山神祇巩固自己的统治。据传，先秦时就有72家封泰山。之后，秦皇汉武、唐宗宋祖、明臣清帝接踵而来，或巡狩柴望，或封禅报功，或遣官致祭。其间

---

① 稷下：古地名。战国时各学派荟萃中心，在齐国都城临淄。齐宣王曾在此扩置学宫，招揽文学游说之士数千人。其中有淳于髡、邹衍、荀况等著名人物。学宫设置，对开展百家争鸣、繁荣学术起了很大作用。

② 《博物志》：西晋张华撰。十卷。多取材于古书，分类记载异境奇物及古代琐闻杂事，也宣扬神仙方术。

③ 《三迁志》：明吕元善撰。记载孟母教子而三迁的故事。

④ 邹：周朝国名，孟子故里，在今山东邹城一带。

⑤ 《风俗通义》：东汉末应劭撰。内容以考释议论名物、时俗为主，对当时的社会风俗和迷信思想颇有批判。

⑥ 金简玉策：帝王祭祀告天的册书。把祝文刻在若干狭长的金片上，再成编。在此指天子受命的天书瑞征。

修驰道、筑祭坛、兴土木、留石刻、起行宫、建明堂[①]。随之，释佛道儒，藏修憩迹，传经布道，创寺建庙。保留至今的仍有岱庙、王母池、普照寺、关帝庙、红门宫、万仙楼、斗母宫、壶天阁、碧霞祠、玉皇庙、青帝宫、灵应宫、灵岩寺等20余处古朴典雅的古刹宫观，掩映在崇山叠翠之中。

泰山和历代文人名士也有着不解之缘。如今泰山有“孔子登临处”“孔子小天下处”及“望吴胜迹”。孔子赋《邱陵歌》。东汉科学家、文学家张衡在研究科学之余写了寄希冀于泰山的《四愁诗》。曹魏杰出诗人曹植有《泰山梁父行》和《飞龙篇》。西晋诗人陆机、南朝山水诗人谢灵运都有《泰山吟》。唐代大诗人李白有《登泰山》(六首)，杜甫有《望岳诗》，刘禹锡有《送东岳张炼师》。北宋苏轼有《和子由韩太祝送游泰山》，苏辙有《灵岩寺》《岳下》等诗。金元明清著名文人党怀英、王恽、郝经、王蒙、张养浩、李东阳、边贡、王世贞、王锡爵、于慎行、钟惺、张岱、袁枚、施闰章、沈德潜、朱彝尊等比肩接踵，都留下了颂泰山的歌赋诗画。清散文家“桐城派”中坚人物姚鼐的《登泰山记》和《游灵岩记》堪称泰山游记杰作。同时他们还留下了大量的轶事传说和史志专著。自汉代就有《泰山记》《泰山郡记》；明有查志隆《岱史》、宋焘《泰山纪事》、袁稆《泰山搜玉集》、萧协中《泰山小史》等；清有林杭学《泰山辑瑞集》、朱孝纯《泰山图志》、金简《泰山图说》、宋思仁《泰山述记》、孔贞瑄《泰山纪胜》、金棨《泰山志》、唐仲冕《岱览》、聂剑光《泰山道里记》、孙星衍《泰山石刻记》、马大相《灵岩志》等。另外，在中国历代正史、儒家经典著作和历代名著、方志、道书中也保存着大量有关泰山的资料。

此外，上至帝王将相，下至黎民百姓，还为泰山留下了1800余处石刻，其中碑碣819块，摩崖刻石1018处。著名的碑碣有秦《泰山刻石》、汉《张迁碑》、汉《衡方碑》、晋《孙夫人碑》、唐《双束碑》等；自然石刻有《经石峪大字金刚经》、唐玄宗《纪泰山铭》及清《摩崖碑》等。

泰山历经三千多年的开发及两千多年历代帝王的封禅、宗教、游览和近代科学研究活动的开展，形成一座内容丰富，具有美学、科学和历史文化价值的名山、圣山。景区内有自古命名的山峰112座，崖岭98座，岩洞48处，奇石

---

① 明堂：古代天子宣明政教的地方。凡朝会及祭祀、庆赏、选士、养老、教学等大典，均于其中举行。

58块，溪谷102条，潭池瀑布56处，泉64处。泰山植被覆盖率为79.9%，植物989种。其中木本植物433种，草本植物556种。泰山药用植物462种。百年以上的古树名木有3万余株，其中有驰名中国的“汉柏”“唐槐”“五大夫松”“六朝松”“迎客松”等。泰山有动物200余种，矿藏20余种。泰山螭鳞鱼为中国五大食用名鱼之一。泰山泉水硬度低、含矿物质极少、含氧量高，古称“泰山神水”。泰山“旭日东升”“云海玉盘”“天门云梯”“云龙三现”等奇观更是闻名古今。

古老的泰山，群峰拱岱，林茂泉飞，殿宇辉煌，琼阁掩映，古迹遍布，文物荟萃。在漫长的岁月中，渗透着极为丰富的历史文化，从而使泰山具有珍贵的历史文化价值、风格独特的美学价值和具有世界意义的地质科学价值。由这三种价值极高的遗产融合而成的泰山风景名胜区，不仅在中国，而且在世界名山中也是罕见的。因此，它不愧是东方文化的宝库，是中华民族的象征，是驰名中外的游览胜地，是天然的历史博物馆。

第二章
古老雄伟的泰山

清代经学家、方志学家阮元在《泰山志》序中说："山莫大于泰山，史亦莫古于泰山。"古籍载，在荒远的古代，泰山是东海中的一座仙岛。精卫鸟[①]衔木石填东海时，先把泰山周围的水填平了，泰山顷刻露出了本来面目，残留下的几股细流和水洼就是黄、淮、汶、泗之水和东平湖、微山湖等。后来女娲[②]捏了好多黄泥巴人，变成高大的古人，依山傍水，繁衍生息。

清代康熙皇帝[③]为了给满族爱新觉罗氏从东北入主中原寻求理论根据，就以古地理学家所传"华山为虎""泰山为龙"作依据，遣人航海，考察泰山发脉地络，定论泰山发脉于东北长白山，并亲撰《泰山龙脉论》。古人虽对泰山的成因不断根究探索，但因科学不发达，多为谬误，只有科学发达的当代，才揭开了古老泰山的秘密。

---

① 精卫鸟：又名誓鸟、冤禽、志鸟，俗称帝女雀。相传是炎帝的小女儿女娃死后变成的。

② 女娲：女娲抟黄土做人，是远古神话传说。

③ 康熙皇帝：即玄烨（音叶），清世祖第三子，自公元1661～1722年在位61年。亲政后，奖励垦荒，加强皇权，平定叛乱，巩固统治。他一生苦钻儒学，表倡程朱，开博学鸿儒科，设馆编修《明史》，编纂《古今图书集成》以及《全唐诗》《康熙字典》等。同时，屡兴文字狱，残酷镇压反清思想。

第一节　泰山的形成

泰山大约形成于三千万年前的新生代中期。泰山的地层是由世界上最古老的岩石之一构成的，主要是混合岩、混合花岗岩及各种片麻岩①，其中还有许多火成岩体侵入。变质时代距今约有24.5亿年，侵入于其中的伟晶岩最老的年龄是25.86亿年，属于地壳发展史上的太古代。这时鲁西地区（包括泰山在内）曾经是一个巨大的沉降带或海槽，上面堆积了上万米厚的泥砂质岩层和一些基性火山岩。继而又发生了强烈的造山运动，即泰山运动，使沉降带原先堆积的岩层褶皱隆起为古陆，形成了规模巨大的山系。古泰山露出了海面。同时伴随着岩层的褶皱产生了一系列断裂、岩浆活动和变质作用，使原先沉积的岩石发生变质。在泰山山麓的南缘，出现了一个大致呈东西走向的泰山弧形深断裂，成为泰山发展变化的肇始。随后又遭受多次强烈的混合岩化和花岗岩化作用，逐渐变成了今日在泰山上所看到的各种变质岩和混合岩。

峙立于海平面上的古泰山，经过近二十亿年的长期风化剥蚀，地势渐趋平缓。到距今六亿年前左右的早古生代，华北广袤地区大幅度平稳下降，古泰山又沉沦于大海中。大约又经历了一亿年，古老变质岩的剥蚀面上逐渐沉积起2000多米厚的沉积岩地层。早古生代末期，整个地区再次抬升为广阔无垠的陆地，古泰山隆起为一个低矮的荒丘。距今二三亿年的晚古生代中晚期，华北地台重又下降，并发生了多次海浸，古泰山成了大海中的孤岛。而后又继续上升，进入大陆发展阶段，地势高差不大，基本上形成了丘陵地形。

距今约一亿年前的中生代晚期，由于太平洋板块向亚欧大陆板块挤压和俯冲，泰山在燕山运动②的影响下，地层发生了广泛的褶皱和断裂，形成了泰山穹

---

① 片麻岩：即黑云母片麻岩、角闪石片麻岩等。

② 燕山运动：发生在侏罗纪晚期与白垩纪的地壳运动，在我国河北燕山一带表现最为显著，故名。伴随这次运动有大量的火山喷发和花岗岩侵入，形成丰富的有色金属和多金属矿产。

窿[①]。在频繁而激烈的地壳运动中，泰山山体沿着百余公里（自今莱芜至泰安市）的泰前大断裂快速抬升，并在隆起的过程中遭受风化剥蚀。这时因断块发生了间歇性的升降差异，南部山区猛烈抬升，造成了南高北低的明显掀斜断块山。最后在山体高处，原来覆盖着的2000多米的沉积岩全部剥蚀掉，古老的泰山杂岩重见天日，开始形成了泰山的雏形。受变质影响的花岗岩，因抗蚀性强，就构成了嵯峨峻拔的峰峦高崖。

泰山在距今六七千万年前的新生代初期，由于喜马拉雅山运动[②]的影响，即沿泰前断裂继续大幅度地抬升，到距今约三千万年前的新生代中期，今日泰山的轮廓才基本完成。所以，如今泰山主峰及其周围的山峦，海拔多在千米以上，而且古老杂岩裸露。主峰南麓的泰安市海拔仅153米，自市区至泰山极顶仅9公里，其相对高差竟达1392米。大自然的鬼斧神工，使泰山巉岩峥嵘，谷幽壑深，壁立千仞，擎天捧日。明太祖朱元璋御制《岱山高》中说："岱山高兮，不知其几千万仞；根盘齐鲁兮，不知其几千百里；影照东海兮，巍然而柱天。"

第二节　泰山标准剖面地层

从地质学的观点看，泰山是我国东部古老变质岩系和寒武纪地层被最早研究的地区。早在1907年，美国地质学家B.威廉斯和E.比克维尔发表了命名为"泰山杂岩"的研究报告。1923年北京大学地质系孙云铸教授开始研究，此后有许多国内外著名地质学家又陆续研究了几十年。所以泰山在中国地质学发展史上具有重要的地位。

对泰山的现代地质学研究表明，泰山地区具有重要的科学研究价值和保护

① 泰山穹窿：因岩层隆起为近似浑圆形的山体而名。

② 喜马拉雅山运动：发生在新生代的地壳运动的总称。经过这次运动，新生代及其以前的地层发生褶皱、变质和断裂。

价值。泰山西北麓张夏镇附近至长清一带的寒武纪地层，已被我国确定为寒武系中、上统的标准剖面，并以该地地名而命名为地层单位。这里的寒武纪标准剖面地层出露齐全，化石丰富，研究深入，已成为我国区域地层对比的重要依据，也是国际寒武纪地层对比的重要依据。

泰山地区的古老变质岩系是中国东部最重要、最典型的。其地层的划分对比、泰山杂岩的原岩特点、正副片麻岩问题的解决，均对中国东部太古代地层的划分与对比具有重要意义，对中国东部太古代地质历史的恢复也有相当重要的典型意义。岱阳中溪红门景区内的“醉心石”附近，有发育在基性脉岩内的环状节理杂岩，俗称汽油桶节理岩柱，对其构造成因及发育历史的研究是个新课题。泰山的冰川问题也争论已久，有无冰川、是冰缘地貌还是冰川地貌值得深入研究，这个问题对泰山地区新生代发育历史和泰山风景地貌的成因尤为重要。

第三节　泰山名称考略

泰山，又名岱山、岱宗、岱岳、东岳、泰岳。远古时始称大山、太山。“大”在甲骨文与金文中均见其形，读音为“太”。《骈雅训纂·释名称》[①]：“古人太字多不加点，如大极、大初、大室、大庙、大学之类，后人加点，以别大小之大，遂分为二矣。”按古文字的传统读法，“大”亦有“大”“太”“代”三音。春秋战国时，由于同音字的引申和同义字的演变，“太”与“泰”、“代”与“岱”、“岱”与“岳”也互相变通了，这样就相继出现了“泰山”“岱山”“岱宗”“岱岳”等专用名称。“泰山”之称最早见于《诗经》。“泰”意为极大、通畅、安宁。《易·说卦》[②]：“履而泰，然后安。”“泰”字就由原来的高大、通畅

① 《骈雅训纂》：清魏茂林撰。此书为训诂书，十六卷。

② 《易》：《周易》的简称，亦称《易经》。儒家重要经典之一，相传周人所作。通过八卦形式推测自然和社会的变化。

之意引申为“大而稳，稳而安”，随即出现了“稳如泰山”“国泰民安”“泰山压卵”“泰山鸿毛”之说。

“岱”“岱山”“岱宗”均见于战国典籍中。《尚书·禹贡》①：“海、岱惟青州。”《周礼》②：“河东曰兖州，其山镇曰岱山。”《尚书·舜典》：“岁二月，东巡狩，至于岱宗。”而“岱岳”则首先见于西汉刘安及其门客所著《淮南子》③之中：“中央之美者有岱岳，以生五谷桑麻，鱼盐出焉。”何谓“岱”？《说文》④释：“岱，大山也，从山，代声。”《风俗通义》：“泰山一曰岱宗，岱始也，宗长也。万物之始，阴阳交代，故为五岳长。”后来“岱”就成了泰山的别称。何谓“岳”？《诗经·大雅》：“崧高维岳，峻极于天。”据《说文》，岳，古文作[illegible]，象大山之形。“岳”，即是高大的山，又是山之尊者，古人便传为群神所居之处。

第四节　五岳的来历

“岳”在春秋前原是掌管大山的官吏职称，尧时分掌四方外事的部落首领就叫“岳”。后来把主管方岳的官吏与岳官驻地的大山名称统一起来了，便出现了代表四方大山的“四岳”。

据道教典籍《洞天记》云：“黄帝画野分州，乃封五岳。”黄帝远在5000年

---

① 《尚书》：儒家经典之一，传孔子编订，经长期汇集流传，战国时定型。记事内容上起虞舜，下到春秋时秦穆公。按时代先后，分《虞书》《夏书》《商书》《周书》四个部分。《禹贡》是《尚书》中的一篇，是我国最早的地理著作。

② 《周礼》：亦称《周官》，儒家经典之一。搜集周王室官制和战国时各国制度，添附儒家政治理想，增减排比而成。

③ 《淮南子》：亦称《淮南鸿烈》。西汉淮南王刘安及其门客等著。书中以道家思想为主，融合了儒、法、阴阳五行学家，一般认为是杂家著作。

④ 《说文》：《说文解字》的简称。文字学书，东汉许慎撰。是我国第一部系统地分析字形和考究字源的字书，也是世界最古的字书之一。

前，其疆域版图不出黄河流域，黄帝是否封岳无正史可查，但到唐虞[①]三代出现了四岳是无可置疑的。那时各朝京都虽屡有变迁，均不出晋、陕、豫三省范围，其所封四岳都在黄河流域。

春秋产生了“五行”之说，战国时颇为流行。由于阴阳学家邹衍、邹奭等人的大力宣扬，“五德终始论”[②]越来越盛，“五岳”之说才应运而生，故有“唐虞四岳，至周始有五岳”之说。

中国岳山称名始见于《尚书》。《尚书》有东、西、南、北四岳，而无五岳。四岳山名见于经书者唯有东岳岱宗。《周章 · 大宗伯 · 大司乐》始言五岳，而不言为何山。后来司马迁在《史记 · 封禅书》中才对名山大川较翔实可靠地总结了自五帝至秦代的演变过程：因为夏、商、周的国都均在黄河与洛水之间，所以嵩山为中岳，其他四岳各随其方，四渎都在山东。至秦称帝，都咸阳时则五岳、四渎均在东方。自五帝以至秦，轶兴轶衰，名山大川或在诸侯，或在天子，不可胜纪。及秦并天下后，才有了明确规定：自河南省殽山[③]以东为名山五，即嵩山、恒山、泰山、会稽山、湘山；大川二，即济水和淮河。

综上所述，汉之前五岳之制因势而异，各有不同。周建都于丰、镐[④]，以华山为中岳；周平王东迁洛邑以后，又以嵩山为中岳、华山为西岳。只有东岳泰山和北岳恒山自古未变。至汉武帝时，才正式创立五岳制度，并登礼天柱山封为南岳。据《汉书 · 郊祀志》载，汉宣帝神爵元年（前61）颁发诏书，确定以泰山为东岳、华山为西岳、霍山（即天柱山）为南岳、恒山为北岳、嵩山为中岳。隋文帝杨坚统一南北朝后，于开皇九年（589）诏定湖南湘江之滨的衡山为南岳，废霍山为名山。北岳恒山在汉、唐、宋时，皆在山阳的河北曲阳登礼。至金、元、明、清诸代均建都于北京，曲阳之山在京城之南，与北岳名称不符。而恒山主峰天峰岭位于山阴的山西浑源，恰在京城之北。所以，明代称浑源恒

① 唐虞：唐即陶唐氏，传说中远古部落名，尧乃其领袖。虞即有虞氏，传说中远古部落名，舜乃其领袖。

② 五德终始论：即五德终始说。战国学说。指水、火、木、金、土五种物质德性相生相克和终而复始的循环变化。用来说明王朝更替的原因。

③ 殽山：即崤山，一称嵚崟山。在河南省西部，秦岭东段支脉。

④ 丰、镐：同为西周国都，均在今陕西境内。

为北岳，但因路途遥远，祭祀仍在曲阳。直到清代顺治十八年（1661）才根据礼臣的建议，改祀北岳于浑源。

第五节　独尊五岳

西汉文学家东方朔认为：泰山吞西华，压南衡，驾中嵩，轶北恒，为群山之最。泰山实际海拔高度并不太高，在五岳中仅占第三位，更不用说在全国大山中了。但它为什么成为赫赫于古今的“五岳之长”“五岳独宗”呢？这得从泰山的地理环境和原始宗教谈起。

泰山崛起于华北大平原东侧的齐鲁古国，东临烟波浩渺的大海，西靠源远流长的黄河，南有汶、泗、淮之水。纵览东部沿海广大区域的地理形势，泰山居高临下，成为万里原野上的“东天一柱”。“中有岱岳”，即说明泰山居中，为天下的中心。这里气候温润，土地肥沃，成为古人类繁衍生息的中心地带及古文化的重要发源地。几千年以来，这里一直是东方政治、经济、文化的中心。夏初，禹分九州，其中冀、豫、青、兖、徐五州均在此；战国七雄时，这里有六国之都。泰山成了东方文明的代表、伟大庄重的象征。《新唐书·韩愈[①]传》：“其愈没，其言大行，学者仰之如泰山、北斗云。”从此，便把伟人或在某方面有声望的人比喻为“泰山北斗”。

六朝任昉《述异记》载，秦汉时，民间传说盘古氏[②]死后头为东岳，腹为中岳，左臂为南岳，右臂为北岳，足为西岳。盘古尸体的头向着东方，而且化为东岳，泰山就成了五岳之首。这显然是根据五行、五德学说创作的神话故事，反映了泰山独尊五岳的历史背景。

东方是太阳初升的地方，古人即认为是万物交替、初春发生之地。东方按

① 韩愈：唐代文学家、哲学家，与柳宗元同为“古文运动”的倡导者。旧时列为“唐宋八大家”之首。

② 盘古氏：传说远古时开天辟地、代生万物的神人。

“五行”[①]属木，按“五常”[②]为仁，按“四时”[③]为春；在《周易》八卦[④]中属震，在“二十八星宿”中为苍龙。“东”字繁体为“東”，属会意字。此字从木，日在其中。“木”字在甲骨文中与“桑”字通用，故有日出扶桑之说。“仁”是天地大德；“春”是万物更生；“震”与“苍龙”则是帝王出生的腾飞之地。于是，泰山一变而为吉祥之山、神灵之宅、紫气之源、万物之所，甚至一草、一木、一石都能灵应昭昭。齐鲁大地上至今流传着“吃了泰山灵芝草，返老还童人不老”的谚语。先秦帝王封泰山时，怕恶伤山石、触怒神灵，便用蒲草裹住銮驾车轮上山。自古至今还有些荒诞的习俗：不少农妇登泰山至岱顶后，将石子压在树杈上，借“压子”之名蓄意压住子孙之“魂”，可长命百岁；有的人凿块小石块带回家，捣成碎粉当药引子，以镇邪化病。魏曹植遭受兄曹丕妒忌而抑郁不得志时，曾把精神寄托于泰山神灵，因赋《飞龙篇》：“晨游泰山，云雾窈窕。忽逢二童，颜色鲜好。乘彼白鹿，手翳芝草[⑤]。我知真人，长跪问道。西登玉堂[⑥]，金楼复道。授我仙药，神皇所造。教我服食，还精补脑。寿同金石，永世难老。”

旧时泰山周围城乡街口、村头要冲处或屋墙上常立碑碣、嵌方砖，上刻“泰山石敢当”镇妖避邪。据《墨庄漫录》载，此俗自唐代即有。敢当就是所向无敌。传石敢当是泰山上的勇士，山下张员外家的姑娘被妖魔缠住得了重病。员外贴出告示：谁要治好小女之病就把她许配与谁。石敢当见天将黑，就揭了告示：让张家准备一面铜锣、一盆香油、一口大锅，然后他用棉花搓成十根粗灯捻，放进油盆点着，上面扣上大锅，自己用脚挑着锅沿。天黑不久，只听妖风自东南而来，石敢当立即挑翻了锅，敲响了锣，妖魔一见灯火，一听锣声便逃之夭夭了。从此妖魔再也不敢来了，姑娘的病也好了。但妖魔仍然到别处作

---

① 五行：指木、火、土、金、水五种物质。中国古代思想家企图用日常生活中习见的上述五种物质来说明世界万物的起源和多样性的统一。

② 五常：指仁、义、礼、智、信，是维护封建等级制度的道德教条。

③ 四时：指春、夏、秋、冬。

④ 八卦：指乾、坤、震、巽、坎、离、艮、兑八种基本图形。主要象征天、地、雷、风、水、火、山、泽八种自然现象，是自然界和人类社会的根源。

⑤ 手翳芝草：翳，遮蔽。芝草，泰山灵芝草。言道人手持灵芝，遮蔽面目。

⑥ 玉堂：神仙住的地方。《十洲记》：“碧玉之堂，西王母所治也。”

恶，石敢当天天被请去捉妖。后来，妖魔听到他的名字就逃，所以人们就在泰山石上或砖上刻上“泰山石敢当”镇妖。小小石碣竟然有如此威力，巍巍泰山就可想而知了。所以号为“天下第一名山”。

第六节　泰山的美学价值

泰山不但在自然特征上具有雄伟的美，而且体现了中华民族几千年历史文化，其中包含了中华民族深刻的美学思想。

泰山自然美的主要特征就是雄伟壮丽，它在五岳中虽仅居第三位（按其海拔高度），但凌驾于齐鲁丘陵之上，相对高度达1300多米，与周围的平原、丘陵形成高低、大小的强烈对比，在视觉效果上显得格外高大。泰山群峰起伏，主峰突兀。从海拔150余米的山麓泰安市区，至中天门海拔847米，南天门1460米，玉皇顶1545米。层层叠起，形成了一种由抑到扬的节奏感和“一览众山小”的高旷气势。泰山山脉绵亘200余公里，基础宽大，形体集中。基础宽大便产生安稳感，形体庞大而集中则产生厚重感。所谓“稳如泰山”“重如泰山”“泰山压顶”等名言，正是上述自然特征在人们的精神上与心理上的反映。所以明代皇帝朱元璋曾描述道：泰山“根盘齐鲁兮，不知其几千百里”。

泰山多松柏，尤其那苍劲挺拔的古松，如“壮士披甲”，对泰山的雄伟形象起着烘托作用。泰山的岩石主要由变质岩和花岗岩构成，岩性坚硬，节理发育，经球状风化后形成了裸露的峭壁悬崖和浑圆厚实的巨石，突立于眼前，震撼人心。还有那富于变化的泰山烟云，使人感到静中有动，气势磅礴。苍松翠柏、悬崖怪石、云海烟雾都衬映着巍巍岱岳。

泰山具有丰富的自然美，如果我们把风景自然美的形象特征概括为雄、奇、险、秀、幽、奥、旷的话，那么泰山除了从总体上和宏观上具有雄伟的特征外，还在雄中蕴含着奇、险、秀、幽、奥、旷等美的形象。如斗母宫东溪内的“三潭叠瀑”可谓“雄中藏秀”；“舍身崖”“百丈崖”可谓“寓险于雄”；“仙人桥”“扇子崖”造化钟神，堪称奇观；登泰山南天门则可领略到“天门一长啸，万里清风来”及“旷然小宇庙”的诗情画意；而岱阴后石坞却是探幽寻奥的“天仙洞府”。

泰山在几千年的开发建设过程中，形成了中国名山风景的典型代表，即以典型的富有美感的自然景观为基础，又渗透着人文景观美的地域空间综合体。根据中国传统的山水观，把富有美学价值和科学价值的自然景观同悠久的民族文化有机地结合起来，从而形成了价值更高、内容更为丰富的泰山风景景观。人文景观的布局与创作，是根据自然景观，尤其是地形特点和封禅、游览、观赏活动的需要而设计的。其主体是拔地通天的自然景观，主题是封天禅地的思想内容，布局形式重点是从祭地的社首山①到封天的玉皇顶，在约10公里的登山盘道两侧，把整座泰山作为完整的自然空间，进行了巨大的整体构思。

泰山以南坡最为壮观，因有一条大断层使泰山隆起，汶河下降，对比强烈。因此，封禅祭祀活动最终选定了从南坡沿中溪而上的路线，在这条约10公里长的景观带上大体分为三段空间。一是以泰安城区为中心的“人间”；二是以城西南过漆河桥至蒿里山为“阴曹地府”；三是自城北岱宗坊开始，沿长达6000余级的“天梯”直至岱顶“天府”。

泰安城是因古帝王封禅祭祀、百姓朝山进香和游览观光发展而成。岱庙是泰城中轴线上的主体，这条中轴线从泰城南门起，延伸到岱宗坊，然后与登山盘道相接而通向“天庭”，使山与城不仅在功能上，而且在建筑空间序列上形成一体。其序列按登山祭祀活动的程序次第展开，贯穿着一种由“人境”至“仙境”的过渡阶段。从地形上看，由缓坡、斜坡直到陡坡，人们由低到高，步步升高，最后宛若登上天府；从建筑规模上看，由严整到自由，因自然环境而异；从意境上看，由人间帝王宫殿上达苍穹，渐入仙境；从色调上看，红墙黄瓦则始终与苍松翠柏形成对比。再通过三里一旗杆、五里一牌坊和漫长的盘道连接，形成一条极为壮观的封禅祭祀序列。

泰山古建筑最突出的特点就是对地理环境的利用，它巧妙地因自然之势，又以人工之力加强和美化自然环境。其一，在封禅祭祀活动的序列空间位置的选择上，充分利用泰山南坡由缓渐陡之势，造成登“天梯”的意境。此路沿溪而上，人在谷中行，属“封闭型”自然景观，下段紧紧收缩，直至岱顶才开放。

---

① 社首山：在泰安火车站东南侧，西与蒿里山相连，后凿石而毁。

前奏长，对比十分强烈，对于“祭天”活动来说，造成环境感应的心理状态，若步步登天，扣人心弦。登临南天门骤然开阔，恰似升仙。因此，这样的地理环境是封禅祭祀空间序列的杰作。其二，在建筑单体或群体位置的选择与建筑结构的创作上，有跨道而建的门户建筑，有登山转折处的导向性建筑，有临溪而设的赏景建筑，有半山悬挂的宗教建筑，也有耸立于山巅的祭祀建筑等。其三，从建筑的结构、材料、装饰及以庭院空间为基本单元的群体组合上，均能适应地形环境多变的要求，该建亭的建亭，该设阁的则设阁；需开敞通透处即造型轻巧，需收缩空间处便敦实厚重，充分体现因景而设、因境而生的建筑思想。

泰山古建筑主要保存的是明清时期的风格，它的价值不仅在于建筑与绘画、雕刻、山石、林木融为一体，成为中国古老文化的例证，保存了一个巨大的封禅祭祀序列和一幅记载历史的立体画卷，而且还为我们留下了顺应自然的建筑典范，以其特有的艺术形象去协调和加强自然美，去表现和深化自然环境。它们的存在，使泰山的自然景观与人文景观相映生辉，使峻极于天的泰山深入到中华人民的心坎之中，并名扬世界。

第三章
风景名胜

泰山之阳有中、东、西三条大溪谷，形成天然的登山道路。古帝王登泰山，原来是从东溪而上，后来改从中溪登山，中溪之路就成了登山主道的东路，而西溪就是西路。泰山风景名胜区的形成，经历了漫长的历史过程，它的布局是按皇家园林的艺术特点精心选址，巧妙利用地形、地物而设计的。琼宫楼阁依山傍水，星罗棋布。在深山幽谷中绵延环绕而上。其主要名胜古迹大部分分布在以山麓泰安市为起点、岱顶为结束的中轴线上。山城一体，一气贯通，具有协调统一的独特风格。

泰山风景名胜主要有岱庙、东路、岱顶、后石坞、西路、岱麓及灵岩寺、古长城遗址等景区。游人登泰山，一般是先从泰安市的岱庙开始，然后沿东路中溪盘道直达岱顶。自岱庙至极顶共9公里，其间石砌盘路6660余级。年老体弱者亦可从泰安火车站乘游览汽车沿西路西溪公路直达中天门，全程13.3公里；到中天门后或步行登岱顶，或再转乘空中电缆索道车直达岱顶。若乘车登泰山就难以饱赏泰山的主要风景名胜。最好的办法是步行登山，乘车下山；或者是自东路步行至中天门，再转乘电缆索道车而上，下山时，步行至中天门，再乘汽车沿西路而下，这样既可得到休息，又可观瞻无遗。若两日游，可从东路步行直达岱顶，第二天观日出后，可下岱阴游后石坞，再乘车而下游岱麓；若三日游，第一天游东路，第二天逛岱顶、游后石坞，第三天乘电缆索道车至中天门后，步游西溪、逛岱麓；若四日游或多日游，可去岱阳奇险的扇子崖、幽静的樱桃园，又可去岱阴奥妙的佛爷寺、令人神往的桃花峪及灵岩胜境和古长城遗址等。

第一节　岱庙

岱庙，旧称“东岳庙”，俗称“泰庙”。为道教神府，是历代帝王举行封禅大典和祭祀泰山神的地方，是泰山最大、最完整的古建筑群，采用帝王宫城式建筑，在祠庙建筑中规格最高。它位于泰安市城区北部，恰在南起旧泰城南门、北抵岱顶南天门的中轴线上。南北长405.7米，东西宽236.7米，呈长方形，总面积约9.6万平方米，约合160余亩。庙内现有古建筑和仿古建筑160余间，庙前有遥参亭、岱庙坊，庙内轴线上贯穿着正阳门、配天门、仁安门、天贶[①]殿、后寝宫、厚载门。东侧辅以汉柏院、东御座、东道院；西侧佐以唐槐院、雨花道院等。它城堞高筑，宫阙重叠，庙貌巍巍，殿宇生辉。

岱庙创建历史久远，据史料载，秦时已有祭天告地的场所，汉时有了宫殿，其后历代拓建重修，屡兴屡废。北魏郦道元在《水经注》中曾引《从征记》云：“泰山有下、中、上三庙，墙阙严整。庙中柏树夹两阶，大二十余围[②]，盖汉武帝所植也。……门阁三重，楼榭四所，三层坛一所。”至宋代宣和年间已发展到相当宏大的规模：“增治宫宇，缭墙外围，罘罳[③]分翼，岿然如清都紫极，望之者知其为神灵所宅。”金、元、明、清屡屡修葺；民国间因兵燹战乱，曾一度沦为兵营，破坏严重。中华人民共和国成立后，多次整修，特别是近几年，翻修了遥参亭，重建了岱庙正阳门、厚载门、东西廊房及角楼，庙内古建筑全部彩绘一新，金碧辉煌。

岱庙不仅是帝宫神府，也是文物荟萃之地。这里既有琳琅满目的历代帝王赐予泰山神的祭品、供器，也有闪烁着华夏历史光华的泰山出土文物和革命文物，并保存着大量泰山典籍和名人字画等。更为珍贵的是，岱庙内还保存着168

---

① 天贶（音况）：贶，赐予；天贶，天帝所恩赐。

② 围：计量圆周的约略单位，即两手的拇指和食指合拢起来的长度。亦指两臂合抱的长度。

③ 罘罳：古代设在宫门外或城角的屏，上面有孔，形似网，用以守望和防御。

块历代碑碣和48块汉画像石，堪称岱庙碑林。此外，这里又是古柏蔽荫、银杏参天、盆景玲珑、花卉争艳的名园胜地。

遥参亭　游览岱庙先从遥参亭开始，它是岱庙的前庭。古帝王凡有事于岱宗，必先于此进行简单的参拜，而后入庙祭神再登山，所以又称“草参亭”。亭院南北长66.2米，东西宽52米，总面积3442.4平方米。周以红墙，二进院落，由山门、掖门、仪门、正殿及配殿组成。它前临御街，并与通天街相直，后与岱庙正阳门相通，左右是东西太尉街。山门前有石坊一座，四柱三门式，额曰“遥参亭”，清乾隆三十五年（1770）建造。左右铁狮蹲列，旗杆高竖。坊前跨御街后是“双龙”池，清光绪六年（1880）开建，方石垒砌，引自王母池之水，环绕岱庙注入池。池西北、东南角各有专供进出水的石雕龙头，因而得名。池前是通天街，使人一进入泰城南门就置身于神秘、庄严的“登天”气氛之中。

从遥参亭南山门进门后是双柱券棚悬山顶仪门，门后台基上是前院的正殿。殿五间，九脊单檐歇山式，四柱五架梁，前后步廊式，黄琉璃瓦盖顶，檐下为墨线大点金彩画。殿内明清时祀碧霞元君像，1928年像毁，今为泰山书画展室。殿前有东西配殿，五脊硬山顶，室内陈列泰山征集文物200余件。院内有清康熙年间立《禁止舍身碑》。后院中有四面亭，松竹环绕，银杏双挺。

岱庙坊　出遥参亭北山门后，迎面有一座高耸的石坊，叫“岱庙坊”。高12米，宽9.8米，进深3米，清康熙十一年（1672）山东巡抚兵部右侍郎赵祥星与提督布政使施天裔创建。坊起三架，中高错落，重梁四柱，通体浮雕。造型雄伟，雕工精细，为清代石雕建筑的珍品。顶为九脊庑殿歇山式，螭吻凌云，斗拱层叠，檐角飞翘，脊兽欲驰。坊下有方石座，座上均立双柱，柱侧滚墩石上前后各有圆雕蹲狮两对，雄者戏要绣球，雌者嬉闹幼狮，姿态各异，生动活泼。梁柱、额板及滚墩石上，分别环雕着铺首衔环、丹凤朝阳、二龙戏珠、群鹤闹莲、天马行空、神牛角斗、麒麟送宝及喜鹊登梅等30余幅栩栩如生的祥兽瑞禽图。图案对称统一，构图设计和雕刻手法变化多端，迥然不同，各具特色。

配天门　岱庙坊之北是岱庙大院，四周围筑城墙，周环1.5公里。庙有八个门，南向五个，中为“正阳门”，两侧为“掖门”，掖门两侧，东为“仰高”，西为“见大”；东有“东华门”，又叫“青阳”；西有“西华门”，亦称“素景”；北有“厚载门”。原来八个门上都有门楼，正阳门上有“五凤楼”，重檐八角，凌云飞翘。另外，庙城四角原来都有精巧玲珑的角楼，均按《周易》中的八卦各随其方而名。可惜门楼、角楼均毁于民国间，今正阳门、掖门、五凤楼、厚载门及西南角楼是1984～1986年按宋代建筑风格重建的。

入正阳门后是岱庙大院，迎面是“配天门”，舒同大书匾额。门面阔五间，九脊歇山顶，穿堂式，原祀青龙、白虎、朱雀、玄武等四方星宿泥塑像。两侧原有配殿，东为“三灵侯殿”，祀周朝谏官唐宸、葛雍、周武三人。传宋真宗东封时，在南天门见三神人，加封为“三灵侯”，后来建此殿专祀。西为“太尉殿”，祀唐代邠[①]公杜悰，此人在唐武宗会昌年间曾拜中书侍郎。配天门后是“仁安门”，元代至元四年（1338）创建。建筑结构与配天门雷同，内设天聋、地哑之神，两侧有东西神门。配天门两侧有碑碣20块，最著名的是《宣和碑》和《祥符碑》，双碑高大雄伟，东西对峙，龟趺螭首，气势非凡，为岱庙现存两大碑碣。

天贶殿　仁安门后是宽阔的大院，古柏参天，浓荫蔽日，透过空隙即可看到一座巍峨峻极、金碧辉煌的宫殿，这便是岱庙的主体建筑——宋天贶殿。古代帝王就是在这里祭祀东岳泰山之神。殿面阔九间，进深四间，东西长43.67米，南北宽17.18米，高22.3米。殿顶采用我国传统的重檐庑殿式，上覆黄琉璃瓦，雕梁画栋。重檐间高悬“宋天贶殿”巨匾。整个大殿矗立于高达2.65米、面积为2600多平方米的双重品级台上，更显峻极雄伟，气宇轩昂。此殿与北京故宫太和殿、曲阜孔庙大成殿并称为我国古代三大宫殿式建筑。殿内正中是高大的神龛，里面供奉着威威赫赫的东岳大帝。神龛上悬有清圣祖皇帝于康熙二十三年（1684）朝泰山时所题“配天作镇”大匾，神前陈列着两套明清时的铜五供，两侧有森严的仪仗：金瓜、月斧、朝天蹬、龙头拐杖等。东次间还陈列着明代铜铸“照妖宝镜”一架，直径1.31米，镜面明晶鉴人。此镜原是遥参亭碧霞元君神像身后的供物，1936年移此。清朝诗人沈德潜当年曾赋诗：“闷殿崇东国，唯神配极闻。钟沉汶源水，香和泰山云。桧柏森灵气，碑铭辨古文。升阶肃瞻拜，万虑静纷纭。”

殿东、西、北三面墙壁上，绘有著名的《泰山神启跸回銮图》。传为宋代壁画，画全长62米，高3.3米，画面通过描绘泰山神出巡的浩荡宏伟场面，表现宋真宗东封泰山的威严气派。以大殿后门为界，东半部是“启跸图”，西半

① 邠：古都邑名，在今陕西旬邑西南。

部是“回銮图”。启跸就是帝王出巡时开路清道，禁止他人通行，描绘东岳大帝出巡的情景。金銮殿前有殿中侍、墀下卫士、大学士等送行；东岳大帝端坐四轮六马大辇，肃穆庄严；前有两乘亮桥陪行，穿红袍的是泰山神的三子“炳灵王”，留髯者为道教神仙“延禧真人”；大辇四周有护随文武百官，前簇后拥；再向前是祥兽奔腾、鸾旌飞卷，接着是武骑士、仪仗、宫廷乐队；最前边是夜叉鸣锣、麒麟开道和十八城隍接驾；画面背景，山林蓊郁，楼阁森列。回鸾图与出巡图基本相同，仅增加了二夜叉抬虎和骆驼驮卷宗，以示出巡满载而归。壁画共计675人，加以祥兽坐骑、山石林木、宫殿桥涵，虽是毫无隙地，但疏密相间，繁而不杂，是构图中的伟大精密之作，是古代艺术的瑰宝。

殿前重台宽广，雕栏环抱，玉阶曲回。中置巨大铁香炉，为明万历间铸，供焚香时用。两侧为蓄水防火用的大铁桶，宋建中靖国年间铸。殿前还有清乾隆帝六角“御碑亭”东西对峙。下品级台后是连接小露台的甬道，中有古柏独立，叫“孤忠柏”。据传武则天的大臣安金藏[①]，为保护皇太子免遭武后杀害，剖腹后其魂来泰山神前告御状。南边有“扶桑石”，也叫“介石”。游人多在此用手帕蒙上双眼，绕扶桑石来回转三圈，然后去摸孤忠柏正南方的树疤凹缝，据传谁摸准谁就有“福”。一般很难摸准，所以又叫“迷糊石”。

大殿两侧长廊环绕，北廊内设“泰山文物商店”，东廊内有“历代碑刻陈列”及“泰山摩崖碑拓展览”，以历史年代为序，自北而南共陈列历代名碑19块，泰山重要拓片50余幅；西廊内是“汉画像石陈列室”，陈列汉画像石48块，上刻狩猎、百戏、车马出行、祥兽瑞鸟等汉画62幅。此外大院内还有古碑碣24块。著名的有《宋封祀坛颂碑》《宋天贶殿碑铭》《金重修东岳庙碑》《明洪武碑》《清乾隆帝谒岱庙诗碑》等。

天贶殿之北是后寝三宫，中为正宫，两侧是配宫。宋真宗封泰山时，认为泰山神既然封为“帝”就应有“皇后”，于是又想象了个“淑明后”，因建三宫。

---

① 安金藏：唐代大臣。武则天称制后，幼子李旦为皇嗣，她怀疑其子谋乱，即欲杀害，并派大臣审讯金藏等人，金藏竭力保护，大呼道：“公不信我言，请剖心以明皇嗣不反也。”遂引佩刀刺腹中，五脏并出，气绝而仆。后经高医抢救未死，李旦免难。玄宗即位后特封其为“代国公”，并将“安金藏”三个大字刻于泰山顶上。安死后追赠为兵部尚书，谥号“忠”。

汉柏院　岱庙东路，前有“汉柏院”，也叫“炳灵宫”；后有“东御座”。汉柏院之门西向，上悬云纹大匾，李铎大书“炳灵门”。院内原来有炳灵殿，内供泰山神的三太子炳灵王。院内还有古柏五株，传为汉武帝所植，故俗称“汉柏院”。古柏树身扭结上耸，若虬龙盘曲，虽肤剥心枯，但又继生薪技，苍古葱郁，真为绝奇。它以古雅的身姿、赫赫的高龄，博得历代文人的高度赞赏，自古被列为泰安八景之一，称颂为“汉柏凌寒”。元代文学家王奕曾赋诗：“肤剥心枯岁月深，孙枝已解作龙吟。烈风吹起孤高韵，犹作峰头梁甫音。”院北为1959年在炳灵殿旧址所建汉柏亭，耸立于三层石砌台基之上，廊式券棚歇山顶，中华人民共和国成立后曾陈列汉代名碑及毛泽东草书《满江红》和《六盘山》词二首碑。今改为茶亭。院南是1965年在“鲁两先生[①]祠”旧址建茶室七间，专供游人小憩品茗，院内今存历代碑碣90块：东墙内嵌53块，较著名的有汉张衡《四愁诗》、魏曹植《飞龙篇》，皆为后人隶书；亭基四围嵌23块，著名的有晋陆机和南朝宋谢灵运的《泰山吟》，为后人小篆；院中立14块，有宋代著名大书画家米芾所书“第一山”碑，有元初文学家王恽赋《汉柏诗》碑，有明代书法家张钦书“观海”大字碑，有清乾隆帝御制《汉柏图碑》。此外还有1984年邓颖超题“登泰山看祖国山河之壮丽”、舒同题“汉柏凌寒”、刘海粟题“汉柏”、沙孟海题“荡胸生层云，决眦入归鸟”等新刻。

东御座　汉柏院之北是“东御座”，为清代帝王或大臣朝泰山祭岱庙时的休息场所，所以又叫“驻跸亭”。东御座由垂花门、仪门、大门、正殿和厢房组成。垂花门西向，与东华门相直；穿堂大门与汉柏亭相望。门上新悬金龙匾，当代书法家李传周大书“东御座”三字，苍劲有力，金光闪闪。进门但见一派殿堂式建筑，殿庑毗连，步廊环围，布局玲珑，雕梁画栋。再加四合院中的青松翠柏，秦刻宋碣，更显精巧古朴，典雅幽静。院内石砌高台上有正殿五间，前后廊式，券棚硬山顶。殿内陈列部分古木家具，都是珍贵的紫檀木器，并尽可能按清宫室的设置做复原陈列。家具雕刻精致，镂孔圆润，上有牙雕、骨雕、螺钿镶嵌组成的各式图案，这与大理石天然花饰和金织锦绣博古挂屏相映争辉，天然古趣。这里还陈列着清高宗分别于乾隆二十七年（1762）、三十六年（1771）、五十二年（1787）朝泰山时御赐的稀世“镇山三宝”：沉香狮子、

① 鲁两先生：即宋初学者、教育学家孙明复和学者、文学家石介。

温凉玉和黄蓝釉瓷葫芦瓶一对。沉香狮子是用珍贵的沉香木疙瘩精雕细刻后黏合而成的，共一对，每个重约3.5公斤，全身疙瘩突起、形似蜷毛，蹲坐翘尾，警觉欲搏。温凉玉由上下两截衔接而成。因上截为玉，质密而凉，下截为璞，质密度低，性偏温，色白微青，又名“青圭”或“苍玉圭”。长0.922米，重27.75公斤，上截刻日、月、星辰和山海图，蓄意泰山神主宰乾坤，下截刻“乾隆年制”。清代诗人王以敏曾颂：“青圭三尺兼温凉，座上沉香兽一双。待到翠华[①]南幸日，道人手拓碧云窗[②]。”瓷葫芦瓶是明嘉靖年间官窑制品，藏于宫室，黄质青花，盎然古趣。1942年冬瓷瓶曾被盗，由济南鸿宝斋转售于北京燕东银行监事。后经严加追查，才失而复得。但当时摔碎一个，今只存其一。

东西配殿各三间，陈列泰山祭器、陶瓷、金银器等。院中存碑碣15块，台基下西有驰名中外的《泰山秦刻石》，东有《青帝碑》。南廊墙内嵌郭沫若1961年登岱即兴赋诗六首之碑及1965年所书《孟子》语“挟泰山以超北海”和《庄子》语“驭大鹏而游南溟”。

岱庙西路，前有“唐槐院”，后有“雨花道院”。唐槐院因原有唐槐而名，民国间古槐枯死，1952年又在枯槐内植一小槐，俗称“唐槐抱子”。又因古槐后原有延禧殿，祀延禧真人，所以，此院又叫“延禧宫”。雨花道院是道人斋宿之地。

铜亭铁塔　岱庙东西路会于后花园，园内为观赏盆景展览：东为术桩盆景，千姿百态，情趣横生；西为花卉盆景，百花斗艳，万紫千红。东南隅台基上矗立着一座金光闪烁的铜亭，又叫“金阙”，全铜铸件，仿木结构，重檐庑殿式鎏金顶，结构严密，工艺精巧。明万历四十三年（1615），铸于岱顶碧霞祠，明末清初移至山下灵应宫，1972年迁入岱庙，是目前国内仅存的三大铜亭[③]之一。在与铜亭对峙的西南隅还有铁塔一座，明嘉靖年间铸，原十三级，后被毁，今剩三级。

最后是“厚载门”，当代书法家欧阳中石书匾额。门上有“望岳阁”三间，

---

① 翠华：皇帝仪仗中一种用翠鸟羽毛做装饰的旗。

② 碧云窗：当年为深藏玉圭而所设专室的窗子。

③ 三大铜亭：一在泰山岱庙内，一在北京万寿山西边的山坡中，一在云南昆明北郊凤鸣山顶的太和宫里。

黄瓦明廊，红柱隔扇，如云端琼阙。登门楼可仰瞻泰山雄姿与天齐，可眺望天门云梯隐天际。

第二节　东路

出岱庙厚载门，沿公路北去便是登泰山的东路。这里石级盘旋，林荫夹道，峰回路转，深壑瀑溪，风景秀丽幽美，文物古迹众多。其前半部近城山谷开阔，古建成群，以人文景观为特色。自中天门至南天门，山谷较窄，山势陡峭，以自然景观为主。

岱宗坊　岱庙北里许是泰山的山门——岱宗坊。坊起三架，建于明隆庆年间，后圮；清雍正八年（1730），郎中丁皂保、赫达塞奉敕重建；1956年又翻修了石坊的方台。坊之东原有“丰都庙”，祀北阴丰都大帝[①]，并配以冥府十殿阎王等。民国初年改为慈善院，后毁。坊之西北原有“乾隆行宫”，清乾隆三十五年（1770）创建，清末毁。

白鹤泉　岱宗坊北路西有石坊，额曰“玉皇阁”，又额“白鹤泉”。此处即是白鹤泉故道，因旧传白鹤常聚集于此，或传泉中曾有白鹤飞去而名。泉为宋代创建城垣时，疏流而成。当年泉涌喷有一泻千里之势，不但点缀麓区名胜，而且供城中居民饮水。相传明嘉靖间，解元[②]封尚章在泉侧建宅，并引水为池，名曰“封家池”。凡达官贵人来泰山游玩时，多在此宴集为乐。

据传有一年，封尚章到地里看收割麦子，忽然刮了一阵大旋风，他认为不是鬼就是妖，遂把送来的两碗饭汤浇到旋风上，风便很快停息了。晚上他做了一个神奇的梦：从丰都庙来了一个小鬼，说丰都大帝请他去赴宴，解元很纳闷，就半信半疑地去了。丰都大帝说：“今天的旋风是我儿子，他到外边出巡，正又饿又渴，却遇上了你那两碗饭汤，所以要宴请你。”酒过三巡，忽听哗啦啦水

① 丰都大帝：道教信奉的神，主管冥司判断。

② 解元：科举时代乡试第一名称解元。

响，封尚章忙问这是哪里的水声，丰都大帝说："这是白鹤泉的水声。""声音为何这么大？""将来泉水比这还要大，这是泰山的风脉，泰城就要出很多京城里的大官。"封尚章宴后回来就琢磨：官大一品压死人，要再出了大官，我这个解元还算个啥！他被此梦惊醒。第二天，他就用长杉穿数口大铁锅，将白鹤泉堵塞了。泉突然受阻，轰轰如雷，数月犹闻地下涛声。从此人们便传"闷了泰山白鹤泉，出了济南趵突泉"。到了秋季，封尚章又到地里看庄稼，天上飘来一块白云，上面有一乘轿子。丰都大帝被锁在里边。封尚章忙问："你到哪里去？""我因对你泄了密，你又闷了白鹤泉，我受了惩罚，前去天庭请罪。""那么我闷了白鹤泉更应有罪。""你啊！犯了千刀万剐之罪！"不久封尚章就一命归天了。

到万历间，御史宋焘[①]在白鹤泉阁游玩，因困乏而小睡入梦：清明节回家祭祖，路遇一庄园，红墙绿瓦，青松翠柏。忽出二武士，叩拜邀请。宋焘进院后见庄主老翁童颜，遂施礼攀谈。这时，见大殿前东西配房皆为库房，被封条所封。宋愕然而问："库存何物？"老翁不语，令武士开封，请宋焘观看，原来东为"天衣库"，西为"盔甲库"，都是为一二品文武京官所备。宋慌忙问道："此为何地？"翁笑道："乃斗米相宦之源白鹤泉也。"第二天宋御史在白鹤泉与旧友谈论州中科目渐稀、人才不济之事，忽忆梦境，豁然开朗：白鹤泉原为泰山神灵之门户，被封氏所封，故使人才湮没。他当即雇人施工疏浚，并挖出了几口大铁锅，但因俗人刁难而罢休，使千古名泉永匿声迹。这民间相传的故事给白鹤泉更增加了神秘的色彩。白鹤泉虽然不再突涌，人们也尝不到味甘清冽的泉水。但游人还是要前来观看这曾被誉为名泉的遗址，想象着泉水喷珠吐玉的美丽景观……

仙人洞　白鹤泉西原有玉皇庙，其内有玉皇阁，阁上祀玉皇大帝，阁下称"仙人洞"，洞内原供羽化[②]道士孙真清肉身，俗称"泰山活神仙"。《泰山述记》[③]载，孙真清系直隶河间府阜城县（今河北省东南部）人，因游泰山，迷恋山川，遂留居泰山为道士，住持玉皇庙。传其人行道六十余载，功成道就，方

① 宋焘：泰山五贤祠所供奉的五贤人之一。

② 羽化：道教名词。古称成仙为羽化，取其变化飞升之意。后称道徒逝世为羽化。

③ 《泰山述记》：清代乾隆年间泰安知府宋思仁撰。

得正果。清康熙四十年（1701）冬，有一天早晨，孙真清领众徒念经之后便说："我死后要停于阁内，三年后方可开视，可埋则埋。"语毕无疾而亡。众徒惊骇不已，即按其所言将孙真清尸体装入缸，停于阁内。三年后，开缸视之，仍见师父端坐如生，众徒便把尸体盘坐起来，置神龛内供奉于阁下。善男信女一时蜂拥而至，香火弥漫，祈祷声日夜不绝于耳，"活神仙"名扬四海。

孙真清羽化之事，历来传闻不一。至今在民间及泰山志书中传为清帝登泰山所致。清乾隆时，某年初夏，帝南巡回銮过泰山，朝山拜神，适值玉皇庙孙道士羽化，当时按朝廷规定，皇帝朝岱，山上山下一月内不准丧葬。但长久不葬必然要腐烂，加之玉皇庙南邻就是乾隆行宫，尤为辇毂近，其徒无奈，遂将师父尸体埋于石灰坑内，以防尸臭。乾隆帝在泰山游山玩水十余天才起驾回銮，众徒将尸体从灰坑中挖出，虽血脉毫尽，但皮骨完好，俨然成了一个活生生的蜡人。他们认为，这是孙真清羽化升天的遗体，就将其尸置于阁下，披以道装华服。为表现其神奇与真切，又将头易以泥塑，外加贴金，膝与足裸露在外。观其貌，金光四射如神偶；窥其不腐之体为仙人。似神似人，油然生奇，油然而敬，故使登山游人无不入洞观瞻叩拜。

孙真清肉身，自清代至民国间，一直供奉于玉皇阁下。后来阁毁，移于王母池后院的蓬莱阁下小屋内，1964年"破四旧"时焚毁于济南。

关帝庙　沿公路北去至终点，是东路现存第一座庙宇——"关帝庙"。庙坐北朝南，依山而建，高低错落。由山门、戏楼、拜棚、正殿、憩亭、东西配殿、过亭、后殿组成。正殿原祀三国时蜀汉大将关云长，历代帝王追封为"关公""关帝"。因关云长是河东解县（今山西临猗西南）人，故山西盐商于明代借祭关公而捐资重建，聚众行会，又名"山西会馆"。清代屡加修葺。

红门宫　关帝庙之北是"一天门"坊，明代创建，清康熙间重建。坊前两侧有"盘路起工处"和"天下奇观"大字碑。坊后是"孔子登临处"，明嘉靖三十九年（1560）钦差巡抚朱衡等人创建；坊前有"登高必自"和"第一山"等碑。再后是"天阶"坊，明嘉靖四十二年（1563）立。天阶坊之北是"红门宫"，这里是通往泰山的门户。红门是以西北大藏岭南崖有两片丹色似门的巨石而名，它以跨于盘道之上的"飞云阁"为中心，东为"弥勒院"，西为"元君庙"，形成一个"冂"形半封闭空间。飞云阁雄踞于门洞之上，起着控制环境的作用。门前连续三重白色石坊，高低错落，形若天梯，再加两侧的大字石碑，构成了一组高低、虚实、色彩等对比鲜明、变化丰富的建筑群。

“飞云阁”原祀观音大士，所以又叫“观音阁”。元君庙有上、中、下三庙，此为中庙，岱顶碧霞祠为上庙，泰城蒿里山东侧的灵应宫为下庙。门前有红门宫坊，额曰“瞻岩初步”，清康熙五十二年（1713）建。院内正殿三间，原祀元君，今置九莲菩萨铜像；西有“且止亭”；南有“合云亭”。路东弥勒院内有正殿三间，原祀木雕弥勒佛像，南有“过亭”三间，左有“更衣亭”，过去帝王登山至此更衣换銮。红门宫既有道教神，也有佛教之像，是泰山宗教中释道合一的特殊表现。清末沈桂清有《初夏游泰山诗》：“红门东亭子，南望见山城。白日照岩邑，薰风送市声。楼台杨柳地，山水古来情。更向徂徕看，汶流几点明。”

红门东北溪涧内，有方平巨石，上刻“小洞天”，前有黑石阜，形状如火车头，为泰山杂岩环状节理构造，俗称汽油桶构造，在国内首次发现。水从石缝中流出，汉代枚乘叫它为“泰山之霤穿石”，言滴水可穿泰山石。黑石阜以下有柳条、饮马、石峡三水湾，每当月夜来临，好似杭州西湖的三潭印月。溪内茂林幽草，森森蔓蔓。红门宫西北是大藏岭，传唐僧西天取经过此而名。岭西为垂刀山，相传是宋真宗得“天书”的地方。

万仙楼　穿过飞云阁不远就是万仙楼，阁楼式建筑，旧称“望仙楼”，明万历四十八年（1620）建。原祀王母，配以列仙；后祀碧霞元君。门洞之阴额镌“谢恩处”三字，传旧时帝王登泰山，地方官员送驾于此，帝令回府，群官谢恩；又传香客朝山安全返回至此，叩谢泰山老母保佑平安之恩。楼四周镶嵌明清善男信女结社朝山的《万古流芳》题名碑60余块；楼的南面东侧还有“隐真洞”。

万仙楼北，东溪内有大石坪，上有五色自然花纹，秀丽美观。此处，北有横阔短崖水帘，南有石峡，一年四季流水潺潺，石坪与短崖上有唐、宋、元、明时的题字，今字迹尚能隐约可辨。溪中北为桃花涧，南为樱桃园，旧时多桃树、樱桃而名。而每当暮春季节，桃红竹绿，风和水秀，真如“桃源仙境”。

路之西有方石耸立，清人在光绪年间刻“拜石”二字。此典故出自宋代大书画家米芾佚事。米芾曾在无为当通判，他的顶头上司是一个姓麦的知州。麦知州是个刮地皮的能手，搞得地方民怨沸腾，都叫他“面老鼠”。米芾秉性耿直，为官清廉，当然与麦知州是“猫见老鼠——合不来”。可是又在他手下，常言说："在人屋檐下，哪能不低头。"心里闷闷不乐，尤其是每月逢单日，要到州衙议事、朝服参拜，心里更为恼火。他想来想去，想了个办法。米芾不但字写得好，还爱收藏古石玩器，他便吩咐家人秦礼，让他每逢单日就把古石器拿出来摆好，米芾一大早就穿好礼服，向古石朝拜，口中还念念有词："我宁可拜无知干净的石头，也不拜你那有知肮脏的'面老鼠'。"后来，秦礼结婚，米芾一贫如洗，无可奉送，心中不忍，就对秦礼说："你跟我这些年也不容易，但我实在没有钱物相赠，真对不起你。今天，我求你一件事：你到'面老鼠'那里告发我拜石不拜他，你就会得到一笔钱，我也就心安了。"秦礼一听扑地央求："老爷，万万使不得，我宁可不婚也不能办那缺德的事。"米芾无奈，就自己给面老鼠写了一封信："启禀无为州正堂：通判米芾，狂妄不法，每逢开衙议事，即具朝服拜石，然后入衙，实为侮慢朝廷命官。拜石时，口中还念念有词：'宁拜无知石，不参面老鼠；大堂是魔窟，吸髓搞贪污！——知名不具。'"面老鼠见信大怒，遂将米芾革职。米芾走时对秦礼说："我走后，屋里的东西都归你，这样你可省点钱再买别的。"秦礼恍然大悟：原来米芾为成全自己的婚事而丢官迁徙。

斗母宫　万仙楼北二里余是斗母宫。宫前有著名的"卧龙槐"，因巨枝扑地如同卧龙翘首而名。斗母宫旧称"妙香院"，又因东临龙泉峰，泉水绕宫而过，所以又叫"龙泉观"。此宫原为道教祀奉之地，后来成为香火鼎盛的尼姑庵了。所以宫内即有道神，也有佛像，道也佛也难以分晓。

斗母宫是一组古建筑群，它创建的年代已经无从查考了。只知明代嘉靖二十一年（1542）重修过，至清代康熙初由尼姑住持，又拓建重修，复又兴旺。宫内有殿、阁、亭、廊几十间，分别坐落在中、北、南三院之中。布局疏密得当，错落有致，建筑深秀庄严。宫门西向，门下有一对雕刻精湛、光滑似玉的石狮把守；门与左右钟鼓二楼并连。中院是主体建筑，正殿三间，原祀斗母神和二十星君泥塑像。斗母是道教信奉的女神，名为"先天斗母大圣元君"，传说是北斗众星之母。神像有24个头，48只手，掌心有眼，故俗称"千手千眼佛"。东殿配三间，原祀观音、文殊和普贤三菩萨，全为精工木雕神像。后院正殿、配殿分别祀元君、送生、眼光诸女神；东有"听泉山房"三间，可在此观赏溪谷中的"三潭叠瀑"；山房北还有"龙泉亭"，专供游人小憩品茗。南院有穿堂和僧房，是当年尼姑的住室；东南角有"寄云楼"五间，内设茶室；

院中还有清人所凿“天然池”，引龙泉之水而点缀山间名胜。宫中原神像尽毁，今唯有正殿祀智上菩萨铜像，系1981年移置于此。

这里重峦叠翠，清泉瀑溪，山能醉人，泉以涤心，古刹钟声，幽雅动人，自古便是听泉、观瀑、品茗、赏月的胜地。1932年赵新儒在《新刻泰山小史》中记载：“清末光绪时尚盛；幼尼皆妙婉秀丽，解文字，衣装如美少年。其室宇陈设、饮食供客，极其豪奢，故游客多乐而忘返。”清末小说家刘鹗在《老残游记续集遗稿》中对斗母宫的建筑、室内陈设和幼尼的装束、身世及生活习俗曾有生动而较详尽的描述。

斗母宫北有“高老桥”，因旧时姓高的老人所建。跨桥而北，道西是“三官庙”，明代称“人祖庙”，传秦二世所建，祀秦始皇；清代改为“三官庙”，祀天官、地官、水官。今为学校。

经石峪　从三官庙北行数十步，有1956年新建东北向的盘路，顺石级、跨涧溪、翻越一岭就是驰名中外的经石峪。此处有石坪数亩，在南部斜坡上刻着南北朝时北齐人所书《金刚经》部分经文。

经文东北侧，有长方形巨石，其上平广，有10多平方米，上刻明人《大学》。经石峪西侧，有巨石如壁，因中劈，俗称“试剑石”。上刻“高山流水亭石壁记”，记载明隆庆六年（1572）万恭创建“高山流水石亭”的情景。亭原在巨石东北侧，万历间重修；1965年移于西谷口。

自经石峪返回再北行约半里，有一桥横跨深涧，叫“注水流桥”。桥西北是天绅岩，山坳中有古洞流水，叫“水帘洞”。岩崖之巅有大谷，谷北侧有明代文学家钟惺与林茂之等人合作《水帘洞诗》。注水流桥以北，又有一桥横跨中溪，俗称“东西桥子”，桥北路东石壁上，有明人吴维岳大书“歇马崖”三字，因下有石洞可容马而名。传崖上曾有吕洞宾墨书三画，粗大可观，风雨不灭，所以又叫“三字崖”。

奉安碑　歇马崖之北是“总理奉安纪念碑”，1929年6月1日为纪念孙中山先生在南京安葬而建。碑高9.27米，碑座为五棱形，代表孙中山先生提倡行使“五权[①]制度”的宪法原则；碑身呈三棱形，象征孙中山先生倡导的“三民主

---

① 五权：即立法、行政、司法、考试和监察。

义”[①]；碑上刻“总理遗嘱”；碑下铺衬中国国民党党徽。

壶天阁　纪念碑之上是森荫蔽日的“柏洞”，穿越柏洞后不久就是壶天阁。明代时叫“升仙阁”，清乾隆十二年（1747）扩建后，因此处东有十峰岭，西有九峰山，北有回马岭，山势若壶，遂更名为“壶天阁”。阁楼门洞两侧有古楹联：“登此山一半已是壶天，造极顶千重尚多福地。”这里海拔800米，恰是泰山高度的一半多，而泰山瑰丽多姿的景色尚在更高处。进了壶天阁，只见四周奇峰环绕，脚下仅有一席之地，恰似壶中窥天。“壶天”按道家之说，就是神仙居住的地方。传说秦始皇当年派方士徐福到东海蓬莱、方丈、瀛洲三仙山求取长生不老之药时，见三座山的形状都像壶一样，壶天阁就是仙山琼阁之意。所以到清嘉庆十九年（1814）时，泰安知府廷镪又题联做注释：“壶天日月开灵境，盘路风云入翠微。”阁北是元君殿，内祀元君铜像；西有倚山亭。

元君殿西侧有“回马岭”坊，言骑马登山，到此不能再上。回马岭旧称“石关”，也叫“瑞仙岩”。传为宋真宗回马处，但宋真宗登封泰山是乘辇而上，并未骑马，疑为东汉光武帝刘秀上泰山时所名。东汉泰山郡守应劭在《汉官马第伯封禅仪记》中曾说：“是朝上山骑行，往往道峻峭……乍步乍骑，且相半至中观留马。”这里重峦叠嶂，形势险要，峰回路转，陡峭难行。这时人们才初识泰山真面目，挥汗仰首，只见中天门楼阁映现在绿树丛中。清乾隆帝有《回马岭诗》：“昔人回马地，进马跋岩扃[②]。夫子有明训，功毋一篑停。”言真宗骑马至此而回，而自己却跃马而上，讽刺宋真宗是功亏一篑。

中天门　登上回马岭，跨过“金星亭”和“三大士殿”（原祀观音、文殊、普贤三菩萨）就是“步天桥”，桥下为涧，桥东有巨石如鹰，因名“鹰石涧”。桥北是“十二连盘”，再向上就是登山东西两路的汇合点——中天门。这里有中天门坊一座，题额“中天门”三字是集经石峪字而成。原有“二虎庙”三间，祀黑虎神；殿西有巨石仆卧如虎，叫“虎阜石”。1972年在旧庙址建服务部；继而在东侧建楼阁式茶室；1980年又在其东建“中天门饭店”楼。中天门西侧还有“中天门索道站”“中天门宾馆”及“索道站宾馆”。这里以它优越的地理位置，成为登山主道的著名景点。特别是1983年9月5日，我国第一条大型客运

① 三民主义：即民族、民权、民生。

② 岩扃：扃，门户；岩扃，指陡峭如门的山崖。

索道电缆车通车后，更是热闹非凡。中天门正处于黄岘岭之巅，此山即是泰山主峰的屏障，又是中、西两溪的分水岭。在此，东可望中溪山之俏；西可看凤凰岭之美；南可眺徂徕如丘，汶水若蚓；北可瞻天门凌空，云梯高悬。看缆车横飞，林茂泉泻，五岳之尊的雄姿尽收眼底。

泰山客运电缆索道，下起中天门黄岘岭北侧，上至岱顶月观峰南侧，全长2078米，落差607米，缆车在空中与山谷最深处的垂直距离是150米。每车搭客30人，上行车、下行车相对而开，7分钟即达。上、下索道站依山而建，富丽堂皇，既有古朴典雅的民族风格，又展现出20世纪80年代的时代新貌，与泰山风景名胜相映生辉。

云步桥　从中天门到云步桥约有二里路。开始一段平坦舒适，故夸称“快活三里”。这里有旧传能解治百病的“玉液泉”，有石纹如龙的“蛟龙石”，有能斩云化雨的“斩云剑”。再往北就是“云步桥”。桥东有石亭，名曰“酌泉亭”，是清光绪年间泰安县令毛蜀云建。此处群峰环围，山势险峻，飞泉清溪，云雾弥漫，人行桥上如在天际。

桥北为“御帐坪”。相传宋真宗登封泰山时，被这里的景致迷住了，曾在石坪上搭帐驻跸，至今柱窝痕迹犹存。每当夏秋多雨季节，瀑流悬空，水花四溅，所以又称“百丈崖”“飞瀑岩”“银河”。明代弘治间应天巡抚陈凤梧赋诗：“百丈崖高锁翠烟，半空垂下玉龙涎。天晴六月常飞雨，风静三更自奏弦。”传当年宋真宗驻跸时，月夜赏景，恰逢泰山神夜巡，见昏君如此享受，就掀动一石要惊他一下。真宗见顽石自山巅滚滚而来，吓得钻入床底，王钦若等护驾重臣也纷纷逃窜。巨石滚到溪畔突然停住了，真宗见巨石如老翁拱立，就钻出床底傲气十足地说：“泰山石奈我如何？是接驾而已！”所以至今溪东还有接驾石。

五松亭　御帐坪西北是五松亭，著名的“五大夫松”就在亭前。据《史记》载，秦始皇于公元前219年登泰山时，至此遇雨，避于大树下，因树护驾有功，遂封为“五大夫”。“五大夫”本是秦代官阶第九品爵位，并非五株松树。东汉末应劭始称松树；到了唐朝，由于陆贽在《禁中青松》一诗中有“不羡五株封”之句，遂演绎成五棵松树。明万历九年（1581），于慎行在《登泰山记》中云：“松有五，雷雨坏其三。”所余两株又于万历三十年（1602）被洪水冲走。清雍正八年（1730），负责整修泰山的丁皂保又补植了5株，后毁2株，1983年又枯死

1株，今实存2株。它龙干虬枝，蟠蜿屈展，抚松盘桓，定会让人感慨万分。清人将其列为泰安八景之一——秦松挺秀。明正德年间泰安知州戴经诗云："野鹤孤云自往还，空名千载列朝班。奋髯特立云霄远，偃盖长留岁月间。岱岳托根真峻地，嬴秦承命却愧颜。四时秀色何曾改，桃李春风未许攀。"秦松四时挺秀的美姿，连春天的桃李艳色都不敢与之媲美。

五松亭南侧，有浑圆大石一块，叫"飞来石"，是明万历三十一年（1603）在一次狂风暴雨中，从山上滚落下来的。亭之后拦住山东侧坡上，有古松一株，长枝下垂似探身招手迎客，故名"望人松"。望人松东北是"朝阳洞"，旧称"云阳"或"迎阳"洞，因向阳而名。洞内后壁上阴刻元君像，洞顶凝露如悬珠，用器皿承接下来，叫"石乳"。东北为"御风岩"，上刻清乾隆帝《朝阳洞诗》，俗称"万丈碑"，又名"清摩崖碑"。

对松山　朝阳洞北，两峰对峙，万松挺立，故名"对松山"，也叫"万松山"，或称"松海"。这里古松层层叠叠，荫翳蔽日，松风泉韵，不绝于耳。如山风乍起，则松涛轰鸣，如巨浪拍岸，堪称奇观。李白有"长松入云汉，远望不盈尺"的诗句。清乾隆皇帝则盛赞它："岱岳穷佳处，对松真绝奇。"为此，特在盘道西侧建"对松亭"，专供游人坐亭赏松，依栏听涛。

天门云梯　天门云梯是泰山一大奇观，也是泰山的主要标志。南天门如天上琼阁，十八盘似云梯倒挂。泰山有三重天门，三个十八盘，步步将游人带入"登泰山如登天"的意境之中。南天门恰处于登山中轴线北端的山口处，东有"飞龙岩"悬崖摩天，西有"翔凤岭"峻拔如削。游人在山麓，在泰莱平原上，都能仰瞻它的雄姿，成为可望而可及的攀登目标和奋斗方向。每当山间云雾出没变幻时，南天门在云海中时隐时现，十八盘如银河下泻，天然天梯，更富有"登天"的诗情画意。

十八盘汉时称环道，传唐代始建盘道。因山势险峻陡峭，环绕登山，盘旋而上而得名。全程79盘，共计1633级。从对松亭北的开山口至龙门坊旧址为慢十八盘，393级；龙门坊至升仙坊为不紧不慢又十八盘，计767级；升仙坊至南天门为紧十八盘，473级。泰山周围流传着"紧十八，慢十八，不紧不慢又十八"的顺口溜。三个十八盘，不足1公里，垂直高度却有400余米，何等峻拔，何等艰险！登上中天门，翘首北望，南天门像嵌在巍巍岱顶两翠峰间的红宝石，十八盘像天绅飘挂在天门下的峡谷中，神采飞腾，令人遐想。登上十八盘，仰望天门，近在咫尺，门若悬空，陡崖欲坠，这时虽汗流浃背，万分艰险，但两旁“天地交泰”“共登青云梯”等石刻在不断鼓励着你登峰造极，不达目的誓不罢休！明人祁承熯颂曰：“拔地五千丈，冲霄十八盘。径从穷处见，天向隙中观。”

当你登上南天门后，白云为你擦拭热汗，山风为你清心涤虑，满目空翠，疲劳顿失，情不自禁地吟诵起李白当年在此赋下的千古名句：“天门一长啸，万里清风来。”

第三节　岱顶

南天门至玉皇顶称为“岱顶”，面积0.6平方公里。登上岱顶，日近云低，如入天宫，可跨天门，游天街，望天阙，渡仙桥，逛琼阁；可尽赏旭日东升、晚霞夕照、黄河金带、云海玉盘等奇观。真是虚幻缥缈，绝佳无穷。

南天门　南天门，又名“三天门”，城楼式建筑，石砌拱形门洞，上有“摩空阁”，重檐歇山顶。门侧有石刻楹联“门辟九霄，仰步三天胜迹；阶崇万级，俯临千嶂奇观”概括了这里的险要形势。南天门之内，原为“三灵侯殿”，祀周谏官唐宸、葛雍、周武，传宋真宗东封泰山时，在此见三神人，因加封祠祀。后来改为“关帝庙”。今内供东岳大帝铜像。殿前有东西配殿，殿后有开阔宽敞的石栏观景平台，专供游人眺望岱阴风光。天门之西是“月观峰”，在皎洁的月夜中，可在峰顶观赏济南灯火，故又名“望府山”。山之阳是泰山索道公司“南天门站”，山之阴有两石环立如扉，叫“西天门”。

天街　南天门北去东折，拾级而上便是“天街”。原来有石坊，明人题额“升中”（古帝王祭天上告成功），坊后毁，1986年又重建，题额“天街”。北去原有清代乾隆皇帝的行宫；东去原有唐文学家苏源明读书处。天街北侧自清代至民国间“庐而市者数十家”，贫困的山民在一排排小茅屋内，经营着茶水和客店。因旧社会善男信女多是文盲，各店铺均以木雕“双升”“棒槌”“二金钟”“木碗”“鹦哥”等实物为招牌，招徕游客。如今天街换了人间，路宽道平，楼阁毗连，恰似天上街市。近几年自西而东改造和整修了天街旅社、天街饭店；新建楼阁式升中阁、蓬元商店、工艺美术商店、文物商店和白云居旅社等。旅社东南有“象鼻峰”，又云“锁云岩”。岩之西有“白云洞”，又名“云窝”，因地处悬崖，危岩多窍，洞内气温低，空气湿润，夏秋终日白云缭绕。每逢新雨初霁，白云如絮如雪从洞中涌现，堪称奇观。洞内石壁上有明人题“卧云”“锁云”，洞口联曰：“品物流天万民所望，山泽通气百谷用成。”象鼻蜂之东有“青云洞”。旧传洞内常冒青烟，与白云洞之云相遇就遍雨天下。旅社之东是“围屏峰”，又名“悬石峰”；再东是“虎头崖”，巨石状如卧虎而名。崖之东北有“望吴峰”，俗称“孔子崖”。《孔子家语》[①]言：颜渊与孔子上泰山，孔子见吴国都城门外系着一匹白马，他便引颜渊说“看见吴国城门了吗？”颜渊答曰“看见了”。孔又子问“门外有何？”“像是半匹白绢。”孔子怎能望见千里之外的白马？或云初春阳气发动，遥望薮泽，犹如奔马；或云天际白云飘忽似马。孔子崖之东是“孔子庙故址”，沿石级而下有“孔子坊”，额曰“望吴圣迹”。孔子庙故址东南为“斗仙岩”，明人大书“振衣岗”，上有“鲁班洞”。稍北有“北斗台”，明万历间筑，四面皆门而中通，上复为台，曰“礼斗”，俗呼辅、弼二星辰，取“泰山北斗”之意。又东巨石黑黧，上镌“斯碑岩”，即秦李斯所篆“泰山刻石”立碑之处。东有“玉女池”，传为碧霞元君梳洗之地。

碧霞祠　天街东首沿石阶而上就是“碧霞祠”，是元君上庙。宋代大中祥符年间创建，叫“昭真祠”，金代称“昭真观”，明代改名“灵佑宫”。祠为二进院落。北院有正殿、配殿、御碑亭、香亭和山门。正殿五间，九脊歇山式顶，瓦垄360条，象征全年周天之数，因山高雾多，云蒸雨降，材木易朽，飙风刚劲，故明时盖瓦、鸱吻、脊兽、檐铃均为铁铸，清初移万寿宫铜瓦于此。瓦当上还有一排似龙非龙的小动物，古代没有灭火器，就用这水兽避邪镇灾，亦可铆住瓦当，起固定和装饰作用。檐下有乾隆御题“赞化东皇”匾额。殿内雕梁画栋，殿顶大藻井中二龙衔珠。下有神龛，内祀碧霞元君铜像，两侧为送生

---

① 《孔子家语》：原书27卷，《汉书·艺文志》曾著录，久佚。今本10卷，系三国魏王肃收集和伪造。杂取《论语》《左传》《国语》《荀子》《大戴礼》《礼记》《说苑》等书中有关古代婚姻、丧祭等制度与郑玄不同的，借孔子名义，攻击郑学。但书中也保存了一些故书。

娘娘和眼光奶奶铜像，均是凤冠红袍，慈颜庄重。东西配殿分别祀眼光、送生二母之铜像。殿前为“香亭”，即明万历年间所建“金阙”之处。亭重檐八角，黄琉璃瓦盖顶，内祀元君小铜像。亭两侧有明代铜铸巨碑对峙，又有清代帝王玉碑陈列于东西碑亭内。香亭前还有明代铜铸“千斤鼎”和“万岁楼”。南为大山门，上覆铁瓦，门内有青龙、白虎、朱鸟、玄武四尊铜像，威风凛凛，栩栩如生。门前为台，左右为钟鼓楼，东西南三方各有一门，叫“神门”。南神门上，清顺治时复增葺歌舞楼。大门外有“火池”，专供焚烧纸香。火池南有照壁，上书“万代瞻仰”四大字。

碧霞祠是一组庞大的高山建筑群，巍峨严整，气势宏伟，充分显示了我国古代劳动人民的聪明才智。远望白云萦绕，金碧辉煌，俨然天上宫阙。明代万历间，礼部尚书兼文渊阁大学士王锡爵在《东岳碧霞宫碑》中描绘道：“琼宫银阙，连岭被麓，丹青金碧，掩映层霄。香烟烛焰，若云霞蒸吐碧落间，是为碧霞元君之宫。”

碧霞祠东南巨石类狮，俗呼“狮子峰”，也叫“宝藏岭”，碧霞宝光就经常出现在这一带。

大观峰　碧霞祠东北有峰峦绝壁如削，俗称“大观峰”，也叫“弥高岩”，上刻唐玄宗御制《纪泰山铭》。铭文之西是“云峰”，因云常聚集于此而名。此处历代题刻遍布，能辨认的就有七八十处，重重叠叠，密密麻麻。大观峰前原有“东岳庙”，即《从征记》所谓泰山神的上庙，毁于民国间，今仅存清咸丰七年（1857）重修时的泰山顶《东岳庙碑记》。峰之东南为《宋摩崖碑》，明人翟涛大书“德星岩”。大观峰西南路旁有长石突兀，南侧刻“一拳石”，北侧刻“聪明正直”，即清代文人孔贞瑄所说取五岳真形之义的“真泰山”。大观峰西北为“青帝宫”，由山门、大殿、东西配殿组成，祀青帝。西为“神憩宫”，即元君后寝宫，由正殿和配殿组成，正殿内设元君木雕卧像。两宫均创建于明，重修于清，像毁于民国间兵燹，但宫殿保存完好。

玉皇顶　大观峰东北是泰山绝顶，旧称“太平顶”，也叫“天柱峰”，俗呼“玉皇顶”。上有“玉帝观”，即古“太清宫”，今称“玉皇庙”。由山门、正殿、观日亭、望河亭、东西禅房组成。正殿三间，前后步廊式，内祀明铸玉皇大帝铜像。神龛上匾额“柴望遗风”，说明远古帝王曾登此燔柴祭天，望祀山川诸神。观日亭内可看旭日东升；望河亭内可赏黄河金带等奇观。殿前有

“极顶石”，是泰山最高点，为防损毁，民国间增建石栏护卫。极顶石西北有《古登封台碑》，表明历代帝王封泰山时多在此设坛祭天。马第伯《封禅仪记》：“东北百余步，得封所。始皇立石及阙在南方，汉武在其北，二十余步得北垂圆台。”庙门外汉武帝的《无字碑》更是铁证。

日观峰　玉皇顶东南是“平顶峰”，因巅石平敞亩余而名。峰南为明代“挟仙亭”故址，清代在此建“乾坤亭”，中有碣，上刻“孔子小天下处”，亭毁于民国间，碣毁于1967年。平顶峰之东是“日观峰”，因在此可观日出而名。峰上原有“迎旭亭”，民国间建泰山气象站。峰东侧为1984年新建观日长廊，依崖而筑，光彩夺目；西侧原有“登封坛”，为唐宋时封禅遗址。明代成化十八年（1482），日观峰下曾因大雨而冲出玉简；清乾隆十二年（1747），石匠在日观峰侧凿石时曾得玉匣两个，各缄以玉检金绳，其一是宋真宗登封玉册。峰之东北有巨石横出，叫“拱北石”，俗名“探海石”。它像一把带鞘的利刃，斜刺苍穹，游人常攀爬其上，朝望日出，暮观彩云，晴赏山河，阴看云海，成为泰山的重要标志。古人李兴祖诗云：“才听天鸡报晓声，扶桑旭日已初明。苍茫海气连云动，石上游人别有情。”

舍身崖　自日观峰东侧，顺步游路南去，东可俯瞰万丈深壑“鹰愁涧”，南可看陡绝万仞的“舍身崖”。舍身崖是因旧时常有人于此为父母求福而投崖舍身而得名。明万历初年，山东巡抚何起鸣在此筑墙阻拦而易名为“爱身崖”。崖巅之中有巨石凌空，高三米多，叫“瞻鲁台”，也称“幡杆石”，传孔子曾登此瞻望鲁国之都。舍身崖之西是“仙人桥”，两崖对峙，下临深涧，中有三石衔接抵撑而天然成桥。明萧协中曾题诗：“三石两崖断若连，空蒙似结翠微烟。猿探雁过应回步，始信危桥只渡仙。”稍西南有巨石坦豁，叫“望海石”。明代山东提学副使袁洪愈题刻“望海”；明代学者林茂之题“双流翼注”。

丈人峰　玉皇顶西北是“丈人峰”，因石峰状如老人伛偻而名。又加峰周围有数块俊秀小石，故又有“老翁弄孙”之称。自古至今，人们对妻父、妻母称为“岳父”“岳母”“丈人”“丈母”或“泰山”“泰水”，这主要是根据《汉书·郊祀志》“大山川有岳山，小山川有岳婿山”演变而来的。又据《酉阳杂俎》载，唐玄宗封泰山时，三品以下的官员普升一级。当时张说为封禅使，他借机将女婿郑镒由九品官提升为五品官，随即更换官服。宴会时，唐玄宗对此事疑惑不解，就质问郑，郑无言可对，张说也慌了手脚，幸亏在场的黄幡绰灵机一动，代答说："此乃泰山之力也！"因一语道破了天机，皇帝也就默认了。所以，自唐代开始，"泰山""岳父"便成了妻父的专称了，"丈人"也由原来泛指老人的含意而演变为妻父了。

第四节　岱顶奇观

因泰山具有擎天捧日之势，泰山气候与山脚泰安市及泰莱平原的气候迥然不同。山下属暖温带气候，而岱顶则相当于寒温带气候，是典型的季风气候和高山气候。盛夏时山顶与山下平均温差为8.6℃。正因泰山的岩岩气象和独特的气候特点，大自然为岱顶创造了旭日东升、云海玉盘、晚霞夕照、黄河金带及雾凇雨淞和碧霞宝光等奇观。

旭日东升　自古以来，登岱顶览胜的游人，都殷切希望看到"旭日东升"，这是泰山最迷人的奇观。拂晓，天晴气朗，站在岱顶举目远眺东方，万壑收冥，千岩送晓，一线晨曦由灰暗变成淡黄，又由淡黄变成橘红。继而天空的云朵，赤紫交辉，瞬息万变，有的像万马奔驰，有的像神牛角斗，有的像凤凰展翅，有的像孔雀开屏……但见满天彩霞与地平线上的茫茫云海融为一体，犹如巨幅油画从天而降。云霞雾霭相映，岚光宝气闪烁。浮光耀金的海面上，日轮掀开了云幕，撩起了霞帐，披着五彩霓裳，像一个飘荡着的宫灯，冉冉升起在天际。顷刻间，金光四射，群峰尽染。然而，这只不过是天晴时一般的陆地日出，而岱顶海上日出更是其他地方无可比拟的。

李白有"海水落眼前，天光摇空碧"的诗句；宋代词人梅圣俞则有"晨登日观峰，海水黄金熔。浴出车轮光，随天行无踪"的绝句。民国初周公才在《游岱笔记》中生动而翔实地记述道："东方有曙光一抹，微白，渐次上转苍绿，由淡而浓，其下白光渐明，转成金色，有如黄金铺地。舆[①]者曰：'此海水也。'

① 舆：即山轿子。

俄而上层苍绿衬以五色，蓬蓬勃勃环若虹彩，隐约赤轮乍启海面，半吞半吐，欲上而止者三，仿佛有二日捧出者。指以问，舆者曰：‘初所见者海中日影，后所见者乃真日也。’始知为一种光学作用，由海水冲动而呈此现象。未几，日离海面冉冉而上，直如一赤玉盘飘系空中，旋于轮心，过一褐色如带之影。舆者曰：‘此即海中岛屿，日轮经过以摄其形。’其时，海天苍凉，五色齐吐，此一二分钟内最为美观，非长于油画者不能绘画其色也。”太阳初露时，因受海波起伏的影响而忽隐忽现，闪烁不定；日轮缓升时，又受波峰、波谷推进的影响而上下跳荡；当强光射在荡漾的波面上时，便映出浮光跃金的狭长日影。

泰山距东海最近处约230公里，人的视野在大地水准面上只有140公里，显然是看不到海上日出。可是由于泰山的高度和地理位置及光的折射作用，海上日出在一定条件下确实能看到。当日光平射岱顶而穿过地表长距离的上疏下密的大气层时，阳光折射约34′，将助增视野60余公里。当低层大气温度特别低时，形成密度远大于上层，这时只要夜间无风，上下气层未发生扰动混合，日光折射就可达52′以上，可助增视野95公里，这样就能看到近海日出了。另外还有一个条件，在岱顶全年日出幅角的变动幅度为60°，在这范围内，最近海域能看到日出的只有东偏北方向的莱州湾南部和东偏南方向的胶南琅琊山之南。东北能见夹角是5°46′，正值夏至前后各37天；东南能见夹角为15°，正值冬至前后各58天。所以，在岱顶看海上日出，只有夏至和冬至前后才有可能看到，而两夹角之地的胶东半岛，由于向远海伸延了约300公里，在这个范围内是任何情况也看不到海上日出的。

岱顶观日出，最难得的是还能看到日珥。日珥是太阳表面上喷射的火焰状炽热气体，只有日全食时人的肉眼才能看到。由于泰山的特殊地理位置，这罕见现象竟然在这里时有发生。明代文学家于慎行于万历九年（1581）六月中旬登岱顶观日出时曾见：“山中云从涧壑吐出，如一缕烟，稍上而大，东西聚散，车驰马奔，倏然往来，顷刻减没。于是朱可大大呼以为平生未有，从者尽欢东方作矣。回而东望，有山数峰，如卧牛车盖之状，而又渐没。赤霞半天，光色媚丽，间以碧绿，熠燿五色，直射衣袂。顷之，平地涌出赤盘，状如莲花，荡漾波面而烨炜不可名状，以为日耶！已又一赤盘大倍于先所见，侧立其上，若两长绳左右汲挽，食顷乃定。”清代孔贞瑄在《泰山纪胜》中亦云：“才一转睫，倏雾半体，若月弦就望。厥色殷红，韬光不曜，轮腾而上。少顷，日中忽如一灯吐焰，次如炬，次如瓶，次如罍樽[1]，次如葫芦。上黄白，下紫赤，类薄蚀状。”那时，由于科学不发达，而误认此为海中日影等。

1962年夏，山东师范大学地理系副教授孙庆基携友登岱时，又发现了日珥，这才揭开这个谜。他在《五岳独宗》中描述：“突地从地平圈上喷发出两个红色强大的火舌，初露时呈烛焰状，下宽上窄，玫瑰色，下浓上淡。倏忽间两火舌上端连成拱桥。”接着，他总结了这次幸见日珥的原因：天气晴朗，天旱无风，空中水汽，飞尘较少；低层大气特别透明，折光度超过52′；日珥出现时，日轮尚在水平圈下1°左右，天空背景暗淡，与日全食得见日珥时类似。

泰山日出不论是地上日出，还是海上日出，均十分辉煌壮观，但机遇很少，即使天晴气朗、万里无云时，日出前东方地平线上也总是有一抹浓黑的薄云笼罩着。而每逢天高气爽的暮秋和云气较少的严冬到来之际，只要泰安市在前一天下午刮西北风或是雨后转西北风，次日岱顶又多天晴无云，能见度好，这样就能让那些不畏高寒的勇士们饱赏旭日东升的真面目。所以，元代有人说：“观日有三遇：正月无雨，海晕不升，一遇；暮秋气爽，新霁无尘，二遇；仲冬雪后，晓绝云烟，三遇。”因泰山气象瞬息万变，游人观日出，有时正浓云盖顶，忽而却云消雾散，让那些耐心等待而不放弃最后希望的人，出乎意料地又看到了日出。明代陈凤梧在《登岱》诗中就赞颂过这种情况：“云起半空方作雨，天临绝顶忽开晴。”

岱顶旭日东升，冲破层层云雾，放射出万丈光芒，为大地投下了无限的光和热。巍峨的泰山，顿时生机勃勃，鸟兽飞腾。

云海玉盘　早在战国时，公羊高就在《公羊传》中赞颂泰山云瞬息致雨的神奇。古人说：“万古此山先得日，诸峰无雨亦生云。”泰山云雾可谓呼风唤雨，变幻无穷，时而山风呼啸，云雾弥漫，如坠混沌世界；时而黑云压城，地底兴雷，让人惊心动魄。游人如若遇到这种天气，也不必失望，因为你将会看到云海玉盘的奇景：有时白云滚滚，如浪似雪；有时乌云翻腾，形同翻江倒海；有时白云平铺，宛如千里棉絮；有时云朵填谷壑，又像连绵无垠的汪洋大海，而

---

① 罍樽（音雷尊）：罍，古代酒器，亦可盛水。圆形或方形，小口、广肩、深腹、圈足，有盖，肩部有两环耳，腹下又有一鼻，盛行于商周。樽，酒杯。李白《前有樽酒行》：“春风东来忽相过，金樽渌酒生微波。”

那座座峰峦恰似海中仙岛；有时白云缠绕山腰，酷似达官贵人腰间扎束的玉带。站在岱顶，俯瞰下界，但见片片白云与滚滚乌云时而融为一体，酿成滔滔奔流的“大海”，风起云涌，起伏跌宕，有的前进，有的沉浮，有的跳荡；须臾，或白莲朵朵，或堆絮积雪，或龙腾虎跃，或两军厮杀，或万马奔驰，真乃妙趣横生，使人不禁遐想。正如苏东坡在《赤壁怀古》的词中所言：“乱石穿空，惊涛拍岸，卷起千堆雪。江山如画，一时多少豪杰！”

泰山云海玉盘，多出现在夏秋两季。夏季多云雨，云海时隐时现。秋季天气转冷，陆地比海洋冷却得快，海洋上空的空气比同纬度陆地上空的空气温暖而潮湿。当北方冷空气沿偏北方向东移，山东半岛持续刮偏东风时，黄海与渤海上的暖湿空气即被缓缓不断地吹送到泰山周围，遇冷后就凝结为大面积低云层。若云顶高度低于1500米时，站在岱顶便看到浩瀚的云海了。每当雨后新霁而又无风的夜晚，由于剧烈的冷却降温，近地面的潮湿空气遇冷凝结而生成的大雾，在次日晨曦照耀下，又受热而抬升，变成了飘移的低云，也能造成茫茫云海。

泰山山势陡峭，地形复杂，山风来去无踪。当云海与山风同时出现时，还会形成漫过山峰的“爬山云”和顺坡奔流直泻的“云瀑布”等奇观。

晚霞夕照　当雨过天晴、天高气爽、夕阳西下的时候，若漫步泰山极顶，仰望西天，朵朵残云如峰似峦，一道道金光穿云破雾，直泻人间。在夕阳的映照下，云峰之上均镶嵌着一层金灿灿的亮边，时而闪烁着奇珍异宝般的光辉。那云朵呀，白的，黑的，黄的，兰的，红的，紫的……真是五彩缤纷，奇异莫测，是天工巧夺，还是神女织绣？如果云海恰在此时出现，满天的霞光则全部映照在“人海”中，那壮丽的景色就更加令人陶醉了。待到夕阳沉入云底时，云峰上那亮晶晶的边逐渐消失，霞光变成了一片火红。天际、云朵、峰峦都好像在燃烧着，山间里的潭溪，大地上的湖川，也变成了红水火海，闪着瑰丽的光彩。“谁持彩笔染长空，几处深黄几处红。”“清泉泻万仞，落日御千峰。”山川如此多娇，天地蔚为壮丽。

黄河金带　如若新霁无尘、夕阳西下时，举目远眺，在泰山的西北边，层层峰峦的尽头，还可看到黄河像一条金色的带子闪闪发光；或是河水反射到天空，造成蜃景，均叫“黄河金带”。它波光粼粼，银光闪烁，黄白相间，如同金银铺就的一般，从西南至西北，一直伸向天地交界处。清代诗人袁枚在《登泰山诗》中对黄河金带做了生动的描写："一条黄水似衣带，穿破世间通银河。"

晚霞夕照与黄河金带的瑰丽景色，与季节和气候有着很大的关系。为了能使登岱者充分领略这一奇观美景，就必须恰当选择旅游的时机。就季节而言，应以秋季为佳，因这时正是风和日丽，天高云淡；其次应选在大雨之后，残云萦绕，天晴气朗，尘埃绝少，山清水秀。你可极目四野，饱览群山秀丽的景色。

雾凇雨凇　泰山的冬天，朔风凛冽，寒气逼人，冰天雪地，银装素裹，气温经常在零下20℃左右。正是这种高山严寒的天气，又为泰山孕育了另一种奇特的自然景观——雾凇与雨凇。雾凇似霜非霜，似冰非冰，迎风怒放，千姿百态：把岩石变成了璞玉，使枯枝化作珊瑚，让灌木条子绽开了花朵。雨凇使岩石、大地、房顶、林木都结满了晶莹剔透的冰层，让万物骤然间凝聚成冰的世界。

雾凇，俗称"树挂"，它的形成是因冬季潮湿气流缓行过山，抬升冷却凝结成雾，在运动中触及树枝、电线、房顶等，便急速冻结成冰粒，如此层层冻结下去，即形成茸毛状蓬松白色冰粒层。松枝、树丛结满了毛茸茸的冰挂，像一株株巨大的白珊瑚。电线成了横空的长蛇玉练，殿宇盖上了绒罩，大地铺上了洁白的毛毯。这时被初霁的阳光一照，真乃步入千载难逢的龙宫洞府，五光十色，晶莹闪烁。

雨凇的形成是雨滴在空中时，温度已在0℃以下，而它仍保持着液态。这液态若降落在远远低于0℃的地面时，就急速冻结成冰，在物体上形成光滑的冰层。它可使岱顶上的树枝、电线变成直径达24.6毫米的冰棍，可使游人寸步难行。这时的岱顶犹如琉璃世界，被灿烂的阳光照射后，像是变幻莫测的万花筒，光彩夺目，金星迸射。这纯洁的泰山之巅，华美富丽，让人难以张目，难以起步，只能站在殿下廊内眯眼细察，尽享神府仙阁的奥妙。

碧霞宝光　当你漫游泰岱之巅时，若遇有浓雾或密云，背后又有强烈的阳光，这时就有可能在前边的云雾天幕上看到一个五彩绚丽的光环，环中还反映出你的身影，这就是"宝光"，俗称"佛光"。常住岱顶或常登泰山的人，对这种奇观时有邂逅。1980年10月17日上午，傅先诗同志陪同一个外国旅游团登泰山时便遇到了它。他在《山河齐鲁多娇》中叙述道："啊！果然一个巨大的五彩缤纷的光环，呈现在面前。它的彩带边缘还搭栅在碧霞祠的檐角上呢。彩带呈现出红、橙、黄、绿、青、蓝、紫七色，绚丽极了。最外一层的艳红光圈如斑斓的日珥一样，光彩夺目。在巨大的光环中还有人影攒动，这是我们自己的影像。人们激动得手舞足蹈，光环中的影像也随着在招手。此时此刻，我情绪激昂，真有点‘目睹宝光惊心魄，飘飘欲飞成仙人’了。这时候，白云飘忽，雾气氤氲，光环时隐时现，时浓时淡，开合幻化。我忘情地望着这美丽的光环，目光随着光环徐徐地移动着。一会儿，佛光又在象鼻峰前的白云洞上空出现了。登山的人越聚越多，连刚刚爬上南天门的游客，也顾不得休息，都潮水般地涌了过来。”

宝光无论是在国内还是国外，都极难看到。我国以峨眉山出现的最多，故气象上称为“峨眉宝光”。泰山的宝光因多出现于碧霞祠东、西、南诸神门外的云雾中，便称之为“碧霞宝光”。古人由于迷信，将宝光误为菩萨显灵，所以俗称“佛光”。其实，这宝光是自然界里的一种光学现象，即阳光照射到含水量高的浓雾密云上，小小水珠就像三棱镜一样，通过折射作用，把原来白色的阳光分解成了红、橙、黄、绿、青、蓝、紫七色，光就产生一种衍射现象，发生色散而形成美丽的光环。宝光的光环大小与云雾中的水滴大小有关，水滴越大，光环越小。当云雾中大小水滴并存时，就可能形成两个或两个以上的同心光环，这就叫“多重宝光”。但一般外层光环不明显，所以最常见的是单层或双层光环的宝光。宝光呈现的时间也有长有短，若遇风后云雾飘移，几分钟即消失；若云雾较稳定，宝光可持续几十分钟，甚而一小时多。

观赏宝光须具备三个条件：一是半晴半雾的天气，空气要潮湿，含水量大；二是上午或下午太阳斜射时，顺光观察雾幕；三是云雾顺山谷向上徐徐移动，只要站在较高的地方，认真观察，就能发现宝光。

岱顶，是泰山主峰的顶巅，是泰山雄伟壮丽的代表者，也是泰山著名文物古迹和风景名胜的荟萃之地。站在岱顶，“只有天在上，更无山与齐”，天风习习，飘飘欲仙，真乃“地到无边天作界，山登绝顶我为峰”。极目四望，沧溟东坼，河流天倾；大地平展展，禾田绿油油；千山万壑似海浪与天毗连。明人于慎行登岱顶颂赞：“绝顶秋高上帝宫，茫茫一气俯寰中。地盘河济三州尽，天入秦吴万里空。玉阙光连星斗上，丹峰影落海门东。亦知真宰多相藉，许倚烟霄两剑雄。”

第五节　后石坞

自岱顶“丈人峰”顺坡北去至山凹处是“北天门”坊，坊之东北是丹嶂凌空的“摩云岭”，再东是“九龙岗”；摩云岭与九龙岗交接处的前怀就是“后石坞”。这里旷远清幽，深奥莫测。

独足盘　岱顶与摩云岭之间有长谷深涧，叫“溪里峪”。沿峪中北侧步游路东去，便是乱石嶙峋、白光似带的“流石河”，俗称“乱石沟”。明代学者吕坤曾在此建“避尘桥”，桥东是明万历间所辟“独足盘”，也叫岱阴“环道”。桥东北有“八仙洞”，传为吕祖修真处，洞口原筑吕祖庙。沿山腰，顺独足盘，越走路越险，山越奇，景越胜。左侧圭门清雅，危岩挂松，郁郁葱葱，高险峻拔；右侧深壑万丈，飞瀑溅沫，泉响地下，云岚半谷；头上白云飘飘，百鸟啾啾，松林遮天，筛日洒光；脚下曲径委蛇，一步一惊，黄花满坡，野果累累；隔涧南望，峰峦巉岩，千仞并列，奇石突兀，秀拔万状。

后石坞　沿独足盘约行1公里，便是三壁环抱的“后石坞”。顺石阶登上高台，是摩空托云的“天空山”，又名“玉女山”，其巅平坦，俗呼“尧观台”，传尧帝曾登此顶。山前平地数亩，是元君庙旧址。清时内为尼姑住持，又称“姑姑子庙”。分东、西两院。西院由正殿和配殿组成，正殿祀元君，西舍祀天官、地官、水官，东舍原为“万松亭”，后改为“弥勒殿”。沿石阶再上，进“透天门”是东院，正殿是三官殿旧址，西舍下为“吕祖洞”，上为“蔚然阁”。庙宇因年久失修，今已倒塌荒芜。

黄花洞　庙后天空山下有古洞，西有“黄花洞”，东有“莲花洞”。黄花洞因四周多黄花而名，系宽阔天然石洞，传为泰山老母修真处。洞顶渗水成珠，串串落入洞底深池，叮咚作响，清脆悦耳，故名“灵异泉”。又传松鹤常来此饮水，又名“来鹤泉”。这里因背阴天寒，终日云雾缭绕，旧时洞中曾出现盛夏仍见冰柱的奇景。清康熙年间，巡抚蒋陈锡在洞口题“灵山玉柱”。姚奎《游石屋记》：“瞪且纵眺，有削铁奇峰千朵，前有夷地可半亩，入其中窈然而深，朗然而虚明。石窦涓涓，凝结玉柱，大十围，高丈余，晶莹可鉴。”赵国麟有“洞名黄花冽清泉，六月寒冰坚玉柱。疑是石髓自空流，倒泻岩穴成石乳”的诗句。莲花洞因洞顶石瓣倒缀似莲花而名。洞内也有一泉，由于悬流涓滴，叫“石乳泉”。

天烛峰　庙址前，下临绝涧，涧内瀑溪轰鸣，流水东去汇为一潭，叫“洗鹤湾”。过去常有群鹤集憩于此，戏游争鸣，与松涛人声相和。后石坞东南山膀子上傲然矗立着“小天烛峰”，它从谷底豁然拔起，直插云端，秀峰如削；峰之东又有“大天烛峰”，恰处于溪里峪大谷口，浑然高大，巍峨雄奇。双峰旧称大、小牛心石，又似双凤回翔，又名“双凤岭”。后石坞古松怪石峥嵘，岩洞清泉阴森，危崖深涧惊心，山峰松涛动魄，它组成一曲幽奥神奇的交响乐，扣人心弦，让人陶醉。每待仲秋前后，在这里还能看到四季并存的美景：花的阳春，溪的盛夏，果的金秋，洞的隆冬。清人周在浚颂曰：“丈人峰下过，青翠万山迷。仄蹬泉流滑，轻阴鸟语低。山深无客至，石古有人题。坐爱莲花洞，归云好共栖。”

石坞松涛　后石坞因削壁环围，背阴天寒，深涧峡谷，整日云雾笼罩，故成为松林的世界。又加云壑漫漫，山风自来，遂使石坞又成为松涛泉韵的乐室。明清文人学士在此留下了众多的醒目大字题刻：“松籁云壑”“松峰叠翠”“岱宗钟灵”“空翠难强名”“松至此始涛焉”等。从此，松涛即成了岱阴奇观。

泰山松与山东大汉一样，健壮、倔强、勤朴而又耐苦耐劳。不论是沃壤岸边和贫瘠岗坡，还是乱石涧底及光秃峰峦，都是它生存的地方。它不屈不挠屹立在壁岩危崖之巅，它不显不荣，甘居于深壑长谷之中；它毫无贪享之心，只需一寸之土，甚而仅一条石缝亦可用那顽强的生命化作参天栋梁。这里不论是碧霄云峰，还是峡谷涧底，到处长满了千姿百态的古松：有的侧身壁障，有的屈曲于深壑，有的直刺云天，有的横空欲飞，有的亭亭玉立，有的则悬垂倒挂。它们饱经风刀霜剑、雨摧雪压，炼成了铁杆虬枝，这特殊的自然环境异化了它的自然生态，形成岱阴特殊的自然景观，是天然的泰山松盆景展览，又似一幅巨大的松石画屏。它们倔强朴讷，悄然端凝，壮貌伟岸，繁枝蔽空，躯干盘曲，鳞甲灼灼。在那雾气云岚中，更显出极其分明的剪影，瞬息间或由朦胧变为清晰，或由清晰渐次为朦胧，云蒸霞蔚，迷离飘忽。透过空蒙的天光和耸峙入云的天烛峰影，看那石坞之松平伸托云的巨臂、雍容端庄的体态及龙飞凤舞的婆娑俏姿，使人惊叹不已，难舍难离。

还有那溪里峪底的鸳鸯松，根相连，干相依，枝相牵，叶难分，似恩爱的夫妻，又似一对热恋的情人；龙虎松，干粗体伟，腾空而起，东西对峙，欲连欲离，曲枝前伸，似龙角虎爪，仰首搏斗，张目厮杀；天空山的飞龙松，蜿蜒屈生，横偃绝壁，曲曲九道弯，长长十条须，飞天欲吞日，舞爪欲撕云；透天门前的英雄松，万干耸立，华盖擎天，飘飘然有大丈夫气概，彬彬然有长者遗风；九龙岗上的姊妹松，双干挺拔，相似相从，宛如玉女遨游后石坞。说起这姊妹松，还有一段传说。

岱阴有个马家庄，古时镇上有个霸道的马员外，还有个忠厚老实的佃户马老大。马老大有两个俊秀聪颖的姑娘，人称马家姊妹，马员外非要娶这姊妹为偏房。马老大为避风险，就让姊妹俩逃往后石坞青云庵削发为尼。马老大哪里知道：财主、佛门官亲相连，庵主早就认马员外为“亲家”了。一天，马员外备好人马，押着马老大来到青云庵要娶亲，人马刚爬到天烛峰口，庵主就把姊妹俩奉送出来。她俩见了马员外佯装笑颜相依，但说了两个条件：一是快把老父亲放了；二是要回庵梳妆打扮。马员外欣然同意。未久，有小尼禀报：“不好了！不好了！马家姊妹逃跑了！”顿时，马员外的人马乱作一团，纷纷追寻。原来姊妹俩回来后，在几个尼姑的帮助下攀上悬崖，上了九龙岗。可是马员外的打手四处堵住了去路，她俩又爬上一个高崖，手牵手纵身跳了下去。马老大见双女自尽，一头撞死。传说姊妹俩跳崖时，泰山老母想来搭救，结果晚了一步，就立即掩埋好尸体。后来就在这里并排长出了两棵茂盛的松树，人称姊妹松。

每当山风吹来，石坞松林便涛声大作，山音回响，扣人心弦，怒涛滚滚，惊心动魄，岱阴越发显得幽奥。清代学者萧儒林曾赋诗：“石坞松围万顷阴，纡回鹤径入萧森。凌晨海雾平清涧，向夜江涛卷碧岑。脂落悬崖收圃药①，响连幽洞听鸣琴②。耳根何幸尘缘洗，谡谡③犹闻太古音。”

---

① 脂落悬崖收圃药：岱阴有胭脂石。又有宋政和间道士张景岩在此采紫芝。

② 响连幽洞听鸣琴：后石坞有黄华洞、莲花洞，内均有泉，叮咚如鸣琴。

③ 谡谡：形容挺拔。

第六节　西路

自中天门沿西溪山谷而下，至谷口大众桥为登泰山的西路。过去登泰山都是步行攀爬，自1980年从泰安火车站至中天门游览公路竣工通车后，游人为减轻疲劳，多乘车沿西路而上。1985年10月将原来土石公路改造为水泥路面后，这里更是车水马龙，游人如流。

黄西河　西路溪谷开阔，自然景观豁达深秀。从中天门下山，或顺公路而下，或从索道站沿黄岘山、凤凰岭山脊步游路西去，约行2公里就是“黄西河”。因此处上纳岱顶前龙峪之水，又经黄岘山而下，所以叫“黄西河”。再顺谷而下是“马蹄峪”，也叫“仙趾峪”。因有马蹄之迹和“仙人”草履之迹而名。下有“马蹄湾”，碧水似潭。

长寿桥　自马蹄湾西南行约1.5公里，就到达“长寿桥”。桥坐落在“东百丈崖”之巅，犹如长虹卧波横跨西溪，再加两侧置以箭杆红铁栏，与青山绿水相映，玲珑别致，分外俏丽。桥北沟底平缓，桥南下临绝涧，溪水越过桥下骤然飞泄，水花四溅，激起层层水雾，气势磅礴而壮观。桥南崖边有几条平行白纹，横贯崖顶，俗称“阴阳界”。因界南是悬崖，人一过界便滑下深涧摔得粉身碎骨。桥两侧有石亭遥对，东叫“云水亭”，西称“风雷亭”，专供游人小憩赏景。

黑龙潭　东百丈崖下有一潭，叫“老龙窝”，瀑布下泻之后，在窝中得以缓冲，但接着又顺大斜坡奔流而下，直冲坡下大石穴。此穴深广数丈，名“黑龙潭”。此潭因常年受山水冲击，急湍四撞，使石穴腹大口小，形若瓦坛，故名“黑龙潭”。潭水清澈、碧绿。潭之西又有一百丈崖，叫“西百丈崖”；南边还有一崖，叫“南百丈崖”。每夏秋之际，阴雨连绵，黑云在崖畔回绕，三座百丈崖上的瀑流如玉龙从云中凌空而下，古人称“云龙三现”，是泰山胜景之一，古人称：“冒雨游山也不嫌，游山遇雨景更添。”

白龙池　黑龙潭之南是碧波水府“白龙池”。因东西百丈崖悬流下掷，似玉龙顺石峡穿山越涧直跃入池而名。池北有巨石，上刻“玄圭石”。《宋书·符瑞下》："玄圭，水泉流通，四海汇同则出。"每当山洪暴发，它在池中如巨舟停激流，岿然自若；当雨霁天晴，它又像巨龟出池，伏石曝背，所以俗称"石舟"或"凉龟石"。石之东双崖如削，石峡中穿。此处与玄圭石上遍布题刻，尽是白龙的"功德铭"，清初，顾炎武在此曾考得宋人题名15则，后人又续考16则，今细细寻觅，大部尚存。

相传白龙池是东海龙王的儿子小白龙奉命驻此镇岱治水之处。白龙神曾变成一个美丽的青年，到岱南田家做工。田老汉看他勤劳忠厚，就把女儿许配与他。白龙每夜浇田都是畦满地透，但没有一人听到辘轳声，邻人怀疑，就暗地窥视，见白龙数丈，银鳞万点，寒光夺目，入井吸水，再吐入畦内。窥者惊骇呼喊，白龙知道事已泄露，即与妻告别说："我家住傲来峰百丈崖下。"这样人们才知他是小白龙的化身。白龙池自汉唐以来，历代官民常在此向白龙祈雨。宋代皇帝于元丰五年（1082）封白龙为"渊济公"；明代泰安知州袁稽，在白龙池石峡北侧大搞神龙显灵的题刻："时万历七年七月，不雨，予忧之，祈雨于潭。次日雨，三日又大雨，龙之为灵，昭昭也，故赞以镌石，用彰神龙之功。"如今题刻历历在目。

在泰山周围还流传着"白龙起怒"的神话故事。金代皇统二年（1142）盛夏，累月不雨，河干地裂，五谷枯萎，飞蝗遮天。灾民呼天唤地，泰安城居民为寻找饮水而四处奔波。当时刘瑀权（暂代之意）知泰安州事见其困境，便带领民众士卒到岱庙大殿向东岳大帝祈雨，山神未显灵应，即又到白龙池向白龙求雨。民卒正叩头祷告，忽见一小白蛇戏于香鼎之上，刘知州大喜，以为白龙神显灵，便慌忙再拜、乞告，并卜之吉祥，众民卒欢呼。

数日后，天仍不雨，刘大怒道："龙神若有灵，何不降雨？乃无神也！"于是令丁夫运石负土，欲填白龙池。当夜，刘逢一梦，小白龙告曰："天久无雨，非吾之罪，今四海之内，凡一勺之水皆有海龙王主之，吾岂敢上违天律，辄降膏泽？"刘醒后更加愤怒，心想：龙已无神，梦境怎灵！小白龙呀小白龙，人人皆知祷之辄应，今为何不雨？天一亮，刘瑀便率众民士卒千余人，揭白龙池西崖之石，填其池。一直到傍晚，才把池潭填平。第二天一早，有山民禀告："白龙池复又渊泓如故。"刘去察看，果然如此，但仍不悟，又驱使丁夫冒着炎炎烈日运土搬石，重填白龙池。土石将满，猛然间寒风骤起，雷电自池中而出，山阜震动，吏民惧恐。接着大雨滂沱，山洪澎湃。不多时，雨过晴霁，见池中荡漾如故，土石均被湍流冲走，而数点丁夫，被冲走数人。幸存者无不惊骇，刘知州如梦初醒，跪拜谢罪："白龙真乃上天神灵，吾负神龙，罪该万死！"次日开始重修龙神庙，并为白龙树碑立传。

白龙池不仅旧时因古人迷信神龙而扬名，其周围景色也赫赫于西溪之内。这里的"龙洞甘霖"就是泰安八景之一。明人李正养有《闻安季子话白龙池之胜》："传闻池上好，秋水白泠泠。纡曲穿山谷，纵横照日星。雨晴龟曝背，风软鹤梳翎。吾欲寻珠去，白龙醒未醒？"

无极庙　从长寿桥西首北行约半里，是西溪著名古刹"竹林寺"遗址。古寺莫知所始，自唐之后屡经兴替，明永乐间，高丽僧满空禅师曾拓建。1925年张宗昌督鲁时，兖州镇守使张培荣封其夫人为"无极真人"，并在此遗址建"无极庙"。

天胜寨　自无极庙西北行，沿高岸石级约行1公里是"天胜寨遗址"。这里东临深谷，形势险要，仅有石门可通。入门而西开阔坦荡，北有一洞，中可窥天有三处，因名"三透天"，俗称"玉皇洞"。洞前为西汉农民起义军赤眉军的演武场和住宅，西南山岗为跑马场。今张旗石、柱窝、石臼、聚兵房基犹存。

西汉末年，琅琊（今诸城）人樊崇领导饥民于王莽天凤五年（18）在莒县发动起义，不久便发展到一万余人。他们作战时为与官兵相区别，即染红眉为记，故叫"赤眉军"。后来为暂时躲避官兵镇压，便开赴泰山、徂徕山一带建立根据地。他们利用泰山傲徕峰、扇子崖前的有利地势，修栈道、设望哨、开校场、筑房屋，整顿和扩充队伍。王莽于地皇三年（22）派太师王匡和更始将军廉丹率兵十几万，东征赤眉，在泰山西南无盐成昌（今东平县东）决战，樊军越战越猛，官兵大败。更始死于乱军之中，王匡落荒而逃，一万余人被歼，这就是有名的"无盐大捷"。后来赤眉军发展到几十万人，刘玄更始二年（24）赤眉军兵分两路直奔长安，当时因"人心思汉"，途中便选立西汉皇族、年仅15岁的刘盆子为帝，立号为"建世元年"。刘盆子原是樊崇部下刘侠卿的牛官，所以，后人称天胜寨又叫"刘盆子寨"，如今傲徕峰之北的壶瓶崖巅还有"刘盆子洞"，俗称"牛王洞"。

扇子崖　天胜寨西北有高峰，怪崖嶙峋，悬石通明，似雄狮怒吼，似巨驼奔驰，固名"狮子峰"，俗称"骆驼峰"或"鸡冠峰"。再往西又一峰，高耸峻峭，宛如扇面，故叫"扇子崖"，明人扬博题书"仙人掌"。明代举人王无欲曾筑室崖巅读书，后又结茅其下，曰“西山别业”。清人孙宝僮有《扇子崖诗》：“剑峰怒刺天，积铁拔千仞。阴崖辟断崿，欹侧恐重偾。俯临鬼谷幽，旁倚丈人峻。望来方骨惊，栖者先足振。……”扇子崖之西是“傲徕峰”，又名“芙蓉峰”。因巍峨特起，有与岱顶争高之势而名。峰高不过泰山主峰之半，但犀利峥嵘，傲然不向泰山低头，所以，自古有民谚：“傲徕高，傲徕高，近看与岱齐，远看在山腰。”峰之巅万松掩蔽，苍翠浓郁。

傲徕峰与扇子崖连接处的山口前，有“元始天尊庙”，内祀元始天尊像，明王无欲建。西有地母宫、吕祖祠、太阳庙、太阴庙，圣贤洞等。后因地僻失修，陆续坍塌。自庙东北山口向后是长峪绝涧，因旧时多青桐，故名“青桐涧”。涧北是“壶瓶崖”，因危崖万丈、突兀类古鼎彝状而名。如今站在山口处，东瞻扇子崖，如半壁摇摇欲坠的城垣，让人心惊目眩；西望傲徕峰，层叠而上与天接，使人望而生畏；南眺弄水岩，双峰崛起，如天然屏障；北观深涧高崖，连绵不绝，似长城巨防。这壮美秀丽的景色，定使游人“登临不尽平生兴，对景愧无作赋才”。

西溪谷口　白龙池南是建岱桥，桥东南有水湾，叫“香油湾”。传山下一卖油翁，因至此卖油时观两仙人下棋，不觉步入仙界。一个时辰就是人间数百年，观棋良久，回身欲走，见油挑烂毁，香油顺流入池，成为“香油湾”，而两仙人驾云而去，在飞鸦峰上留下了仙人之影。如今站在桥上，南可见香油湾内油花四溢，五彩闪烁；北可望飞鸦峰上仙人影，阔巾大袖，对拱而立，远看极真，近者则无。可惜西边稍白者已被苍柏遮掩，所见者只有东边的稍赭面西者。桥之南为1944年所建“黑龙潭水库”，恰处于西溪谷口，构成了翠峰影映的山涧平湖。

天下名山，巍然而大、岩然而尊者泰山；泰山胜境，窈然而深、蔚然而秀者西溪。溪居岱宗西南，延绵10余公里，树林荫翳，蹬道崎岖，清泉奇石，瑰玮万状，山水之画屏，天壤之奥区。元代王旭赞颂道：“我爱西溪好，披云屦往来。一川烟景合，三面画屏开。薄俗无高隐，清时有逸才。近岩多隙地，松竹更须栽。”

第七节　岱麓

泰山南麓山城交界处有一条环山公路，东起中溪“王母池”，西至西溪“大众桥”，全长约五里，两侧环境幽雅，名胜众多，是天然的泰城北郊公园。

王母池　王母池地处中溪谷口，王母池即“瑶池”，传为西王母居住的地方。又因王母是群仙之首，所以古称“群玉庵”。王母庙历史久远，早在三国时魏曹植便在《仙人篇》中有“东过王母庐，俯观五岳间”的诗句；李白在《泰山吟》（六首）中亦有“朝饮王母池，暝投天门关”之句。《水经注》则云：“古者帝王升封咸憩此水上。”说明王母池自古便是帝王名人必游之地。宋皇祐间，炼师庞归蒙居此，曾炼丹并重修王母殿，明嘉靖间殿庑亭阁方具规模，清代多次重修。庙坐北朝南，为三进院落，负山面城，依山势层叠而上。古柏参天，石渠夹径，乃“半潭秋水一房山”。门前有“飞鸾泉”，1956年改建成喷水池，池前有1932年冯玉祥先生所凿“朝阳泉”。门内为前院，中为石桥，桥下为池，周以环栏，池西有“王母泉”，清冽甘美。泉之西是禅房院。跨桥沿阶而上是中院，北为正殿三间，前后步廊式，上悬“灵昭四方”匾额，内祀明铸王母铜像，前有侍者左右拱立。东配殿三间，中间向东延伸一亭，内悬“观澜亭”匾。西配殿三间，叫“药王殿”，原祀神医扁鹊。殿前老梅丛茂，虬松盘曲，奇石挺立，石碣卓树。

过王母殿东侧的穿堂耳房便是后院。北为“七真殿”“蓬莱阁”，殿南有“悦仙亭”。殿起于高台，明廊五间，殿三间，东连蓬莱阁两间。殿内原祀吕洞宾、李铁拐、何仙姑及吕祖四弟子柳树精、苗庆、焦成大、济宵堂等稀世七真彩塑。彩塑为明代泥塑，精致动人，栩栩如生，素称海内名塑，可惜于1966年尽毁，1986年重塑。蓬莱阁是因庙之北原有“小蓬莱”之景点而名。“悦仙亭”俗称“会仙亭”，传为王母娘娘约会群仙说法的地方。亭是四角四柱方亭，下有坐凳栏杆。亭内原有清同治时泰安知府何毓福题匾：“瑶池小醉几经年，金碧楼台见不鲜，偶踏闲云来岱麓，翻疑此地会群仙。会群仙，将进酒，半缕斜阳挂杨柳。风送山泉入耳清，尘嚣一洗无何有。心超何地不蓬莱，斯世何地无仙才？壶中天地杯中月，吸到心胸万古开。”其匾今移观澜亭内。

吕祖洞　王母庙东临绝涧，传王母常在涧内梳洗，所以俗称“梳洗河”，《山海经》称其为“环水”。涧中有池，一名“瑶池”，又名“虬在湾”。湾之北原有“小蓬莱”，石厂森阴，溪水潆洄，1956年在此建“虎山水库”，与西溪“龙潭水库”遥遥相对，层山翠影相映，瀑流滚滚似珠。湾之南跨涧有桥，叫“八仙桥”，桥东有“吕祖洞”，与庙隔溪相望。吕祖洞系天然石洞，方广如屋；洞内两侧有清康熙四十年（1701）徐元圭题书联幅“五夜慧灯山送月，四时清籁水吟风”；洞内南壁嵌一方碣，上刻吕祖诗两首。上载为正书五言绝句：“昔日曾游此，如今九十春。红尘多少客，谁是识予人？”后属：“绍圣戊寅（1098）三月二十一日回翁留题。”下截为行书七言绝句：“昔年留字识曾来，事满华夷遍九垓。无赖蛟虬知我字，故留踪迹不沉埋。”下属：“政和丙申（1116）六月十八日回翁再书。”洞后有台，原祀纯阳石像。据《泰山纪事》传：“昔吕公题诗石壁，有虬常对诗顶礼。一夕，吕公复至，挥笔点其额，遂化龙飞去。”又传，纯阳炼丹泰山下，食虬而成仙。人食幼龙成仙，幼龙则借仙人之力化龙升天。吴南岱亦有诗云：“仙人曾此两留题，唯有蛟螭识我师。愧我尘劳初到客，高山流水似相知。”

老君堂　王母池之西是“老君堂”。唐时因推崇道教，便为太上老君在此建祠庙，内祀老子诸神像。唐代有六帝一后修斋建醮于此，并立《双束碑》，今庙内唯剩正殿三间及古银杏一株。老君堂南为“岱岳观故址”，岱岳观为东岳庙的中庙。《从征记》载：“中庙去下庙五里，屋宇又崇丽于下庙，庙东西夹涧。”庙毁于明初。

普照寺　自王母池沿环山公路西行近三里，即见十字路口，从路口顺坡北去不远，就是六朝古刹“普照寺”。它位于凌汉峰前，峰峦环抱，一涧低流，苍松翠柏掩映，依山层递而上，是一组完整的佛教寺院古建筑群。普照寺取“佛光普照”之意，传为六朝时建，金大定间奉敕重建。明永乐间高丽僧满空及清康熙初诗僧元玉、光绪间瑞庵禅师先后卓锡于此，均进行重修。

普照寺以双重山门、大雄宝殿及摩松楼为中轴线，组成四进式院落；东西配以殿庑、禅房、花园等。山门前高台砌筑，石狮列峙。进门为一院，钟鼓二楼分列东西；西北墙上嵌碑碣8块；东北墙下立明、清时重修碑。其中明代正德十六年（1521）的《重开山记碑》记述了中朝两国在近五百年前的交往和满空禅师的一些主要活动；清光绪六年（1880）的《重修普照寺碑记》则介绍了清代寺院兴衰历史，歌颂元玉、瑞庵诸僧的开拓精神。元玉圆寂后数十年间，沧桑顿易，寺废为颓垣败瓦，后来瑞庵禅师及其徒盛光等，经营不辍，数兴土木，至光绪初年寺院焕然："规模大备其制也。后建佛阁两重，供奉如来法相。方亭中耸，更因山势为阶级。转折而前则大雄殿，东西两庑，参天古木护法当央，钟鼓之楼，分列左右，而山门辟焉。殿之西侧为闲圃，东为僧院，为香积厨，阁之东侧为别圃，置禅舍十余椽，中有藏花之坞，西为客堂，明净轩敞。竹森于后，梅馥于前，四时之卉不凋，六朝之松犹在，遂使名山生色。"

进二山门为二院。门内两山各开砖发券拱形门。西拱门外有经幢一尊，为元代初年所制，记僧法海于元成宗铁穆尔元贞初年重修普照寺的情况。沿阶而上为三院。中为正殿，额曰"大雄宝殿"，五脊硬山三开间，前后廊式。正间开门，左右开窗，神台上供奉释迦牟尼鎏金铜像，背衬太阳火焰佛光。东配殿陈列明、清铜佛像等文物，西配殿展览清末大理石、磨砂瓷、镶钧窑宋瓷等挂屏。殿前银杏双挺，油松对生，并有清道光年间的住持僧明璇及其弟子所造双檐盖罩铁香炉一尊。殿两侧有垂花门通后院。

后院有著名的"六朝松"，古松粗大伟壮，无数长枝盘曲四伸，宛如巨大的华盖。它枝繁叶茂，疏密相间，又似一个撒空的密网。每当天晴时，阳光或月光透过绿网便洒下细碎的金斑、银斑，真令人心醉神飞。树下有郭沫若《咏普照寺六朝松》诗碑："六朝遗植尚幢幢，一品大夫应属公①。吐出虬龙思后土，招来鸾凤诉苍穹。四山有石泉声绝，万里无云日照融。化作甘霖均九域，千秋长愿颂东风。"松西侧有亭，傅家宝题匾额"筛月亭"，取古诗"长松筛月"之意。亭居高台，回檐飞翘，四柱均有楹联。亭下有方形石桌，敲击四角及中央，则发出清脆如磬之音，因名"五音石"。亭之北是"摩松楼"，李铎书匾额，楼为双重五开间，硬山五脊顶，上层有前廊明柱。

中轴线之东有三个院。前两个院是东禅院，后院是石堂院，院内有1981年补刻冯玉祥诗画碣24块。中轴线之西也有三个院。前两院是菊竹花圃，院中有1985年新立周恩来同志于1941年11月10日所撰书《寿冯焕章（即冯玉祥）先生

① 一品大夫应属公：因寺内西院有一品大夫松，诗人认为"一品大夫"的封号应归属六朝松。

六十大庆》之碑，周围也有补刻冯玉祥诗画碣24块。后院是菊林院，北有正房五间，前廊式，与摩松楼相接。门上悬“菊林旧隐”匾额，檐下有内外联。内联“松曰好青，竹曰好绿；天吾一瓦，地吾一砖”是清道光年间泰安知县徐宗干书元玉之语；外联为舒同所书“疾风知劲草，严寒识盘松”。门前蜡梅郁郁，银杏参天。院中还有清代寺僧理修入庙时与师父共植的“师弟松”一株，他常以松为伴，习文读经，便赋诗歌颂：“僧栽松，松荫僧，你我相度如同生。松也僧，僧也松，依佛门，论弟兄。”清光绪二十二年（1896）何焕章游岱至此，叹为观止，寺住持庆山和尚便邀何题字。何见“师弟松”袅袅婷婷，冠大如棚，状如帝王金舆华盖，遂书“一品大夫”，并刻石立于树下。

摩松楼及两侧正房内，有冯玉祥先生事迹展览，1984年邓颖超题书匾额“冯玉祥先生在泰山”。1931年“九一八”事变后，爱国将领冯玉祥（1882—1948）先生反对当时政府的不抵抗政策，于1932年3月隐居泰山。同年10月赴张家口组织察哈尔民众抗日同盟军，与日寇浴血奋战。1933年8月又重返泰山，直至1935年。后来又于1936年5月和1937年8月先后两次在泰山做短暂停留。冯玉祥在泰山常住普照寺和五贤祠一带，他激于民族义愤，积极联络抗日力量，营救进步人士，潜心治学，探求真理，赤心报国，并处处为泰山劳苦民众谋福利。

五贤祠　普照寺西北路旁有巨石似大象卧息，故名“卧象石”。石之西北跨桥越涧后，见北方一排巨大而浑圆的黑石群，如天然屏障。其前高台坦荡，古柏挺立，这就是泰山古老学府故址——“五贤祠”。祠在唐时为“栖真观”，道家周朴所居。宋初学者孙复、石介在此辟为学馆，后称“泰山上书院”。宋、石两先生讲学时，有长江北畔学者胡瑗访学岱麓，师事于孙、石，使书院成为讲学胜地。明嘉靖年间，在此建祠，祀孙、石神像，额称“仰德堂”，明隆庆间又增祀胡瑗，改名“三贤祠”，每春秋致祭，史称“宋初三先生”。至清道光间，又增祀泰安名儒明万历年间的御史宋焘和清康熙年间的文渊阁大学士赵国麟。因此，遂改名“五贤祠”。

祠背依凌汉峰，东临投书涧，西有香峪，分东西两院。东院为五贤祠，有大门、正殿及东西配殿；西院为讲书堂，有正房和西配房。清代多次重修，1931年又重修，赵新儒题联：“七二代封禅帝王，秦钦汉钦，遍看绿水青山，何处是列朝疆土；五百年挺生名士，先之后之，各有文章道德，常留得岱麓祠堂。”后来冯玉祥先生曾在此读《春秋》《左传》，并著《读春秋左传札记》。今唯剩残垣卧碣，但那林立的异石，叠翠的松柏及“讲书台”“授经台”“千秋道岸”“能使鲁人皆好学”等显赫的镌刻，却像历史的证人，正炫耀着学府当年的鼎盛。

祠东有巨石如舟，高丈余，下临深谷，石侧有钦差巡抚赵贤于明万历六年（1578）题碣：“胡安定公投书处。”碣前有石亭，叫“洗心亭”，四面皆有清代人题联。亭内额板上有冯玉祥将军于1932年的隶书石刻：“你忘了没有，东三省被日本侵占了去，有硬骨头的人应当去拼命夺回来。”并将东北三省的面积和人口也刻上。

荷花荡　普照寺东临溪谷，俗称“荷花荡”。中为诗僧元玉于清康熙初别构石堂遗址。谷岸有巨石，上书元玉《石堂铭》，叙述开地伐石、创建石堂的经过，并题名12景。那时包崖筑台，引流凿池，植莲莳竹，费人力五千余，历时8年初成。由东而上则有石梯、石航、石屏、石廊；由西而上则有石门、石壁、石盘、石砌台等；南以望若缘梯，而北以窥则若瓶壶倒置。每一池则间有一台，一台则又间有一池，环池皆峰，其南面独虚，以望远山。当年元玉所题名12景，除“振铎岭”已毁，其余石堂、飞来石、眺望台、翠屏石、友松石、盘云梯、水云洞、慈航石、涤砚溪、白莲池、玲珑岩等11景均存。有的还题有长短句，如眺望台：“洙泗悠悠流古今，源头咫尺穷谁深，一陟斯台目四临。”又有咏竹的诗句“竹竹竹，我得汝非孤独”“竹竹竹，汝得我亦非孤独”。从石堂铭和诸刻中可看出元玉因对当时社会不满，才弃儒皈佛，卓锡于此。

元玉在石堂广结社会名流，与孔璧六、张方平、江山民等七位博学鸿才之士在此莳荷种菊，诗酒徜徉，世称“八散人”。清康熙间学者张四教有《石堂八散人记》：“此八人者，齿不同也，地不同也，业不同也，贫富不同也，而其心则同也。其心何以同也？同其正直和平也，同其清洁温雅也，同其潇洒朴略而犹一烟霞之骨、山水之癖也。”

烈士祠　石堂之东是“辛亥滦州革命烈士祠”。1911年冯玉祥响应武昌起义，在滦州举行起义，因势单力孤而失败，辛亥革命军官佐王金铭、施从云等将领牺牲；北伐战争期间滦州起义者郭茂震、郑振堂等将领又壮烈牺牲，冯玉祥为纪念起义烈士，于1933年捐资建祠，使其英灵与泰岱永垂不朽。

祠在凌汉峰下，依山傍溪，绿树浓荫，僻静幽雅。祠为三进院落，中有前厅、后殿，侧有配房。前厅三间，周绕环廊，内供祭典时用。厅东南有卧虎石，其巅有杨绍麟关于建祠始末的题刻。后殿三间，前廊式。东有冯玉祥撰、王易门书《泰山辛亥滦州起义烈士祠记碑》。西有鹿钟麟题书《王公金铭、施公从云两烈士赞碑》。东西山墙内还嵌有冯玉祥隶书碣“救民安有息肩日”“革命方为绝顶人”。

东西配房各三间。东配房内有冯玉祥撰、杨绍麟书《故上将郑公振堂被难记碑》，西配房内有郭茂震和张敬舆《被难记碑》，山墙内嵌吉鸿昌等人题词之碣。

烈士祠门外有块平石，上刻刘熙众题挽联：“诸公豹已留皮，黄土泰山真并重；精气虹常贯日，白衣易水至今寒。”西有巨石，鹿仲麟隶书大“寿”字，冯玉祥先生注曰：“人欲得寿，须要为大多数人们牺牲寿命。”祠之东墙外溪岸上有多处题刻，其中以李宗仁的挽联最为醒目：“百世名犹存，众所瞻依，祠巍泰岱；三代道未泯，闻兹义烈，气肃冰霜。”

沿普照寺门前林荫路返回，见路旁有两石对峙似阙，元玉题“云门”，为释尘之界。再往前路西有一方石，上刻“三笑处”。传旧时有三位百岁老翁在此谈长寿秘诀：一个说“饭后百步走，活到九十九”，另一个说“吃饭省一口，百岁叫不走”，最后一个说“老汉我活到九十九，只因家中媳妇长得丑”。三人谈完后击掌捶胸，哈哈大笑，遂化为巨石。后人便在此刻字留念。环山路口东北方向有冯玉祥先生于1933年所建《辛亥革命滦州起义烈士纪念碑》挺立山岗。

范老墓　路口西北有“范老（即范明枢）墓”，石栏环围，柏林遮掩。他被山东人民誉为“抗日寿星”“抗战老英雄”。“七七事变”后，他以七秩高龄奋勇参加“抗日救亡运动”，组织“泰安各界抗敌后援会”和“泰安县民众总动员委员会”。以饱满的热情，为抗日而奔走呼号，所到之处，老幼感动。墓后有三碑并束，中间刻“故山东省参议会范议长明枢之墓”，左右分别是林伯渠、谢觉哉题挽词“革命老人永垂不朽”“永远是人民的老师”。碑阴为范老公葬委员会于1950年12月所撰书范参议长的生平履历。

冯玉祥墓　自范老墓前，沿公路西行约二里，即见红栏长桥横跨西溪石峡两岸，这就是爱国将领冯玉祥于1935年所建“大众桥”。桥东头就是“冯玉祥墓”。墓为泰山花岗岩石砌成，傍山临水，庄严雄伟，苍松萦绕，翠柏环抱。墓壁正上方横镌郭沫若手笔“冯玉祥先生之墓”七个金色大字。骨灰盒在墓壁中央的洞穴内，外嵌冯先生侧面铜浮雕头像以封穴。黑色头像衬以白色花岗石底，周以黑色花岗石镶边，庄重朴素。头像下又嵌黑色磨光花岗石方碣，上刻冯先生于1940年5月30日隶书自题诗《我》："平民生，平民活，不讲美，不要阔。只求为民，只求为国，奋斗不懈，守诚守拙。此志不移，誓死抗倭，尽心尽力，我写我说。咬紧牙关，我便是我，努力努力，一点不错。"墓阶四层，共66级。四层标志着他一生走过的四个阶段：第一层20级，象征从出生到弱冠从军；第二层14级，代表从青年到成年；第三层是14级，标志着由一个旧军人转变为坚定的民主战士；第四层18级，记述着他坚持抗日、反对分裂、为祖国的民主与和平而奋斗不懈的战斗生涯。66级象征着一生度过了66个春秋。

第八节　灵岩寺

明代文学家王世贞有"登泰山不游灵岩不成其游"之说。灵岩寺位于泰山主峰西北20公里处，距津浦路万德车站7公里，今属济南市长清区管辖。济南、泰安两市均有专线游览汽车至此。这里四面环山，峭岩如堵，飞泉激越，溪水曲回，松柏掩映，气象万千。

灵岩山　灵岩寺因依灵岩山而名。灵岩山因其主峰青壁四削，上平如砥，方方正正，很像旧时将军的玉符印，所以古称"方山"，又叫"玉符山"。又因这里境域神圣，土地富饶，林茂粮丰，似神话中的仙山西昆仑和金舆之谷，故又名"昆仑山"或"金舆谷"。此山为东晋时山东地区的佛教领袖高僧朗公开辟，并建灵岩寺。朗公，传为京兆人，曾师事于佛图澄[①]，硕学渊通。于东晋穆帝永和七年（351）卜居于泰山。初止于泰山北麓的昆瑞山，创建"神通寺"，后因常来方山讲经，便又在此开拓。金舆谷东大门南侧山峰上，有一数丈高的怪石，状类老僧伛立，执杖听朗公讲经。《高僧传》载：朗公和尚说法泰山北岩

① 佛图澄：西晋、后赵时僧人。西晋怀帝永嘉四年（310）到洛阳，公元319年建立后赵政权后，他以鬼神方术深得君王信任。多次以佛教劝君臣施行"德化""不杀"，并大力向民间传播佛教，所历州郡共建寺893所。

下，听者千人，石为之点头，众以告，公曰："此山灵也，为我解化。"遂率众开山，别立精舍。从此方山就叫"灵岩山"，寺称"灵岩寺"，怪石名曰"朗公石"。

灵岩寺　金舆谷西口有石坊，额曰"灵岩胜境"，为灵岩寺的山门。自山门顺谷东行，穿过大横沟、小横沟，跨越大石桥、小石桥、新石桥，经林荫如盖的"十里松"便是灵岩寺。灵岩寺历史悠久，朗公开山创寺不足百年，到北魏太武帝太平真君七年（446）灭佛时，寺院全毁；北魏孝明帝正光年间，法定禅师又重修寺院。他先建寺于方山之阴，叫"神宝寺"；后建寺于方山之阳的甘露泉西侧，名"灵岩寺"；唐贞观中期，高僧慧崇又迁建于泉西南麓。唐时灵岩寺已有很高的声望，唐高宗李治封泰山时曾驻跸于此；唐德宗时，宰相、史学家李吉甫把它与天台国清寺、江陵玉泉寺、南京栖霞寺誉为"域中四绝"。今寺内主要古建筑和文物古迹有千佛殿、御书阁、五花殿、大雄宝殿、辟支塔、墓塔林、证明龛及历代石刻等。

千佛殿是寺内主体建筑，保存完好，规模宏伟。建立于唐，拓于宋，明嘉靖间重建。殿面阔七间，进深四间，单檐庑殿式顶，雕梁画栋，金碧辉煌，檐角长伸高耸，大有展翅欲飞之势。殿内中置须弥座，上有三尊释迦分身大佛，均为明代铜铸。殿内四壁台座上置40尊著名罗汉铁胎泥塑，壁面上有明代所置3～7排高约30厘米的小木佛像，也间有铜像，表现分身释迦牟尼集会讲法的热烈场面，故称"千佛殿"。40尊罗汉坐像为宋、明之作，敷以彩色，比真人稍大。塑造技法精湛，结构比例匀称，喜怒哀乐无一雷同，神态变化各异，刻画细致入微，连血管脉络也清晰可辨。真乃栩栩如生，呼之欲出。塑像以现实人物为基础，摆脱了一般佛教造像的固定程式，为古代艺术的珍品。1922年梁启超在《千佛殿宋罗汉造像碑》中，称其为"海内第一名塑"。

千佛殿之后是"御书阁"，原为唐慧崇和尚所建，后毁，明万历年间重修。阁前有宋徽宗大观时仁钦篆书门额。阁壁上下嵌历代名人石刻，前壁有宋蔡卞草书《圆通经》之碣，共1400余字。千佛殿之前是"五花殿"，又名"五花阁"。宋景祐间琼环禅师创建，明清时重修。殿原为双层，石砌筑成，上祀三大士，下祀圆通菩萨，四面各五间，四门相通，龟首四出，回廊华丽，极为壮观。现仅存阁门和门前8棱石柱及覆莲柱础。殿前又有"大雄殿"，宋时叫"献殿"，是朝拜五花殿用的前堂。面阔五间，进深六间，前为外廊式券棚顶，后为硬山顶，勾连衔接。殿内原祀佛像，后毁。殿前双重山门，均为明代建筑，内壁嵌历代石碑17块，中立宋皇祐间经幢一座，门内钟鼓二楼左右对峙。

辟支塔　千佛殿之西是“辟支塔”。唐天宝中创建，宋代重修，塔基为石筑，周围浮雕阴曹地府的各种酷刑。塔身砖砌，八角九级，十二檐，通高54米，每级四门、十窗，塔顶铁刹直刺云端，八大金刚拽引加固。塔南有石砌地洞，叫“鲁班洞”，《灵岩志》谓之“朗公穴”。洞内有唐宋游人题名石刻，并有唐代大书法家李邕[①]于天宝元年（742）所撰书《灵岩寺颂并序》碑。字迹刚健豪放，笔力雄浑，是他的得意之作。辟支塔北院墙上嵌有苏辙《题灵岩寺诗碣》。

墓塔林　灵岩寺之西是“墓塔林”，为寺内历代住持高僧的墓塔，计167座，是研究我国佛教史的重要资料。墓塔一般由座、身、刹组成，塔座有方有圆，或须弥座式，或雕莲瓣，金刚力士顶托；塔身为主体，有圆柱体、多角长方体、钟形等，上刻祖师僧之名和年号；塔顶一般为长方形雕莲花瓣覆钵及圆形相轮，上置宝瓶或相轮式宝尖。这里石径曲曲，古柏荫森，墓塔高低相间，与山色互为掩映。在塔林中最著名的是“慧崇塔”，此塔建于唐天宝年间，石砌而成，单层方形，顶为重檐，高约5米。南面辟门，砌磨精致；东西饰门，有侍女凭门缝作启门状，极为生动，门上槛有火焰状浮雕，刻有狮头、使乐、飞天、武士等图案；塔檐以三层石板叠涩挑出，上置塔刹，古朴典雅。此外，这里还有志铭古碑81块，其中日本山阴道但州正法寺住持僧邵元所撰《息庵禅师道行碑》最为著名，是古代中日文化交往的见证。

证明龛　辟支塔之北是“方山”。峰巅有座红门，这便是“证明龛”，亦称“证明功德龛”。龛为唐贞观间凿壁而成，平面呈椭圆形，内雕释迦牟尼坐像，高约5米，旁有四行者（今剩两尊），壁上多唐宋题记。明嘉靖间在窟外增建献堂，墙壁朱丹，更为壮观，故又称“红门”。

此外，在寺内外还有摩顶松、可公床、一线天、铁袈裟、五步三泉、镜池春晓、方山积翠、明孔晴雪等胜景。

---

① 李邕：因曾任北海太守，人称李北海。

第九节　泰山齐长城

一提起长城，人们就自然而然地想起秦始皇灭六国完成统一大业后，为了防御北方匈奴贵族的南侵所筑的“万里长城”，而山东境内的泰山齐长城却有很多人不知道。这道千里长城之所以称为“齐长城”是因为春秋战国时的齐国修筑。齐长城恰好在泰山山脉和鲁中丘陵的南北分水岭上，因而古人又称之为“长城岭”，俗呼“大岭”或“大横岭”。这条长城，西自黄河岸边的济南市长清区广里店古防门之西，沿黄河下游右岸东北行，经五道岭向东南，过京沪铁路万德车站以南的长城铺折而东北，绕泰山西北麓迤逦东去，再经泰安、历城、莱芜、章丘、博山、沂源、临朐、沂水、莒县、五莲、诸城等地进入胶南西南部，横贯而东直达黄海之滨，起伏绵延689.8公里。《史记》引《泰山郡记》：“泰山西北有长城，缘河经泰山千余里，至琅琊台入海。”

春秋战国时代是我国历史上社会制度发生巨大变化的时代。奴隶主贵族没落下去，新兴地主阶级成长起来；奴隶制社会崩溃，封建社会形成。在这样一个阶级矛盾极其复杂和激烈的时代，周天子大势已去，徒有虚名，许多诸侯纷纷作乱，争霸天下。各诸侯国为了防御他国侵袭，便在本国边塞修筑长城。战国著作《韩非子》就说：“长城巨防，足以为塞。”《战国策》则云：“齐有长城巨防者也。”春秋时，泰山以北为齐，泰山以南为鲁，泰山西侧是齐鲁接壤之处。当时鲁国还相当强盛，而齐国却并不像以后那样强大，它的疆域最大不过“方五百里”，于是齐国为了防御鲁国，便在西南部与中原各国交争的要道上首先修筑了西段长城。到了春秋末期和战国时期，南方楚国的势力伸展到山东，先后灭了莒、杞、郝等小国，把越国的势力赶出了山东，取得了它在琅琊一带的领土，接着又灭了鲁国。这样齐国直接受到了楚国的威胁，因此不得不把原来防鲁的西段长城继续东筑，用以防楚。《战国策·秦策》：“昔者齐，南破荆，中破宋，西服秦，北破燕，中使韩、魏之君。地广而兵强，战胜攻取，诏令天下，济清河浊，足以为限，长城巨防，足以为塞。”可见齐长城的修筑，对于巩固边防、增强国力、称霸诸侯是有重大意义的。

据考，齐长城西段建于春秋时期，最早起于齐桓公元年（前685），止于齐灵公十七年（前565）以前。后来齐威王十一年（前346）“赵取我长城，楚世家还，盖长城以为防”（《史记·六国年表》），到齐宣王时基本修完。《史记·楚世家》引《齐记》：“齐宣王乘山岭之上，筑长城。东至海，西至济州，千余里以备楚。”最后齐湣王又进行了整修，所以齐长城最晚至公元前284年。千里长城，在连年的战争中屡建屡修。在深山叠嶂之中，在巍巍长城岭上，古人开石掘土，筑墙打夯，年年月月地建，世世代代地修，战火纷飞劳役不断，给劳动人民带来了深重的灾难。这便出现了“孟姜女哭长城”的故事。春秋时，有一个齐国的大夫叫杞梁，他的妻子叫孟姜。公元前550年，齐庄公举兵攻莒（今山东莒县），杞梁奋勇冲击，被俘而死。庄公遣人在村外吊丧，孟姜拒不接受，庄公于是亲自往吊其家。相传她哭夫尽哀，十日不绝声，城墙为之崩塌，遂投淄水而死。后世误认她是秦朝时人，便编造出了“孟姜女千里寻夫，哭倒了万里长城”的故事，由控诉齐国挑动战争，转而为痛绝秦国迫筑长城。人们那渴求安居乐业的美好愿望，使古老传说流传了2500余年。

齐长城历经长久的荒废，如今仍有好多残墙断壁，遗址斑斑。城墙曲折迂回，依山势而筑，大都为乱石垒成，中间施土夯。基础宽窄不一，横断面呈梯形，底宽者近20米，窄者6余米；高度也不统一，有的至今尚留近10米高。高山陡峭处，全是开石垒砌，岱阴残存城墙平均高2～3米，长达50公里。较高的遗址多在山岭低凹处。沟渠平原地带，石块缺乏，则用泥土版筑。一般巨石砌基，上面分层施土夯实。在一些墙址中还发现腐烂的木材痕迹，是当年筑墙时夹砌的圆木棒。如今夯土、塌石、石基等遗迹处处皆是。

长城的西端在古济水河畔，土筑城墙，今残留一段遗址，这就是历史上的巨防，长清区广里店的防门就是巨防上的一个门。这里东为泰山系山岭，山上有石筑长城，西为济水。古时进行车战，向东向西战车不通，唯从防门进攻最为方便。齐灵公二十七年（前555），齐与晋在这里曾进行过一次著名的大战。当时齐灵公为了与晋国争霸，便向南边的鲁国挑衅，晋国就联合鲁、宋、卫、郑等十一个国家攻伐齐国，齐侯在防门外挖壕堑防御。后来晋军在附近设疑兵，遍插旌旗；战车后面拖曳树枝，往来驰骋，尘土飞扬。齐灵公不知晋方有多少军队，非常害怕，不顾晏婴的劝阻就跑回临淄。晋军乘势攻入防门，进军齐国。

顾炎武《山东考古录》说：“大约齐之边境，青州以南则守在大岘，济南以南则守在泰山。”《岱览》：“齐长城横绝泰山。”《莱芜县志》：“长城故址在县治北境长城岭上。”假如勇于探险，可从泰山西缘的巨防城址开始，经泰山西北麓桃花峪之北的北顶山，穿过岱阴佛爷寺之北的仙台岭，再经泰山东北麓“济泰公路”通过的泰安、历城相交的梯子山，即可入莱芜北境、章丘南缘的长城岭，绵延百余公里，城墙遗址处处皆是，历历在目。莱芜市北境有一段基本完好的古长城，城堞依然，颇为壮观：青石关、锦阳关、天门关有残墙数段，仍显当年的风貌，亦可让人饱赏嗜古的眼福。

东段自临朐大岘山穆陵关至胶南东南的小珠山阴，历长城岭至东于家河庄东入海，其间也有很多遗址。穆陵关左右残存遗址，高约3～5米。两侧各有高台，为当年的军事附属设施，台下发现战国时的碎瓦片。关之北还有遗址，为双重城墙并列，证明齐国在通向都城临淄的咽喉处，设重关以防。长城最东端有一段遗址，长30多米，底宽6米多，高3米。古老拙朴的长城身影，和瀚浩壮阔的黄海相衬托，异常壮美动人，成为青岛市的著名胜景之一，被称为“少海连墙”。

第四章
历代帝王封泰山

古人认为“天以高为尊，地以厚为德”“天高不可及于泰山”，于是泰山成为天的象征。从此号为天子的古帝王即与泰山结下了不解之缘。自奴隶制社会至封建社会数千年以来，在中国历史上逐渐形成了一种极其隆重的旷世大典。凡是易姓而起或功高德显的帝王，天神必赐予吉祥的“符瑞”，他便有资格到泰山报告成功，答谢“受命于天”之恩，这就是历代帝王狂热追求的“封禅大典”。“封”是在接近天庭的泰山极顶，聚土筑圆坛祭天帝，增泰山之高以表功归于天；“禅”是到泰山前社首、梁父、云云、亭亭等小山上积土筑方坛祭地神，增大地之厚以报福广恩厚之情。圆台方坛表示天圆地方。一代帝王若登封泰山即被视为天下太平、国家兴旺的标志。皇帝本人也就成为名副其实的“真龙天子”了。所以东汉史学家班固在《白虎通·封禅篇》中概述说：“王者易姓而起，必升封泰山何？报告之义也。始受命之时，改制应天，天下太平，功成封禅以告太平也。所以必于泰山何？万物之始，交代之处也。”如果哪一个皇帝不封禅，就说明他的功绩不大、政权不稳。至于侯王臣下更是把躬逢登礼看作是终生难得的最高荣誉。

春秋时鲁国诸侯季氏大夫想去祭泰山，孔子知道后就讽刺他说：像你这样的人怎能有资格祭泰山呢！汉武帝元封元年（前110）封泰山时，太史令司马谈被滞留到周南（今河南洛阳），不得从行，忧愤而死。临死时，他把儿子司马迁叫到床前哭着说：“今天子接千岁之统，封泰山，而余不得从行，是命也夫！命也夫！”

自帝王登封泰山以来，历朝正史均有记载。管仲、班固有《封禅篇》，司马迁、司马相如撰《封禅书》，应劭著《汉官马第伯封禅仪记》，颜师古作《封禅仪》。今泰山玉皇顶上有“古登封台”，则是历代帝王封禅告祭的遗址标志。古代君王名为向天帝告功谢恩、求福求寿，实际上是借助神权加强其统治。

第一节　封禅起源

古籍载，黄帝出巡泰山时，大象驾辕，六龙拉车；蚩尤在前开路，虎狼在后护卫；群鬼列侍保驾，众神簇拥陪行；风伯扫除，雨师洒道；蟒蛇伏地，凤凰覆上。黄帝登临泰山之巅，诏鬼神议国事、定大位、划疆域、祭天神，并作清角之音：似两凤双鸣，如二龙齐吟。玉皇大悦，天女起舞。这虽是传说，但从一个侧面反映了原始社会时期的祭山活动。封禅制起源于夏、商、周时的郊祀活动。那时，帝王在都城近郊祭天，在地神祠祭地。天地是直接影响人类生存的重要自然条件，悠悠苍天、广博后土，使他们神秘莫测，这就产生了对天地自然神的崇拜。高山大川由于生云化雨，猛兽出没，物产丰富，继而出现了崇拜山神河伯的活动。朱天顺在《中国古代宗教初探》中说：夏祭日神，商祭天神，亦祭山川。殷商甲骨卜辞中就有祭山求雨的记载："庚午卜，其𠦪（同求）雨于山。""癸巳卜，其烄[①]十山，雨。"明孝宗朱祐樘在御制《重修东岳庙记碑》中也说："自郊祀天地而下，复有名山大川之祭。"

自奴隶制社会初期的夏代至封建社会初期的战国时期，泰山的祭祀活动频繁，形式多样。据清唐仲冕所撰《岱览·岱礼》载，古帝王有事于泰山，其典有六种：宗、巡狩、柴、望、血祭、旅。而封禅并不包括在内。宗是郊祭六宗，即天宗日、月、星，地宗岱、河、海。巡狩是王者巡视诸侯守土，东至岱宗。柴是因为天子代天理民，为天远行，便至于岱宗烧柴祭天，称"柴于上帝"。望是望而祭之。诸侯在本疆内望祭东岳。血祭是由原来的杀人（奴隶）祭东岳而渐变为杀牲畜祭东岳。旅是登泰山陈列祭品而祭。封禅制和封禅大典便是由岱宗六典综合演变而成，至今岱顶玉皇庙内悬挂着"柴望遗风"的大匾，标明东封泰山的来历。天子封泰山既借此巡狩东方诸国[②]，又要在岱顶筑坛设牲牢，燔柴烧祭品以祭天，各侯王均在本守土内望祭东岳。所以说封禅大典是各种祭岱

① 烄：音灰。意手举火。

② 东方诸国：即东方各诸侯王国。

活动的综合性国家政治大典。明代文学家李攀龙有《太山篇》：“大东有神岳，专名为岱宗。日精摄海气[①]，吴野控其峰[②]。明堂朝列后，金策纪元功。维昔七十家，轩辕此登封。云霞自窈窕，石室何青葱。仙人揽玉树，须发生清风。灵液飞潺湲，芝草如蒿蓬。惟帝拥灵符，千载一升中。愿言与问道，乘龙举太空。”

第二节　先秦封禅

封禅之说最早见于距今约2700年前的春秋初政治家管仲所著《管子·封禅篇》[③]。据载，春秋时，齐国国君齐桓公任用管仲为相进行改革，奋发图强，对外实行“尊王攘夷”“九合诸侯”的政策，使其成为春秋时期的第一霸主。他自以为功高德显，会合诸侯于葵丘[④]议论封禅之事。管仲劝阻说：“古圣王成功道洽、天赐符瑞才去泰山封禅。现在符瑞不见，凤凰不至，麒麟逃遁，是不祥之兆。不可行封。”桓公不甘心地争辩道：“寡人北伐山戎[⑤]过孤竹[⑥]；西伐大夏[⑦]涉流沙[⑧]，黄昏前把马系在山下而登卑耳山[⑨]；南伐至召陵[⑩]上熊耳山[⑪]，可望伊水、洛河。寡人南征北战，九合诸侯，救助天下，与尧、舜、禹三代受命君主有何

---

① 日精摄海气：指在泰山能观海上日出。

② 吴野控其峰：孔子登泰山曾望见吴门之马。

③《管子》：管子即管仲，《管子》传为管仲撰，实系后人托名于他的著作。共24卷。原本86篇，今存76篇。内容庞杂，包含道、名、法家等思想以及封禅、天文、历数、舆地、经济和农业等知识。

④ 葵丘：古邑名。春秋齐地。在今山东淄博市境内。

⑤ 山戎：春秋时夷国。在今河北迁安市境内。

⑥ 孤竹：古国名。今河北卢龙县至辽宁朝阳县一带。

⑦ 大夏：晋时十六国之一。今陕西北部、宁夏东南及内蒙古自治区鄂尔多斯一带。

⑧ 流沙：沙漠之古称，泛指西北沙漠地带。

⑨ 卑耳山：古山名，又称辟耳山。在今山西平陆西北。

⑩ 召陵：古县名，故城在今河南郾城县内。

⑪ 熊耳山：今称全宝山，在河南省西部，秦岭东段支脉。以两峰状若熊耳得名。

不同？”管仲见桓公雄辩不服，又进一步劝说：“古之封禅时东海出了比目鱼[①]，西海有了比翼鸟[②]，许多祥兽瑞禽不召而至。今凤凰、麒麟不来，嘉谷不生；而不祥的猛禽鸱枭[③]数至，蓬蒿藜莠遍地。这证明你既无‘受命于天’，又无太平盛世功绩，怎能欺天去封泰山呢！”这时桓公才口服心服，遂罢封禅。这说明古帝王封泰山并非任其所为，而是有多方面的严格限制，缺一不可。

管仲为宣扬封禅之重，还向桓公概述了自三皇五帝至周代的封禅历史：“古天子封泰山禅于梁父[④]者有七十二家。但我只记得十二家：无怀氏、虙羲氏、神农氏及炎帝封泰山禅云云，黄帝封泰山禅亭亭，颛顼、帝喾、尧、舜封泰山禅云云，禹封泰山禅会稽，汤封泰山禅云云，周成王封泰山禅社首。皆受命然后才去封禅。”司马迁在《史记》中引用其说。

如今岱阴佛爷寺东南十余里有明家滩村，这里便是周明堂故址。周明堂即周天子东巡封泰山时朝见诸侯的地方。《礼记》[⑤]载，昔殷纣王大乱天下，周公为相，武王伐纣；后来武王驾崩，以成王年幼，由周公摄理政事，朝诸侯于明堂。《史记 · 封禅书》：“泰山东北址有古时明堂处，齐有泰山之明堂也。”金代山民耕地时常见瓦砾遍地。至明末清初遗址尚存。民国十年（1921）山民凿井曾挖出古玉器20余件，卖与济南茹古斋，后存济南商会。战乱时，茹古斋又取回变卖，每件即数万元，后来大多流于国外。明代毕瑜《明堂》诗云：“黍离诗自咏东周，翠辇无因此地游。朝聘不闻来束帛，会盟谁识有诸侯。圣贤述作光千古，王霸兴亡付一丘。莫向高台寻旧迹，断碑残砾不胜愁。”

汉初文史学家韩婴在《韩诗外传》中说，孔子登泰山见易姓而王封泰山禅梁父者七十余家，不知道的则数以万计。因古帝王对封禅之礼秘而不传，所以，难以考察。东汉哲学家王充在《论衡 · 书虚篇》中再次纪述说：“百王太平，升封泰山。泰山之上，封[⑥]可见者七十有二，纷纶湮灭者不可胜数。”从以上记载

---

① 比目鱼：旧谓此鱼一目，须两两相并才能游行。喻形影不离。今总称鲽形目鱼为比目鱼。

② 比翼鸟：传此鸟双双同飞，形影不离，古时常以此鸟比喻踪迹相随的好友或爱侣。

③ 鸱枭：均为猫头鹰之类的凶猛的鸟。

④ 梁父：即梁父山，与后边所言云云、亭亭、会稽、社首等山皆是泰山前的小山丘。

⑤《礼记》：儒家经典之一。秦汉以前各种礼仪论著的选集。相传西汉戴圣编纂，今本为东汉郑玄注本。

⑥ 封：在此指封坛遗址的夯土台基。

可以看出，管仲、孔子等人虽然对古天子封禅仪典不很了解，对登封者的姓氏也难于一一考证，但他们确确实实在泰山上见到了众多的封禅坛遗址、遗迹。并依此类推，由于年代久远而毁坏湮灭者“不可胜数”，甚至“数以万计”。这足以证明封禅之典早在春秋前，业已成为国家定制、亘世盛举。但因那时诸侯众多，征伐不断，国小民弱，故封禅制尚未完善，封禅之典也并不像后世那样浩大隆重。

第三节　秦汉封禅

自周成王封泰山禅社首后，其典制湮没600余年。加之古制典仪秘而不传，使后人不辨封禅，以至秦始皇封泰山时无旧制可循。关于封禅活动真正有据可查的始于《史记》，它较全面而翔实地记载了秦汉封禅，使古制得以延续和发展。这时封禅制才真正形成，封禅大典日臻完备。

秦始皇嬴政于公元前247年立为秦王，公元前221年创立了中国历史上第一个统一的封建中央集权国家，并自立为始皇帝。接着便采取了一系列重大改革：取消分封，推行郡县制，统一法律、度量衡、货币和文字，修驰道。一方面他自以为统一大业告成，必须夸耀于天下；另一方面又感到东方六国的反抗势力并未平息，认为“东南有天子气”，决心“东游以压之”。于是在即帝位的第三年，公元前219年效法古帝王“受命”而后举封禅的做法，率群臣自咸阳①出发，跋涉几千里东巡郡县，登封泰山。

始皇东巡先登邹峄山②，刻石颂秦德。接着征召鲁国儒生、博士70人，到泰山脚下议论封禅望祭山川之事，诸儒皆言：“古帝王封泰山用蒲车③，不恶伤土石草木，扫地而祭，礼仪简单。”始皇听后，感到怪异难施用，遂将儒生贬退。于

---

① 咸阳：古都邑名。在今陕西咸阳市东北10公里。

② 邹峄山：今山东省邹县东南。

③ 蒲车：用蒲草裹住车轮。

是修车道，上泰山，自岱阳至巅。筑坛祭天，立《泰山刻石》，歌颂始皇功德无量，表明登封圆满成功。其后从阴道下，禅于梁父山。所有告天祭文及封禅典仪“封藏皆秘之，世不得而知也”，仍沿袭秘而不彰的做法。

《史记·封禅书》记载：“始皇之上泰山，中阪遇暴风雨，休于大树下。诸儒生既绌，不得与用于封事之礼，闻始皇遇风雨，则讥之。”大树因护驾有功，被封为“五大夫”。据《独异志》[①]载，秦始皇由于焚书坑儒和筑长城、修阿房宫、造骊山墓，给人民带来了深重的灾难，暴君无德，妄受天命，不应厚着脸皮去封泰山。结果登泰山之半，忽逢风雨雷电，便躲在大松树下。这时松树上有神人讥曰：“无道德、无仁、无礼而得天下，妄受帝命，何以封？”左右众臣皆闻，始皇闷闷不乐而归。

始皇封泰山后至诸城，直穷海滨，南登琅琊，立《琅琊刻石》颂功德。这时齐人徐福等上书，言海中有三神山，名曰“蓬莱”“方丈”“瀛洲”，上居众仙人，并有长生不老之药。其禽兽皆白，而黄金白银为宫阙。徐福请求去采长生不老之药。始皇遂让徐福入海。未至，望之如彩云，及达三神山却在水下，靠近时，急风引船而去，终未见仙人和不死之药。返回后，徐福谎报说：“臣遇见海中的大神，他问我：‘你是西皇的使者吗？’臣回答：‘是。’‘你来有什么要求？’‘愿求延年益寿之药。’大神说：‘你们秦王备的礼仪太菲薄了，只许你参观而不得取药。’于是，领着臣向东南航行至蓬莱山。臣见到灵芝生成的宫殿，其中有神仙使者，青铜肤色，形状像龙一样，浑身光彩照天。臣再拜问道：‘应当用什么礼物以献？’海神说：‘以美好的童男童女，并带着各种工匠用具来献礼，就可得到仙药。’”始皇听后大悦，遂派遣童男童女3000人，并配备以五谷杂粮、各种工匠器具随徐福出海。始皇三十七年（前210），秦始皇又东巡至琅琊。徐福因入海数年，求药不得，耗费甚巨，怕受惩罚，又撒谎道：“蓬莱山仙药可以采到。但我几次出海常为大鲛鱼阻拦，所以不能到达。希望准许善于射箭的武士和我一齐去，遇到鲛鱼就可射杀。”徐福得到武装之后就又出海，在海中见一陆地，平原广泽，就定居下来，世代相传，发展到几万人家。东汉时，其地人民有时还到会稽的集市上换东西。会稽东冶县有人出海遭到大风，飘荡到其地。传说徐福所定居的地方就是日本的熊野浦，至今那里还有徐福的坟墓。

① 《独异志》：唐李亢撰。集历代轶事传说。

秦始皇称帝凡12年中曾五度巡游，历经陕西、甘肃、河南、山东、河北、山西、江苏、安徽、浙江、湖北、湖南、四川等12省达数万里之余。其中山东人民受害最深，修驰道、筑桥梁、刻石碑、建祠庙、供粮草、派童男童女，因而怨声载道。始皇三十六年（前211），泰山前坠落一块大陨石，老百姓故意刻上“始皇帝死而地分”的字句，与自吹自擂的《泰山刻石》遥相对照。始皇大为震惊，急派御史查办，结果一个告密的也没有，遂令把陨石附近的居民杀光，并把陨石烧毁。

公元前210年，秦始皇在东巡归途中病死于沙丘平台（今河北广宗西北）。少子胡亥继为二世皇帝。胡亥接着便与宦官赵高商议说：“先帝巡行郡县，以示强，威服海内。今晏然不巡行，即见弱，毋以臣畜天下。”接着，于公元前209年率李斯、冯去疾等东封泰山，其仪礼与始皇同。并在岱顶始皇刻石之阴刻其诏书，颂先帝功德。秦家父子借东巡封禅之名，进一步加强对东方诸国的统治。但相继称帝仅15年，秦王朝就在农民起义的浪潮中灭亡了。

到了汉代，封禅制进一步发展。西汉王朝建立后，历高、惠、文、景四帝，天下统一稳定已60余年。汉武帝刘彻具有雄才大略，为推行他的文治武功加强中央集权，必然借助封禅大典。他认为时机已到，召文学之士议论巡狩封禅之事，但为窦太后阻止。亲政后，武帝为行封禅先进行舆论准备，以白色动物当作麒麟，把地下出土的大商鼎看作是神贶宝鼎，并改元为“元鼎”，认为这是天下太平的祥瑞征兆。据南北朝时《宋书·符瑞》云：“神鼎者，质文之精也，知吉知凶，能重能轻，不炊而沸，五味自生，王者盛德则出。”为显示四夷来朝，又出兵南越以取得明显的功业效绩。接着于元封元年（前110），率领封禅大军“行自云阳，北历上郡、西河、五原，出长城，北登单于台，至朔方。临北河。勒兵十八万骑，旌旗经千余里，威震匈奴”（《汉书·武帝本纪》）。先祭华山、嵩山，又东巡山东沿海各地，夏四月封泰山。

汉武帝举封禅，曾屡次和诸儒生及公卿研议封禅礼制，因封禅之典用希旷绝，秦代又秘而不传，汉代仍莫知其仪礼，群儒皆不懂封禅，仅牵拘于诗书古文，争议不决，最后由汉武帝自定：按祭祀太一神的仪式。其封坛在泰山脚下东方，高九汉尺，阔十二平方汉尺；玉牒书[①]埋封于坛内，其文保密。礼毕，天

① 玉碟书：古帝王封禅所用的文书。

子独与侍中奉车子侯（霍去病之子）登泰山，又进行封土，仍保密。后不久，车子侯暴病而死，曾引起人们的种种猜测。汉武帝以臣子之生命为代价，加强了东封的神秘感。第二天自岱阴下，禅于泰山东北麓肃然山，其礼仪按祭“后土”①的方式，天子皆亲拜。祭者均穿黄衣，用江淮间所产的神草“一茅三脊”②滤祭酒，用象征五方的五色土加封。举行封礼前，令宫廷侍从官和儒生头带皮弁，束大带，插笏版，先举行射牛礼。举行禅礼后，纵放各地所献奇兽异禽。典礼完毕，天子坐明堂接受群臣朝贺，赏赐当地居民肉食，鳏寡老人布帛二匹，免除附近几个县当年的租税，大赦天下。改年号“元鼎”为“元封”，割泰山前嬴、博二县奉泰山，名“奉高县”，专为封禅告祭而设。并在岱顶立《无字碑》。北魏时大臣吕温有《白云起封中诗》：“封开白云起，汉帝坐斋宫。望在泥金③上，疑生秘玉④中。攒柯初缭绕，布叶渐蒙茏。日观祥光合，天门瑞气通。无心已出岫，有势欲凌风。傥遣成膏泽，从兹遍太空。”

武帝初封泰山时，还坐泰山东北址旧明堂，与周明堂相邻，天子以此处险阻不显，欲建新明堂于奉高旁，但不知其制度。这时济南人公玉带奏献黄帝时的《明堂图》：“中有一殿，四面无壁，以茅盖，通水，圆宫垣为复道，上有楼，从西南入，命曰昆仑，天子从之入，以拜祠上帝。”（《史记·封禅书》）于是按其图命奉高令在泰山东南侧的汶上重建明堂。其后，武帝多次祭泰山，举行大典，在明堂中朝见诸侯。祭祀时，先把天神太一、五帝供奉于明堂上坐，开国君主牌位相对，地神祭于下房，以牛、羊、猪三牲礼进行祭奠。谢灵运有《泰山吟》：“岱宗秀维岳，崔崒刺云天。岞崿既崄巇⑤，触古辄千眠。登封瘗崇坛⑥，降禅藏肃然。石闾⑦何晻蔼，明堂秘灵篇。”

汉武帝八次朝泰山，留下了很多传说。据《汉武内传》云，西王母与上元夫人自天而降，正逢汉武帝登封岱顶，武帝见王母手帕中有一小书，便乞请

---

① 后土：即大地。

② 一茅三脊：有三条脊背骨的茅草，即菁茅，又叫灵茅。帝王封禅都用其来滤酒。

③ 泥金：即金泥，封禅时以水银和金粉以为泥，用以封印玉牒、玉检等。

④ 秘玉：古帝王封禅把玉制的简册藏入玉匣中，再放入石函，均缠金绳以封金泥，秘而不泄。

⑤ 崄巇：大山小山累连貌。

⑥ 瘗崇坛：瘗（音意），埋筑。崇坛，高坛。言帝王登封时把告天玉牒文埋入祭坛内。

⑦ 石闾：泰山前小山，传汉武帝曾加禅于石闾山。

瞻阅。王母冷言冷语地说："这是能镇邪避妖的五岳真形图，是三天太上皇所制，你怎能有资格佩带它呢？"武帝乞求多次，王母就将其书赠给了他。他视如珍宝，带回长安城密藏在他所创建的以香柏为梁的柏梁台。后来又于太始四年（前93）在京都铸一大鼎，号"神鼎"，上铸铭文曰："登于泰山，万寿无疆。四海宁谧，神鼎传芳。"此文揭示了武帝祭天表功，借助天神而震慑四海、巩固统治的目的。

汉武帝东封泰山时，途中听说泰山上叫花子拦路讨舍施的最多，舍钱的谁也舍不到山顶。武帝想："我乃一国君主，谁能比得上寡人钱多？吾非舍钱至顶不可。"当銮驾过济南府时，他即派人装满了20大车零钱。到了泰山，叫花子果然是一个接一个，一帮连一帮，不到中午，铜钱全部舍完了。可叫花还是三五成群地围着大车直呼喊，武帝慌了手脚，诏告："今日无钱，明日再说。"一眨眼的工夫，叫花子全不见了。武帝至岱顶封山祭天时，突然见香案上缭绕的香烟组成了14个大字，飘飘忽忽，十分真切："一人求神花万贯，人众如草废家园。"武帝惊了一身冷汗。当他心神不定地下山时，嚯！只见舍钱的地方，一丛丛草尖上顶着钱，一根根树枝上也挂着钱，一朵朵山花上托着钱。汉武帝这才恍然大悟：原来是因封禅大典挥霍无度，激怒了泰山神。

又传，汉武帝封泰山至云步桥一带，见一老翁立于盘道旁，状如五十许，头上有白光高数丈，面有童子之颜，肤肌光滑，如天神降凡。武帝询问，老翁对曰："臣居岱下，年八十五时衰老垂死，头白齿落。这时恰遇一道仙，授臣于长生妙方：'绝食五谷，服术饮水，枕以神枕，枕中有三十二物，其中二十四物以当二十四气；八毒以应八风。'臣按其术行之，则转老为少，黑发更生，落齿复出，体若壮士，可日行三百里。"汉武帝问其年岁，老翁笑曰："臣今一百八十岁矣！"并将其妙方告于帝，武帝大悦，赐翁玉帛若干，封其为"泰山老父"。泰山老父拜谢武帝赏赐之恩后，随即飘然入深山中。老父原来每十年一次出山回故里，自遇汉武帝后，便久居泰山洞穴，仍服术修炼。300年后，山民见老父依然如故。

东汉帝王封泰山者唯光武帝，章帝、安帝仅巡狩祭告。汉光武帝建武三十年（54），太尉赵熹请封："陛下拨乱中兴，功成治定，群司礼官咸以为宜登封岱宗。"帝故作姿态说："即位三十年以来，百姓怨气满腹，我没有什么功劳，怎能欺骗老天爷呢！"但仅隔一年，由于政治的需要，于建武三十二年（56），利用巫师制作的符谶侈言斋戒时“夜读河图[①]，会昌符”。天帝指示他东封泰山。据《后汉书》载，其典仪与武帝时略同。二月二十二日晨，在泰山下烧柴祭天，接着乘御辇至岱顶，少憩后更衣举行封礼。帝即位坛北，面群臣，尚书令奉玉牒简[②]，帝以寸二分玺[③]亲封，秘藏于方石砌成的石检中，再加五寸印封。事毕再拜，群臣山呼万岁，命人立碑。二十五日禅于梁父山之阴。四月大赦天下，更年号“建武”为“建武中元”。汉光武《泰山刻石》云：“二月，皇帝东巡狩，至于岱宗，柴望秩山川，班于群神，遂覲东后[④]。”接着赘述“受命于天”的谬论，夸其太平盛世：“书同文，车同轨，人同伦，舟舆所通，人迹所至，靡不贡职。”以此可证，光武封泰山与史书记载完全一致，惜此碑早毁。

汉章帝元和二年（85）二月东巡至泰山，柴望祀山川，告祭明堂；汉安帝延光三年（124）二月东至泰山，柴告岱宗，祀五帝于汶上明堂。三国时魏明帝景初元年（237），中护军蒋济请求封禅，明帝拒绝说：“闻蒋济此言，使我汗出流足。”隋文帝时，群臣屡次请求天子东封，他以为：此事体大，非同小可，自己没有什么功绩，怎敢封禅！仅东巡时瞻拜而已。所以，隋文帝于开皇十五年（595）正月东巡狩，只祭拜岱宗，并不封禅。

第四节　唐宋大典

唐宋时封禅制发展到了高峰，唐高宗、玄宗和宋真宗接踵大举封禅，仅三帝就在泰山立碑16块。封禅大典极其隆重。唐高祖李渊灭隋建唐后，逐渐镇压各地农民起义军及地方割据势力，统一全国。唐太宗李世民继位后使唐朝

---

① 河图：即河图、洛书。儒家关于《周易》和《洪范》两书来源的传说。《易·系辞上》说：“河出图，洛出书，圣人则之。”传说伏羲氏时，有龙马从黄河出现，背负“河图”；有神龟从洛水出现，背负“洛书”。伏羲根据这种“图”“书”画成八卦，就是后来《周易》的来源。

② 玉牒简：用金绳把玉片串成的祝文刻词。

③ 玺：秦之后专指皇帝的印。

④ 东后：东方诸侯。

进入盛期，出现了“贞观之治”。唐高宗李治继位初年，遵守贞观遗规，推行均田制，鼓励垦殖荒田，人口迅速增加，社会秩序稳定。武则天自永徽六年（655）被高宗立为皇后之后，逐渐参与朝政，积极赞助高宗东封，借机为自己树碑立传。

唐高宗麟德二年（665）十月，李治率文武百官、扈从仪仗；武后率内外命妇[①]组成封禅大军，连绵数百里。更为壮观的是朝鲜、日本、印度、波斯、新罗、百济、突厥、于阗等诸国使节和诸番酋长随行陪祭。这都是前所未有的。十二月云集泰山下，第二年正月封泰山禅社首。据《唐书·礼乐志》载，高宗封泰山时为圆坛，山南四里有圆丘状祀坛三座，上饰以五色土，各随其方，号“封祀坛”。玉策[②]有三册，以玉为简[③]，长一尺二寸，宽一寸二分，厚三分，上刻金文；玉匮一个，长一尺三寸（均为唐制），以藏上帝之册；金匮三个，以藏配帝之册，缠以金绳五周。又筑坛于山上，广五平方丈，高九尺，号“登封坛”。在社首山筑八角方坛三座，号“降禅坛”。天子先在山下“封祀坛”祀昊天上帝，并配以高祖、太宗牌位，用金泥玉玺亲印玉册，并放置于石检内，用五色土封之。次日封玉册于岱顶“登封坛”。祀地神于社首山“降禅坛”，并配以高祖、太宗二皇后牌位。武后则天为亚献，越国太妃燕氏为终献。第四天在朝觐坛朝群臣，诏立“登封”“降禅”“朝觐”之碑，称封祀坛为“舞鹤台”、登封坛为“万岁台”、降禅坛为“景云台”，以记祥瑞。改元为“乾封”元年。把汉代的奉高县改为“乾封县”。

唐玄宗李隆基即位后，励精图治，大兴生产，治蝗灭灾，改革旧弊，使唐代的经济文化发展到高峰，史称“开元盛世”。开元十三年（725）十月，李隆基东封泰山，召礼官学士贺知章等人制封禅典仪，帝问前世玉牒书为何秘而不传，知章回答说：“玉牒是让天帝看的文书，天子请求天神保佑长生不老，帝座永存，所以秘而不知。”帝曰：“朕今为民祈福，无一秘请。”说完便将玉牒书示众，从封禅仪典到封禅内容均改革一新，首创把告天玉牒之文公布于众，表现

---

① 内外命妇：命妇，古代妇女有封号者之称。宫廷中妃嫔等称内命妇，宫廷外臣之母、妻为外命妇。

② 玉策：玉制的简册，封禅时所用的文书。

③ 简：这里指玉简，以玉为之，上刻文书，以祭告天地之神。

了非凡的气度。唐玄宗玉牒文曰："有唐嗣天子臣某，敢昭告于昊天上帝：天启李氏，运兴土德。高祖太宗，受命立极。高宗升中①，六合殷盛。中宗绍复，继体不定。上帝眷祐、锡（赐）臣忠武。底绥内艰，推戴圣父。恭承大宝，十有三年。钦若天意，四海晏然。封祀岱岳，谢成于天。子孙百禄，苍生受福。"

唐玄宗封泰山，先服衮冕②于行宫，在帷帐中斋戒，乘法驾③至山下，而后乘御马登山。他以"灵山清洁，不欲多人"为理由，携少数侍臣登封。在岱顶筑坛，祀昊天上帝，高祖配祀。侍中④在坛上跪称："请天子封玉牒。"天子从南面登坛，北向而立。太尉⑤到昊天上帝神座前，跪取玉牒，放在祭案上，帝拜后，跪取玉牒放入玉匮，缠以金绳，封以金泥。而后用"受命"之玺以印玉匮。接着，帝跪捧玉匮授予太尉，太尉将其置于案，帝再拜。太尉奉玉匮跪藏于石检内，执事者盖上石盖。帝再缠以金绳，并封以石泥，用玉玺遍印其上，引降下坛。最后执事者以五色土圆封，燔柴告天。山上山下欢呼万岁，声震山川。封禅大典结束后，为庆贺告成之功，令群臣会饮七天。唐玄宗首封泰山神为"天齐王"，御制《纪泰山铭》，书勒于岱顶大观峰。并令中书令⑥张说撰《封祀坛颂》、侍中源乾曜撰《社首坛颂》、礼部尚书⑦苏颋撰《朝觐坛颂》，均立石以记圣德。唐代诗人马异著有《观开元皇帝东封图诗》："俨若翠华举，登封图乍开。冕旒明主立，冠剑侍臣陪。迹类飞仙去，光同拜日来。粉痕疑检玉，黛色讶生苔。挂璧云将起，凌云仗若回。何年复东幸，鲁叟望悠哉。"

唐玄宗封禅大典极其隆重，声势浩大，轶事传闻也较多。据《新唐书》载："取牧马数万匹，每色一队，相间如锦绣。"玄宗封泰山，曹州人刘晏刚满八岁，

---

① 升中：古帝王祭天上告成功。

② 衮冕：即衮衣和冕冠，是古代皇帝和上公的礼服和礼冠。

③ 法驾：天子的车驾。

④ 侍中：官名。秦始置，两汉沿置，侍从皇帝左右，出入宫廷。初仅伺应杂事，由于接近皇帝，地位逐渐贵重。北魏尤重其官，呼为小宰相。隋代改称纳言。唐代复称侍中，并一度改称左相，成为门下省的正式长官，但因官位特高，仅作为大臣加衔。北宋犹存其名，南宋废。

⑤ 太尉：秦汉时为全国军政首脑，历代曾多沿置。至宋徽宗时，定为武官官阶的最高一级，本身并不表示任何职务，一般常用作武官的尊称。

⑥ 中书令：汉武帝时以宦者为之，掌传宣诏命。后来名称多变。至南北朝时任中书令者多为文学名人。至唐代，非有特殊资望者不授此官。元代权位尤重，或以皇太子兼任。明代废。

⑦ 礼部尚书：礼部，官署名，隋唐时为六部之一。尚书，官名，掌管文书奏章。

便赋诗一首，名《颂行在》，献与帝展阅。帝奇其年幼才高，命封禅大使张说试试真假，张说出题以试，果然对答如流，出口成章，张夸其人为“国瑞”，即授予“太子正字公卿”，玄宗赐号为“神童”。又据《唐诗纪事》云，唐玄宗封泰山时，礼毕回銮过金桥。他坐在御马上，遥望御道曲曲萦转似与天接，近看封禅大军的旌旗延绵数十里，车辚辚、马萧萧，好不威风，于是便召当时随行的三位著名画家吴道子、韦无忝、陈闳同绘金桥图。

宋代封泰山者只有宋真宗赵恒。景德元年（1004）真宗任用寇准为相。是年辽国（契丹）萧太后与圣宗亲率大军南下，深入宋境。赵恒畏敌欲听从王钦若、陈尧叟等大臣之计，迁都南逃。因寇准坚决反对，帝勉强至澶州①督战。宋军坚守辽军背后城镇，又在澶州城下打了胜仗，射死辽大将萧挞览。辽恐腹背受敌，提出议和。赵恒素主议和，年终与辽订立和约，由宋每年输辽岁币银10万两、绢20万匹。因澶州亦名澶渊郡，故史称“澶渊之盟”，开创了取胜反而以岁币求和的先例。其后政治腐败，内外交困，社会矛盾逐渐尖锐。赵恒为了借助“君权天授”来维持统治，便与王钦若等大臣密谋策划，假造“天书”，大搞迷信活动，导演了一场贻笑千古的“封泰山、谢天书”的历史闹剧。

宋真宗先臆造夜梦神人赐天书，声言“受大中祥符之赐”，遂改“景德”五年为“大中祥符”元年。接着又假造黄帛素书降于宫殿鸱尾，召群臣迎拜启封，号称“天书”。当时“天书”之事在大臣中引起了强烈反响，有的说：“中外皆识其诈，帝独信之。”有的说：“奸臣诞妄，以惑圣听。”孙奭则上书直言：“以臣愚所闻，天何言哉，岂有书也？”赵恒不顾忠臣劝告，一意孤行。史载，宰相王旦开始极力反对，王钦若便与赵恒巧设“赠宝封口”计。一天帝设丰宴招待王旦，又赐一樽御酒说：“此酒最为佳美，爱卿带回去与妻子儿女共饮吧！”王旦带回家打开酒樽一看，大吃一惊，原来并非美酒，而是一坛五光十色、晶莹闪烁的珍珠玛瑙、翡翠宝石。他长吁一口气，终于屈从了“天书”骗局。但他对此一直惴惴不安，到临终时还痛苦地对儿子说：“我一生清白无私，问心无愧，唯独封禅之事使为父无颜去见列祖列宗，于九泉之下也难以瞑目！”

大中祥符元年（1008）三月，王钦若唆使兖州（今山东省兖州市）父老及各路进士2000余人，先后至汴京午门外，叩请皇帝东封。接着，王旦又率百官蕃

① 澶州：今河南濮阳。

夷、诸军将校、僧道父老24300余人上表请封。赵恒见时机成熟，先佯装不准，后来即下诏书同意启程行封，命翰林①、太常礼院②详定仪注。知枢密院事③王钦若、参知政事④赵安仁为封禅经度制置使⑤；王旦为封禅大礼使；尚书左丞陈尧叟掌礼仪使；三司使⑥丁谓计度供应粮草；引进使⑦曹利用、宣政使⑧李神福修筑行宫、道路；皇城使⑨刘承珪等计度运输。五月赵恒又夜梦神人，言泰山将有“天书”降，遂派王钦若至乾封县（今泰安市）秘候“天书”。不久王钦若侈言泰山出了醴泉⑩，锡山⑪出现了苍龙。六月六日，在泰山南麓垂刀山（今谓“凌汉峰”）上有“红紫云气，渐成华盖，至地而散”。随之，木匠董祚见黄帛素书飘摇而下，有字不识，告于王钦若。王连夜送到汴京（今开封市），并献泰山灵芝8000余株。帝召群臣展阅“天书”，其文曰：“汝崇孝奉吾，育民广福，锡尔嘉瑞，黎庶咸知。秘守斯言，善解吾意，国祚延永，寿历遐岁。”九月，赵安仁又进献五色金玉丹和泰山紫灵芝8700余株。十月，天子法驾自汴京出发，由玉辂车载天书前导，仅“天书”仪仗就有1600人。封禅大军千乘万骑，浩浩荡荡奔赴泰山。

天子封泰山乘辇而上，自山麓至山顶两步一人，均持彩带绣球相间而立。至回马岭险峻处，降辇步进。因盘路陡绝，选用年轻力壮的小卒，用横板推引向上，卫士皆穿钉子鞋。登岱顶后，次日黎明致祭。山顶高筑圆坛，正位神座祀昊天上帝，将“天书”陈列于左，太祖、太宗二帝灵位配于右，帝服衮冕首祭，礼毕饮福酒。王旦跪称：“天赐皇帝太一神策，周而复始，永绥兆人。”皇

---

① 翰林：谓文翰荟萃所在。

② 太常礼院：官署名。宋沿唐制设置，掌讨论礼制。

③ 知枢密院事：宋枢密院长官。枢密院为最高军事机关。

④ 参知政事：官名，简称参政。宋以同平章事为宰相，乾德二年（964）置参政知事为副宰相，辅助宰相处理政事。

⑤ 制置使：官名。为一路至数路地区的统兵大员。

⑥ 三司使：三司，北宋最高财政机构。三司使，掌管三司的官员。

⑦ 引进使：官名，掌管接待臣僚与蕃国进奉礼物等事。

⑧ 宣政使：宋代宦官的高级官称。

⑨ 皇城使；官名，通常无职掌，仅为迁转之阶。

⑩ 醴泉：甘美的泉水。

⑪ 锡山：在江苏省无锡市西郊，惠山以东小丘。

族大臣亚献、终献。三献之礼完毕后便把上通天意的祝文玉册装入玉匣，封入坛内。封毕后，在燎台上生火燔柴，把三牲、帛璧等祭品抛置火中焚烧，酬谢天帝降“天书”之恩。同时山下举火以示响应，欢呼雷动。继而下山禅于社首山，其仪与登封之礼相同。封禅礼毕，帝放纵全国各地所献珍禽奇兽，以表示好生之德。最后帝登朝觐台，接受百官朝贺，庆祝封禅圆满成功。天子大悦，大赦天下，文武百官均晋加一级，大宴群臣及泰山父老，赐全国酺酒三日。改乾封县为奉符县。晋加“天齐王”泰山神为“天齐仁圣帝”，封泰山老母为“天仙玉女碧霞元君”。定于降“天书”之日——六月六日为“天贶节”，并大兴土木，刻石记功。在山顶唐摩崖东侧刻“功德铭”，诏王旦撰《封祀坛颂》、王钦若撰《社首坛颂》、陈尧叟撰《朝觐坛颂》。王钦若赋《登泰山》颂曰：“四顾无云道路开，黄麾迎从六龙来。三神合祀光千古，万旅传呼动九垓。幽鸟似通昆阆信，贞松深隐栋梁材。已知身世非常事，曾到天门十二回。”

“天书”使宋真宗实现了封禅愿望，但却未能保佑大宋“国祚延永”，反而成为笑柄。此次东封往返47天，耗国帑，戕民力，实为一场劳民伤财、自欺而不能欺人的恶作剧。真宗驾崩，执事大臣就借“天书专为先帝而降，应随先帝而升天”，把天书殉葬于陵墓中，了却了“天书”骗局。由于伪造天书的恶劣影响，封禅制至宋代宣告结束。

第五节　明清祭祀

宋真宗封禅以后，历代帝王虽据祀典或遣官致祭，或登临泰山，但再没有举行过封禅大典。封禅制发展到明清时，由祭天告地的大型封禅仪典，演变成频繁而广泛地朝拜泰山神和泰山老母的祭祀活动了，明代是这一演变的过渡阶段。帝王既不封禅，也不巡狩，而是接连不断地派遣大臣或道士致祭。这与我国古代学术思想的变迁发展有重要关系。自秦始皇开始直至汉武帝等，均是利用“五德终始说”进行封禅活动，实质上是愚弄人民。但是宋代以后，理学盛行，汉儒的旧说被宋儒的新说代替。宋明以来的儒家理学，虽其主导倾向是唯心论，但重思辨而反对宗教迷信，封禅之为已被士大夫所轻视，皇帝以此行骗已经行不通了，所以封禅大典也就不能再郑重地进行下去了。历代帝王祭天告地的国家大典嬗变[①]为帝王祭泰山神和黎民百姓崇奉泰山老母的民间宗教活动。

由农民起义发迹的明太祖朱元璋登基后，声言不祭山川诸神。但由于政治的需要，第二年便命都督孙遇仙等重臣分祭岳渎，第三年又崇奉泰山神。他认为，岳渎在古时均以山川之名而称之，并无封号，便去掉泰山神“帝”号，并于洪武三年（1370），在岱庙立碑，诏告天下。接着委派大臣或道士四次到泰山致祭。后来，自成祖朱棣到神宗朱翊钧200余年间遣使臣、道士祭岱45次之多。到清代“康乾盛世”祭祀活动发展到高峰。帝王除亲朝泰山或到岱庙拜谒外，也沿袭明制“遣官致祭”之礼。康熙皇帝三祭泰山，两次登岱顶，遣官致祭9次；乾隆皇帝祭泰山10次，其中6次登岱顶，遣官致祭18次。明清国家典制规定：“国家有大典礼、大政务及征伐奏凯、河渠祈祷之事，或巡狩经过，皆命重臣致祭岱岳。”

清圣祖玄烨于康熙二十三年（1684）时，天下一统已40年，边塞既平，台湾归化，廓清内外，于是东巡至于岱宗，躬祀东岳庙。虽然不是封禅大典，但巡行队伍仍然浩荡庞大，仪礼也十分隆重烦琐，迎送大臣及沿途百里之内的地方官绅均跪送跪迎十里之外。祭泰山神时，也是三献之礼，行二跪六叩大礼。然后登岱顶题“普照乾坤”四字，勒“云峰”二字于大观峰。圣祖皇帝于康熙二十八年（1689），再经岱麓，重瞻东岳庙。康熙四十二年（1703），他又南巡阅黄河至泰安州，重登泰山。清初学者毛奇龄有《奉和扈从登封应制诗》：“东方雄镇护神京，豫[②]日宸[③]游减禁兵。霜绕幔城严未启，花开辇路笑相迎。晴看御马林间度，夜听天鸡海外鸣。九点齐烟[④]浑一望，可知天宇正澄清。”

清高宗弘历于乾隆十三年（1748）二月，奉皇太后东巡至泰山，躬祀岱庙如康熙时之礼。帝乘马而上，其险处均架设栈桥。诸王侍臣或乘马，或乘肩舆陪

---

① 嬗（音善）变：变迁，更替。

② 豫：六十四卦之一，坤下震上。《易·豫》：“象曰：雷出地奋，豫。”孔颖达疏：“雷是阴气之声，奋是震动之状，雷既出地震动，万物被阳气而生，各皆逸豫。”

③ 宸（音臣）：帝王的代称。

④ 九点齐烟：唐李贺《梦天》：“遥望齐州九点烟，一泓海水杯中泻。”齐州，指中国九州，言居最高之处，九州不过点烟杯水，一览而入望。

行，到朝阳洞小憩，至极顶驻跸行宫。明日侍皇太后祀碧霞元君，又明日下山回岱庙。帝在登山途中各庙宇、亭、行宫遍题匾额。据清人刘其旋《东巡盛典·恭纪》载："是日，射虎于山南之麓，肆宴群臣，各赏赉有差。"所以，过去岱麓虎山下有"乾隆射虎处"之碣。此后乾隆十六年（1751）、二十二年、二十七年、三十年等均南巡回銮过泰山谒岱庙，并驻跸岱阴灵岩寺，登所传王母使者"青鸟"所居守的玉符山。乾隆三十六年，帝为恭贺皇太后八十大寿于春二月奉皇太后东巡谒岱庙，登岱祀碧霞元君，在岱麓白鹤泉按古明堂遗制初建行宫。乾隆间泰安知府朱孝纯在《泰山图志》中曾描述道："依岳为屏，天然图画，百雉山城，万家烟火，近接几席。遥望石闾、徂徕诸山皆蒲伏北向，俨然辰居星拱矣。"《岱览》云："宫门外设梐枑[①]再重，左右为朝房。门内为二宫门，东西为便门，内有池环绕，上有平桥，桥北为殿，御题'体元堂'额及诗。殿后为寝宫，其西为天章阁；阁后有池，有茅亭山子略彴。垂柳古松相掩映，游鱼鸣鸟上下飞跃，亦优游弥性之卷阿也！"乾隆四十一年，帝又奉皇太后至岱谒岱庙，登山祀碧霞元君。四十五年、四十九年南巡阅江河经泰山，皆躬诣遥参亭、谒岱庙。乾隆五十五年（1790），帝逢八十大寿，春三月特东巡谒岱庙，登岱祀元君。礼毕后，大宴群臣，犒赏三军，回銮所经沿途减租税，赐银与父老，数以万计。

乾隆帝登泰山留下了大量的摩崖石刻，其中最著名的是朝阳洞万丈碑，上刻御制朝阳洞诗，高山峻崖，摹刻宏伟，高20余米，宽9米，在山下亦清晰可见。据传，乾隆皇帝上泰山时，走到万丈碑前，听到"吱呀吱呀"的木轮车声，抬头一看，原来是刘伯温[②]推车爬万丈碑。刘是明太祖朱元璋的保驾大臣，天天梦想着当丞相，便借保驾的梯子想再往上爬，结果没爬上去，反而被左丞相胡惟庸[③]毒杀。他不达目的死不瞑目，死后被泰山神封为巡山太守，他又想借巡山之机，让登封天子再封个丞相。乾隆中期，刘伯温听说天子又来登泰山，便推着车子等御封，意思是想让乾隆说一句："哈，刘伯温上去了！"哪知乾隆一看是官迷，偏说："咳！那不是跑腿子溜吉（刘基）吗？"话音刚落，车子"哗

---

① 梐枑（音币互）：古代设置在宫署前以遮拦行人的防护物。用木条交叉做成，也叫"行马"。

② 刘伯温：即刘基。明初大臣、文学家。他博道经史，善察人才，性刚疾恶，与淮西诸臣不合，终被陷害毒死。

③ 胡惟庸：明初大臣。官至左丞相，毒杀刘基，权势日盛，后被明太祖朱元璋诛杀。

啦”一声退了下来，刘伯温在阴曹地府练的四百年的功夫全完了，再也鼓不起上爬的劲头来了，真的“溜”之大“吉”了。至今万丈碑上还残留着一道车辙沟呢。

由于封禅制的嬗变，泰山神渐渐被碧霞元君取代，封山告天变成了祭神求福，所以，清乾隆帝在御制《重修岱庙碑记》中评论说：“盖由柴望一变为封禅，由封禅再变为神仙。”他概括地总结了封禅制的演变。帝王借助泰山巩固统治，泰山借助封禅被抬到了与天相齐的神圣高度。所以郭沫若说：“所谓东方主生，帝出乎震，于是泰山便威灵赫赫了。自秦汉以来，历代帝王封禅，也就是向泰山朝拜。比帝王还要高一等，因而谁也不敢藐视泰山了。”

第五章
泰山宗教

由于原始宗教的产生，先秦时君主便尊崇黄老学派①、神仙方术，纷纷东巡至泰山祭山祀天，泰山成为道教重要发祥之地。后来由于封禅大典的兴起，岱宗发展为名副其实的道教神山。佛教传入中国后，在泰山也逐渐发展了起来。魏、晋、南北朝时，日渐鼎盛；隋、唐、北宋时，封建统治者对释、道、儒“三教”并用，故使三家在此时期都有很大发展。但终因泰山道教的悠久历史和古帝王对泰山神祇的崇拜，佛教在泰山一直处于从属地位。道教庙观林立，而佛教寺院均被排挤在山阴或山麓，在登山盘道及岱顶却没有立足之地，明清时，才在红门宫和斗母宫有了落脚之地，形成佛道共存局面。这便是泰山宗教的特点。

第一节　泰山道教

道教渊源于古代巫术，是中原汉族人民固有的土生土长的宗教。因泰山的扬名与原始道教理论“五行学说”和“五德终始论”一脉相承，故道教在泰山发祥较早。战国时，方士黄伯阳就修隐于岱阴鹿町山岩洞，后人称“黄伯阳洞”。东汉蔡邕在所撰《琴操》中曾载泰山方士聂政刺韩王的故事。战国时侠客聂政为韩国轵（今河南济源西南）人。其父是举国铸剑的名匠，受韩王烈侯之命铸冶宝剑，因过期未成遂被烈侯杀害。这时，聂政尚未出生，家中只有母、姐二人

① 黄老学派：战国、汉初道教学派。以传说中的黄帝同老子相配，并同尊为道教的创始人。

相依为命。其母常痛哭祈祷："若苍天有灵，保佑民妇生一男儿，定为夫雪其仇恨。"后来，果然生一男儿，母女大喜，精心抚养。聂政长大后，血气方刚，果敢悍猛，遇事见义勇为。烈侯听说后，又欲派人捉拿，斩草除根。这时，母亲才对聂政讲述烈侯杀父之事，全家大哭一场，聂政遂偕母及姐逃隐于齐国。后来聂政上泰山穴居岱阴岩洞，遍访道仙，遇东岳真人，即拜其为师，一边修道习武，一边学琴。聂政学琴，七年而成：每抚琴拨弦，缓如高山流水，招引鸾凤应和争鸣；急如山崩地裂，震惊猛兽纷纷逃窜。这时，韩国大臣严遂与相国侠累争权夺利，结有深怨，严遂闻聂政之勇，暗自往返于泰山，并献重金为聂母祝寿，恳求代为报仇。聂以老母健在而不许。后来老母病死、姐姐出嫁，聂政将刀藏于琴腹中，扮以道翁，辞别师父，回韩国访严遂谋划复仇之事。

一日，烈侯正与心腹侠累饮酒欢歌于宫殿中，忽闻宫外琴声由远及近、由弱渐强：一会似万马奔腾，声震九霄；一会如两军对垒，厮杀阵阵。群臣相闻，皆惊惊惶惶聚于殿下。烈侯怪而问之："宫外是哪家师帅操练？"严遂在殿下答曰："并非师帅操练，是道仙的琴声。近闻城中有东岳琴仙过访，自称伯牙[①]世徒。"烈侯转忧为喜："善哉，善哉！何不让其为寡人一鼓！"于是严遂出宫邀琴师入宫。文武百官但见一道人持琴缓步入宫，立于殿中，乌发长须，黄袍羽衣，潇洒飘逸，真乃仙人气度。烈侯大悦，赐坐赏金，眉飞色舞。道人则一言不语，不拜不谢，立而拨弦。先奏伯牙名曲《水仙操》，琴声绕梁，悠扬婉转，并时而随乐曲旋律边弹边舞；满堂上下无不倾耳静听，啧啧称赞。继而是《高山流水》之曲，只听峨峨兮若泰山，洋洋兮若江河。弹至高潮，琴声戛然而止，但见弦断琴裂，光闪闪双匕首骤然飞出，烈侯与侠累应声倒毙。道人高喊："我乃铸剑者之子，暴君不死，奸宦不灭，天理不容，天理不容！"言毕遂撞柱而亡。

据晋葛洪撰道书《神仙传》载，西汉武帝东封泰山时，有泰山道士稷邱君抱琴迎拜，并劝阻天子不可登山，若登必伤其足。天子怒而不信，登道数里后，果然跌了一跤，右足趾折断，遂扫兴而归。为嘉赏其道术，便在山麓立"稷邱祠"。

---

① 伯牙：古代传说人物。相传生于春秋时代，善弹琴，有琴曲《水仙操》《高山流水》传世。

东汉顺帝汉安元年（142）张道陵与弟子在四川鹤鸣山[1]修道，作道书24篇，用符水咒法为人治病。凡入道者，须出五斗米，故称“五斗米道”。因道徒尊其为“天师”，故又名“张天师道”。随之，泰山崔文子以张天师之弟子为名，行道于泰山。此人好黄老法术，常常采泰山百药自制“黄散赤丸”，叫卖于都市：“一二百日，民有大疫。”后来果然瘟疫流行，崔道人就撑起朱幡，卖丸济人。饮者辄愈，活以万计。

至东汉末，秦皇汉武求长生不老之药的风气与炼丹术结合起来了。道家一方面寻“仙岛”、找“仙药”，另一方面建炉筑灶，大炼神丹，美其曰：“发白更生黑，齿落出旧所。老翁复丁壮，耆妪成姹女。”据传崔文子弟子马明生是临淄人，因追捕盗贼而濒临死亡。这时忽见天仙太真夫人下凡，手托一丸，明生乞食，夫人便把仙丸给了他，数日痊愈，遂与仙人入泰山石室修道。仙人见明生遇鬼怪虎狼而不惧，逢美女挑逗而不动，故授其炼丹经术而去。

炼丹术是近代化学的前身。汉武帝时，方士已有用丹砂及汞炼黄金的事，东汉末介绍炼丹的书达600篇。魏伯阳著《参同契》[2]第一次总结了它的化学变化过程。炼丹就是以硫化汞（丹砂）为基础，掺杂其他矿石粉，经多次火炼而成“金丹”。东晋时，炼丹的书更是多至千余卷，葛洪《抱朴子》又进一步做了总结。炼丹时间愈久，反复次数愈多，效力愈足，且以九转金丹为最佳。以金石烧炼的丹药，不但不能让人长寿，常服则致死人命。

南北朝时，北魏嵩山道士寇谦之改革旧天师道，制订乐章诵诫新法，称新天师道；南方庐山道士陆修静整理三洞经书，编著斋戒仪范，道教理论和组织形式因而日臻完备。据陈国符先生考订，在隋代共有道书1216卷，至唐玄宗开元中编修《三洞琼纲》时，总为3744卷，到代宗大历中期已计7000卷。从这里可以看出道教在隋唐时的发展。据《资治通鉴》卷一百八十四载，泰山道士徐洪客曾向隋末瓦岗起义军首领李密献进取天下之策。

唐高祖李渊称帝以后，传说太上老君说他是太上老君的后裔，子孙应当享

---

① 鹤鸣山：一作鹄鸣山，在今四川崇庆境内。

② 魏伯阳：东汉炼丹方士。一说名翱，号伯阳，后人称他为云牙子。会稽上虞（今浙江上虞）人。葛洪《神仙传》中载有他进山修炼、服丹成仙的传说。《参同契》三卷，论述炼丹成仙之法，把“大易”“黄老”“炉火”三家理法参照会同而契合为一。

国万年。《唐会要》卷五十《尊崇道教》说："武德三年五月，晋州人吉善行于羊角山，见一老叟，乘白马朱鬣，仪容甚伟，曰：'为吾语唐天子，吾汝祖也，今年平贼后，子孙享国千岁。'高祖异之，乃立庙于其地。"所以，唐代以道教始祖老子为李氏祖先。道教得到大力发展。唐高宗李治为老子上尊号为"太上玄元皇帝"，令诸州各建观一所，在泰山王母池西侧遂建"岱岳观"，俗称"老君堂"。自唐太宗开始，君王对炼丹术十分重视，迷信长生不老之药，结果唐太宗、唐高宗均因服丹过多而中毒身亡。唐宪宗也终于以"服饵过当，暴成狂躁之疾，以至弃代"（《旧唐书》卷一百三十一）。唐高宗和武则天于显庆六年（661）遣道士郭行真等人特到泰山建醮造像，并立《双束碑》。接着高宗、玄宗相继登封泰山，黄老道教在五岳之首即进入鼎盛时期。唐代不少著名道仙不断来泰山修道传教。传八仙[1]之一吕祖曾三至泰山，并在岩洞炼丹。西王母也久居泰山。

据传，吕祖原姓李，名琼，字伯玉，京兆人，生于唐德宗贞元十四年（798）四月十四日。武宗会昌年间两举进士不第，便浪游江湖，曾隐居庐山、九峰山、终南山等地，有江淮斩蛟、岳阳弄鹤、客店醉酒、洞湖捉鳖之说。吕祖当年因父辈受官府迫害遭受株连，便携妻入终南山，跟钟离权学道，遂埋名更姓为两口之吕。官府闻讯追至终南山后，吕祖夫妇就来泰山后石坞岩洞修道，两人久居岩洞，床事不为，相敬如宾，故名"吕洞宾"，亦称"吕岩"，又称"回道人"。后来夫人因病去世，吕祖大哭一场即迁至岱阳王母池畔炼丹，故号"纯阳子"。所以，如今岱阴有八仙洞，岱阳有吕祖洞。又传，吕洞宾曾在王母池多次参加王母娘娘的"蟠桃会"。泰山南麓有王母池，泰山北麓有玉函山，都是西王母的神府。玉函山又叫卧佛山，山上绝壁峭立，谷壑幽深，景色绝佳，上有王母庙和瑶池，传为西王母的使者——青鸟居守之地。唐代段成式《酉阳杂俎》载，齐郡函山有一鸟，足青嘴赤黄，素翼而绛额，名"王母使者"。从前汉武帝登山时，曾得到王母的一个玉函，长五寸，他在下山时，玉函忽然化为一只白鸟飞去。但王母玉函仍然存在泰山上，由青鸟守候着。

---

① 八仙：传说中的道教八位神仙。即李铁拐、钟离权、张果老、何仙姑、蓝采和、吕洞宾、韩湘子、曹国舅。八仙故事多见于唐、宋、元、明，唐代已有《八仙图》与《八仙传》。元代杂剧中更有他们的形象。

唐玄宗时，泰山女道张炼师居岱顶玉女祠。传开元年间，张炼师与李某同至泰山学道，后来，李某借家有妻妾为由，辞别而归，官至大理丞。安禄山[①]叛乱时，李携妻至襄阳。后又独去扬州，途中与张炼师相遇，张邀其同宿，李见门庭壮丽，殿宇璀璨，舞伎婆娑，中有持筝者酷似家妻。歌舞毕罢，张炼师呼唤持筝者，奖赏沙果，并系于裙带之上，遂散去。次日，李复至门庭，只见荒秽无人迹，速回襄阳寻其妻，果见裙带系沙果，问其故，妻子答曰："一夕，梦见五六个舞伎追赶我说：'张大仙人唤你去为她拨筝。'我便随去弹筝，临别仙人以沙果系于我裙之上。"李这才恍然大悟：知当年女道张炼师已成仙升天。唐代诗人刘禹锡曾赋《送东岳张炼师诗》颂其女道："东岳真人张炼师，高情雅淡世间希。堪为烈女书青简，久事元君住翠微。金缕机中抛锦字，玉清[②]坛上着霓衣。云衢不要吹箫伴，只拟乘鸾独自归。"唐代宗大历八年（773）张炼师曾陪京都大臣朝拜岱岳，至今在万仙楼后桃花涧断崖上，仍存当年张炼师题刻。

泰山道教在宋代又得到了进一步的发展。宋真宗封泰山时，晋封泰山神为"天齐仁圣大帝"，封主管东方和泰山的天神青帝[③]为"广生帝君"，封泰山老母为"天仙玉女碧霞元君"。接着拓建岱庙，创建碧霞祠，大兴土木，宫观林立。同时命大臣王钦若、张君房等编辑道藏。徽宗时，自称"教主道君皇帝"。诏天下访求道教仙经，校定镂版，刊行全藏；又于太学置《道德经》《庄子》《列子》博士，一时道教大盛。这时有山东诸城人张景岩隐居岱阴明月嶂，结茅为庵，常采紫芝制"仙药"，故至今有"采芝庵"遗址。大中祥符二年，宋真宗把"善服食，得延年"的泰山隐士秦辨召至京城，亲自接见，并赐号"贞素先生"。宋皇祐间炼师庞归蒙在岱麓王母池炼丹修道。

道教在金代之前统称为"天师道"。金大定七年（1167）王重阳[④]在山东宁海（今牟平）创立以道教为主、兼容儒释的全真道。此后，道家正式分为正一、

---

① 安禄山：唐朝叛将。以各种手段博取唐玄宗及杨贵妃的欢心，逐日升迁，终至身兼平卢、范阳、河东三镇节度使，士众15万。天宝十四年（755）冬，在范阳举兵叛变，南下攻入洛阳，次年称帝，国号为燕。又遣军入潼关，占领长安，所过烧杀淫掠，各地纷起抵抗。肃宗至德二年（757）被其子庆绪杀死。

② 玉清：指神仙所居的最高天界，叫三清天、三清境。即玉清境、上清境、太清境。

③ 青帝：天神五帝之一。五帝即东方青帝、西方白帝、南方赤帝、北方黑帝、中央黄帝。

④ 王重阳：全真道的创立者。

全真两大教派。正一派道士一般不出家，俗称“火居道士”或“俗家道士”；全真派道士须出家。泰山主要是全真派。金时，山东栖霞人丘处机19岁时在宁海昆嵛山（今牟平东南）出家，拜王重阳为师。金世宗大定十四年（1174）入磻溪穴居，乞食度日，行携一蓑，人称“蓑衣先生”。随后去陇州龙门山隐居修道，为龙门派创始人。后来他携其弟子在岱麓长春观，常居观内，人称“长春真人”，并在岱阴金丝洞炼丹。元太祖成吉思汗[①]尊其为神仙，元世祖忽必烈[②]赐号“长春演道主教真人”。《泰山小史》：“泰山南址、长春观，邱以全真为教，元时赐号‘无为演道大宗师’，别号‘长春’，后去峄山遂仙。”《岱史》载，长春观内有丘神仙牒碑，刻成吉思汗皇帝敕旨。继而，丘处机的女弟子訾守慎住持长春观，元帝赐号“妙真”。

元时，泰安埠上保人张志纯，6岁能诵五经，12岁入泰安城“会真宫”学道，数载道行超群，号“天倪子”。其道名“志伟”，元惠宗为其更名为“志纯”，赐号“崇真保德大师”，受于紫服。其间任东岳庙住持，东平路提点道教官，曾创建泰山南天门，重修蒿里山神祠。郡人王天挺赞云：“冰霜外洁，日星内炳。”羽化[③]时年120岁，临亡自云：“脱下娘生皮袋，此际乐然轻快。百尺竿头进步，蓬元洞府去来。前世宿德医僧，今作道门小才。”元代文学家元好问和徐世隆均有《送天倪子归埠山诗》。这时徐世隆与道家方士结交最相契，与张志纯时常登岱同游，或居岱庙切磋道术，成为翰林名道。他收留三个顽童为徒：其一教习泅水，其二教授汉书，其三授予考举之业。后来，习泅水者恰遇济南府城被黄河洪水所淹，泅水救众人千万，封爵位嘉赏；授汉书者双目失明，靠说书乞食为生；授考举者登科应爵位，年80余岁时，世隆复来相见。到明朝中期天顺间，世隆又来泰山，这时，唯有岱麓升元观一老道士识其面貌，黑发童颜如儿时所见，后来不知去向。道家把徐世隆吹嘘为神仙，成仙是假，与天倪子交结甚深是真。徐世隆有诗为证：“九十行年发未华，道人风骨饱烟霞。洞天福地二千里，神府仙闾第一家。牛膝药灵斟美酝，兔毫盏净啜芳芽。隐居自爱

---

① 成吉思汗：即铁木真，蒙古大汗。军事家。公元1206年统一蒙古诸部，被推为大汗，称成吉思汗，建立了统一的蒙古贵族政权。

② 忽必烈：元朝建立者，成吉思汗之孙，公元1260～1294年在位。

③ 羽化：古时成仙为羽化，后世称道教徒逝世为羽化。

陶弘景，莫作山中宰相夸。”天倪子羽化后，徐世隆又赋《记梦五言诗》寄托哀思。此外，岱阳老人寨如今有“朗然子洞”，即元初刘朗然修道处；岱顶鹰愁涧东崖有“清静石屋”，洞极深广，石床天然，清泉香洌，元初宁海女道孙清静修真于此。元代中期又有泰安女道毛仙姑筑庵徂徕山，修持30余年，于延祐二年（1315）十一月十九日羽化，并留遗言：“混处修持三十年，是非海里了真缘。如今脱下皮囊日，拍塞灵空永自然。”

明代有著名道人张三丰，曾在岱阴明月嶂北岩洞修真炼丹，后称“懒张石屋”。张三丰名张君宝，别号“保和容忍三丰子”，辽东懿州（今辽宁阜新县）人，力大无比，能移禅塔。

传说他读书过目成诵，寒暑只一衲一蓑[①]，一餐能食升斗，或数日一食，或数月不食，事能预知。初寓宝鸡市陈仓区，后入武当山。明太祖洪武二十四年（1391）遣使求之；永乐初，成祖复遣使屡访，皆不遇。英宗正统元年（1436）被封为“通微显化真人”，成化二十二年（1486）被封为“韬光尚志真仙”，嘉靖四十二年（1563）又被封为“清虚元妙真君”。后人辑有《张三丰先生全集》。明嘉靖间东平道士王阳辉（号王三阳）归隐岱阳凌汉峰侧，凿石为穴，苦行修道，遂创建“三阳观”。昆仑山羽士柴慧修道于岱阳摩天岭下，名曰“潜仙庵”。又有洛阳散发道人，常趺坐于岱顶仙人桥上，苦行15年，窜涧攀崖如飞，后不知所终。明代神宗皇帝朱翊钧为推崇道教，曾于万历二十七年（1599），向岱庙颁发道教经书《道藏》一部，计5486卷；同时还颁发“圣旨”一道，令岱庙道士朝夕颂诵。

到清代至民国间，道家仍是深居泰山洞穴或危崖茅棚，处处留其踪迹。所以道教在泰山历代不息，神宇遍布。至今保留完好的道教祠庙尚有20余处。

---

① 一衲一蓑：一件衲衣，一件蓑衣。衲衣，原为僧服名，按戒律规定，僧尼衣服应用人们遗弃的破碎衣片缝衲而成。实际上，佛教盛行后，僧尼衣服已非如此。后僧道之服，皆通称为衲衣。

第二节　泰山佛教

佛教与基督教、伊斯兰教并称为世界三大宗教。相传公元前六世纪至公元前五世纪中，古印度迦毗罗卫国王子悉达多·乔答摩（即释迦牟尼）创立，是当时反对婆罗门教（印度古代宗教之一）的思潮之一。基本教义是：把现实人生断定为“无常”“无我”“苦”；“苦”的原因既不在于超现实的梵天，也不在于社会环境，而是由每人自身的“惑”“业”所致。“惑”指贪、瞋、痴等烦恼；“业”指身、口、意等活动；“惑”“业”为因，造成生死不息之果；根据善恶行为，轮回报应。所以摆脱痛苦之路，唯有依经、律、论三藏和修持戒、定、慧三学，才能彻底转变自己世俗欲望和认识，超出生死轮回的范围，达到这种转变的最高目标，就叫作“涅槃”或“解脱”。公元前三世纪，由于阿育王①的信奉，佛教在印度国内外得到广泛流传。公元二世纪，在贵霜王朝迦腻色迦王②的大力扶持下，佛教发展为世界性宗教，在许多国家形成各具民族特色的教派。

西汉哀帝元寿元年（前2）时，佛教传入中国内地。接着，汉光武帝刘秀于建武中元元年（56）东封泰山；继而汉章帝刘炟于元和二年（85）、汉安帝刘祜于延光三年（124），均二月东巡至岱宗，烧柴望祭山川。于是泰山开始有了佛教。据《高僧传》载，东晋十六国时，高僧朗公在泰山东北麓的昆瑞山建朗公寺，并讲经布教，很快发展到“上下诸院十有余所，长廊延袤千有余间”。《十六国春秋》亦载，高僧朗公，少年时为佛图澄的受业弟子，硕学渊通，后来隐于泰山昆瑞谷，并常去灵岩说法。前秦国王苻坚很钦佩其德行；北魏太祖皇帝则遣臣致书嘉奖，赠以素旃、毛毯、银钵为礼；后燕慕容德曾拜朗公为师，居寺内听经，给予两县租税。传谷中旧时多虎狼，朗僧来后遂绝迹，大起殿舍，连楼叠阁。佛教在泰山历经魏晋南北朝四五百年，寺院渐多，古迹遍布，先后

① 阿育王：印度摩揭陀国孔雀王朝创始人旃陀罗笈多之孙。

② 迦腻色迦王：大月氏贵霜王国国王。扶持佛教，建寺塔很多，主持编著《阿毗达磨大毗婆沙论》等。

创建了灵岩寺、神通寺、光华寺、普照寺及谷山玉泉寺等。泰山经石峪和徂徕山映佛岩刻上了举世闻名的《金刚经》《大般若经》《般若波罗蜜经》等经典梵文。泰山北麓佛慧山黄石崖上，分布着石窟摩崖造像85尊，大小各异，神采飘逸，系北魏孝明帝正光四年（523）至东魏孝静帝兴和二年（540）所雕凿。

由于佛教的发展，佛经的翻译与研究也日渐发展，使佛教到隋唐时进入鼎盛时期，随即产生了天台宗、律宗、净土宗、法相宗、华严宗、禅宗及密宗等中国佛教宗派。泰山更是梵音四起，伽蓝毗邻，相继又创建了藏佛寺、资福寺、法华寺、竹林寺、天封寺等禅院。隋文帝杨坚于开皇十五年（595）东巡泰山时，招访泰山名僧法瓒，敕命进住京师胜光寺。其间，石窟造像活动也达到了高峰。岱阴玉函山及龙洞绝壁上都有隋代造像。灵岩寺方山证明龛内有唐代释迦牟尼坐像。岱阴神通寺千佛崖，有大小唐代造像220尊，丰满健美，慈祥和蔼。尤为明显的是南端石窟内，有唐太宗的三女、高宗的姐姐南平公主为亡父所造“祈福”之像，面如满月，眉目含笑。这里还有唐太宗第十三子青州刺使赵王福，于显庆三年（658）继南平公主之后，也为亡父造佛像，并题记云：“愿四夷顺命，家国安宁。”反映了盛唐的愿望。泰山北麓佛慧山上有一大佛龛，额镌“大雄宝殿”四个大字。龛内有唐代天宝年间所造大石佛，俗称“大佛头”，高7米多，宽4米多，神采俊逸，雄伟壮观，为泰山石窟造像之冠。

泰山是道教名山，所以佛教曾一度受到排斥，其石窟造像均分布于岱阴或偏远地带，在泰山主峰及岱阳踪迹绝少。但是1985年在人迹罕至的岱顶舍身崖下，意外地发现了一躯摩崖造像。佛龛高1.9米，宽1.4米，内雕文殊菩萨骑狮子，南向。造像粗犷稍瘦，满布苔迹，疑为北魏时所为。东侧有凿痕，但未成龛。这一发现，既说明佛教被排斥的程度，又可看出当年佛家在巍巍泰山之巅，也是尽量争以立足之地。在此岩造稍大之像，游人在岱顶虽很难发现，但是在登山盘路下却能仰瞻佛容，足可见释僧周密的构思。可惜造像未完，便半途而废。

宋代时，因宋真宗封泰山后道教极盛，泰山神被捧为“天齐仁圣大帝”，泰山老母也开始争占地盘，故使佛教处于低潮。宋之后，佛教某些基本教义为儒家所吸收，这时泰山道教也并融儒释，加之泰山儒学历代不息，故使佛教时兴时衰，但在泰山仍有很大影响。金代岱阴佛爷寺大兴修建，金章宗皇帝赠额“玉泉禅寺”“香严禅院”。元初行全僧，因聪慧过人，通晓经律，遂号为“通慧律师”，结茅于岱西傲徕峰天胜寨；后因兵乱，泰安人王德友拜行全为师，或三日一餐，或五日一食，苦行于佛事。后来，又有光州固陵（今河南境内）僧东原海公，重建竹林寺，被国师海云和尚赐号为“明慧大师”。担任少林寺第15代住持的息庵禅师，这时来灵岩寺任第39代住持。明永乐间，高丽僧满空和尚航海来中国，宣德三年（1428）登泰山访古刹，重建竹林寺，复驻锡普照寺，四方衲衣受法者数千人。清康熙间，诗僧元玉卓锡普照寺，又大加拓建。

佛教在发展过程中，曾遇到多次灭佛事件，教徒称之为“法难”。大的灭佛事件有四次：即北魏太武帝、北周武帝、唐武宗、后周世宗等灭佛运动。这几次灭佛运动对泰山佛教发展都有重大的影响。南北朝初期，北魏太武帝认为佛教“为世费害”，便于太平真君七年（446）命留守平城的太子，下令于全国废佛。这时灵岩寺寺殿尽毁；岱顶舍身崖下摩崖造像仅凿一躯，另一躯始而即停。北周武帝在位时深知沙门病国，欲革其弊。于建德三年（574）五月十七日下令：“断佛道二教，经像悉毁，罢沙门道士，并令还民。”（《周书·武帝纪》）建德六年，北周灭北齐，武帝仍令齐境内尽毁佛教，北方寺像扫地悉尽。泰山经石峪大字刻制时，恰逢此次灭佛运动，遂中途而止，所以金刚经文未能完成。唐武宗时，“恶僧尼耗蠹天下，欲去之”，道士赵归真等又加以劝谏，遂实行灭佛。凡毁寺4600余，归俗僧尼26万人，收良田数千万顷、奴婢15万人。如今岱庙所存唐代经幢上记述了这次灭佛运动对泰山及泰山周围的影响。五代后周世宗限制佛教发展，裁减寺院，严禁私自出家。显德二年（955）废寺3336所。

第三节　泰山神

泰山神又叫东岳大帝。山神原来并无封号，以山为名。唐玄宗开元十三年（725）东封泰山时，始封泰山神为“天齐王”；宋真宗大中祥符元年（1008）以东方主生而晋加为“仁圣天齐王”，大中祥符四年（1011）又升为“天齐仁圣帝”；元世祖至元二十八年（1291）再次加封为“天齐大生仁圣帝”。于是泰山由山变神，由神变王，由王再升为与天相齐的帝君。泰山神被历代帝王吹捧到无可复加的地步。但到明太祖朱元璋登基之后，改革封禅制，由帝王封禅转而为遣官致祭。洪武三年（1370）在岱庙立碑正名，诏告天下：“因神有历代封号，予起寒微，详之再三，畏不敢效。盖神与穹同始，灵镇一方……受命于上天后土，为人君者，何敢予焉！惧不敢加号，特以东岳泰山名其神，依时祭神。”接着，朱元璋又于洪武十年（1377）遣使祭泰山神，也在岱庙立御制碑：“特遣开国忠臣李文忠，道士吴永舆、邓子方，以代予行奉牺牲、玉帛于祠下，以报效灵。自今以后，岁以仲秋诣祠致祭，唯神鉴之。”

明太祖虽然把泰山神的一切封号去掉了，但东岳大帝的称呼仍历代沿用。自明代之后又称泰山神叫“黄飞虎”，泰山神又成了黄飞虎的化身。明人许仲琳在所编《封神演义》中曾载：姜子牙①将西周与商作战的英雄亡灵365位均封为正神，其中封周朝武将黄飞虎任东岳大帝之职：“今奉太上元始敕命：尔黄飞虎遇暴主之惨恶，致逃亡于他国，流离迁徙，方切骨肉之悲；奋志酬知，突遇阳针之劫，遂罹凶祸，情实可悲！……乃敕封尔黄飞虎为五岳之首，仍加敕一道，执掌幽冥地府一十八重地狱，凡一应生死转化人神仙鬼，俱从东岳勘对，方许施行。特敕封尔为东岳泰山天齐仁圣大帝之职，总管天地人间吉凶祸福。”这就是东岳大帝黄飞虎的来历，并明确了他的职权范围。

泰山神主管生与死的神权历史，可上溯至先秦时期。据顾炎武《考古录》云，泰山自周末便有了神仙的传说。春秋战国出现阴阳学、五行学之后，泰山就成为阴阳交替、万物发育的地方。东汉时，由于道教的产生，社会上随之出现了“泰山治鬼说”，泰山神便掌管了天下生杀大权，古帝王降禅之坛，一变而为阎王殿。晋代干宝《搜神记》、张华《博物志》均言泰山掌管生死，书中还有不少托梦做阴间泰山官职而应验的故事。

晋陆机的《太山吟》颂道：“太山一何高，迢迢造天庭。峻极周以远，层云郁冥冥。梁父亦有馆，蒿里亦有亭。幽涂延万鬼，神房集百灵。长吟太山侧，慷慨激楚声。”

---

① 姜子牙：即姜尚，周初姜姓部族长。名望，字子牙，又称太公。武王伐商时，任统兵的师帅，被尊为师尚父。在牧野之战中，受命向商纣王挑战，歼敌立功。成王时封于齐，授以征讨五侯九伯的特权，地位在各封国之上。

元代翰林集贤学士徐世隆在重修泰山《蒿里山神祠记》中，叙述了蒿里山阴曹地府的历史。蒿里山又叫高里山，蒿里本是古人送葬的歌名。秦末农民起义首领田横在楚汉相争时，自立为齐王，不久被汉军所灭。汉朝建立后，田横率徒党500余人逃亡海岛，汉高祖刘邦命其到洛阳，田横不愿称臣于汉，便在被迫前往的途中自杀。其党徒遂作蒿里挽歌送葬，并集体自杀。乐曲经音乐家李延年加工整理，分为二曲：《薤露曲》[①]送王公贵人出殡，《蒿里曲》送士大夫、平民百姓出殡。汉之后以为人死精魂归于泰山蒿里，其山便筑阎王殿，因立75司，以为追逮收捕、出入死生之所。

由于泰山神的神威上通天庭、下连地府，便驱使历代帝王接踵朝山，纷纷拜倒在东岳大帝的足下，乞求保佑。清康熙皇帝朝拜泰山神时，行三跪九叩大礼。清乾隆帝于乾隆十三年（1748）春二月十九日奉皇太后东巡至泰山首谒泰山神时，在岱庙大殿内举行三献典礼。开始是迎神，乐奏“迎神祈丰曲”，帝上香三次，行二跪六叩之礼；接着是初献，乐奏“初献华丰之曲”，帝跪听读祝官宣读乞求泰山神保佑帝座永久、天下太平的祝文，再捧刻有祝文的祝版跪放于帛匣内，行三叩头礼；初献礼毕后，乐奏“亚献兴丰曲”，献爵官将盛有御酒的爵献于神案上，帝再行叩礼；亚献礼毕，乐奏“终献仪丰曲”，礼官将御赐祭品均陈列于祭案上，帝再拜；终献礼毕，乐奏“送神赐丰曲”，帝行二跪六叩礼，各礼官捧香、帛、馔等祝礼依次送入燎炉内焚烧，供泰山神享用。

元代惠宗妥懽帖睦尔于至正四年（1344）二月，曾遣使祭泰山神。文学家田文举在《代祀东岳记》中叙述说皇帝把华美的礼服敬授给内八府宰相塔剌海、臣冲真明远和封号为元静真人的道士张德隆，让他们带着香银盒及白金锭锦幡一盒，驰驿至东岳庙下。是月二十七日，塔剌海等人斋沐[②]后昭告地方官员：要同心协力，尽忠尽职。二十九日致祭于东岳天齐大生仁圣帝，焚香祝颂，奉敬美酒，举三献之礼，肃肃雍雍，礼成而退。泰山神果真灵应，不到一个早晨的功夫就下起了大雨，年丰有望，以应天子敬恭。

因泰山神是皇帝拜谒的最尊贵的神，所以，历朝历代对岱庙泰山神偶像也倍

① 《薤露曲》：乐府《相和曲》名。相传原是齐国东部（今山东东部）的歌谣，后成为挽歌。薤，多年生宿根草本植物。薤露，喻指人命短促，有如薤叶上的露水，一瞬即逝。

② 斋沐：古人在祭祀之前，沐浴更衣，不饮酒，不吃荤，以示诚敬。

加重视，屡经修饰。隋文帝开皇十四年（594）将东巡泰山时，先令使者致大石像于岱庙内，而后亲来朝拜。唐代更石为玉像，宋代像毁，至金代重雕泰山神为白玉石像，明清更为铜胎泥塑像。宋代学者陈淳曾在论说泰山神的文章中，描绘当时的泰山神像："俨然人形貌，垂旒[①]端冕，衣裳[②]而坐。"宋真宗曾命翰林礼官，详定泰山神的冕服制度，屡屡崇饰。《元史·舆服志》中明确规定泰山神的旗和衣等规制："东岳旗，青质，赤火焰角；绘神人，冠七梁冠，黄襕，青袍，绿裳，白中单，素蔽膝，执圭[③]。"泰山神偶像屡遭毁坏。1928年像毁，1944年重塑泥像；1966年再毁，1984年又塑。如今仰瞻神偶像，肃穆端坐，庄重安详，头顶九旒之冕，身着衮龙袍，手持镇山圭板，俨然帝君。但那"钟沉汶源水，香和泰山云"的时代一去永不返了，泰山神偶像已成为研究古代文化的历史文物了。

第四节　碧霞元君

碧霞元君又叫"泰山玉女"，俗呼"泰山老母"。按道家之说：男子得仙称为"真人"，女子则称"元君"；泰山老母上通乾象，降灵下土，坤道成女，故名"天仙玉女"；又因神女身穿碧衣红裙，所以全称为"天仙玉女碧霞元君"。自宋真宗封泰山后，泰山神由兴而衰，随之泰山神女渐渐取而代之。到明清时，她竟然成了"庇佑众生，灵应九州"的泰山女皇了。封禅大典一变而成为广泛性的民间活动；帝王朝拜的山成了善男信女的山。

据《岱览》载，秦始皇封泰山时，丞相李斯从封至泰山，在岱顶发现了个女石像，遂称"神州姥姥"，并进行了祭奠。到宋真宗东封时，因浚疏山顶泉池，发现了一尊被损伤了的石雕少女神像；宋真宗使刘承珪更换为玉石像，封为"天仙玉女碧霞元君"，并在池旁建石龛加以保护，王钦若烧香祭拜。其泉

① 旒：古代帝王礼帽上前后悬垂的玉串。

② 衣裳：古时衣专指上衣，裳指裙子，即下衣。

③ 圭：帝王诸侯在举行朝会、祀祭的典礼时，手中拿的一种类似笏版的玉器。

源便叫作“玉女池”了。又据清人张尔岐在《蒿庵闲话》中说：原石像是一对侍立于泰山神仁圣帝像前的金童玉女，五代时神殿坍塌，金童毁，玉女石像便掉进了玉女池。由于帝王的发现与加封，石像就变成泰山的女神了。从此，有关碧霞元君的来历传说，就在古籍、道藏和泰山周围广为流传。

《博物志》载：周文王时任命姜太公为灌坛县的县令，太公治理有方，感动了苍天，这一带出现了风调雨顺的局面。有一天，周文王夜里做了个梦，见一妇人拦道哭泣，文王问她为什么哭，她回答说：“我是东海泰山神女，嫁给西海龙王当了媳妇，我想回东海走娘家，但因姜太公德重如山，挡了我的道，我不敢驾驭暴风疾雨而过。”第二天，周文王把太公召回，结果接连三天三夜风雨大作，泰山神女得以东归，周文王又提拔姜太公为大司马。宋代李谔在《瑶池记》中言：泰山女神是黄帝所遣玉女。当年黄帝建岱岳观，曾派遣7个女神，头戴云冠，身着羽衣，到昆仑山去迎接西王母来坐岱岳观，泰山玉女就是七个女神中修道成仙的一个。《玉女卷》又把她说成是东汉人石守道的女儿：东汉明帝时，奉符县善士石守道之妻，于中元[①]七年甲子四月十八日生了一个闺女叫玉叶，才貌双全，聪慧过人。3岁就懂得做人的伦理，7岁就知道道家的法规，常常对西王母顶礼膜拜。14岁时就到泰山后石坞黄花洞修炼。3年后功成道就，全身发散出元精之光。从此依居泰山，成为泰山玉女神。明代万历间所铸岱顶碧霞祠铜钟上有《太上老君说天仙玉女碧霞护世弘济妙经》，经文则说玉女是西天斗母神精运元气的化身：在泰山修炼年久，得道成仙，被天神敕封为“天仙玉女碧霞护世弘济真人”，永镇泰山，助国裕民；济厄救险，赏功伐罪；自受敕命之时，不得有怠。

泰山周围还流传着碧霞元君与老佛爷争占泰山的传说：从前各路天神云游凡间，都想据守名山胜景领受尘世香火。这一天，老佛爷驾着云头自天而降，见雄伟泰山，风景绝佳，就在极顶埋下一只木鱼做占山凭证。接着天仙玉女碧霞元君也驾着祥云来到泰山，她见高山流水，松柏蓊郁，也爱上了泰山，就想在绝顶埋只绣鞋做标记。哪知刚挖下3尺，就发现了木鱼，她急中生智，又挖下3尺，把绣鞋埋在下边，上边仍埋上木鱼。第二天两人相遇后都争着占泰山，结果闹得不可开交，便找来玉皇大帝评理。玉帝让两人各拿凭证来，老佛爷便说：“我早就在这里埋下了木鱼。”元君说：“我早就在这里埋下了绣鞋。”玉帝说：

① 中元：汉代无此年号，纯属编造。

“谁埋得深说明谁来得早。”结果先挖出了木鱼，接着又挖出了绣鞋，于是玉皇大帝便封元君为“泰山老母”。老佛爷知道元君搞了鬼，气得把岱顶的松树都拔了，捆了两捆，一脚踢到山前，一脚踢到山后。所以至今山顶上缺松树，而山前有对松山，山后有石坞松涛。这是多么神奇的传说啊！

泰山是天的象征、神灵的统帅，但在男尊女卑的封建社会里，为何让来历复杂的女神逐渐凌驾于东岳大帝之上了呢？泰山是万物终始之地、阴阳交替之所，“终始”“阴阳”本身是相互矛盾的，但通过阴阳五行的“乾道成男，坤道成女”之说就又把它统一起来了。泰山既代表峻极于天的乾象父性，又代表发育万物的坤象母性。所以古帝王既在山顶祭天，又要在山下祭地。封禅制嬗变后，坤女乘虚而入，《玉女卷》解释说：“父严而母慈，胞孕乳哺出于母，而其出之者母不自知也；天尊而地亲，五材百货产于地，而其产之者地不自明之，所谓神也。”泰山玉女就成了慈善贤良、孕育万物的泰山女皇了。古代称大地及土地神叫“后土”，而后土夫人就叫“碧霞元君”；又加玉女是天帝之女，泰山老母就腾达于天帝之孙“泰山神”之上了。泰山女皇也就安然自若、神权赫赫了。于是朝拜元君的民间宗教活动愈演愈烈，历代不衰。

据传唐代泰山女道士张炼师，久居玉女祠，说明那时就有不少人祭祀泰山老母。到宋代就兴盛起来了，苏辙在《岳下》诗中有“车徒八方至，尘坌百里内”之句，足可见当时的朝山盛况。明清两代，祭元君的活动发展到鼎盛时期，明代万历二十一年（1593）礼部尚书兼文渊阁大学士王锡爵在《东岳碧霞宫碑》中说：自碧霞宫兴建以来，世人朝拜泰山的都是来给泰山奶奶烧香的，近的数百里，远的达数千里，每年到泰山顶烧香磕头的多达数十万人，施舍香火钱亦数十万银两。往返行走在齐鲁大道上，顶礼膜拜、施舍祷告者声闻数千里。善男信女脚上磨起了血泡，拄着拐杖艰难地攀登着，而从不休息。问其故则答曰：“元君能为众生造福。”他们有求福的、求财的、求医的、求子的，其无所求而登泰山的，千百人中没有一个。

明代史学家王世贞在《游泰山记》中，更是绘声绘色地描写了冬夜朝山的盛况：其初游泰山为正月底，夜宿岱麓，半夜推开北扉而望，宛如一条长长的白绢，自山脚上至绝顶；又似聚集了数百斛[①]萤火虫于囊中，光熠熠而不定。

① 斛（音胡）：旧量器，方形，口小，底大，容量本为十斗，后来改为五斗。

问其情况，原是士女礼元君者，手提灯笼，鱼贯而上。其颂祝之声，隐隐可以听到。

由此可知，正月底仍是天寒地冻之时，岱顶更是滴水成冰。传说，正月十五日是元君诞辰日，自春节至月底进香的人特别多，山上无法食宿，必须当日下山，所以，远道而来的老太太和陪行的青年妇女多在半夜前持灯而上，使整个登山盘路变成了一条熠熠生辉的火练，真乃龙灯奇观。到清代，乾隆皇帝的太后亲登岱顶向元君求寿，八十大寿时仍登岱顶拜元君。黎民百姓的朝山活动就可想而知了。清人韩锡胙在《元君记》中云："统古今天下神祇，首东岳，东岳祀事之盛，首碧霞元君……自京师以南，河淮以北，男妇日千万人，奉牲牢币喃喃泥首阶下。"

明清时，泰山老母的神威，震慑神州，其元君庙也遍及全国。清初，孙承泽所撰《天府广记》载："碧霞元君庙在城外东南弘仁桥，成化时建，弘仁桥元时呼为马驹桥，都人最重元君祠……每月朔望，士女云集。"冯玉祥先生在《读春秋左传札记》中说：全国2000多个县，几乎每个县里都有"泰山行宫"（即元君庙）。历史上统治阶级主要就是靠神权来加强君权，诱骗受苦受难的劳动人民崇拜偶像，使千百万创伤斑斑的心灵蒙上"庇佑"的虚幻，永远永远地希冀于将来。今天，随着时代的进展，泰山神和泰山玉女已成了神权的"化石"，我们可以从这"化石"中，去探索和揭示历史演变的真谛。

第六章
瑰丽的泰山石刻

郭沫若说："泰山应该说是中国文化史的一个局部缩影。"泰山石刻可以说是这部文化史中的一朵奇葩。它不只是中国书法艺术品的一座宝库，而且是中华民族的文化珍品。历代帝王到泰山祭天告地，儒家释道传教授经，文人名士登攀览胜，留下了琳琅满目的碑碣、摩崖、楹联石刻。而泰山摩崖石刻是名山之最。

泰山石刻源远流长，自秦汉以来至中华人民共和国成立后，上下两千余载，各代皆有珍碣名刻。根据考古发掘证明：石刻文字起于商、周，以1935年在安阳殷墟所发现的"石殷断耳文"为最早。上古帝王七十二君留石刻1800余处虽难以置信，但王侯众目睽睽的泰山，在春秋战国时已有了摩崖石刻是完全可能的，只不过早已泯灭而已。泰山石刻现存恰恰又是1800余处，其中碑碣800余块，摩崖石刻1000余处，大体分布如下：岱庙168块；岱麓215处；登山东路576处；岱顶258处；岱西80余处；岱阴44处；灵岩寺400余处；神通寺100余处。

石刻主要包括历代帝王封禅告祭文、寺庙创建重修记、石经墓铭、颂岱诗文、题景及楹联等5类，大部是自然石刻。其文字既有洋洋数千言的鸿篇巨制，也有一字之惊；既有帝王御言，也有黔黎之说。其形式既有雄伟高大的"万丈碑"，也有盈尺小碣；既有龟趺螭首、精雕细磨之作，也有粗犷片石之刻。其书法艺术既有真草隶篆，也有四体揉融；既有如斗大字，也有蝇头小楷；既有古拙若痴者，也有龙飞凤舞者；既有大家之手，也有石匠之书。真乃瑰丽多姿，把泰山装点得更加庄严典雅，无愧为最壮观的"中国天然书法展览"。历代游人谁不为之流连忘返，赞叹无穷。

第一节　封禅祭祀碑

在几千年的封建社会中，历代帝王在泰山留下了大量的封禅祭祀碑，成为泰山最珍贵的历史文化遗产。保存至今的尚有秦《泰山刻石》、汉《无字碑》、唐《双束碑》《垂拱残碑》《纪泰山铭》、宋《登泰山谢天书述二圣功德铭》《青帝广生帝君赞碑》《宋封祀坛颂碑》《祥符碑》、明《去帝号碑》《祝文碑》、清《乾隆皇帝谒岱庙诗碑》等。这些碑均为帝王或重臣撰书，对研究我国的封禅史及古代史都有重要的价值。

《泰山秦刻石》也叫《李斯篆碑》，上刻秦始皇功德铭和秦二世诏书，为丞相李斯篆书。刻石历经2000余年的沧桑沉沦，今唯剩10个残字，所以又称《泰山残字》，被列为国家一级文物。原在岱顶，今存岱庙东御座院内。秦碑虽系残字，但仍可见其风采奕奕，如鸾凤翱翔在巍巍岱岳。

秦始皇灭六国统一全国后，为宣扬其功绩，于公元前219年东封泰山。《史记 · 封禅书》："自泰山阳至巅，立石颂秦始皇帝德，明其得封也。"始皇在10年中出巡5次，立石刻碑7块。《泰山刻石》其文如下："皇帝临位，作制明法，臣下修饬[①]。廿有六年，初并天下，罔不宾服[②]。亲巡远黎[③]，登兹泰山，周览东极。从臣思迹，本原事业，祗[④]诵功德。治道运行，诸产得宜，皆有法式。大义著明，垂于后嗣[⑤]，顺承勿革。皇帝躬听，既平天下，不懈于治。夙兴夜寐，建设长利，专隆教诲。训经宣达，远近毕理，咸[⑥]承圣志。贵贱分明，男女体顺，慎遵职事。昭隔内外，靡不清净，施于昆嗣。化及无穷，遵奉遗诏，永承重戒。"

---

① 修饬：整顿治理。

② 罔不宾服：没有不服从的。

③ 远黎：远方黎民。

④ 祗：恭敬。

⑤ 后嗣：子孙后代。

⑥ 咸：都。

其文为功德铭，四字为句，三句为韵，共36句，12韵，144个字。它宣扬了统一天下的功绩，表达了治理国家的决心。秦二世胡亥于公元前209年东巡时，在始皇刻石之阴刻其诏书："皇帝曰：'金石刻，尽始皇帝所为也。今袭号，而金石刻辞不称始皇帝，其于久远也，如后嗣为之者，不称成功盛德。'丞相臣斯[①]、臣去疾[②]、御史大夫臣德昧死[③]言：'臣请具刻诏书金石刻，因明白矣。臣昧死请。'制[④]曰：'可。'"刻石共78字，表彰始皇帝的成功盛德。唐代张守节正义曰："二世言始灭六国，威振古今，自五帝三王未及。既已袭位，而见金石尽刻其颂，不称始皇成功盛德，甚远矣。"

《泰山刻石》共222个字，四面环刻，各面广窄不等，原在岱顶碧霞祠西侧玉女池旁，后来字渐泯灭。宋大中祥符年间，真宗封泰山时兖州太守献出40余字的拓本。宋仁宗庆历七年（1047），丞相莒公派人去泰山摹拓，凡48字。宋徽宗大观二年（1108）春及政和三年（1113）秋，汶阳刘跂先后两次考察、除垢，其可识者有146字。至明嘉靖间只存二世诏书29字，后自榛莽中移置碧霞祠东庑；清乾隆五年（1740）宫遭火灾，石遂失。历75年后，于嘉庆二十年（1815）泰安旧尹蒋伯生从玉女池中搜得残石2块，存残字10个："斯臣去疾昧死臣请矣臣。"后移山下岱庙。光绪十六年（1890）该刻石被盗，知县毛蜀云严加查询，最后在城北门外一座小桥下发现，重置于岱庙内。

《秦刻石》共有泰山、峄山、琅琊、芝罘、东观、碣石门、会稽7种，但保留至今的唯泰山、琅琊二残石，故《泰山刻石》已成稀世瑰宝。又因碑文为秦代大书法家、丞相李斯所书小篆，也成为研究秦始皇实行"书同文"时的书体和书法艺术的珍宝文物。它在我国书法史上占有重要地位，历来为书法家和金石家所重视。篆书艺术水平极高：严肃浑厚，平稳端宁；字形公止匀称，修长宛转；线条圆健似铁，愈圆愈方；结构左右对称，横平竖直，外拙内巧，疏密适宜。元代郝经称赞它："拳如钗股直如筋，屈铁碾玉秀且奇。千年瘦劲益飞动，回视诸家肥更痴。"清代王家榕颂曰："零星两片石，卓越二千年。体变周

① 斯：即左丞相李斯。

② 去疾：即右丞相冯去疾。

③ 昧死：冒昧而犯死罪，臣子上书时的客套话。

④ 制：帝王的命令。

宣后[1]，功垂汉武先。”

《无字碑》世称“汉石表”。据传，碑内封藏“金简玉函”，故又称“石函”，是汉武帝东封泰山时所立。碑为方柱体，高6米，宽1.2米，厚0.9米。今在岱顶玉皇庙前。汉代帝王首封泰山者是武帝，他好大喜功，为显示自己“受命于天”“功德盖世”的超凡气概，挥笔难书天意，赋诗难颂功德，于是便将趺座、削身、帽首三层迭递丰碑竖立于古登封台前，以示稳上加稳、高上加高。无字碑高大雄伟，古朴浑厚，形制奇异，可谓汉代石雕艺术的杰作，引人驻足摩挲。

此碑在历史上众说纷纭，好多学者认为是秦始皇的无字碑，以至成为民间名谚：“秦始皇的碑——一字不錾。”《泰山小史》中还有神话式的误传：“《无字碑》在岳顶登封台下，秦始皇所立，绝无字痕。或曰秦皇功德难名，或曰焚书绌字，或曰石表，或曰神主；或曰禅文在内，此碑函也，或曰金书玉简在下，故石镇之，咸疑莫测。石色莹白，不受苔藓，非泰之产也。至今居人频见碑中发光，金霞射目，内大篆数字，恍惚不辨，即之则无，离之复有，山灵示人以异哉。”真所谓神乎其玄。《无字碑》东侧有明人张铨《观无字碑一绝》诗碣：“莽荡天风万里吹，玉函金检至今疑。袖携五色如椽笔，来补秦王无字碑。”这说明在明清时多断为秦碑。

清初考古学家顾炎武细查《史记》，断为汉碑。《史记·封禅书》：“自泰山阳至巅立石，颂秦始皇帝德，明其得封也。”这是秦刻有文字之证。《史记·封禅书》：“元封元年三月，东上泰山，泰山之草木叶未生。乃令人上石立之泰山巅。”只言立石，而不言其刻文，是汉碑无文字之证。所以顾氏在《日知录》中总结说：“然则此无字碑明为汉武帝所立，而后之不读史者误以为秦耳。”郭沫若1961年登岱至此，仍断为汉武帝所立：“摩抚碑无字，回思汉武年。”

《双束碑》为唐高宗李治和武则天于显庆六年（661），遣道士郭行真到泰山建醮[2]造像，崇祀道教始祖李耳所立，故叫《岱岳观造像记碑》。因碑是两块相同的条石并立而成，上有覆盖，下有承座，形制特异，喻意武后与高宗同治天地，恩爱如鸳鸯，所以又俗称《鸳鸯碑》。碑通高3.18米，宽1.05米，原在岱

---

① 体变周宣后：言李斯小篆是承袭周宣王时的石鼓文大篆发展而成。

② 建醮（音教）：指僧道为禳除灾祟而设的道场。

岳观[①]。1959年移虎山水库西畔，1966年为保护此碑，将其移于岱庙，埋存地下；1983年立于东碑廊。今碑下截约0.45米剥蚀，其余基本完好。

《双束碑》四面环刻，每面作四五层，先后共刻着唐六帝一后[②]的斋醮[③]造像之事20则。空间并有唐、宋人题名颂诗，多为青祠醮章[④]、投龙作功德、黄冠名氏及侈言符应等。碑文全为真书。字虽不工整，却十分古拙可爱，尤其是武则天易唐为周而称帝时的7则刻文中，采用了她自制的11个字：𠀑（天）、埊（地）、𤯔（人）、𨲦（王）、𠡦（年）、囝或𠥱（月）、㘈（日）、〇（星）、𠙺（正）、𥠢（授）、𡔈（初）。碑不仅是武则天摄政称帝、治理唐朝的历史见证，而且反映了唐代推行道教对泰山的深刻影响。

《垂拱残碑》俗称《白骡冢碑》，在红门东白骡冢遗址，今被泰前农民新宅所围。唐郑綮撰《开天传信记》："上（唐玄宗）将登封泰山，益州进白骡至。洁朗丰润，权奇伟异。上遂亲乘之，柔习安便，不知登降之倦。告成礼毕，复乘而下，才下山坳休息未久，而有司言：'白骡无病而殪！'上叹异之，谥[⑤]曰：'白骡将军。'命有司[⑥]具槥椟[⑦]垒石为墓。"在这段引文中，只言棺墓，而未言立碑之事，所以可以断定不是因白骡而立的碑，而是唐高宗封禅遗物。清代乾嘉年间，聂剑光在《泰山道里记》中叙述此碑说："红门东有丰碑断蹈，趺下磨灭无字，惟碑额稜上有'垂拱元年月廿五造二年五月'十二字，碑侧犹存宋人题识'当日东封安在哉，茫茫今古泯尘埃'，字句可读，翻转审视底面，有行书，字影差小，隐隐莫辨，按赵明诚《金石录》云：'唐登封纪号文，高宗撰。'并行书飞白书额小字：'乾封元年二月。'一勒石山上，不知毁于何时，一立碑山下，意或武后补刻，以残碑及开元记证之白骡冢，在城东南，失其处矣。"

唐高宗于乾封元年（666）封泰山时，外夷首领从封者30余人，车骑震天，盛

---

① 岱岳观：即今王母池西侧老君堂旧址。

② 六帝一后：即高宗、中宗、睿宗、玄宗、代宗、德宗和武后。

③ 斋醮：道教设坛祭祷的一种仪式。即供斋醮神，借以求福免灾。其法为清心洁身，筑坛设供，书表章以祷神灵。

④ 青祠醮章：道教在举行斋醮时献给天神的奏章祝文。

⑤ 谥：有地位的人死后被加的带有褒贬意义的称号。

⑥ 有司：古代设官分职，各有专司，因称官吏为"有司"。

⑦ 槥椟（音慧读）：棺材。

况空前，故在山上、山下刻石纪功，立《登封纪号文碑》，皆御制并行书，遥遥相对。两碑文字相同，山下者文在碑阴且小字，故名《小字登封纪号文碑》，碑文之后，刻外夷从封者姓名，皆用外国及外族之文。其碑虽在岱麓，但因地僻而人迹罕至，又加长期仆卧在地，志书金石皆不载其文，使其难考。原碑高6.5米，宽2米，厚约0.68米。1981年考其碑，高仅剩5米，残碑下左角已断，断块上有："政和壬辰三月……登封纪号……"查民国间赵新儒《新刻泰山小史》曾载断碑残文"庆同□政和壬辰三月侍行巡……顶……登封纪□文□□京东转运使……"及"垂拱元年"等25字。"垂拱"为武则天改"唐"为"周"之后的年号，残文又有"登封纪号文"字样，所以，可断为唐高宗《小字登封纪号文碑》较为可信。

《纪泰山铭》为唐玄宗开元十三年（725）封泰山后，第二年亲自撰书的御碑。因刻于岱顶大观峰石壁上，故俗称《唐摩崖碑》。碑高13.3米，宽5.7米，上刻序言铭文。连同额款共计1009个字，字体完好。1982年重新贴金，庄重堂皇，金光闪闪，可谓天下大观。

铭文首先叙述封禅的始因和规模："四海会同，五典[①]敷畅，岁云嘉熟[②]，人用天和。……张皇六师[③]，震叠[④]九寓[⑤]，旌旗有列，士马无哗，肃肃邕邕，翼翼溶溶，以至于岱宗，顺也。"接着是封禅仪典过程及赞颂和夸耀"五圣"的功绩："赫赫高祖，明明太宗；爰革[⑥]随政，奄有[⑦]万邦。罄天张宇，尽地开封；武称有截[⑧]，文表时邕[⑨]。高宗稽古[⑩]，德施周溥[⑪]；茫茫九夷[⑫]，削平一鼓[⑬]。礼备封

① 五典：即五常之教：父义、母慈、兄友、弟恭、子孝。
② 嘉熟：好收成。
③ 六师：泛称朝廷的军队。
④ 震叠：恐惧。
⑤ 九寓：即九州。
⑥ 爰革：改革。
⑦ 奄有：覆盖。
⑧ 截：整齐。
⑨ 邕：和睦。
⑩ 稽古：考查古代历史。
⑪ 德施周溥：德政遍施天下。
⑫ 九夷：古时谓东方有九种夷族。
⑬ 一鼓：即一鼓作气。

禅，功齐舜禹；岩岩岱宗，衎我神主[①]。中宗绍运[②]，旧邦维新。睿宗继明，天下归仁。……”唐玄宗还一扫专为自己“秘请”天神赐福的旧习，明确提示“至诚动天，福我万姓”。并谆谆告诫来者“道在观政，名非从欲”，让人们勿求虚名，要面对现实，一反过去帝王封禅仅秘祀个人侈望之陈规，反映了玄宗开元盛世时的雄心壮志和务实的施政特点。

碑文通篇为八分隶书，文辞雅驯，字体遒逸，既有古隶遗意，又有唐代新态。明代史学家、文学家王世贞评论说：“穹崖造天铭书，若鸾凤翔舞于云烟之表，为之色飞。”《泰安县志》载：“盖自汉以来，碑碣之雄壮未有及者。相传燕许[③]修其辞，韩史润其笔，以故文颇雅驯，不猥弱。而御书遒劲若怒猊渴骥，羁束安闲，不比《孝经》[④]之多肉少骨。”由于此碑为历代文人所推崇，所以保护较好。明代，下截数字因拓碑者冬月篝火而剥落，后来叶彬补书108个字；清朝时，下截又因道人积薪烤火而毁，乾隆初年，大学士赵国麟以旧本重摹补刻；1982年重新贴金时，又将下截所毁数字再次补刻。纪铭西侧原有从封诸王群臣题名，作数层而刻。

《登泰山谢天书述二圣功德铭》是宋真宗与大臣王钦若等假造“天书”、登封泰山后的御制碑。大中祥符元年（1008）十月立，宋真宗赵恒篆额并真书。其碑有2块，文与书体皆同：一在岱顶大观峰东南的德星岩上，高约8米，宽约4米，称为《宋摩崖碑》；一在山下旧泰城南门外，五石合成，制若屏障，碑文北向朝岱岳，俗称《阴字碑》。铭文主要颂扬宋太祖赵匡胤[⑤]和太宗赵匡义[⑥]的功德。《石墨镌华》评论说：“帝既侈言天书之妄，复为泰山之封，而作此铭。述太祖、太宗以及其身，语多浮夸，文亦拖沓。”加之宋真宗的书法远不及唐玄宗，故摩崖碑文多被后人题刻凿毁。明嘉靖间济南府同知翟涛大书“德星岩”，后人又刻“登峰造极”“天柱东维”“深远高大”“超然尘表”等。宋摩崖碑今唯

① 衎我神主：使神主和乐。

② 绍运：继承黄运。

③ 燕许：指唐代大臣、文学家张说和苏题颋。说封燕国公，颋袭封许国公，故时号为燕许大手笔。

④《孝经》：儒家经典之一，论述封建孝道，宣传宗法思想。唐玄宗曾注《十三经》。

⑤ 赵匡胤：宋朝建立者。涿州人。公元960～976年在位。

⑥ 赵匡义：北宋皇帝。公元976～997年在位。赵匡胤之弟，赐名光义，即帝位后改名为灵。

剩篆额而已，阴字碑也早已被毁坏。

《青帝广生帝君赞碑》为宋真宗大中祥符元年（1008）封泰山神为“东岳仁圣天齐王”的同时，又将所谓天神青帝加封懿号为“广生帝君”，并撰书立碑，篆额“青帝广生帝君之赞”。道书《洞渊集》：“太昊为青帝，治东岳，主万物发生，盖即《周官》[①]五行之帝之一。”真宗赞颂青帝：“节被岱宗，奠兹东土，生育之地，灵仙之府。”碑阴刻同年真宗遣尚书兵部郎祭青帝的祝文。碑原在岱麓小金山前的“青帝观”，至清乾隆十二年（1747），碑为俗吏所毁。民国间，葛芸庵搜寻糜石碎片，修复于岱庙东御座内。今与《泰山秦刻石残碑》东西对峙。残碑其额剩五字，赞铭、祝文尚存56字。这是研究青帝主泰山的唯一碑刻。

《大宋封祀坛颂碑》于大中祥符二年（1009）立，宰相王旦撰文，裴瑀篆额并真书。碑高4.85米，宽1.57米。今在岱庙宋天贶殿东南石台上，是宋真宗东封泰山的典议纪实：“祀前一日，未质明[②]，备法驾[③]，至于山趾，更衣于帷殿。上乃乘轻舆，陟绝巘、跻日观、出天门。筑圜台于山上，度地宜而循古制也。升山之前夕，层云蔚兴，严飙暴起，达曙振野而未已，有司失职而是忧。洎[④]宝箓先登，华盖[⑤]徐至。焚轮[⑥]止息，寥泬[⑦]清霁，若胚浑之初判[⑧]，状群灵之先置。辛亥，祀昊天上帝，设天书位于左次，登歌[⑨]乐作，奏迎就位，显奉符而错事也。二圣[⑩]严配，定位侧向，以申恭事，表继志而奉天也。亚献、终献，作之乐章，以为礼节，一其仪而申昭事也。祝史[⑪]正辞，秘刻勿用[⑫]，黎元蒙福，孚佑[⑬]

---

① 《周官》：即伪《古文尚书》中的《周礼》。

② 未质明：天未亮。

③ 法驾：天子的车驾。

④ 洎（音记）：及；到。

⑤ 华盖：指皇帝乘坐的华盖笼罩的车。

⑥ 焚轮：自下而上的大风。

⑦ 寥泬（音决）：空旷晴朗貌。

⑧ 胚浑之初判：宇宙刚诞生。

⑨ 登歌：专为祭祀所设的乐坛。

⑩ 二圣：指宋太祖、太宗皇帝。

⑪ 祝史：皇帝告天的祝文玉册。

⑫ 秘刻勿用：秘而不传。

⑬ 孚佑：信用及保佑。

是祈，克其己而厚勤恤也。衮冕俯偻[①]，金石[②]铿越，捧珪币，奠牲象[③]，络金绳[④]而斯毕，飞紫烟而上达。舒迟[⑤]暨礼，陟降尽恭，明德之馨，至诚之感。苾芬[⑥]以荐，肸蚃[⑦]如答；通帝乡之岑寂[⑧]，接云汉之昭回[⑨]。协气[⑩]上浮，纤罗不动；神策锡灵[⑪]长之祚，日卿奏殊尤之瑞。垂绅委佩，蹈舞斋室之前，鳌抃[⑫]山呼，声震层霄之外。”全文行书43行，每行100字，共洋洋4000余字。撰者宰相王旦当时任“天书仪卫使”和“封禅大礼使”，虽溢美夸张之词颇多，但资料性强，描述栩栩如生，与《宋史》完全吻合，并补其“略而不详”之缺。因此，其碑对研讨宋代封禅大典具有极高的史料价值。

《祥符碑》额曰“大宋东岳天齐仁圣帝碑”，是宋真宗大中祥符四年（1011）将泰山神由“王”晋封为“帝”之后，于大中祥符六年（1013）所立，龟趺螭首，气势非凡，与《宣和碑》并称岱庙两大丰碑。今在配天门西南。碑高8.2米，宽2.3米，翰林学士晁迥撰文，翰林待诏、朝散大夫尹熙古篆额并书。碑阴刻明人书“五岳独宗”四个大字。碑文叙述了自唐玄宗至宋真宗不断为泰山神加封号的经过，吹捧真宗封泰山、谢天书后的重大变化：“方今兵革偃戢[⑬]，华夷会同，岁获顺成，物无疵疠[⑭]。”他们把“澶渊之盟”后由于辽国内乱而暂时出现的稳定局面，附会为封禅之功，这是历史的巧合，也是宋史的一段趣谈。

《去帝号碑》《东岳祝文碑》均为明太祖朱元璋于洪武年间的御制碑。《去帝号碑》额称《封东岳泰山之神碑》，高6.55米，宽1.56米。因唐、宋、元三代

---

① 衮冕俯偻：天子躬身肃立。

② 金石：钟磬之类的乐器。

③ 牲象：牛、羊、猪三牲礼。

④ 金绳：把刻有祝文的玉册用金绳缠起来，放入玉匣，再用金绳缠，封入坛内。

⑤ 舒迟：有张有弛。

⑥ 苾（音必）芬：犹言芬芳，形容祭品的香美。

⑦ 肸蚃（音希响）：迷信说法，谓神灵感应。

⑧ 岑寂：寂静；寂寞。

⑨ 昭回：日月光辉。

⑩ 协气：吉祥、协和之气。

⑪ 神策锡灵：告天玉册显灵。

⑫ 鳌抃（音弁）：鳌鱼鼓掌，欢欣踊跃。

⑬ 偃戢（音演极）：停息。

⑭ 疵疠：灾害；疾病。

君王把泰山神晋封到无以复加的地步，明太祖认为，岳镇海渎在古时均以山川之名而称之，并无封号。后来由于“渎礼不经”才崇名美号，所以，便把一切封号去掉，并立碑诏告天下。《东岳祝文碑》是明太祖遣臣祭泰山神的碑。双碑均在岱庙天贶殿西南，形制朴实，文辞通俗无华，凝练概括。其书法端庄丰润，浑厚遒劲。

《谒岱庙诗碑》是清乾隆皇帝御制碑，共两块，立于岱庙天贶殿前东西御碑亭内。双碑共载诗八首，分别为乾隆帝于乾隆十三年、十六年、二十二年、二十七年、三十六年、四十一年、五十五年共七次谒岱庙、拜泰山神时所作。其中尤以乾隆三十六年奉皇太后登岱和乾隆五十五年谒岱庙之诗最有价值，表明他并不举封禅，而是虔诚地为民祈福：“亿禩（祀）神庥（庇佑）永，百年庙貌新。佐天生万物，护国福烝（众）民。庆落[①]卜良日，展诚恰仲春。扶桑石[②]突兀，炎汉[③]柏轮囷[④]。肃拜经九载[⑤]，慈宁值八旬。抒忱颙（仰慕）有吁，介寿愿重申[⑥]。”“来因瞻岱宗，岱庙谒诚恭。封禅事无我，阜安[⑦]祈为民。代天敷物育，福国锡时雍。九叩申虔谢，八旬实罕逢。”从诗中不仅能窥见帝王踪迹，还能反映出封禅的演变。封禅大典虽早已革除，但清代的祭祀活动仍然非常盛行。从帝王出巡过泰山，乃至天子、太后六十及八十寿辰，均要亲自到泰山谒泰山神，并登岱拜碧霞元君。所以，岱庙乾隆祭祀碑是研究泰山封禅祭告和清代帝王活动的重要史料。

---

① 庆落：乾隆三十五年重修岱庙告成，此为庆祝修庙落成。

② 扶桑石：岱庙天贶殿前有扶桑石，也叫迷糊石或称介石。

③ 炎汉：汉朝自称以火得王，故称炎汉。

④ 轮囷：高大屈曲貌。

⑤ 肃拜经九载：乾隆二十七年南巡时曾谒岱庙，到这次谒岱庙恰经九年。

⑥ 介寿愿重申：介是介石，也就是扶桑石。祝愿皇太后寿如介石。

⑦ 阜安：物丰民安。

第二节　创建重修碑

这类碑刻均为碑碣。泰山庙宇寺观中所存之碑多属此类，这是考证和研究泰山古代建筑和祠庙建置沿革的实物资料。较为著名的有唐《齐州神宝寺碑》、宋《天贶殿碑》《宣和碑》、金《重修东岳庙碑》、元《天门铭》、明《重建七佛神通寺碑》《天仙金阙碑》《建泰山灵佑宫碑》等。

《大唐齐州神宝寺之碣》立于唐开元二十四年（736），碑高2.1米，宽1.34米，原在灵岩寺方山之北神宝寺遗址。其寺因东靠神谷、北依宝山而名。碑于1965年移岱庙，今在东碑廊内。额篆书方古，碑文词语严紧，隶书典雅超脱。碑中先以其周围的恶劣环境为衬托。叙述佛家艰苦创业的精神："貔[①]豹蹲踞，人绝登临，虺[②]蟒纵横，鸟通飞路……貔豹枕膝，禅心寂而不惊；虺蟒萦身，戒定澄而不乱。"继而描绘大唐重修神宝寺后的辉煌气派："寺内有石浮图两所，各十一级；舍利塔[③]一所，众宝庄严。胡门洞启，石户交晖；返宇锵锵，飞檐巘巘[④]……挹[⑤]朝霞之昈昈[⑥]，湛夜月之濯濯；风牵则宝铎枪枪，日照则花盆皛皛；迢迢亭亭，郁郁青青，皓皓旰旰[⑦]，焕焕烂烂。远而望之，炳若初日照灼皎扶桑；近而察之，尤似素云霮䨴[⑧]度夕阳。"从此碑既可看出创寺的艰辛及神宝寺的沿革，又可考证佛教在泰山的发展情况。

《大宋天贶殿碑铭》于宋大中祥符二年（1009）立，碑高3.86米，宽1.48米，今在岱庙天贶殿东南。北宋文学家、史学家翰林学士杨亿撰文，翰林待诏、国

---

① 貔（音休）：古代传说中的猛兽。

② 虺（音毁）：毒蛇。屈原《天问》："雄虺九首。"

③ 舍利塔：安置佛之身骨的宝塔。

④ 巘巘（音蹑）：意为高翘。

⑤ 挹（音意）：舀之意。

⑥ 昈昈（音户）：明亮。

⑦ 皓皓旰旰：盛大貌。

⑧ 霮䨴（音淡对）：云密聚貌。

子博士尹熙古书并篆额。为宋真宗封泰山、谢天书创建天贶殿后所立。碑中详细介绍了降天书的经过，概述岱庙沿革和建修大殿的情景："既而步自阊阖[①]，率先群司，纳之殊庭，是为秘宝。且复讨论前载，追求遗范，辉光下烛。秦既作畤[②]，珍瑞云获；汉亦起宫，其后因规迹而增崇，建名称而不朽者，非可以悉数也。乃诏鲁郡，申饬[③]攸司[④]，爰就灵区，茂建清宇。授规于哲匠[⑤]，董役[⑥]以廷臣，朴斫[⑦]前施，塈涂咸备，法大壮而取象，曾不日以克成。直寒门[⑧]相对之庭，镇阿阁神房之麓。云封崛起，回对于轩檐；泉流冽清，载环于阶墄[⑨]，只若天贶，表以徽名。"

《宣和重修泰岳庙记》碑高9.25米，宽2.1米，仅龟座就达7立方米，重4万余斤，是岱岳庙最大丰碑，在炳灵门前。此碑是宋宣和六年（1124）立，翰林学士宇文粹中撰文，朝散大夫张漴篆额并书。碑文主要叙述宋徽宗自建中靖国元年（1101）登基后至宣和四年（1122），在这21年间陆续重修岱庙的情况："诏命屡降，增治宫宇，缭墙外周，罘罳分翼，岿然如清都紫极，望之者知其为神灵所宅。凡为殿、寝、堂、阁、门、亭、库、馆、楼、观、廊、庑合八百一十有三楹。"从这里可以看出，岱庙至北宋末年已发展到相当宏大的规模。碑阴为明代万历十六年（1588）由山东巡抚李戴、巡按吴龙征题，田东书"万代瞻仰"四大字。据传，宋宣和初年，宋徽宗敕命重修岱庙时，还有一个神奇的传说：竣工后，为夸耀其功德，便要立丰碑为念，并要求超过庙内所有的石碑。而后召集天下最佳石工限期完成，违者当诛。这一下可苦了石匠：有大石碑，就得用大石龟来驮；碑料难找，龟料更难寻。过了很久，石匠终于在汶河乱石滩里挖到了合格的碑料，但龟料怎么也找不到。眼看匠人性命难保，个个哭得死去活来。匠头蹲在沙窝里，哭得昏昏欲睡，在朦胧中忽见沙滩里有块巨石，一步

---

① 阊阖：传说中的天门，亦指皇宫的正门。

② 畤（音至）：古时祭天地五帝的固定处所。

③ 申饬：告诫。

④ 攸司：即有司，指地方官员。

⑤ 哲匠：出名的工匠。

⑥ 董役：监督这项工程的人。

⑦ 朴斫（音坡酌）：刀削。

⑧ 寒门：即北门。

⑨ 阶墄：即台阶。

量，正合龟趺尺寸。待清醒睁眼一看，什么也不见了。匠头心想：也许是神石显灵要搭救我们。便带领大家挖沙滩，结果真的挖出了巨石；众石匠很快凿成了大石龟。可是运到岱庙正阳门口，石龟突然变大了，怎么调也进不去门。众人又慌了。这时，匠头便朝着石龟拜了三拜说："既是神石显灵，就请神龟救人救到底！"石龟果然开了口："要想救众人，我得咬你一口才能进门。"匠头忽听神龟说话，激动得连忙叩头："只要能救穷兄弟们，我死而无怨！"话音刚落，只听轰隆一声，庙门上的横梁突然掉了下来，恰恰把匠头的双腿砸断。石龟进去了，众人得救了。匠头舍己救人的精神永为后人传颂。

《大金重修东岳庙碑》系金大定二十二年（1182）立。碑高6.2米，宽1.83米，今在岱庙天贶殿东南。礼部侍郎杨伯仁撰文、礼部员外郎黄久约书、大学士党怀英篆额。《金史》称其"文词典丽""能属文，工篆籀[①]"。三美荟萃一碑，书笔秀逸。碑文是金世宗重修岱庙之记："大定十八年，岁在戊戌春，岳庙灾，虽门墙俨若，而堂室荡然。"第二年开始兴建，三年告成："凡殿、寝、门、闼、亭、观、廊、庑、斋、库，虽仍旧制，加壮丽焉。诏谓格神之道，所贵致洁，其当阳之像，毋用漆塑，以涿郡[②]白玉石为之，殿楹高敞。"此文不仅叙述了修建的原因，而且还说明大殿中的泰山神更为玉雕像。

《天门铭》碑高1.95米，宽1.48米，元代著名诗人、书法家杜仁杰撰文，东平路总管严忠范正书，元中统五年（1264）立。今嵌于岱顶南天门下石棚西壁。铭文记载元代中统以前，南天门并无室宇，是当时提点道教官、岱庙住持道士张志纯"为之经构，累岁乃成，可谓破天荒者也"，使十八盘的尽头始有天门楼阁，从此"天门云梯"成为东岳奇观。

明《重建七佛神通寺碑记》立于成化二十年（1484），现存泰山东北麓昆瑞山神通寺遗址内。僧文勤真书，字21层。该碑阐明其寺在佛教流派中属于禅宗派[③]。禅宗是中国佛教史上影响很大的一个宗派，创始人是来自印度的著名僧人

---

① 篆籀（音宙）：即大篆，也叫籀书。因著录于《史籀篇》而得名。春秋战国时通行于秦国。

② 涿郡：古地名，今河北涿州市。

③ 禅宗派：因主张用禅定概括佛教的全部修习而得名。又自称"传佛心印"以觉悟所称众生本有之佛性为目的，亦称"佛心宗"。传说创始人为达摩，下传慧可、僧璨、道信，至五祖弘忍而分成北宗神秀、南宗慧能，时称"南能北秀"。

达摩[①]。其碑并记有历代祖师、高僧创新教派的活动，其中还有著名的政治家、思想家和文学家，如唐代白居易、柳宗元，宋代王安石、苏东坡等均入佛门创兴教派。

《天仙金阙碑》《建泰山灵佑宫金碑》分别为万历四十年（1615）和天启五年（1625）重修岱顶碧霞祠铜碑。碑首二龙戏珠，四龙交蟠；其座上削连体，云纹密饰。双铜碑均在碧霞祠大殿前，突兀凌霄，辉煌映日。《金阙碑》是万历间神宗朱翊钧为其母慈圣太后禳目疾还愿所立，特更元君像为镀金铜像，并铸造铜钟、铜亭，其亭曰“金阙”。《灵佑宫金碑》记载了重修玉皇庙、东岳庙、青帝宫、灵佑宫、御香亭、蒿里森罗殿、九莲殿等岳府神宇的经过。据传，铜碑又高又大，重几千斤，运往山顶时费了好大事，最后在鲁班爷的指点下才运上去。当年，碧霞元君大殿修好后，铜碑运到山麓再也抬不上去了。监工大人紧催，工匠们急得团团转，搁在那儿三天三夜也没想出妥善办法。一天清早，突然来了一个老头儿，他向大家说：“你们这伙人真笨，不会吊起来悠上去吗！”说完话转眼就不见了。这时，大家都想：莫非是鲁班爷显灵？工匠们一合计，果然想出了个办法：依着山势搭起架子，用滑轮吊葫芦把碑吊起来，碑就可以上下悠动。在上面用绳子把碑往上拉几步，再轻轻放下，移动架子再往上拉，又移动几步，这样慢慢地就运到了山顶。后来，工匠们在碧霞祠西侧修了“鲁班洞”，以做纪念。

清代重修碑在泰山遗存最多，康熙十七年（1678）及乾隆三十五年（1770）重修岱庙碑为佼佼者。康熙碑是山东布政使施天裔撰书，碑中记载了在“康熙盛世”中，始自康熙七年（1668），告成于康熙十六年（1677）的大规模修建活动。更为珍贵的是碑阴还附有《重修岱庙履历纪事》。其文把这次浩繁工程的历经时间、所费财力、所购材料、所栽树株，以及所建殿庑、斋堂、垣堞、楼观，一一刻记，是一份珍贵的重修岱庙档案资料。乾隆碑是御制碑，上刻满、汉两种文字，俗称“满汉碑”。又因当年碑面磨制精细，光滑似镜，又叫“亮碑”。文叙因“岁庚寅（乾隆三十五年）为朕六十庆辰，至辛卯（乾隆三十六年）恭逢圣母皇太后八旬万寿”而重修岱庙。

---

① 达摩：为南天竺僧人，属婆罗门种姓。南朝宋末航海到广州，又往北魏，在洛阳、嵩山等地游历并传禅学。后遇慧可，授《楞伽经》四卷。

在中天门以北、云步桥之南，东崖上还刻有赵新儒于民国二十一年(1932)撰书晋军据守泰城对泰山大肆破坏后，县长周百锽大加修建的情况："十九年(1930)战役，晋军据城，分兵守泰山，沿盘道筑埠垒，破坏不堪言。泰安县长周百锽，具状省府韩向方[①]主席，筹办工赈，择要兴修，中天门至南天门一段，计长二十余里。他尚未遑也，并修天贶殿古迹，保存壁画、古物及筑驻军拆毁岳庙围墙，又包公祠，奖廉惩贪，五贤祠崇祀先贤，同时竣工。古迹名胜逐渐兴复，谨志颠末，以示后来。"1930年阎锡山的晋军部队驻泰城，分兵守泰山绝顶，拆除孔子庙。在日观峰、月观峰、南天门、十八盘等修筑战沟埠垒，毁坏古迹石刻，不可胜计。岱庙天贶殿壁画，饱受炮击，殿毁多处。在这种情况下又重修泰山，此刻便是泰山灾难的一段记录。为避免污损泰山，韩复矩还在大修竣工的同时又电令泰山各处"嗣后除奉令准刊外，无论何人不准题字、题诗"。从这里可以看出韩复矩也倍加保护泰山。

第三节 石经碑铭

此类石刻主要包括纪事传经和墓志铭等。纪事碑著名的有汉《张迁碑》、晋《孙夫人碑》、清《禁止舍身碑》及民国间《泉》字摩崖等；传经布教的有《经石峪金刚经》、灵岩寺《圆通经》等；墓志铭有汉《衡方碑》、元《神道碑》《息庵禅师道行碑》、明《重开山记碑》等。这些石经碑铭是研究历史和书法艺术及泰山宗教的实物资料。

《张迁碑》额称"汉故谷城长荡阴令张君表颂"。张迁原是谷城(今东平)长，因当时黄巾起义军在泰山周围异常活跃，益都(今青州)、徐州一带的郡县均被起义军攻陷，唯张迁所守谷城未破，因其"功"而被升迁为荡阴令。他的故吏于汉灵帝中平三年(186)捐银刊石，表颂其祖先政绩和张迁镇压黄巾起

① 韩向方：即韩复榘。河北霸州市人，行伍出身。原为冯玉祥部将领，曾任国民党河南省政府主席。1930年任山东省政府主席。

义的“功劳”。碑阴刻41名故吏姓名和捐银之数。碑因遇水灾而泯失，长期埋于地下，到明代才在东阿县境内被发现，1965年移存岱庙，今存东碑廊。碑文先追述张迁祖先皆为忠良名门，上溯周宣王时的张仲“以孝友为行”，汉高祖时的张良有“在帷幕之内，决胜负千里之外”，汉文帝、汉景帝之间的张释之[①]“建忠弼[②]之谟[③]”；汉武帝时张骞[④]“广通风俗，开定畿寓[⑤]”。后歌颂张迁继承祖先之遗教，忠实维护统治阶级的利益。此碑自出土以来，为历代金石、书法家所推崇。词旨淳古，隶书朴茂；字体方整中多变化，朴厚中见媚劲；蚕不并头，雁不双设，外方内圆，内擫外拓。《辞海》《辞源》收录词条，《中华书法大字典》尽收其字。所以《张迁碑》不仅是雕刻及书法艺术的珍品，亦是史学家研究的实物资料。

《孙夫人碑》立于西晋泰始八年（272），原在新泰市，1965年移岱庙，今在东碑廊。碑额称“晋任城太守夫人孙氏之碑”，碑中主要叙述晋吏部尚书孙邕之女、任城太守之妻孙夫人慈孝贤良的封建美德，是她的颂德碑，文中列叙实事与史书相印证。碑文夸她“少有淑质”“宽仁足以容众，明敏足以辨物”，是封建道德的样板。碑文隶书，文辞古雅，结构谨严；笔势方劲厚重，犹存两汉遗风。如今通体虽剥蚀过半，但还可观其动人的神采。晋时皆短碣，唯此碑与历城的《郛休碑》、河南的《太公望表碑》并称晋代三大丰碑。

《金刚经》是佛教重要经典，刻于斗母宫东北深谷山涧中的巨大石坪上，因名“经石峪”。《金刚经》全称《金刚般若波罗蜜经》，东晋时，鸠摩罗什译。按佛家之言：金刚是金中之刚，般若是智慧，波罗蜜是彼岸及无极之意。经文主要说明般若（智慧）的实际在于不著事相（无相），也就是情所无寄（无往）。它教育佛徒，用智慧断除烦恼，便能到达彼岸的极乐世界。《佛学大辞典》云：“佛（释迦牟尼）在舍卫国，为须菩提等，初说境空，次示慧空，后明菩萨空者，盖此经以空慧为体。说一切法无我之理为诠（真理）也。”经文是南北朝时的北齐人所书，字大50厘米见方，以隶为主，富于变化，兼有篆、行、楷、草的意

---

① 张释之：汉初法律学家。时人赞道：“张释之为廷尉，天下无冤民。”

② 弼（音必）：辅助。

③ 谟：计谋；谋略。

④ 张骞：西汉外交家。两次出使西域，对促进中外经济文化交流贡献颇多。

⑤ 畿寓：以国都为中心的广大土地。

态，结体宏阔自然，用笔苍劲古拙，神采潇洒安闲，丰润雄浑。书艺之高，字体之大，规模之巨，自古罕见。所以世称“大字鼻祖”“榜书之宗”，清末康有为也赞它为“榜书第一”。因经刻未完，不记姓名、年号，便成千古疑案，历代史学家为之争论不休。有的认为，其字与北齐武平年间梁父县[1]令王子椿在徂徕山[2]所刻《大般若经》《般若波罗蜜经》相似，所以定为王子椿书；有的认为，其字与北齐韦子深在邹县铁山摩崖所刻经相似，所以定为韦氏所书；有的认为，其字与北魏郑道昭在平度天柱山为其父所写《郑文公摩崖石刻》相似，所以断为郑书；也有断为北齐高僧安道一所书的。

经刻未完而弃，主要是正逢周武帝灭佛。建德三年（574）帝下令“断佛道二教”。建德六年（577），北周灭北齐，仍令齐境尽毁佛道。所以，北齐武平年间，国临亡，佛尽毁，经石峪刻文也就半途而废了。考《金刚经》全文约5000余言，而今经石峪大字自东而西计38行，残存1067个字。经文大字历经1400余年的风剥雨蚀，仍熠熠生辉。经文为北齐人所书无疑，后经与洪顶山摩崖刻石相对照，系安道一所书。1982年泰山文物管理部门在经文石坪四周架设了石栏，既防践踏破坏，又可环栏欣赏，使高山大峪更加壮观，奇境名刻，招徕中外无数书法家的赞咏。经文之西石崖上有郭沫若《访经石峪诗》：“经字大于斗，北齐人所书。千年风韵在，一亩石坪铺。阅历久愈久，摧残无代无。只今逢解放，庶不再模糊。”

《圆通经碑》为北宋著名书法家蔡卞草书，元符二年（1099）立碑。计碣石4块，1400余字，今镶嵌于灵岩寺御书阁前壁。《圆通经》是唐代般剌密帝所译《楞严经》中的一部分。按佛家之言：“性体周遍为圆，妙用无碍为通。经中有25大士，各依佛之问，皆陈述圆通之法门。”蔡卞之书法笔力优美豪放，如龙蛇屈伸，仪态万方，恰与石碣上面壁缝中盘根错节的“千岁檀”相衬，别有风味，临观者无不叹绝。明嘉靖初学士方豪说：“灵岩名笔固多，惜多为石工所败，唯此字最佳。”

《禁止舍身碑》是清康熙五十九年（1720）知泰安州事张奇逢“为岱顶已经筑墙禁止舍身再行晓谕事”而立。张撰书云：“于康熙五十六年……目击山东曹县李进贤十月初十日投崖身死；河南商丘县韩大小十月十五日投崖身死；江南

① 梁父县：汉置。后汉为梁甫侯国，晋仍为梁父县。故城在泰安市南60里。

② 徂徕山：在泰安市东南40里。

徐州张文举十月二十日投崖身死。未经一月轻生者三，而成仙者何在？报亲者又何在耶？”接着以不容置疑的质问方式，告诫善男信女：“与其毁身以辱亲，何如保身以养亲？与其身死而求仙，何如身存而积善？”为坚决制止香客舍身的愚昧行为，便在舍身崖西侧筑墙以阻那些轻生者，并派更夫轮流守护，不让越墙投崖。这是清初地方官员破除迷信、宣传无神论的重要文献。碑原立于遥参亭前，民国间仆卧后被埋入亭院内。1983年3月植树时挖出，立于院内。

《泉》刻于快活三里之北路东，是李星源于民国五年（1916）八月题书。这是泰山上唯一与其无关而又独具特色的一篇杂文题刻。“泉”在古代就是“钱”，作者通过登泰山遇风寒而病，对钱产生了深刻的认识：“余来岱之次年，岁在丙辰。是年春，暴风甚多，寒暖不时，余因之而病。病后因阿堵物有感曰：是物也，何物也？得之则生，弗得则死，其西人所谓人生之第二生命者耶！然英雄豪杰为汝坟，黑其心，灭其性，变易其操守，至死不悟。”作者并非真正伤风遇寒得病，而是借题发挥。他以“暴风甚多，寒暖不时”暗喻当时“有钱买得鬼上树”的黑暗社会；以“因之而病”，曲折反映统治阶级对人民的摧残。作者生活在西方资本主义势力全面侵入中国、华夏沦为半殖民地半封建的清末及民国初期，《泉》既痛惜壮丽山河的惨遭蹂躏，又以满腔怒愤揭露了那一时期的社会弊端。

墓碑志铭主要记述官宦僧道生平事迹。《衡方碑》立于东汉灵帝建宁元年（168），篆额“汉故卫尉[①]卿衡府君之碑”。碑原在汶上县郭家楼。《金石图》载：“碑在汶上县西南十五里平原郭家楼前，南向，以建宁元年（168）立，清雍正八年（1730）汶水泛决，碑陷卧，庄人郭承锡等出资复建。”1953年移至岱庙，今在东碑廊。衡方，字兴祖，平陆（即今汶上县）人，在州里举孝廉，推举为官，曾任会稽东部都尉[②]，右北平[③]太守，颍川[④]太守。汉桓帝时为保卫皇宫的卫

① 卫尉：官名，始于战国。汉时为九卿之一，掌管宫门警卫。汉景帝时曾改称中大夫令。不久复旧名。魏晋南北朝多沿置。唐代为卫尉卿，但已非原来职务，仅掌仪仗帐幕等。明清废。

② 都尉：战国时始置，比将军略低的武官。西汉景帝时改郡尉为都尉，辅佐郡守并掌全郡的军事。东汉光武帝废。亦为临时执行某种职务者之官名。

③ 右北平：郡名。战国时置。秦治所在无终（今天津市蓟县），西汉移治平刚（今辽宁凌源西南），东汉移治土垠（今河北丰润东南）。西晋改为北平郡。境内有卢龙塞道，地势险要，历代为北方重镇。

④ 颍川：郡名。秦王政十七年（前230）置，以颍水得名。辖境相当今河南登封、宝丰以东，尉氏、郾城以西之地。

尉，汉灵帝继位后任步兵校卫，统六师之帅。但到任不到半年即病逝。此碑就是门生为其立的墓碑，追颂生前事迹。《衡方碑》铭文温润，碑字浑古。其书法以体丰骨壮的隶书而著名。笔画端正稳重，仪态敦厚，笔意虽粗壮古拙，但却妩媚动人。它与《张迁碑》为历代书法家临摹汉碑之范本，均为现存东汉七大名碑之一。

《神道碑》全称“大元太师[①]泰安武穆王神道[②]之碑铭”，立于元延祐四年（1317）。碑高7.3米，宽1.78米，螭首龟趺，穹高屹立。元文学家、翰林集贤大学士姚燧撰文并八分书。碑原在泰城旧教场街，北里许有土公土母坟，1978年移岱庙立于炳灵门前。碑文两面刻，主要介绍元大臣泰安武穆王（封号）忙兀（姓）博罗欢（名）的生平及其功德。据碑文载：“大德庚子（1300）五月二十有二日薨于临安（今杭州西部）寓舍，年六十有三。以其年七月八日葬于檀州（今北京市密云县）西北太行山。”元大德七年（1303）姚燧曾作墓志。《元史·博罗欢传》与碑文大致相同。自葬后至立此碑相距15年，故疑为葬后复迁于泰安所立。

《息庵禅师道行碑》在灵岩寺墓塔林中间，立于元代至正元年（1341）。息庵禅师除担任过少林寺第15代住持外，曾任泰山灵岩寺第39代住持。他死后，其弟子由少林寺分灵骨重塔于灵岩。碑文是由日本山阴道但州正法寺住持邵元所撰并书。碑高1.63米，宽0.74米，碑额篆书，其文行书，流利潇洒，为书法艺术上的杰作。邵元于元朝泰定四年（1327）乘商船来我国，曾先后到过当时的佛教圣地天台山、天目山、金山、五台山、少林寺及元大都等。他在碑文中称颂息庵和尚：“幼而至于壮，壮而至于老，皆道丰时盛，而遂得其志，以至嫡嗣古岩大和尚，而天下禅老谁能出其右乎？”说明邵元对息庵非常敬佩，友谊极为深厚。其碑文是一曲中日友好的颂歌，邵元和息庵之间的友谊是两国佛教界及两国人民友谊的象征。郭沫若曾为此碑题诗曰：“息庵碑是邵元文，求法来唐不让仁。愿作典型千万代，相师相学倍相亲。”

《重开山记》全称“泰安州普照禅寺重开山第一代云公满空禅师塔碑铭

---

① 太师：官名。西周始置，原为高级武官，军队的最高统帅。春秋时晋楚等国沿用，成为辅弼国君的官。战国后废。汉又复设，位在太傅之上。历代相沿以太师、太傅、太保为三公，多为大官加衔，表示恩宠而无实职。

② 神道：墓道。《后汉书·中山简王焉传》：“大为修冢茔，开神道。”李贤注：“墓前开道，建石柱以为标，谓之神道。”

记”，明代正德十六年（1521）九月立，今在岱麓普照寺院内。碑文较详尽地介绍了高丽僧满空和尚航海来中国，而后在泰山重建竹林寺、重修普照寺的情况：“永乐间，粤高丽僧云公满空禅师等数僧航海而来，达于京师。钦奉圣旨，敕赐金襕袈裟及送光禄寺筵宴，遣官送赴南京天界寺住坐。宣德三年（1428）亦钦奉圣恩，着礼部各给度牒一道；勒令天下参方礼祖。禅师因登泰山访古刹，始建竹林寺一所，殿宇、圣象俱以完成。复睹普照禅刹，颓零既久，乏人兴作。禅师遂驻锡禁足二十余载，以无为之化，俾四方宰官、长者捐资舍贿，鼎建佛殿、山门、僧堂、伽蓝①焕然一新。宇内庄严，绀②象金碧交辉，僧徒弟子及湖海禅衲依法者，何止数千也，名公巨卿信向，以师礼待之。”天顺七年（1463）闰七月初二日，满空圆寂③，圆寂前，他将众弟子召集起来说：“吾年七十五，万物悉归土，光明照十方，无今亦无古。”话毕而亡。碑文最后还有别开生面的颂词：“扁舟航海兮观光之美，圣恩赐度兮五湖皆知；参方礼祖兮为斯道也，登坛授戒兮绍佛阶级；建立法幢兮宣扬正化，禁足坐禅兮导引愚迷；宰臣信向兮道德弥高，鬼神钦仰兮戒月孤巍；只履西归兮世缘一尽，坐脱立亡兮去来无疑；阇维④焚化兮三昧⑤自现，五色祥光兮瑞色霏霏；留传万古兮灯灯相续，弟子发心兮建塔镌碑；师资之理兮出世为最，表示后昆兮孝义为奇。”满空和尚的创业精神及弥高的道德，不仅使普照寺的弟子僧徒倍加崇敬，而且世间宰臣名公无不以师礼待之。这是500年前中朝两国人民亲密往来的实证。

---

① 伽蓝：佛教名词，原指修建僧舍的基地，转而为包括土地、建筑物在内的寺院的总称。

② 绀（音甘）：天青色，一种深青带红的颜色。

③ 圆寂：佛教名词，涅槃的异名，意为“圆满寂灭”。是佛教对于僧尼死亡的一种美称。

④ 阇维：梵语，僧亡焚化。

⑤ 三昧：佛教名词。谓心专注一境而不散乱的精神状态，佛教以此作为取得确定之认识、做出确定之判断的心理条件。

第四节　颂岱诗文

泰山各风景名胜点都有歌颂泰山和风景名胜的题刻，以诗为最多，其次是颂文题句。著名的诗刻有唐代大诗人杜甫的《望岳》；北宋文学家苏轼的《黄茅岗》，其弟苏辙的《题灵岩寺》；明代文学家于慎行的《登岱六首》，诗人崔应麒的《题晒经石水帘》；清乾隆帝有多处颂岱诗刻；近现代有任克溥的《岱宗颂》，郭沫若的《登岱六首》。颂文有清乾隆四十五年（1780）泰安知府朱孝纯撰书的《泰山赞碑》，有1930年9月袁家普题《高瞻远瞩》等文。都是名人佳作，与山川竞美争辉。

杜甫《望岳》诗碑，今存岱庙东碑廊内，清乾隆四十九年（1784）泰安知县何人麟草书："岱宗夫如何？齐鲁青未了。造化钟神秀，阴阳割昏晓。荡胸生层云，决眦入归鸟。会当凌绝顶，一览众山小。"这首五言古诗，是《杜甫诗集》中最早的作品，他着意描写泰山的雄伟和灵奇秀美。《望岳》诗，除何人麟如行云流水、潇洒自如的草书外，另在对松山东崖有清嘉庆间前巡抚山东、两江总督铁保真书其诗；万仙楼后道西巨石上，还有清光绪间大臣、金石学家吴大澂篆书其诗；岱顶仙人桥南有1983年李一氓隶书其诗。

苏家兄弟诗碑均在灵岩寺。苏轼诗："醉中走上黄茅冈，满冈乱石如群羊。冈头醉倒石作床，仰看白云天茫茫。歌声落谷秋风长，路人举首东南望，拍手大笑使君狂。"草书如水流瀑泻，豪放潇洒，与其词翰融合，浑然一体，颇富新意，为泰山草书中之神品。今徐州城南二里云龙山上亦有此诗碑。据《天下名山游记》载，都穆游云龙山时："山之阴度黄茅岗，忆苏文忠[①]公诗，乱石如群羊之句。"据此是异地同诗，灵岩者为后人补刻。

苏辙因谏青苗法而出掌齐州书记，于元丰二年（1079）五月游灵岩题诗："青山何重重，行尽土囊底；岩高日气薄，秀色如新洗。入门尘虑息，盥漱得

① 苏文忠：即苏轼。

清泚。高堂见真人，不觉首自稽[①]。祖师古禅伯，荆棘昔亲启。人迹尚萧条，豺狼夜相抵。白鹤导青泉，甘芳胜醇醴。声鸣青龙口，光照白石陛。尚可满畦塍[②]，岂惟濯蔬米。居僧三百人，饮食安四体。一念但清凉，四方尽兄弟。何言庇华屋[③]，食苦当如荠。”从此诗中我们看到当年寺院的鼎盛及作者对释佛的崇仰。其碑真书，不仅字迹端庄而逸宕，而且诗意盎然，把灵岩幽胜之景描绘得淋漓尽致。

于慎行于万历二十年（1592）四月和次年六月两次登岱，留诗六首。两诗碑均在凌汉峰前三阳观旧址，其中《泰山绝顶对酒》构思新颖，楷书规整庄雅：“茫茫今古事，欲问岱君[④]灵。汉柏虚称观，秦松枉勒名。此生游已倦。何地酒能醒。杖底千峰色，依然未了青。”其诗用对比衬托的手法夸颂泰山的无限风光，足使醉生厌世的作者大悟猛醒。

崔应麒于明万历十九年（1591），登泰山游经石峪而题《晒经石水帘诗》：“晒经石上水帘泉，谁挽银河落半天。残月控钩朝挂玉，长风吹浪夜疑烟。梵音溅沫干还湿，曲涧流云断复连。选胜具觞[⑤]恣幽赏，题诗愧乏笔如椽。”这是一首七言律诗，刻在经石峪西侧的巨石上。经石之北，有大石横亘，下有崖隙，旧时溪水自短崖下泻，点缀如珠，故称水帘。其水帘与幽谷名刻相映争辉。题诗草书，潇洒不羁，一气呵成，如行云流水，似龙飞凤舞，为名山增色。

清乾隆帝多次登泰山，共留颂岱诗84题，132首。其中朝阳洞“万丈碑”较为醒目，《对松山诗》是得意之作。万丈碑也叫《清摩崖碑》，在朝阳洞东北高耸的绝壁上，高20米，宽约9米，字大近1米见方。此诗是乾隆十三年（1748）帝登泰山时写的五言古诗《咏朝阳洞》：“回峦抱深凹，曦光每独受。所以朝阳名，名山率常有。是处辟云关，坦区得数亩。结构寄幽偏，潇洒开窗牖。历险欣就夷，稍息复进走。即景悟为学，无穷戒株守。”颂诗一方面写朝阳洞高旷幽静，坦区建屋，是赏景的好地方；但又指出不能转守一地，仍须努力上达，更好的风光还在前头呢！并从不能株守一事，悟出学无止境的道理。《对松山诗》

---

① 首自稽：即稽首。古时一种跪拜礼，叩头到地。是九拜中最恭敬者。

② 畦塍（音成）：菜圃中的土埂。

③ 毕屋：华丽之殿。

④ 岱君：即泰山神。

⑤ 具觞（音商）：觞，古代喝酒用的器具；具觞，准备酒器。

在对松亭对面溪东高崖上，碑刻高约4米，宽约1.5米。诗曰："岱宗穷佳处，对松真绝奇。古心谁得貌，变态不容思。万嶂惟金碧，四时无改枝。依稀佺[①]羡辈，倚树劚[②]灵芝。"诗人用浪漫主义手法，描述对松山的古松，虬枝万千，峰峦叠翠，稷稷清风，四时如春。在这绝奇的地方，依稀看见仙人正采砍那使人长生不老的"灵芝草"。

任克溥的《岱宗颂》，在对松亭南路西石壁上："岩岩气象岱宗开，五岱首推信壮哉。势接沧溟藏雨露，形连霄汉起风雷。千丛脉秀龙鳞树，万丈骨高虎卧台。策杖重游堪纵目，盘桓懒去问蓬莱。"作者被泰山的岩岩气象和对松山的云壑松涛所迷恋，竟连"蓬莱仙岛"也不愿去了。郭沫若于1961年5月登泰山赋诗6首。当他登上极顶时，便感慨地写道："麓下培塿[③]视，登临始觉奇。危岩森壁垒，盘道上天梯。云雾移时合，雷霆指路迷。我来登极顶，果见众山低[④]。"此诗碑嵌于玉皇顶大殿东侧，诗从宏观上概述了泰山的雄伟壮丽。

朱孝纯《泰山赞》之碑今在岱庙。前为序，后为铭，较概括而完整地歌颂了泰山的雄伟壮丽和古老文明。序曰："盖夫泰山者，上应角亢[⑤]之精，下据青兖（青州与兖州）之封；综万物而交代，冠五岳以独宗，繄一元之肇始，兼二气（阴阳）而成终。其体磅礴，其势穹隆；根昆仑以迤北，跨渤海而遂东；象葱茏其在木（五行之一），形夭矫[⑥]以犹龙；乃谓震（八卦之一）男，厥（五爵之一）神青帝，性本乾刚，心则仁粹。辟群萌以必先，含众生之所际；迎日月之鲜华，蕴风雷而蔚萃。晴则广宇，被其光辉；雨则寰区，资其湛濊……"铭曰："于赫东岳，嵚奇岞崿，出震宣扬，先天所作。青帝宅居，表海于东，兴云施雨，其泽鸿濛。自昔天子，或封或祀，玉帛斯陈，降以嘉祉[⑦]。惟我圣朝，河广岳乔，莫不怀柔[⑧]，百神孔昭……"其书体为隶，端雅秀丽，隶中有篆，变化多端，为

① 佺（音全）：即偓（音握）佺，古仙人名。见《史记·司马相如列传》。

② 劚（音嘱）：砍之意。

③ 培塿（音陪楼）：小土丘，亦作"附娄""部娄"。

④ 果见众山低：此句系承袭杜甫《望岳》诗句"一览众山小"而设句。

⑤ 角亢：星宿名，属青龙七宿，角为第一宿，亢为第二宿。

⑥ 夭矫：屈伸貌。

⑦ 嘉祉（音止）：大福。

⑧ 怀柔：《诗·周颂·时迈》："怀柔百神。"《毛传》："怀，来；柔，安。"《礼记·中庸》："柔远人则四方归之，怀诸侯则天下畏之。"后指用政治手段笼络其他的族或国，使之归服。

岱庙碑刻隶书之杰。

袁家普《高瞻远瞩》之文刻在云步桥南路东巨石上，写于1928年“五三”惨案后的第二年。作者以勇登泰山极顶的英雄气概，号召民众雪我国耻，与山同固，奋斗到底：“愿同胞努力前进，上达极峰，独立南天门，高瞻远瞩，捧日擎云。可以张志气，拓胸襟，油然生爱群救世之心。斯山之永固兮国家柱石，曰严曰峻，巍然吾民族之威棱[①]。”

此外，自山麓至岱顶还有众多的颂岱题句。孔子登临处有戴玺于明嘉靖四十四年（1565）行书“登高必自”，语出《礼记·中庸》：“登高必自卑，行远必自迩。”万仙楼之北有济南名士刘廷桂于光绪二十五年（1899）隶书“洞天福地”及正书字谜“虫二”。道家称全国名山胜境，有十大洞天，三十六小洞天，七十二福地。为神仙及有道之士栖居之地，合称“洞天福地”。这里借指泰山高峻深邃，风光秀丽，犹如神仙所住的洞天福地。“虫二”是拆字游戏，古时多以此推算吉凶。即“风[②]月”两字拆去边框，喻风月无边。言泰山景色秀美，广阔无边。此处，还有杨逢霖于光绪七年（1881）行书“步玉清”。玉清是道家所称的三清之一，“三清”即天帝所居的玉清、上清、太清三境。“玉清”居元始天尊，是天帝所居的最高仙境；“上清”居灵宝道君；“太清”居太上老君。经石峪有陈纪勋于清咸丰七年（1857）正书“梵呗清音”。“梵”，婆罗门教，印度教名词，意为清静、寂静、离欲等，是修行解脱的最后境界，也是宇宙的最高主宰；“呗”，止断止息或赞叹之意。梵呗，佛教名词，指佛教徒以短偈的形式赞唱佛、菩萨之颂歌，亦可有乐器伴奏。《高僧传》卷十三：“天竺方俗，凡是歌咏法言，皆称为呗。至于此土，咏经则称为转读，歌赞则号为梵呗。昔诸天赞呗，皆以韵入管弦。”在中国，三国时已有梵呗流传。这里面对《金刚经》大字，北有水帘泉，溪流潺潺，泉瀑叮咚，声音如梵呗清音。

中天门有金石学家吴大澂于清光绪间书大篆巨“虎”。因中天门旧有二虎庙，内祀黑虎神，附近并有状如卧虎的埠虎石，故题。古传泰山由于神灵呵护，凡一切伤人猛兽向未有闻，特山中往来日不乏人。但由于崇岩深壑，香客游人多畏惧，便建庙供神以压之。字属象形大篆，似猛虎蹲立，凝视警觉，俨然镇

① 威棱：威势。

② 风：繁写体为“風”。

山之王。张爱萍又于1983年于此大书唐代诗人王维《送别》诗句“但去莫复问，白云无尽时”。言泰山之云无穷无尽，登泰山不须询问有无云雨，泰山之云什么时候也能看到它。快活三里之北，月牙亭故址周围有“既雨晴亦佳”“云路先声”“从善如登”“郁确其高”“若登天然”等石刻。

“既雨晴亦佳”是清人宁世元题，语出杜甫《喜晴》诗句：“皇天久不雨，既雨晴亦佳。”系雨中登岱后晴霁纪实之言，字为行书，舒畅流丽。“云路先声”是王寀基于清宣统二年（1910）题书。此刻为一语双关。每盛夏来临，北有红桥飞瀑，长谷松涛云深，当大雨即降时，先听到黑云隆隆之声，随之松涛呼啸，雨云滚滚而来，故题；同时又含青云路之意，言古人在腾达前必先有声威，而后官运亨通。大字深刻，魏体，隶意尚浓。“从善如登”是孙符乾于清光绪九年（1883）题。语出《国语》：“从善如登，从恶如崩。”如登喻其艰，如崩喻其易。古传泰山碧霞元君，灵应昭显：善者朝拜有求必应，恶者登临让其粉身碎骨。月牙亭原是中途少憩之处，故题此言勉励善男信女，行善积德犹如登泰山，下定最大的决心，经过长久的艰苦努力，才能达到目的。字隶书，仿经石峪大字，古拙典雅，舒展开放，循古而创新意。“郁确其高”是王启恩于光绪十三年（1887）题。语出孔子《邱陵歌》：“郁确其高，梁父回连。”言松柏茂密的泰山，山石盘环高峻。“若登天然”是史学迁于明万历三十七年（1609）大书。言泰山既高又险，攀跻而上，如同登天；又寓意泰山是天赋的自然景观，登而观览，可领略大好山河的自然风貌。

云步桥及百丈崖周围有50多处石刻。酌泉亭内有段友兰于清光绪三十年（1904）真书：“断崖瀑落晴天雨，一线路入青冥端。”首句写瀑布自百丈崖骤然而下，如飞珠落雨，故有“天晴六月常飞雨”之意；青冥，青色的天空。泰山高耸峻极，登岱顶如入天际。亭之东有“飞泉”与“涤虑”之刻。“飞泉”是崔钟善于光绪二十三年（1897）题书。百丈崖又名“飞瀑岩”，也叫“银河”，溪泉自百丈崖巅飞流直下，如银河落九天。字为小篆，圆润俏丽，似行云流水。“涤虑”是周庆熊于光绪二十二年（1896）题。言至此见云桥飞瀑，听溪泉松涛，如入仙境画中，心旷神驰，一切忧虑烦恼顿时涤荡一空。字正楷，颜体，端庄雄伟，气势开张。百丈崖上有方攸绩于明万历五年（1577）真书“月色泉声”、文煜于清咸丰十年（1860）楷书“河山元脉”、13岁的杨道专于1928年隶书“云桥飞瀑”等。云步桥南谷西崖有增瑞于光绪四年（1878）行书“水流云在”、袁克文及丁其璋于1914年分别隶书“寒云”“气象岩岩”等。

五松亭及朝阳洞一带，有陈显彝于清道光二十年（1840）正书“排闼送青”。语出王安石《茅檐》：“一水护田将绿绕，两山排闼送青来。”登岱至此，豁然开朗：对松山东西对峙，似门户洞开，把蓊郁青松全都展现在人们的面前。还有山东按察使吴丈华于明隆庆五年（1571）大书“发育万物，峻极于天”、山东巡抚法敏于乾隆四年（1739）楷书“维天东柱”、泰安郡守宋思仁于乾隆五十三年（1788）行书“空翠凝云”、衍圣公孔庆镕于嘉庆十九年（1814）正书“群峰拱岱”、升福于咸丰六年（1856）行书“栏环翠秀”、裕德于光绪十五年（1889）正书“抚松盘桓”。

对松山一带有伊介夫于明嘉靖四十二年（1563）楷书大字“至此又奇，风涛云壑”；陈昌言于明崇祯十五年（1642）真书“松风泉韵”；刘苦誉于清顺治十一年（1654）真书“石面迸出水，树头穿破云”；冯联科于清嘉庆十三年（1808）真书“云壑松涛”；增瑞于光绪四年（1878）真书“涛声云影”；裕德于光绪十五年（1889）真书“依石听涛”；熊克武于1932年真书“能成其大”；楚图南于1984年隶书“千山闻鸟语，万壑走松风”；萧华行书“雄山胜景”；何海霞行书“岱岳雄姿”等。

升仙坊下东崖，有姜学海、张之庆于明代题书“仰不愧于天，俯不怍于人”。语出《孟子》：“君子有三乐，而王天下不与存焉。父母俱存，兄弟无故，一乐也；仰不愧于天，俯不怍于人，二乐也；得天下英才而教育之，三乐也。”此刻言人的一生要光明正大，为国为民鞠躬尽瘁，才能无愧于天、无愧于人。升仙坊上西崖，有柳堂于光绪三十二年（1906）真书“开詄荡，何险危。仰不愧，履不夷”。此句模拟元代杜仁杰所撰《天门铭》体裁而写，为三字句。“开詄荡”语出《汉书·永乐志》：“天门开，詄荡荡。”詄荡，开阔清朗。言南天门开阔豁朗，盘路险危，但仰不愧天，心怀坦荡，攀登上来，如履平地。此外，十八盘两侧还有“天门长啸”“天门云梯”“天地交泰”“共登青云梯”“天门石辟”“云路千盘”等石刻。

岱顶大观峰西侧，有泰安府事萨搓于清乾隆十三年（1748）题书“与国咸宁，体乾润物”。言泰山安则国家安，泰山既与国家同安宁，又能体察天道，兴云致雨，滋润万物。字楷书，规整端庄，稳健丰润。又有翰林侍讲韩世能于明万历十年（1582）楷书“天地同攸”。言泰山是天地相交之处，登泰山如登天。还有赵纶于清康熙六十一年（1722）书“至哉坤元”。语出《易·坤象》：“至哉坤元，万物资生，乃顺承天。”乾为天，坤为地，元是坤道之首，至是至极之意。言地能生养至极，与天相同。这里借喻为峻极于天的泰山，也是坤元造化所形成的。字行书，圆滑自如，顺其自然。这里还有巡抚都察院李树德于康熙五十六年（1717）楷书“置身霄汉”；徐世光于光绪三十二年（1906）行书“岩岩”等。

岱顶著名石刻还有山东巡抚王国昌于康熙三十八年（1699）正书“雄峙天东”；泰安知府金棨于清嘉庆初正书“气通帝座”；泰安知县舒辂于嘉庆八年（1803）正书“只有天在上，更无山与齐”；宝清于清道光二十一年（1841）隶书“拔地通天”；泰安知府宗室[①]玉构于光绪三十三年（1907）正书“五岳独尊”；辛耀文于光绪三十四年（1908）正书“昂头天外”；北洋军阀国民党官僚马福祥于1930年正书“仰观俯察”等。另外，近几年在岱顶还增添了当代名人的新刻：陈毅行书“泰岳高耸万山从”；徐向前正书“登高壮观天地间”；邓颖超行书“登泰山看祖国山河之壮丽”；彭真行书“山高望远”；方毅行书“雄峙东海”；臧克家行书“与天地永大”；刘海粟草书“云海”等。

第五节　题景及楹联

题景石刻自山麓至岱顶，自岱阳至岱阴，道旁崖壁，谷壑峰峦，比比皆是；其楹联石刻散见于坊、亭、庙、殿及门洞等。题景石刻中，山麓王母池有传为西王母之醴泉“王母泉”，有小虬被吕祖点化成龙后的龙窝“虬仙洞”，有冯玉祥所开凿的“朝阳泉”；五贤祠有巨石如卧象的“卧象石”，有北宋名儒孙明复建泰山书院传授儒家经典的“讲经台”“授书台”，有象征孙先生如磐石不曲的“景贤石”，有象征宋初学者石介师事于孙先生后，而常恭伺侍立于左右的“侍立石”；普照寺周围有“云门”“一品大夫”“大众泉”“石堂”等。

① 宗室：帝王的宗族。

登山东路自下而上，红门北有形似泰山主峰的巨石“小泰山”，有暗流叮咚的“听泉”，有巨石似罗汉的“罗汉崖”，有三柏并立似桃园三结义的“三义柏”；斗母宫以北有导引游人观赏经石峪大字的“经峪”，有传为唐僧晒经的“曝经石”，有短崖横瀑的“水帘”；东西桥子前后有怪石突兀刺空的“万笏朝天”；云步桥之上有秦始皇所封“秦松”，有古洞向阳的“朝阳洞”，有傲然挺拔不慕爵位的“处士松”；对松山一带，有引进赏万松的“松门”，有峰峦似莲的“千叶石莲”，有窝云藏龙的“龙门”“龙洞”；紧十八盘东有“飞龙岩”，西有“翔凤岭”等。

岱顶有“西阙”“凤凰山”“象鼻峰”“白云洞”“斯碑崖”“振衣岗”“鲁班洞”“仙人桥”“瞻鲁台”“拱北石”“丈人峰”等。

岱阴后石坞有“玉女修真处”“后石坞”“黄花栈”“黄花洞”“双凤岭”等。岱西有“黑龙潭”“白龙池”“东西科学山”“仙人掌”等。

泰山楹联主要分布在主景区内的石坊、石亭上。保留至今的石坊、石亭有十几处，但存有楹联的仅有四五处。这些楹联主要揭示景点的特点。坊联有岱庙坊、玉皇阁坊，天阶坊、红门宫坊等。亭联有普照寺筛月亭、五贤祠洗心亭、黑龙潭西溪石亭、经石峪高山流水之亭、云步桥酌泉亭等。

岱庙坊正面有清康熙间山东布政使施天裔书联：“峻极于天，赞化体元生万物；帝出乎震，赫声濯灵镇东方。”背面有山东巡抚赵祥星题书：“为众岳之统宗，万国具瞻巍巍乎，德何可尚；掺[①]群灵之总摄，九州待命荡荡[②]乎，功孰与京[③]。”前联语表述：高峻的泰山与天齐，它辅佐天地化生万物；主宰宇宙的泰山之神，显赫之威灵镇慑东方。后联语之意：泰山为五岳之宗，全国各地的人都来瞻仰它的雄姿，它化育万物的德泽恩惠谁能超过呢？泰山之神把持操纵着群神仙灵，天下都听从其命，保佑群生之功劳广大远博，谁能与之相比？

玉皇阁坊联为清乾隆间泰安知县冯光宿书：“庙貌巍峨威镇千山灵佑，神光普遍恩敷万国咸宁。”天阶坊联为明嘉靖间巡抚、山东监察御史高应芳题书：“人间灵应无双境，天下巍岩第一山。”红门宫坊联是清康熙间题：“万壑泉声沉

① 掺：持；握。

② 荡荡：广大远博。

③ 京：大。

宝磬，千峰云影护禅关。”此地东临中溪清泉，西依丹壁悬崖，处在千峰云影之中，泉声与宝磬声断续悠扬，回荡于山谷中。

普照寺筛月亭在寺院之内，因院内有六朝古松如“长松筛月”而名。亭四面皆有联：亭南侧有清道光间泰安知县徐宗干题“引泉种竹开三径①，援释归儒近五贤②”；北侧有沈玉寅题“收拾岚光归四照，招邀明月得三分”；东侧有王青黎题“高筑两椽③先得月，不安四壁怕遮山”；西侧有东野崇阶题“曲径云深宜种竹，空亭月朗正当楼”。

五贤祠洗心亭南侧有清嘉庆间赵起鲁题“碧涧潺湲溯游道脉，苍岩巀嶭④卓立儒修”；北侧有蒋大庆题“艮止坎流⑤会心不远，言坊行表即目可寻”；东为周桐题“秋月清光凝碧涧，春风余韵满烟萝”；西为贾培荣题“真山水不须图画，大圣贤皆自奋兴”；亭内为金棨题“云过峰头流墨气，水来祠畔度书声”。黑龙潭西溪石亭北侧有清光绪年间玉构题联“龙跃九霄云腾致雨，潭深千尺水不扬波”。

经石峪高山流水之亭北侧有明万历间山东巡抚钱岱题联“天门倒泻一帘雨，梵石灵呵千载文”。云步桥酌泉亭西侧有双联，外联为清宣统年间刘振声题“风尘奔走，历尽艰辛思跪乳；因果研究，积成功德敢朝山”；内联为刘光照题“跋险惊心到此浮云成梦幻，登高极目从兹俗虑自销沉”。此双联表现宿命消极观念，是清末社会动乱的反应。亭内三面亦有联，东为刘光启题“曲径通幽处，连山到海隅”；西为段友兰书“断崖瀑落晴天雨，一线路入青冥端”；北为自称种庶老圃题“且依石栏观飞瀑，再渡云桥访爵松”。

泰山题景词句及各种楹联，像一位稳重典雅、知识渊博的导游员，引导着游人渐入佳境，使人仰观俯察，认识泰山真面目。

---

① 三径：汉代杜陵人蒋翊，在房前种竹，并在竹下开三条小径，唯独与故友求仲、羊仲偕游。普照寺康熙间有诗僧元玉住持，引泉种竹，师徒三人啸咏其间。此刻亦借蒋翊故事。

② 五贤：普照寺西北有五贤祠，原祀五位大儒，即宋代的孙明复、石介、胡安定，明代的宋焘，清代的赵国麟。普照寺住持僧元玉出身于儒，故有此句。

③ 两椽：亭后有两层楼，叫摩松楼。

④ 巀嶭：高峻貌。

⑤ 艮止坎流：艮在八卦中象征山，坎象征水，即山水之意。

泰山游览指南

李继生　编著

第一章
概　述

泰山地处华北大平原的东侧，盘亘于山东省中部，总面积426平方公里，主峰在泰安市城区北部，海拔1545米。它东濒黄海，西襟黄河，背依济南，前瞰曲阜，以拔地通天之势雄峙于祖国东方，以“五岳独宗”的盛名称誉于古今。它雄伟壮丽，风光秀美，历史悠久，文物古迹遍布。泰山是中华民族的象征，是中国历史文化的缩影，是以游览、审美、科研科普、精神文化交流及爱国主义教育为中心的国家重点风景名胜区，是世界人民的珍贵遗产。

第一节　泰山的形成与地层

泰山约形成于三千万年前，但泰山杂岩却是世界最古老的岩石之一。根据现代同位素地质年代测定，泰山杂岩的年龄约二十五亿年至三十五亿年，属于地壳发展史上的太古代。那时华北地区是一片汪洋大海，泰山仅是海槽的一部分。后来，由于造山运动，古泰山升出海面；同时在泰山南缘出现了一个大致呈东西走向的弧形深断裂，成为泰山发展变化的肇始。到距今六亿年前左右的早古生代，华北广大地区又平稳下沉，古泰山又沉沦于大海中。大约经历了一亿年，在海底逐渐沉积起两千多米厚的沉积岩地层。至早古生代末期，整个华北地区上升为广阔无垠的陆地，古泰山隆起为一个荒丘。到距今二三亿年的晚古生代，华北地台重又下沉，古泰山成了大海中的孤岛。至一亿四千万年前的中生代中晚期，由于太平洋板块向亚欧大陆板块挤压和俯冲，泰山便在燕山运动的影响下，地层发生了广泛的褶皱和断裂，形成了泰山穹窿（岩层隆起为近似浑圆形的山体）。在频繁而激烈的地壳运动中，泰山山体沿着东自淄博市南部、西至平阴县约150公里的岱前大断裂快速抬升，在山体高处，原来覆盖着的两千多米的沉积岩逐渐剥蚀，古老的泰山杂岩重见天日，受变质影响的花岗岩，因抗蚀性强而构成嵯峨峻拔的峰峦或岭脊。到六七千万年前的新生代初，在喜马拉雅山运动的影响下，泰山沿岱前断裂继续大幅度抬升，约三千万年前的新生代中期，泰山的轮廓基本形成。大自然的鬼斧神工，使泰山巉岩峥嵘，谷幽壑深，壁立千仞，擎天捧日。

泰山地层是我国东部古老变质岩系和古生代寒武纪地层最早研究的地区。早在1907年美国地质学家维理士和白维得发表了命名为“泰山杂岩”的研究报告。1923年北京大学地质系孙云铸教授又开始研究，继而有许多国内外著名地质学家陆续研究了几十年。经研究表明：泰山地层具有重要的科学研究价值和保护价值。首次在泰山南麓蒿里山所发现的蒿里山虫，是古无脊椎动物化石，是东亚晚寒武纪的标准化石之一。泰山西北麓张夏镇附近至长清区一带的寒武纪地层，已被我国确定为寒武系中、上统的标准剖面，并以该地地名命名为地层单位。这里的馒头山和崮山唐王寨寒武纪标准剖面地层出露齐全，化石丰富，是我国区域地层对比和国际寒武纪地层对比的重要依据。

第二节　泰山的气候

泰山属于暖温带季风性气候，四季分明，雨量集中。岱顶年平均气温为5.3℃，比山麓的泰安市低7.5℃；年平均降雨量为1132毫米，相当于泰安市年降雨量的1.5倍。优越的气候条件，使泰山林木蓊郁，花草茂密，泉溪争鸣，气象万千。泰山相对高差大，具有山上、山下气候迥然不同的山地气候特点：山下相当于暖温带，山顶则属于寒温带气候。

泰山冬季较长，结冰期长达150余天，极顶最低气温为-27.5℃。夏季多雾多雨，潮湿凉爽，最高气温为28.6℃，季平均气温为21℃。又因一年一度的东南季风，把大量暖湿空气吹送到华北地区，遇泰山阻截后沿坡爬升，再遇冷便凝结降雨，形成泰山盛夏初秋云雨变幻莫测的特点。正如《春秋公羊传》所言："触石而出，肤寸而合，不崇朝而遍雨乎天下者唯泰山尔。"

第三节　泰山的自然资源

泰山的自然资源极其丰富。植物有133科，550属，1136种。主要动物有200余种，其中鸟类就有百余种。矿藏20余种。此外还有螭鳞鱼、鹿角菜、白梨等特产。

由于气候的差异，泰山山区生长着我国南北方广大地区常见的各种林木，形成垂直分布：从岱宗坊拾级而上，可依次见到落叶阔叶林、阔叶针叶混交林、针叶林和高山灌木草丛，林带界限分明，植物景观各异。阔叶树种主要有麻栎和栓皮栎，其他还有引种刺槐、毛白杨等。针叶树种在结晶岩风化的母质上多为油松，在碳酸盐母质上常见侧柏。栽培果树有枣、柿、板栗、核桃、山楂、梨、苹果等。树木采伐后，山坡上往往生长酸枣、胡枝子和荆条等有刺灌木。

泰山特有及稀有植物种有泰山花楸、山东山楂、泰山柳、响毛杨、泰山母草、矮齿韭等。以泰山命名的木本植物有泰山楸、泰山椴、泰山柳、泰山盐肤木等；草本植物有泰山岩蕨、泰山鳞毛蕨、泰山苋、泰山韭、泰山母草等。

泰山的常见动物有几百种，仅鸟类就有140多种和亚种。因山区原始森林已荡然无存，加之悠久的农业活动，故哺乳动物中属于森林栖息的种类相当贫乏，大型的食肉类和食草类均很少发现，但适应于田野生活的啮齿动物却相当兴旺。食肉类和食草类动物多栖息于人烟稀少的深山岩洞及山区树林、草丛和农田中，常见的有狼、狗獾、狐、黄鼬、草兔。啮齿类是这里常见的野生哺乳动物，数量多，分布广，以黑线姬鼠和褐家鼠最为常见；大菊头蝠、伏翼多居于岩洞中。鸟类以池鹭、鸳鸯、鸶、红隼、红脚隼、石鸡、四声杜鹃、鸺鹠、红尾伯劳、灰喜鹊、寿带鸟较常见。爬行动物以蛇类及雨纹麻蜥较常见。

矿藏有煤、金、铁、铅、石墨、石英、磁石、云母石、水晶、硼砂、花岗石、片麻岩等。

第四节　泰山的美学特点

东岳泰山历经几千年的开发建设，形成了中国山岳风景的典型代表：即以富有美感的典型自然景观为基础，渗透着区域综合性的人文景观。根据中国传统的山水观，把富有美学价值和科学价值的自然景观同悠久的历史文化有机地结合起来，从而形成了内容丰富的自然与人文浑然一体的泰山风景美的特点。

联合国教科文组织国家公园和保护区委员会副主席卢卡斯先生于1987年5月来泰山考察后给予极高的评价，他说："泰山把自然与文化独特地结合在一起了，并在人与自然的概念上开阔了眼界，这是中国对世界人民的巨大贡献。""世界遗产具有不同的特色，要么就是自然的，要么就是文化的，很少有双重价值的遗产在同一个保护区内，而泰山便是具有双重价值的遗产。这意味着中国贡献了一种独一无二的特殊遗产，它将使国际自然保护协会的委员们大开眼界，要重新评价自然与文化的关系，从而开拓了一个过去从未做过，也从未想过的新领域。"他对泰山自然景观和人文景观有机地结合倍加赞赏。

泰山的自然景观美主要表现于山体高大及形象的雄伟。其自然因素首先是主峰崛起于华北大平原东侧，凌驾于齐鲁丘陵之上，与平原、丘陵产生了强烈的对比，具有通天拔地之势。尤其是南坡，景观更为雄壮：山势陡峻，主峰突兀，山峦层层叠起，群峰拱岱，形成"一览众山小"的高旷气势。其次，泰山山脉绵亘200余公里，基础宽大，形体集中，使人产生安稳感、厚重感，所谓"稳如泰山""重如泰山"就是上述自然特征在人们心理上的反应。

泰山除了从总体上和宏观上具有雄伟壮丽的特征外，还蕴藏着奇、险、秀、幽、奥、旷等特点。斗母宫东溪内的三潭叠瀑和西溪长寿桥下的龙潭瀑布可谓"雄中藏秀"，岱顶舍身崖和岱西龙角山可谓"寓险于雄"，仙人桥、扇子崖、娄敬洞山是"险中有奇"，而岱阴后石坞、佛爷寺、灵岩寺、桃花峪则是旷达幽绝、深奥无穷的“天仙洞府”。

泰山多松柏，增加了泰山的庄严感；多云雾，增加了泰山的神秘感。对松山的古松，挺立于悬崖绝岩之上，万杆擎云，层层叠叠，大有“壮士披甲”和“万众夹道迎客”的气势；后石坞的怪松，毗连似海，松涛大作，化雾生风，惊险幽绝；中溪盘道两侧，古柏参天，蔽荫似洞，使长谷蔚然深秀。泰山云雾更是呼风唤雨，变幻莫测，使峰峦静中有动，时隐时现，神秘无穷。

泰山的人文景观美是指一切与自然景观相协调、相融合的人为因素。人文景观主要包括建筑物、构筑物、石刻及道路等，其创作是根据自然景观，尤其是根据地形特点和封禅、游览、观赏、宗教等活动的需要而设计的；其布局重点是从祭地的社首山（在泰安火车站东南侧，中华人民共和国成立后因凿石而毁）至告天的玉皇顶，在约10公里的登山盘道两侧，把整个泰山作为完整的自然空间，进行了整体构思。在这条景观带上大体分为三重空间：一是以泰安城为中心的人间闹市；二是以城西南过溹河桥至蒿里山为“阴曹地府”；三是以城北岱宗坊为起点，沿长达5800余级的“天梯”盘道直至岱顶“天庭仙界”。

泰安城是因古帝王封禅告祭和黎民百姓朝山进香及游览观光活动发展而成的。岱庙是泰安城中轴线上的主体建筑，轴线从城区南门开始，经通天街延伸到岱宗坊，然后与登山盘道相接而通往岱顶“天庭”，使山与城不仅在功能上，而且在建筑空间的序列上形成一体。其空间序列是按登封活动的程序次第展开，贯穿着一种由人境到仙境的过渡阶段。从地形上看，是由缓坡、斜坡直至陡坡，人们由低到高，步步登上天府；从建筑规模上看，是由严整到自由，因自然环境的不同而异；从意境上看，是由人间帝王宫殿上达苍穹，渐入佳境；再通过三里一旗杆、五里一牌坊的漫长的盘道为连接，形成了一条极为壮观的封禅祭祀序列景观。

泰山古建筑最突出的特点是充分利用地理环境，巧妙地借用自然地势，以人工之力加强和美化自然环境。其一，在位置的选择上，充分利用泰山南坡断层陡峭之势，造成登天梯的意境。游人沿中溪而上，人在谷中行，属“封闭型”自然景观，渐至岱顶才豁然开朗。对祭天活动来说，前奏长，对比强烈，造成步步登高、引人入胜和扣人心弦的心理状态。其二，在建筑单体或群体位置的选择与建筑结构的设计上，既有跨道而建的门户建筑，又有登山转折处的导向性建筑；既有临溪而建的赏景建筑，也有半山悬挂的宗教建筑；同时还有耸立于岱麓和岱顶的金碧辉煌的祭祀建筑群。另外，有一些寺庙和书院，建于深山密林之中或青峦秀水之间。这些建筑因功能不同，对环境的选择也不同，不同的环境对建筑造型的要求也不一样，这就需要在二者之间以求默契。如在岱顶南天门的位置选择和建筑形象的创作上，则是人工借自然之势，自然又凭人工之力。泰山西北麓的娄敬洞山，是人工借助岩洞洞口的险要之势，筑室为老君堂、三清殿、仙姑庙等，使寺庙悬挂于半山云雾之中，让自然岩洞有了生机。其三，从建筑结构、材料、装饰及以庭院为单元的群体组合上，都能适应地形环境多变的要求，充分体现因景而设、因境而建的特点。

泰山古建筑的造型艺术，不仅在于建筑与绘画、雕刻、山石、林木浑然一体，而且还为我们留下了顺应大自然的建筑典范，以其特有的艺术形象去协调和加强自然美，去表现和深化自然环境。它的存在，才使泰山自然景观与人文景观相映生辉，使峻极于天的泰山闻名中外、成为世界遗产的一部分。

第五节　泰山的历史与文化

泰山，又名岱山、岱宗、岱岳、东岳、泰岳、泰岱等。远古时称“大山”“太山”，按古文字的传统读法，“大”有“大”“太”“代”三音，春秋战国时由于同音字的引申和同义字的演变，“太”与“泰”、“代”与“岱”、“岱”与“岳”就互相变通了。泰，意为极大、通畅、安宁，后来又引申为“大而稳，稳而安”，随即出现了“稳如泰山”“国泰民安”“泰山压卵”“泰山鸿毛”之说。孔子将死时曾作歌，把自己的死比作泰山崩塌。春秋末期产生了“五行”之说，战国时期极为盛行，出现了以邹衍、邹奭为代表的阴阳学家。到西汉武帝时正式创立了五岳制度，汉宣帝确定泰山为东岳、华山为西岳、霍山为南岳、恒山为北岳、嵩山为中岳。后来又改湖南省境内的衡山为南岳，遂成定制。

泰山的实际高度在五岳中次于恒山、华山，居第三位，但却被古人推崇为“五岳之首”，主要是因为原始宗教的影响。泰山地处祖国东方，东方是太阳出升的地方，按五行属木，四时属春，五常为仁，八卦属震，在二十八星宿中属苍龙星座。所以泰山被古人视为紫气之源、吉祥之地、神灵之宅、万物发育之所。东汉学者应劭撰《风俗通义》："泰山……尊曰岱宗。岱者，长也，万物之始，阴阳交代……故为五岳之长。"西晋张华撰《博物志》："泰山一曰天孙，言为天帝孙也。主召人魂魄，东方万物始成，知人生命之长短。"

由于泰山处于得天独厚的地理位置，其周围就成了古人类繁衍生息的中心之一。早在旧石器时代，这里就有人类活动的踪迹。1965年在泰山东部的沂源奥陶纪石灰岩中，发现了洞穴遗址，采集到刮削器、石核等旧石器时期的遗物及哺乳动物化石。1966年又在泰山东南部的新泰市乌珠台，发现了一枚旧石器晚期的少女左下臼齿，其特征较北京猿人进步，故称"智人牙齿"。1959年在泰山前大汶河两岸，发掘出新石器时期墓葬133座，多数为单人葬，其次是同性合葬或集体合葬；同时出土了大量石器、陶器、玉器、骨器，确认为公元前4000年至公元前2000年的文化遗存。后来又在山东境内和江苏、安徽北部相继发现了100多处大汶口类型的遗址。为区别于其他原始文化，便把以大汶口遗址为代表的一类文化遗存命名为"大汶口文化"。1928年春，考古学家吴金鼎在泰山山脉北坡的龙山镇城子崖，发现了一种以黑亮薄胎的蛋壳陶为主要特征的文化遗存。它是在大汶口文化发展的基础上形成的，属于新石器晚期遗物，但又不同于以红陶、彩陶为特征的仰韶文化，因而被命名为"龙山文化"。"大汶口文化"及"龙山文化"为研究母系氏族社会向父系氏族社会过渡、阶级的产生、文字的起源和原始社会的瓦解提供了翔实的资料。

古人认为"天以高为尊，地以厚为德""天高不可及于泰山""天地交泰"，于是凡所谓"受命于天"的帝王，为答谢天帝"授命"之恩，便到接近天神的泰山之巅，积土筑坛，增泰山之高以祭天，表示功归于天；而后再到泰山前，近地祇的梁父、社首、云云等小丘设坛祭地，表示厚上加厚，福广恩厚以报地，这就是历代帝王狂热追求的泰山封禅大典。一代帝王如能登封泰山，即被视为国家鼎盛、天下太平的标志，皇帝本人也俨然成了"奉天承运"的"真龙天子"了。司马迁在《史记·封禅书》中引《管子·封禅篇》："古者封泰山禅梁父者七十二家。"东汉王充在《论衡·书虚篇》中记述："百王太平，升封泰山。泰山之上，封可见者七十有二；纷纶湮灭者，不可胜数。"继而秦始皇、秦二世、汉武帝、汉光武帝、汉章帝、汉安帝、隋文帝、唐高宗、唐玄宗、宋真宗、清康熙、清乾隆等古帝王接踵登封告祭，刻石纪功。其中汉武帝七次东巡登封，清乾隆皇帝十一次朝拜泰山，六次登岱顶。历代帝王借助泰山的神威巩固其统治，而泰山又因封禅告祭被抬到与天相齐的神圣高度。所以郭沫若在《读随园诗话札记》中说："所谓东方主生，帝出乎震，于是泰山便威灵赫赫了。自秦汉以来，历代帝王封禅，也就是向泰山朝拜。比帝王还要高一等，因而谁也不敢藐视泰山了。"因唐代封禅大典时，曾有日本使节陪祭，不久泰山神便传入日本（平安时代）。日本人认为泰山神就是太阳的化身。

帝王东巡及封禅大典的兴起，促使泰山宗教相继发祥。道家僧侣在泰山或穴居岩洞，或创寺建庙，藏修憩迹，传经布道，遂使泰山古刹掩映、宫观林立。

泰山道教历史久远，一直处于主导地位。早在战国时，就有方士黄伯阳隐居岱阴鹿町山。西汉时有泰山老父告以武帝不老之术，有稷邱君、娄敬栖岩穴传播黄老道。东汉张道陵创建"五斗米道"后，其弟子崔文子在泰山尝做黄散赤丸，卖药都市，救活瘟疫者数以万计。东晋张忠及其弟子窟居泰山，前秦皇帝苻坚赐号"安道先生"。唐代女道张炼师住持碧霞元君祠，周朴在岱阳建栖真观。唐高宗、睿宗、武后、玄宗、德宗、代宗等"六帝一后"，先后在岱岳观建醮造像20次，宋代张景岩结茅于岱阴明月嶂，炼师庞归蒙修于王母池，帝赐紫服。宋真宗封泰山时，召泰山道士进京传道。宋金时，王重阳创全真道，其大弟子丘处机布道泰山，赐号"无为演道大宗师"，别号"长春真人"，成吉思汗书敕牒文。其女弟子訾守慎在泰城西北隅住持长春观，赐号"妙真"。元代著名道士、诗人张志纯住持岱庙，赐号"崇真保德大师"，别号"天倪子"；女冠孙清静修道于岱顶鹰愁涧北侧石屋。元代之后有张三丰、德藩、柴慧庵、王三阳、孙真人、尚士廉等名道先后住持泰山道教。

佛教于西汉末年传入中国，东晋时传入泰山。前秦皇始初年，竺僧朗公在岱阴东北麓昆瑞山创建神通寺，在西北麓方山建灵岩寺。北魏高僧意师在岱阴建谷山寺（今佛爷寺）。北齐人在泰山经石峪刻《金刚经》大字，在徂徕山刻《大般若经》及《般若波罗蜜经》。隋唐时泰山佛教进入鼎盛时期，相继创建藏峰寺、竹林寺、普照寺。隋文帝朝拜泰山时曾招访泰山名僧法瓒，敕命住京师胜光寺。唐代大臣、史学家李吉甫将灵岩寺誉为"域中四绝"之一。隋唐时曾在岱阴大举摩崖造像。后来，行全、德友、高丽和尚满空、元玉等名僧先后重整寺院，使泰山梵香四起，伽蓝毗邻。

泰山不仅为历代帝王及僧道所崇拜，也为历代儒家学者、文人名士所仰止。他们纷至沓来朝山览胜，赋诗撰文。孔子赋《邱陵歌》，管子有《封禅篇》，司马迁撰《封禅书》，张衡有寄希冀于泰山的《四愁诗》，诸葛亮好为《梁父吟》，曹植作《飞龙篇》，李白有《登岱六首》，杜甫有《望岳》，刘禹锡有《送东岳张炼师》。此外，北宋苏轼、苏辙、欧阳修、范仲淹，金元时党怀英、王恽、郝经、徐世隆，明清时李东阳、李攀龙、王守仁、王世贞、王锡爵、于慎行、钟惺、施闰章、袁枚、沈德潜、姚鼐等，留下浩如烟海的颂岱诗文。同时还有大量泰山典籍：汉代有《泰山记》《泰山郡记》，明代有《岱史》《泰山纪事》《泰山搜玉集》《泰山小史》，清代有《泰山辑瑞集》《泰山图志》《泰山图说》《泰山述记》《泰山纪胜》《泰山道里记》《泰山志》《岱览》《灵岩志》，民国年间有《泰山药物志》《泰山指南》《泰山游览志》《泰山丛书》《泰山灾石记》等。

第六节　泰山的管理沿革

泰山自古既是帝王封禅告祭的神山，也是兵家争战的要塞。庄子云："天子之剑以……齐岱为锷。"《读史方舆纪要》（清顾祖禹编著）："山东形胜莫若泰山，泰山之形胜萃于泰安，由此纵横四出，扫定三齐，岂非建瓴之势哉！"所以历代王朝均在泰山或置郡县，或设州府，并委任重臣要员镇此，即郡县官员及岳令双重管理体制。

春秋战国时有"四岳"之称，四岳即四方大山，由诸侯掌管。《尚书》载："四岳即羲和（传太阳之母）之四子，分掌四岳之诸侯。"其四子居治四方，主于外事及管理境内大山，这样"四岳"就成了四方诸侯及四方岳官的统一体了。后来管理泰山的岳权就成了专门主祀泰山的专职官员了。《史记》载，周公封伯禽于鲁，使主泰山之祀，盖齐四岳之裔。秦时泰山属济北郡、齐郡，汉代设泰山郡。《史记》载，秦有祠官，常奉名山祠：一曰泰山。汉武帝时济北王献泰山及其旁邑，其王就成了天子祭泰山的祠官了。《汉书》："改元为神爵。制诏太常（掌礼乐郊庙社稷之官）……五岳四渎皆有常礼，东岳泰山于博；皆使者持节侍祠，唯泰山与河岁五祠。”汉以来，泰山郡守的职权是管理泰山与政务，政教、礼仪、兵刑合一。汉代泰山郡守及都尉，多为名流学者、功臣大将。如汉宣帝时经学家严望，哀帝时经学家龚舍、龚胜（史称“楚两龚”），光武帝时大将军陈俊，桓帝时大军事家皇甫规、孔子十九世孙孔宙（孔融之父），献帝时学者应劭、治国良将周乘、陈仲举等，均任过泰山太守或泰山都尉。这时，除太守、都尉综合治理泰山外，还有“山虞长”专门负责管理泰山的庙宇和山林。汉之后至宋，泰山设岳令、庙令及岱岳镇使都虞侯联合管理泰山。及宋开宝年间移县治于古岱岳镇后，始以县令兼管泰山。同时，又有巡山侍、掌岳令、掌岳椽（即副职）主管泰山。

金元至清，州府下设县，知州、知府、知县均把祭祀泰山和管理泰山作为主要任务之一，并又委派泰山守、泰山权守（临时代职）专管泰山。清室王朝或祈雪雨年丰，或禳灾异水旱及河决地震等，皆遣官或命巡抚、布政使、泰安知府、知州、知县行事祭祀，几无虚岁。民国期间泰安县设“政府保管委员会”“古物保管委员会”“泰山林场”等机构管辖泰山。

中华人民共和国成立后建立“泰山古物保管委员会”及“泰山林场”，1955年改称“泰安县文物保管所”“泰山整修委员会”，同时山东省政府成立了“泰山建设委员会”。1956年改为“山东省泰山管理处”，1958年更处为局，业务归济南市领导，并建立了“中共泰山工作委员会”。1961年公布为“泰安专署泰山管理局”，1970年成立“泰安地区泰山管理委员会”，1976年为“泰安地革委泰山管理局”，1978年成立“泰安地区文物管理局”，与泰山管理局合署办公。1982年恢复泰安市（县级），地区泰山管理局、文物局下放到市，建立“泰安市文物局、园林局”，1984年文物局、园林局合并为“文物风景管理局”。1986年初建立“泰安市（地级）泰山风景名胜区管理委员会”，文物局、园林局、泰山林场合为一体。

由于泰山驻地的建置机构及官员是为管理泰山而设，所以自古至今，均对泰山精心保护、屡加修葺。先秦帝王封泰山时，为防止伤害泰山土石草木，将车轮包上蒲草登山。唐玄宗封泰山时，他以“灵山清洁”、怕人多污染泰山而下令“不欲多人”，仅携少数侍臣登岱告天。历代皇帝在盛世时均有诏令：不准在泰山上砍柴放牧。据《宋史》卷七载，宋真宗封泰山礼毕后，首先诏令：“泰山四面七里禁樵采，给近山二十户，以奉神祠。”同时在社首山、徂徕山也禁止樵采。《泰山志·封禅篇》云：宋真宗封泰山时“凡两步一人，彩绣相间，树当道者不伐”。元代至元二十九年（1292），因游人香客和邑民常在岱麓王母池东梳洗河内污染溪水，泰安知州便下禁令：“诸人无得于池上、下作秽，如违决杖八十，当职准此。”为使泰邑家喻户晓、老妪尽知，知州又与县令合行发榜，昭示州县内外，并将禁约刻于溪东崖上，以告诫来者。清光绪十六年（1890），《秦泰山刻石残碑》被盗，知县毛蜀云令全泰城戒严，大索十日，才失而复得。1942年冬，岱庙所藏清乾隆帝御赐瓷葫芦被盗，后转售于北京燕东银行监事，经追查而复得。

古帝王视泰山一草一木为珍宝灵物，一石一水为神石仙水，一寺一庙为神府仙宅，故代代珍爱，屡加修葺。封建统治者虽“假神道而设教”，但那保护自然遗产和人文景观的传统思想和严格的规章制度却促使我们更加热爱泰山。

第七节　泰安的历史沿革

泰安之名源于泰山，“泰山安则四海皆安”，即取“国泰民安”之意，其功能是为帝王封禅告祭而专设。但在中、上古时并无此名，直至金代才始称泰安。它在漫长的历史岁月中，几经易名，或置郡县，或设州府；其治所也多次变迁，渐移治于岱麓。

夏商时，在今泰安市地望内置嬴国，属“域分九州”中的青、徐二州。《尚书·禹贡》：“海、岱惟青州。”《尔雅·释地》：“济东曰徐州。”商代在盘庚迁殷之前，这里有“相土之东都”（今市郊满庄一带）。西周时属鲁地，归兖州管辖。《周礼·职方》：“河东曰兖州，其山镇曰岱山。”春秋时为鲁北境，战国时为齐鲁交错之地，故泰山有齐鲁长城巨防。至秦代设博阳，属济北郡，其治所在泰山之南的汶水北岸，即今泰城东南12公里处的旧县村。

公元前200年汉高祖设泰山郡，改博阳为博县。公元前110年汉武帝东封泰山，将嬴、博二县并为奉高县。《齐记》：“泰山，东岳也。嬴、博二县共界，汉武封禅割置此县以供祀泰山，故曰奉高。”其郡县治所由博县移至奉高，即今泰城东20公里处的故县村。北魏改博县为博平，隶属泰山郡。北齐复改博县，隶东平郡，复治博县。隋代更为博城县，属鲁郡。唐初奉高县并入博城县；唐高宗于乾封元年（666）封泰山时改博城县为乾封县，属兖州。宋天宝五年（972）乾封县治所由旧县迁至泰山南麓的古岱岳镇（即今泰安市城区）；宋真宗于大中祥符元年（1008）封泰山时改乾封为奉符，属兖州袭庆府。金天会十四年（1136）于奉符县设泰安军，泰安之名始此；大定二十二年（1182）升军为州。元代隶东平路，明代省县入州。清雍正二年（1724）升为直隶州；雍正十三年（1735）设泰安县，属泰安府。

民国初裁府后属济南道，1927年废道隶省，1938年设“第十二行政督察区”，1947年为“第十五行政督察区”。中华人民共和国成立后，于1950年设泰安专署，1958年设泰安市，1961年恢复泰安专署，1982年恢复泰安市，隶泰安专署，1985年撤销专署，泰安市升为地级市。

泰安治所历经“三迁”变革之后，便形成了山城一体的格局。自宋初至今，泰城的功能即由旧时的帝王封禅告祭驻跸之地，渐渐发展为以风景旅游为主体的文化名城，今为泰安市人民政府驻地。

泰安市城区面积约20平方公里，它北依泰山，南临汶河，沿泰山南麓东西延伸，津浦、辛泰（辛店至泰安）、泰湖（泰安至湖屯）铁路及纵横交错的公路四通八达。

中华人民共和国成立后，泰安人民对旧泰城进行了全面改造和建设。党的十一届三中全会后，泰城建设又进入了一个新时期。特别自1985年撤区（地）建市以来，市区建设日新月异：整修街道，拓宽路面；全面规划，楼阁群起；兴建商区，开拓经济；改造环境，绿化美化。以前，泰城街道多短而窄，曲而不规，两侧建筑规划不周，与新兴旅游城市不相适应，近些年对主要交通干道及重点商业区和居住区进行拓修、兴建。东岳大街横贯东西，路面为三块板结构，宽40米；建街心花坛、街边绿地；它东连泰莱公路，西接济微公路，为新辟旅游贸易大街。岱宗大街是城区北部的又一条东西交通干线，拓宽后的沿街各单位，大部改建成了透视花格墙，内外增建花圃绿地，中段改建为商业小区。洼子街位于城区南部中心，过去是狭窄坎坷的小巷，现已改建为以风味名吃为主的综合性商业步游街：长230米，宽8米，街两端是黄琉璃瓦盖顶的过街门楼，街两侧是具有浓郁民族风格的双层仿古阁楼式营业房，小巧玲珑的居民房穿插其中。此外，为保持山城一体的威严气派，衬托岱庙古建筑群在城区的突出地位，对其周围有碍观瞻的杂乱建筑全部拆除，加以绿化。同时，在庙前开辟了广场，改造了通天街；在庙后兴建了阁楼毗连的旅游商业街；庙四周均以秀美典雅的阁楼式建筑环围，加强了整座泰山景观的协调统一。

1986年在续建迎春、迎胜住宅小区的同时，又新建金星、旧镇、御碑楼、东岳大街等四个住宅小区，进一步改善了市民的居住条件，促进了城市建设。为加速园林绿化，改造环境，对横贯城区南北的渿河进行了彻底治理，使污水沟变成了杨柳袅娜、亭阁掩映、山溪潺涓的街心公园。

泰安火车站是泰安的门户，近些年新建候车大楼、邮电大楼，新辟水泥地面广场23000平方米，花坛居中，绿地环抱。广场北是单元式综合服务小区，总面积达19000平方米，建成为一组完整的开放型及花园庭院式建筑群体。

第二章
风景名胜

泰山峰峦嵯峨，溪谷纵横，松柏蓊郁，琼阁掩映。其景观分布，以泰山主峰为中心，呈放射形，主要包括岱庙、岱麓、东路、西路、岱顶、岱阴、神通寺、娄敬洞山、灵岩寺、徂徕山等景区，总面积300平方公里。各景区分别具有雄、奇、险、秀、幽、奥、旷等特点。景区内计山峰150多座、崖岭130多座、洞穴60余处、奇石50余块、溪谷120余条、瀑潭50余处、泉50余眼、古树名木20000余株、古寺庙28处、古遗址110处、碑碣1000多块、摩崖刻石1100余处，成为古今游览胜地。1982年被国务院公布为第一批国家重点风景名胜区之一。

泰山有古生代寒武纪标准剖面地层，是国际寒武纪地层对比的重要依据；有地质学上的新发现——环状节理杂岩；有中国五大食用名鱼之一的螭鳞鱼；有上古周天子巡狩泰山、会盟诸侯的遗址——周明堂；有春秋战国时中国最早的兵事防线——泰山齐长城；有历代帝王封禅祭告故址——古登封台；有碑制最早的刻石——泰山秦刻石；有大字鼻祖刻文——经石峪《金刚经》；有天下洋洋大观之铭——唐玄宗《纪泰山铭》；有中国历代天然书法展览——泰山摩崖石刻；有中国现存最早的地上石建筑——四门塔；有中国古代三大宫殿式建筑之一——宋天贶殿；有自唐代就号称“域中四绝”之首的古刹——灵岩寺；有在祠庙建筑中规格最高的东岳神府——岱庙；有道教壁画之最——《泰山神启跸回銮图》；有海内第一名塑——灵岩寺罗汉彩塑；有清帝御赐镇山三宝——沉香狮子、温凉玉和黄瓷釉葫芦等，与雄伟壮丽的泰山相映生辉。

第一节　岱庙

岱庙，旧称东岳庙，俗称泰庙，今名岱庙。位于泰山南麓泰安市城区中部，是泰山最大、最完整的古建筑群，是古代帝王祭祀泰山神的地方。南北长405.7米，东西宽236.7米，总面积96637.2平方米。城堞环围，宫阙重叠，雕梁画栋，富丽堂皇。

庙内共有古建筑和仿古建筑160余间，碑碣168块，汉画像石48块，古桧、侧柏212株，观赏植物290余种。

庙创建于汉，拓于唐宋，后经历代重修。曾任泰山郡守历时六年的东汉学者应劭，在《风俗通义》中说："岱宗庙在博县（今泰安市旧县镇）西北三十里，山虞长（负责掌管山林的官员）守之。"南北朝时北魏郦道元在《水经注》中引晋末伍缉之《从征记》："泰山有下、中、上三庙，墙阙严整。庙中柏树夹两阶，大二十余围（两只手的拇指与食指合拢后的长度），盖汉武帝所植也。"庙在金、明两代曾三次遭火灾；清康熙初又遇地震，殿阁尽毁；民国年间国民党山东省政府曾一度撤至泰安，将岱庙辟为中山市场，天贶殿改为人民大会场，继而岱庙又遭炮火轰击。中华人民共和国成立后屡经修葺，今已焕然一新。

遥参亭　是岱庙的前庭，旧称"草参门"或"草参亭"。古人凡有事于岱宗，必先至此进行简单参拜，而后入庙祭神。唐代建遥参门，宋代在门内建亭，明代恢拓。今陈列泰山征集文物。

亭为二进院落。前院台基上正殿五间，明清时内祀碧霞元君，两侧为东西配殿，院中有清康熙五十九年（1720）知泰安州事张奇逢立《禁止舍身碑》。后院中立四角亭，1983年重建。

亭前有石坊，额曰"遥参亭"。两侧铁狮对峙，旗杆高竖。坊前为双龙池，清光绪六年（1880）为引王母池之水，解城内缺水之难而建。池石栏环围，池中西北、东南角各有一石雕龙头供进出水，北侧华版上刻"龙跃天池"。池南为通天街，西有古槐一株，北有《济南五三惨案纪念碑》，民国十八年（1929）五月立。

遥参亭后是玲珑石坊，俗称“岱庙坊”，清康熙年间山东布政使施天裔建。坊起三架，重梁四柱，通体浮雕，气势雄伟，雕工精细，为清代石雕建筑的珍品。施天裔撰书坊联曰：“峻极于天，赞化体元生万物；帝出乎震，赫声濯灵镇东方。”

正阳门　庙有八个门，中为“正阳”，两侧为“掖门”；掖门两侧，东为“仰高”，西为“见大”。东向门叫“东华”，又称“青阳”；西向门叫“西华”，又称“素景”；北向门叫“厚载”，又名“鲁瞻”。原各门之上均有楼，庙城四角有角楼，均按八卦各随其方而名：东北为艮楼，东南为巽楼，西北为乾楼，西南为坤楼。门楼、角楼均毁于民国间。自1984年开始重建庙门及其门楼、角楼。1985年建正阳门及五凤楼，1986年建坤楼。如今正阳门高8.6米，上有五凤楼五间，高11米，九脊单檐歇山顶，上覆黄琉璃瓦，前后廊式，四方明柱24根，周镶条棂隔扇。檐下雅乌墨小点金彩绘，额方金龙飞舞。门楼峻峙于天，气势非凡。西南角坤楼为大木结构五彩斗拱，红墙黄琉璃瓦，高低错落，三层叠起，出檐深远，别具一格。

庙中南北轴线上贯穿着正阳门、配天门、仁安门、天贶殿、后寝宫、厚载门。东侧辅以汉柏院、东御座，西侧佐以唐槐院、雨花道院。

配天门　在正阳门内，面阔五间，穿堂式。门上悬舒同书“配天门”匾额，门内原祀青龙、白虎、朱雀、玄武等四方星宿神像，今为大汶口遗址出土文物展览。两侧原有配殿，东为三灵侯殿，祀周朝谏官唐宸、葛雍、周武三人；西为太尉殿，祀唐武宗时中书郎杜琮。两配殿于1968年拆除后改建为平顶展览馆。今为科技展览馆。

配天门前有明代铜狮一对。1958年在院中建花圃，花木交错，牡丹、月季、丁香、蜡梅、凌霄、碧桃等陆续开放，争芳斗艳。

配天门后是仁安门。两侧原有东、西神门，也于1968年改拆为平顶展室。门前石狮蹲列，樱花簇簇，莲池对称。

配天门两侧有碑碣20块，东南方有《宣和重修泰岳庙碑》，宋宣和六年（1124）立，翰林学士宇文粹中撰、朝散大夫张漴书；碑阴有明万历十六年（1588）山东巡抚李戴和巡按吴龙征题、田东正书“万代瞻仰”四个大字。西南方有《大宋封东岳天齐仁圣帝碑》，宋大中祥符六年（1013）立，翰林学士晁迥撰、朝散大夫尹熙古书；碑阴有明万历二十四年（1596）巡抚张允济、巡按王立贤题“五岳独宗”四大字。双碑高大雄伟，东西对峙，龟趺螭首，气势非凡。此外，元代文学家徐世隆、姚燧分别撰书的《重修东岳蒿里山神祠记》和《太师泰安武穆王神道碑》及清乾隆四十年（1775）泰安府知府朱孝纯撰书的《泰山赞碑》也较著名。

天贶殿 在仁安门北，是岱庙主体建筑。宋为天贶殿，明称“竣极殿”。殿阔九间，进深四间，重檐庑殿式，上覆黄琉璃瓦。檐下竖八根大红明柱，檐施彩画。辉煌壮丽，峻极雄伟，与北京故宫太和殿、曲阜孔庙大成殿，并称为中国古代三大宫殿式建筑。

殿创建于宋大中祥符二年（1009），是宋真宗封泰山、谢“天书”的产物。宋景德元年（1004），辽国萧太后与圣宗亲率大军深入宋境。宋真宗畏敌，欲从王钦若、陈尧叟之计迁都南逃，因宰相寇准坚持主战，促使宋真宗至澶渊（今河南濮阳）督战，大胜辽军。宋真宗素主议和，虽打了胜仗却与辽签订了屈辱和约，每年输银10万两、绢20万匹，史称“澶渊之盟”。宋真宗在内外交困之际，为借助“君权天授”而维护统治，又与王钦若等大臣导演了一场泰山降“天书”的闹剧，并东封泰山。

殿内祀东岳大帝，原像毁于“文革”初，今神像为1984年重塑。坐像4.4米，塑于高1.6米的须弥束腰方形石座上。岳神头顶冠冕十二旒，身着衮袍，手持圭板，肃穆端庄；泥塑精工细腻，栩栩如生。神龛上悬清康熙皇帝题“配天作镇”巨匾，殿门内上悬乾隆皇帝题“大德曰生”匾。像前陈列铜五供和仪仗卤薄等。

东岳大帝又叫“泰山神”。历代封建统治阶级，为加强其统治，都竭力为岳神晋爵加封，崇拜备至。山神原来并无封号，唐玄宗开元十三年（725）东封泰山时，始封为“天齐王”；宋真宗东封泰山时晋加“仁圣”二字，大中祥符四年（1011）又加封为“天齐仁圣帝”；元世祖至元二十八年（1291）再次晋封为“天齐大生仁圣帝”，与天帝相齐。明太祖登基后，认为给泰山神加封号是“渎礼不经”，故去掉所有封号，改称“东岳泰山之神”。

殿内东、西、北墙壁上绘有《泰山神启跸回銮图》。以后门为界，东为“启跸”，西为“回銮”，全长62米，高3.3米。金銮殿前有墀下卫士和十八大学士送行，东岳大帝端坐四轮六马大辇，文武百官前簇后拥。前有两乘亮轿陪行，左为炳灵王，右为延禧真人。再前是祥兽奔腾、鸾旗飞卷、骑士严阵、仪仗列侍。先头是夜叉鸣锣、麒麟开道、宫乐齐奏，并有十八城隍接驾。《回銮图》与《启跸图》基本相同，仅增加了两夜叉抬虎和骆驼驮卷宗，以示出巡圆满成功。整个画面计675人，加以祥兽坐骑、山石林木、宫殿桥涵，疏密相间，繁而不杂，为道教壁画杰作之一。

壁画传宋代所绘，但历代泰山典籍仅言环廓内绘十殿阎罗（旧传地狱统治者分居地府十殿）七十二司，鬼神之像工巧奇丽，惟妙惟肖，只字不言大殿壁画。唯民国间赵新儒在《新刻泰山小史》中始称“传为宋人手笔”。大殿屡遭火灾，多次重修，即便有宋画也早已无存。特别在清康熙七年（1668）六月十七日，山东郯城、莒县发生8.5级大地震，影响范围达410多个县，泰城“坏城垣民房几尽”。据康熙十七年（1678）《重修岱庙履历纪事》载：岱庙大殿俱毁，“墙根俱已碎塌”。所以现存壁画应是大地震后清初所绘。

今发现泰安市汶口镇颜谢庄有民国间重修《刘氏族谱》载：“刘志学善丹青，泰邑峻极殿壁画即其所绘，后嗣无传。”考其族谱：刘氏自明洪武年间奉旨迁往济南齐河（原籍青州府诸城市）后，至1912年共传23世，志学为13世。明万历间兵刑两部尚书萧大亨之妻是刘氏九世应登之女，按泰安风俗，志学应称谓“老姑奶奶”，称大亨之子萧协中谓“表爷爷”。萧协中因明亡投井，志学当逢少年儿童时期，至康熙大地震后应是中老年。据此，壁画当为刘志学所绘或重绘。

考其壁画，显而易见，下部主题人物与宫殿、桥梁，系我国传统画法，人物前后无大小之分，建筑物采用均角透视。而顶部山石、林木、建筑物等，则运用西洋近大远小的焦点透视法。西画为清初传入中国，画家视为新奇，便在衬托部分加以模仿，遂使上下格调迥然不同。观其仪卫器服，如法座去驾头而只有交椅，立瓜、卧瓜皆以人仗，群官幞头多系方棱长脚上曲之类，均始于宋后；而服色一律质逊，不分衣裳，则纯属元代后制度。皆为有力佐证。

又据《刘浩重修碑记》载，清乾隆三十五年（1770）重修岱庙时：“凡神像、大殿以及各殿宇、廊庑、门垣，全行拆改新修，次第具举。”其壁画则在保留原貌的基础上又进行重绘，并予以添补。民国间孙良诚就西壁筑戏台，后又节次驻军，在殿内贴标语、安木桩、设马厩，炮击数处，壁画惨遭破坏。1931年赵新儒修补后置铁栏保护。“文革”中任涂大字标语，后又修补。其画因年深月久，已多处剥蚀，下半部尤为严重。

殿内东次间有明代铜铸“照妖宝镜”一架，直径为1.31米。该镜原为遥参亭元君神像身后的供物，1936年移此。

古帝王至泰山封禅或告祭，先在岱庙祀泰山神，而后登山。清康熙、乾隆皇帝曾在殿内行二跪六叩之礼。乾隆时礼部侍郎沈德潜颂赞：“闷殿崇东国，惟神配极闻。钟沉汶源水，香和泰山云。桧柏森灵气，碑铭辨古文。升阶肃瞻拜，万虑静纷纭。”

天贶殿大院　大殿前重台宽广，雕栏环抱，玉阶曲回。中置明代铁铸大香炉和宋代两大铁桶。殿前两侧有御碑亭，内立乾隆皇帝谒岱庙诗碑。

重台南有小露台，台上一石卓然中立，名“扶桑石”，又叫“介石”，俗称“迷糊石”。北去14米，古柏独立阶下。传为唐代忠臣安金藏的化身。武则天称制后，幼子李旦为皇嗣，她怀疑其子谋乱，即欲杀害，并派重臣审讯安金藏等人。金藏竭尽保护，大呼道：“公不信我言，请剖心以明皇嗣不反也。”遂引佩刀刺腹中，五脏并出，气绝而仆。后经抢救未死，李旦免难。玄宗即位后追思其忠节，特封“代国公”，并令在泰山顶大观峰上镌勒其名。安金藏死后被追赠为兵部尚书，谥号“忠”。据传安金藏曾来泰山神前告武则天灭子之状，化为此柏，因名“孤忠柏”。又传游人在此用手帕蒙双眼，绕石来回各转三圈，再去摸古柏南侧正中的疤缝，若摸准便可领受山神赐福。今已成为游戏场所。

小露台南有石栏，跨道中通，名“阁老池”。池内及周围有九块玲珑石，金大安元年（1209）奉符县（今泰安）令吴衎同母王氏所献。其石均具有透、露、瘦、垢、绉、丑、秀等特点，姿态怪异，耐人寻味。

大殿两侧原有环廊百间，与仁安门两侧的东西神门相连，内绘十殿阎罗七十二司。东廊中间有鼓楼，西廊中间有钟楼。廊、楼于清末均毁。1982年至1986年重建廊房66间。东廊内陈列《汉故卫尉卿衡府君之碑》《汉故谷城长荡阴令张君表颂》《晋任城太守夫人孙氏之碑》《唐岱岳观造像记碑》《大唐齐州神宝寺之碣》《唐经幢》《宋升元观敕牒碑》《五岳真形图》《太极图》等历代名碑19块。其中《衡方碑》《张迁碑》均为东汉现存七大名碑之一。《衡方碑》是门生为其立的墓碑，追颂生前事迹。碑文温润，笔画端正稳重，笔意粗壮古拙，隶书浑古，仪态敦厚，以体丰骨壮而著名。《张迁碑》是故吏为其立的政绩碑，碑长期埋于地下，到明代才在东阿县境内发掘出来，为历代金石、书法家所推崇：词旨淳古，隶书朴茂，蚕不并头，雁不双设；外方内圆，内擫外拓，龙威虎震，气势万钧。双碑是研究汉代碑刻及书法艺术的珍品。西廊内陈列车马出行、乐舞百戏、祥兽瑞鸟等汉画像石48块。北廊内为文物商店。

大院内古柏参天，浓荫蔽日，存碑24块。著名的有宋大中祥符二年（1009）宰相王旦撰文、裴瑀篆额并书《大宋封祀坛颂碑》，尚书兵部员外郎扬亿撰文、翰林待诏国子博士尹熙古篆额并书《大宋天贶殿碑铭》；有宋大观二年（1108）宋徽宗撰文、宰相蔡京题额、殿中丞书学博士李时雍摹宋徽宗瘦金体《大观圣作之碑》；有金大定二十二年（1182）礼部侍郎杨伯仁撰、礼部员外郎黄久约书、大学士党怀英篆额《大金重修东岳庙碑》；有明洪武三年（1370）明太祖御制《封东岳泰山之神碑》，俗称“去帝号碑”；有清康熙十七年（1678）施天裔撰书《重修岱庙碑记》，碑阴有张所存撰书《重修岱庙履历纪事》，把这次历经十年的浩繁工程的起止时间、所费财力、所购材料、所建殿庑楼观、斋堂垣墣一一刻记，仅记庙内植松、柏、槐、榆、银杏等就有649株，是一份珍贵的重修祠庙档案资料。

天贶殿北是后寝三宫，中为正宫，两侧是配宫。宋真宗封泰山后，认为泰山神既然封为帝，就应有“皇后”，于是又为其想象了“淑明后”，因建三宫。今为泰山陈列室。宫前银杏双挺，高大擎云。

汉柏院　在配天门东南，因院内有汉柏而名。院内原有炳灵殿，祀泰山三郎炳灵王，故旧称“炳灵宫”或“东宫”，院门西向，内悬云纹竖匾，李铎书“炳灵门”。

院中有八角石栏水池，1961年建。喷泉阵阵，鱼荡碧波。天晴时可凭栏尽赏汉柏翠影，因名“影翠池”。

影翠池周围有古柏五株，传为汉武帝东封时所植。唐李吉甫撰《元和郡县图志》引汉代《郡国志》：“庙前有柏树，汉武帝所种。”如今古柏扭结上耸，若虬龙蟠旋，虽已肤剥心枯，却新枝继生，苍古葱郁。古人誉为“汉柏凌寒”，列为泰安八景之一。门内北侧有清乾隆皇帝《御制汉柏图碑》，又有清康熙四十九年（1710）河道总督张鹏翮题书《汉柏诗》碑：“古柏千年倚碧峦，太平顶上觉天宽。晴空白鹤时来舞，云外逍遥得静观。”

院北是炳灵殿旧址，1929年毁，1959年在其址建汉柏亭。陈叔亮书“汉柏亭”匾额，魏传统书抱柱联：“万壑千岩凌霄汉，登高壮观天地间。”

院南部原为北宋学者孙明复、文学家石介讲学旧址，后因拓建岱庙而迁至凌汉峰下。1965年在其址建茶室7间，供游人小憩品茗。明廊檐下有黄廷惠书“汉柏影翠”匾额及抱柱联：“影垂千条纪天功，翠云碧宇清心肠。”

院内计碑碣90块。东墙内嵌53块，亭基四周嵌23块，院中立14块。有后人隶书东汉张衡《四愁诗》、魏曹植《飞龙篇》，有后人篆书晋陆机《泰山吟》及南朝宋山水诗人谢灵运《泰山吟》，有宋代大书画家米芾书“第一山”大字碑（依据拓片复制），有明嘉靖间四川巡抚张钦书“观海”大字碑，有乾隆皇帝登岱诗碑，有当代书画家刘海粟书“汉柏”、舒同书“汉柏凌寒”、沙孟海书“荡胸生层云，决眦入归鸟”等。

东御座　在汉柏院北。元明时为达官贵人歇息之所，称迎宾堂；清代拓建后供皇帝朝山时驻跸，改名驻跸亭；因在东华门内，故今称东御座。

御座由垂花门、仪门、大门、正殿和厢房组成。垂花门西向，与东华门相对；大门南向，与汉柏亭相对。门前有九龙壁，门上悬金龙匾，李传周书“东御座”。院内殿宇毗连，步廊环围，彩绘一新，古朴典雅。1985年辟为泰山珍贵文物陈列室。1986年将汉柏亭划归东御座，辟为茶亭。又在亭北新建歇山卷棚式“御香春”茶室七间，建筑面积168平方米，圆柱小木结构，黑布瓦顶，透花玻璃门窗，内悬宫灯，古色古香。如今东御座守门员、展室讲解员、茶室服务员均着清代宫室服装，男为太监服，女饰宫女装。

院内台基上正殿五间，殿内按清宫室设置作复原陈列，有龙墩、龙椅、立柜、方桌等紫檀古木家具及各种工艺品。雕刻精致，镂孔圆润，螺细镶嵌，图案华美，与大理石天然花饰挂屏及各类楹联相映争辉。台基两侧有东、西配殿各三间，陈列泰山工艺品及清代祭器，玲珑剔透，琳琅满目。

院内南廊墙内嵌郭沫若于1961年5月中旬登泰山诗碑6块。院中古松如棚，珍碣双挺。东有宋真宗御制《青帝广生帝君之赞碑》，西有驰名中外的《泰山秦刻石》残字碑。

《泰山秦刻石》镌刻秦始皇功德铭和秦二世诏书，传李斯篆书，故又叫《斯篆碑》。碑原在岱顶玉女池旁，共有222字，后渐泯灭。宋真宗东封泰山时，兖州太守献出拓片，仅40余字。宋大观年间和政和初年，汶阳刘跂两次登临除垢，可识者146字。明嘉靖间只存二世诏书29字，后自榛莽中移置碧霞祠东庑。清乾隆五年（1740）祠遭火灾，石遂失。历75年后，泰安旧尹蒋伯生从玉女池中搜得残石二片，存残字十个，嵌岱顶东岳庙壁间。道光十二年（1832）庙坍塌，泰安知县徐宗干从瓦砾中找到后令道人刘传业移山下，嵌岱庙雨花道院壁间。光绪十六年（1890）残石被盗，泰安知县毛蜀云严加查询，大索十日，最后在城北门外小桥下发现，重置道院。宣统二年（1910）泰安知县俞庆澜为防风剥雨蚀；在唐槐院环咏亭筑石屋嵌秦刻，周护铁栏。1928年环咏亭废毁，将石移此，1948年建碑亭保护。《泰山秦刻石》历经2100余年的沧桑沉沦，今存十字，完整者七——“臣去疾臣请矣臣”，半残者三——“斯昧死”，被列为国家一级文物，堪称稀世珍宝。

秦始皇于公元前221年统一六国后便进行一系列重大改革：端平法度、器械一量、同书文字、兴利致富。他一方面认为大业告成，必须夸示天下；另一方面又感到东方六国的反抗势力并未平息，即于公元前219年率群臣东封泰山。封毕后，便在玉女池畔立石颂德：“皇帝临位，作制明法，臣下修饬。廿有六年，初并天下，罔不宾服。亲巡远黎，登兹泰山，周览东极。从臣思迹，本原事业，祗诵功德。治道运行，诸产得宜，皆有法式。大义著明，垂于后嗣，顺承勿革。皇帝躬听，既平天下，不懈于治。夙兴夜寐，建设长利，专隆教诲。训经宣达，远近毕理，咸承圣志。贵贱分明，男女体顺，慎遵职事。昭隔内外，靡不清净，施于昆嗣。化及无穷，遵奉遗诏，永承重戒。”其文144字，宣扬了统一天下的功绩，表达了治理国家的决心。

公元前210年秦始皇病死于东巡归途中，少子胡亥继为二世皇帝，接着便与赵高说：“先帝巡行郡县以示强，威服海内，今晏然不巡行，即见弱，毋以臣畜天下。”于是第二年也东封泰山，并在始皇刻石之阴刻其诏书：“皇帝（二世）曰：‘金石刻，尽始皇帝所为也。今袭号，而金石刻辞不称始皇帝，其于久远也，如后嗣为之者，不称成功盛德。’丞相臣斯、臣去疾、御史大夫臣德昧死言：‘臣请具刻诏书刻石，因明白矣。臣昧死请。’制曰：‘可。’”诏书共78字，其中“大夫”是合文，即“大”字下加两横点。唐代张守节注释：“二世言始灭六国，威振古今，自五帝三王未及。既已袭位，而见金石尽刻其颂，不称始皇成功盛德甚远矣。”

秦始皇统一六国后，李斯遵其命令，统一度量、统一文字，以笔画简易而形体整齐秀美的小篆，代替当时流行的笔画繁赘、书写歧异的大篆。《秦刻石》共有泰山、峄山、琅琊、芝罘、东观、碣石门、会稽等七种，保留至今的唯泰山、琅琊二残石，故倍加珍贵。又因碑文系秦代李斯所篆书，便成为后人研究秦代“书同文”的珍贵资料，李斯篆书水平极高：严肃、浑厚、平稳、端宁；字形工整匀称，线条圆健似铁，愈方愈圆；结构左右对称，横平竖直，外拙内巧，疏密宜适；上承籀篆，下拓汉隶，为书法鼻祖，被历代书法家和金石学家所重视。元初翰林侍读学士郝经在《太平顶读秦碑》中颂赞：“拳如钗股直如筋，屈铁碾玉秀且奇。千年瘦劲益飞动，回视诸家肥更痴。”

唐槐院　在配天门西南，因院内有唐槐一株而名。院内原有延禧殿，祀延禧真人，故旧称“延禧宫”或“西宫”。

古槐原来高大茂盛，蔽荫亩许，后逐渐衰枯，中华人民共和国成立前在兵燹中摧折而亡，1952年在枯槐内植一小槐，俗称“唐槐抱子”。今新槐已扶疏郁茂。树前有双碑：一为明万历年间甘一骥书“唐槐”大字碑；一为清康熙年间张鹏翮题《唐槐诗》：“潇洒名山日正长，烟霞为侣足徜徉。谁能欹枕清风夜，一任槐花满地香。”

树北为延禧殿旧址。宋元时在殿北创建诚明堂、馆宾堂、御香亭、庖厨、浴室、环廓等；明清时又在其废址创建环咏亭、藏经堂、鲁班殿。环咏亭四壁嵌历代碑碣，其中有韩琦、蔡襄、范仲淹、欧阳修、石曼卿等大家名流手笔。其殿、堂、亭均毁于民国年间兵乱中，古碑碣大部凿毁散失。北为雨花道院，中华人民共和国成立后改建为机关宿舍。

唐槐院在1928年曾废为旅馆、澡堂，中华人民共和国成立初驻泰安中心医院，今为泰山风景名胜区管理委员会机关驻地。1984年在诚明堂、藏经堂旧址建仿古卷棚歇山顶环形文物库房楼48间，内藏文物4660余件，古籍1000余种，计30000余册。仅清代皇帝御赐祭器就有613件。其中有乾隆皇帝御赐“镇山三宝”：沉香狮子、温凉玉和黄蓝釉瓷葫芦瓶。沉香狮子是由珍贵沉香木疙瘩精雕而成，共一对，每个重约3.5公斤。双狮全身疙瘩突起，形似蜷毛，蹲坐翘尾，栩栩如生。温凉玉一块，色白微青，又名“青圭”或“苍玉圭”，是泰山神手中所持镇山宝。长92.2厘米，重27.75公斤。圭由上、下两截衔接而成，因上截为硬玉，质密而凉；下截为璞，质疏而温，故名温凉玉。上刻日、月、星辰和山海图，蓄意泰山神主宰乾坤；下刻“乾隆年制”。旧时玉圭用锦被覆盖，深藏专室，由道士日夜守护。瓷葫芦一对，是明嘉靖间官窑制品，黄质青花，盎然古趣。1942年冬曾被盗，转落于北京，后经追查方失而复得。但摔碎一个，故今存其一。沉香狮子和温凉玉有复制品在东御座展出。

后花园　在寝宫后。东为木桩盆景，千姿百态，情趣横生；西为花卉盆景，百花斗艳，万紫千红。东南隅有铜亭一座，又名“金阙”。明万历四十三年（1615）铸，重檐歇山式鎏金顶，仿木结构。原在岱顶碧霞祠内，明末移山下灵应宫大殿前，1972年移此。西南隅有铁塔，明嘉靖间铸，原为13级，在天书观，民国间毁于兵乱，仅剩三级，1973年移此。

岱庙内还有古柏多株，形状奇特，天然成趣：正阳门内有“挂印封侯（猴）”，汉柏院西墙外有“百鸟朝岱”，阁老池东侧有“麒麟望月”，后花园西墙内有“云列三台”等。

花园后是北门，1984年重建，门上有望岳楼三间，檐下悬欧阳中石书“厚载门”匾额。望岳楼与正阳门五凤楼法式相同，黄瓦明廊，红柱隔扇，如云端琼阙。

第二节　岱麓

泰山之阳有东、中、西三溪，中、西两溪谷口处于泰安市城区北郊，有环山路连通。东起王母池，西至大众桥，全长2.46公里，其间主要有王母池、金山、普照寺、烈士祠、五贤祠、三阳观、冯玉祥墓等名胜古迹，连同泰山西南麓的樱桃园统称“麓区”。这里共有碑碣131块，摩崖刻石82处。

王母池　古称“群玉庵”，又名“瑶池”，创建无考。魏曹植有“东过王母庐，俯观五岳间”的诗句，李白则“朝饮王母池，暝投天门关”。历代多有整修，1979年又重修。庙依山傍水，三进庙堂式建筑。

前院山门上悬清道光年间徐宗干题“王母池”匾。门内为池，周环石栏，拱桥中架。池东有梁建章、邓长耀分别撰书《泰山凿泉记碑》，叙述冯玉祥先生于1932年凿朝阳泉经过。池西有王母泉，清澈甘冽。池北洞内有宋皇祐五年（1053）立《重修王母殿碑》。殿之西南有小院，正殿供斗姥神及千手千眼观音佛。

中院正殿三间，内置明代铜铸王母坐像。殿两侧有耳房，前有东西配殿各三间。东殿又向东延伸一间，匾书“观澜亭”，又匾曰“咽石山房”。西殿祀唐代名医孙思邈，因名“药王殿”。

后院台基上为七真殿，面阔五间。殿内原祀明代彩塑吕洞宾、李铁拐、何仙姑及吕祖弟子柳树精、苗庆、焦成广、济宵堂等七真像，栩栩如生，素称名塑。1946年陈毅登泰山时曾拨专款维修，并为像加护玻璃罩。1967年像尽毁，1986年根据原始资料重塑。前廊石柱上有颂吕祖楹联：“朝游北海暮苍梧，袖里青蛇胆气粗。三醉岳阳人不识，朗吟飞过洞庭湖。”

七真殿东有蓬莱阁两间，为道士孙治富所居。殿南有悦仙亭，下有坐凳栏杆，东西各筑石阶。

庙前原有飞鸾泉，1956年改建为喷水池。池南有朝阳泉，冯玉祥先生为解泰城居民饮水之难而凿，并曾筑池贮水。其旁有冯先生隶书“朝阳泉”。

庙东临绝涧，为泰山中溪所经。《山海经》称其为“环水”，因旧时曾跨涧为西王母筑梳洗楼，故俗称“梳洗河”，今柱基尚存。溪中有虬在湾。《水经注》：“古者帝王升封，咸憩此水。”《岱览》：“吕公洞北为虬在湾，深广可胜小艇，即王母池，一曰瑶池。”虬在湾南有八仙桥，桥南有“将军石”“源清流洁”“水不在深”诸刻。

王母池庙古深幽，密林掩映，溪水潺湲，清泉冽冽。明代李养正颂赞：“携榼踏秋遍，瑶池景更幽。水澄清似玉，松老曲如虬。乍冷依山足，高眠枕石头。忽闻青鸟唳，仿佛到昆丘。”

吕祖洞　在梳洗河东岸，与王母庙隔溪相望。古称“发生洞”，又名“金母洞”，洞内有供台，原祀吕祖石像。传吕洞宾曾炼丹于此，食虬在湾的幼龙而成仙。又传吕洞宾三至泰山，并在虬在湾东崖题诗，虬常对诗顶礼膜拜，吕祖挥笔点其额，虬兴雷化龙飞去。今洞后有飞虬岭，洞内有宋代人于绍圣政和年间冒名伪书《吕祖诗二首》方碣：“昔日曾游此，如今九十春。红尘多少客，谁是识予人？”“昔年留字识曾来，事满华夷遍九垓。无赖蛟虬知我字，故留踪迹不沉埋。”宋元以来，小说与戏剧对此多有描述，如江淮斩蛟、岳阳弄鹤、客店醉酒等故事，又如元马致远杂剧《吕洞宾三醉岳阳楼》。

虎山水库　在王母池北。原名小蓬莱，1956年在此建水库，蓄水七万立方米。1986年增置游艇，修建船台，游人可登艇戏游，尽赏山光水色。湖东为虎山，传乾隆射虎处；湖西畔有1959年建“鸳鸯碑亭”。

老君堂遗址　在王母池西。为古岱岳观一隅，创建于唐，原祀老子诸像。唐代“六帝一后”均修斋建醮于此。山门内原有《岱岳观造像记碑》，为唐高宗和武则天于显庆六年（661）遣道士郭行真在此建醮造像所立。因碑由双石并立而成，上有覆盖，下有承座，形制特异，喻意武后与高宗同治天地，故俗称“鸳鸯碑”，今名“双束碑”。1959年移“鸳鸯碑亭”。“文革”初移岱庙内埋存，1983年立于东碑廊。庙堂后毁，院内尚存正殿三间，古银杏一株。庙南为岱岳观旧址，即东岳中庙，古帝王升封设舍处。《水经注》引《从征记》：“中庙去下庙五里，屋宇又崇丽于下庙。庙东西夹涧。”清初尚存古松柏十余株，赵子昂题刻“汉柏”，清末俱毁。今为山东林业学校树木园。

金山　在环山路南侧，东距王母池一公里。山前原有青帝观，祀青帝。隋文帝于开皇十五年（595）祭泰山时曾至此设坛祭拜。宋真宗东封泰山时加封“广生帝君”，重修后立御制碑。民国间观毁，御碑残石移存岱庙。

金山之阳为烈士陵园，1950年建，葬抗日战争和解放战争时期牺牲的烈士512名。园内松柏苍翠，花草遍地。东侧有渗泉，夏秋隐隐出水；西侧有巨石如卧驼昂首北望，因名“骆驼朝岱”。山前路西有广生泉，清冽甘甜，大旱不竭，为泰城名泉。今辟为广生泉花园。

普照寺　寺位于凌汉峰前，峰峦环抱，一涧低流，苍松翠柏掩映，依山层递而上，是一组完整的佛教寺院。寺建于唐，又传创于六朝。中华人民共和国成立后多次整修，今由永柱和尚住持。

寺以双重山门、大雄宝殿及摩松楼为中轴，组成四进式院落，东西配以殿庑、禅房及花园等。山门前高台垒砌，石狮列峙。门上悬“普照寺”匾，取“佛光普照”之意。门内钟鼓二楼分列东西，院中有明正德十六年（1521）立《重开山记碑》，介绍高丽僧满空和尚航海来中国，而后在泰山重建竹林寺、普照寺的情况。又有清光绪六年（1880）立《重修普照寺碑记》，概述清代寺院兴衰过程，碑文载：“迨及国朝，年远倾敝，时有名僧祖珍（法讳元玉）者博雅工诗，以明进士弃儒皈佛，卓锡其中。一时士大夫咸与之游，得其句者每多脍炙人口。珍欲再辟荒荆，而众善欣然乐助，于是梵宫立起，金碧重新。并于寺东构石室数楹……趺坐看云，见者辄作出尘之想。日与八散人（当时著名文人）往来啸咏，有石堂集稿刊传，而寺名因之益著。”

进二山门为第二院。门内西侧有元代经幢，记元贞初年固陵（今河南淮阳）僧法海重修普照寺之事。

沿阶而上为三院。中有正殿三间，额书“大雄宝殿”，内置释迦牟尼鎏金铜像，背衬火焰佛光。东西配殿各三间，东殿陈列明清铜佛像等文物，西殿展览清末大理石、磨砂瓷、镶钧窑宋瓷等挂屏。殿前银杏双挺，油松对生，中立双檐盖罩铁香炉。

后院有著名的六朝松，枝繁叶茂，疏密相间，宛如巨大的华盖。每当晴空明月，树下银辉点点，如同筛过一般。松下有郭沫若《咏普照寺六朝松》诗碑：“六朝遗植尚幢幢，一品大夫应属公。吐出虬龙思后土，招来鸾凤诉苍穹。四山有时泉声绝，万里无云日照融。化作甘霖均九域，千秋长愿颂东风。”

古松西侧有亭，傅家宝题匾额“筛月亭”。亭居高台，四檐飞翘。下有方形石桌，敲击四角及中央，皆出清脆如磬之音，因名“五音石”。四柱均有联，东为王青黎题“高筑两椽先得月，不安四壁怕遮山”；西为东野崇阶题“曲径云深宜种竹，空亭月朗正当楼”；南为徐宗干题“引泉种竹开三径，援释归儒近五贤”；北为沈玉寅题“收拾岚光归四照，招邀明月得三分”。

亭北是摩松楼，李铎书匾额。楼为双重五开间，上层是前廊明柱。今为“冯玉祥先生在泰山”展室。

中轴线之东有三个院。前为禅房，后为石堂院。后院正房三间，耳房两间，西与摩松楼相齐，东有厢房三间。正房后壁嵌清道光九年（1829）知泰安县事徐宗干题《石堂题壁》之碣。院内有1984年重刻冯玉祥诗画碣24块。

中轴之西也有三个院。前为菊竹花圃，今仍绿竹千杆。院中有1985年立周恩来于民国三十年（1941）十一月十四日所撰书《寿冯焕章（冯玉祥的字）先生六十大庆》之碑，全面评价其功绩：“自滦州起义起，中经反对帝制，讨伐张勋，推翻贿选，首都革命，五原誓师，参加北伐，直至张垣抗战，坚持御侮，在在表现出先生的革命精神。其中尤以杀李彦青，赶走溥仪，骂汪精卫，反对投降，呼吁团结，致力苏联，更为人所不敢为，说人所不敢说。这正是先生的伟大处，也是先生的成功处……先生好读书，不仅泰山隐居时如此，即在治军作战之时，亦多手不释卷……丘八诗体为先生所倡，兴会所至，嬉笑怒骂，都成文章……先生最喜接近大兵和老百姓。故能深知士兵生活、民间疾苦，也最懂得军民合作之利，这是今日抗战所必需。先生在不得志时，从未灰过心，丧过志；在困难时，也从未失去过前途。所以先生能始终献身于民族国家事业，奋斗不懈，屹然成为抗战的中流砥柱。”

院中又有重刻冯玉祥诗画碣24块。

后院是菊林院。正房五间，与摩松楼相接。门上悬“菊林旧隐”匾，檐下内联为徐宗干书元玉僧之语：“松曰好青，竹曰好绿；天吾一瓦，地吾一砖。”外联为舒同书：“疾风知劲草，严寒识盘松。”室内原为元玉僧所居，冯玉祥隐居泰山时曾住此，1984年辟为“冯玉祥先生在泰山”展室，邓颖超题书匾额。院中有清代寺僧理修入寺时与师父共植的“师弟松”一株，他常以松为伴，习文读经，便赋诗为纪：“僧栽松，松荫僧，你我相度如同生。松也僧，僧也松，依佛门，论弟兄。”光绪年间何焕章游岱至此，见“师弟松”已袅袅婷婷，冠大如棚，叹为观止。寺住持庆山和尚邀其题字，何焕章遂书“一品大夫”，并刻石立于松下。

冯玉祥先生曾于1932年至1935年两次息影泰山，常住普照寺、五贤祠，潜心治学，探求真理，宣传抗日，唤起民众。他以泰山人的生活习俗为题材，写了好多即兴白话诗，自称“丘八诗”（大兵诗）。并与青年画家赵望云合创48幅诗配画，刻制成碣。1938年拓印出版，老舍为其作序：“图是真情，诗是实话，常来看看，总足以提醒大家。”后来诗画碣尽毁。

普照寺山门西南有泉，冯玉祥开凿，隶书“大众泉”。林荫路旁有巨石夹径，上题“云门”“界尘”。再前路西有方石，上书“三笑处”。传旧时有三老翁在此谈论长寿秘诀：一个是饭后百步走，一个是吃饭留一口，一个是娶了个丑媳妇。三人说完仰天大笑，遂化仙而去。

石堂遗址　在普照寺东侧溪内，俗称“荷花荡”。清康熙初年元玉僧及其弟子节衣缩食，开地伐石，包崖筑台，遂成石堂，元玉题石堂铭及十二景。共历时8年，费工5000余。将竣工时吴云曾为之记：“吾友古翁，引流凿池，植莲莳竹，以为自乐之地。由东而上则有石梯、石航、石屏、石廊；由西而上则有石门、石壁、石盘、石砌；南以望若缘梯，而北以视若建瓴（瓶子倒置）。每一池则间一台，一台则又间一池，环池皆峰，独虚其南一面，以望远山。”

元玉僧在石堂广结社会名流，与孔璧六、张方平、江山民等博学鸿才莳荷种菊，诗酒徜徉，世称“八散人”。当时山西督学使者张四教有《石堂八散人记》：“此八人者齿不同也，地不同也，业不同也，贫富不同也，而其心则同也。其心何以同也？同其正直和平也，同其清洁温雅也，同其潇洒朴略而犹一烟霞之骨、山水之癖也。所以此八人者，三日不见则如所失，三日不游则郁郁不乐。三衲（和尚）居山中，去城五里许；此五君者每相聚谈及石堂，则足栩栩然而欲动，身飘飘然而欲仙。不计时之早暮，腹之虚实，辄同往访焉。至则剥芋煨枣，烹雪煮云，或坐竹阴，或立松畔，或咿唔于圃菊之侧，或逍遥于莲池之上。远而望之，不啻画图中神仙焉。”

如今石堂建筑及松、竹、莲虽已荡然无存，但石堂铭及十二景题刻除“振铎岭”已毁，其余仍存：石堂、翠屏石、涤砚溪、慈航石、盘云梯、白莲池、玲珑岩、眺望台、飞来石、友松石、水云洞等遍布溪内。溪中杂树丛生，森蔓荒僻，南有古藤四株，北有古藤两株。

烈士祠　在荷花荡东岸，群山环抱，东西夹涧，绿树浓荫，僻静幽雅。冯玉祥先生于1911年响应武昌起义，在滦州举行起义，因势单力孤而失败。辛亥革命军官佐王金铭、施从云等将领牺牲，北伐战争期间滦州起义者郭茂宸、郑振堂等将领又壮烈牺牲。为纪念起义烈士，冯玉祥先生于1933年在此建辛亥滦州革命烈士祠，并植松柏、梅花数千株，使其英灵与泰岱并存不朽。

祠为三进院落。中有前厅、后殿，侧有配房，1982年重修。前厅三间，周绕环廊，厅内原祭烈士牌位。厅东南有卧虎石，其巅有杨绍麟于1933年撰书建祠始末；西南有巨石隶书“梅花岗”。

后殿三间，殿内中悬木匾。东有冯玉祥撰、王易门书《泰山辛亥滦州起义烈士祠记碑》，西有鹿钟麟撰书《王金铭、施从云两烈士赞碑》。东西山墙分别嵌冯玉祥题字碣“救民安有息肩日”“革命方为绝顶人”。

后殿前两侧有配房各三间。东配房内有冯玉祥撰、杨绍麟书《故上将郑公金声（振堂）被难记碑》和邓长耀赞郑将军之子郑继成为父雪仇而刺杀张宗昌之诗碣。西配房东立冯玉祥撰、王易门书《故上将军郭公松龄（茂宸）被难记碑》，西立冯玉祥撰、邓长耀书《故上将军张公绍曾被难记碑》。两山墙嵌吉鸿昌题“国魂”等碣。

烈士祠门外石坪上有刘熙众题挽联：“诸公豹已留皮，黄土泰山真并重；精气虹常贯日，白衣易水至今寒。”西有巨石，鹿钟麟隶书大“寿”字，冯玉祥注曰：“人欲得寿，须要为大多数人们牺牲寿命。”祠东溪畔有多处题刻，李宗仁挽联最为醒目：“百世名犹存，众所瞻依，祠巍泰岱；三代道未泯，闻兹义烈，气肃冰霜。”

烈士祠西南有冯玉祥于1933年建《辛亥革命滦州起义烈士纪念碑》，挺立山岗，高耸入云。

五贤祠遗址　在普照寺西北，唐代周朴创建栖真观。北宋初学者孙复、文学家石介曾筑室泰山下为学馆，后因拓建岱庙，学馆迁此，因称“泰山上书院”。教育学家胡瑗曾访学至此，师事孙、石二先生。明嘉靖间在此建祠，祀孙、石二先生，额曰“仰德堂”，俗称“二贤祠”；隆庆间增祀胡瑗，改称“三贤祠”。至清道光间徐宗干重修时，又增祀明万历间御史宋焘和清康熙间文渊阁大学士赵国麟，遂改名“五贤祠”。

孙复（992—1057），字明复，晋州平阳（今山西临汾）人。隐居泰山，世称“泰山先生”，官至殿中丞，与石介、胡瑗并称“宋初三先生”，他们提倡“以仁义礼乐为学”，以继承儒家道统自居，反对佛教、道教“去君臣之礼”，抨击“祸福报应”思想。主要著作有《春秋尊王发微》。

石介（1005—1045），字守道，兖州奉符（今山东泰安）人，隐居徂徕山，世称“徂徕先生”。官至太子中允。他乐善疾恶，奋然敢为，屡受奸宦中伤。著有《徂徕先生集》《唐鉴》《怪说》《中国论》等。

胡瑗（993—1059），字翼之，泰州海陵（今江苏泰州市姜堰区）人，世居陕西路的安定堡，学者称“安定先生”，官至太常博士，开宋代理学先声，曾谓“致天下之治者在人才，成天下之才者在教化，教化之所本者在学校”。严立学规，以身示范。当时有政令，以其教授方法为太学法。著有《论语说》《春秋口义》等。

宋焘（1571—1614），字岱倪，号绎田，又号“青岩”，泰安人。明万历进士，官至御史。因直言忤时，遭阉宦权贵排斥，借疾归隐，在岱下筑。“青岩居”读书立说。著有《理学渊源》《时习要录》《州志补遗》《泰山纪事》《青岩居漫录》等。

赵国麟（1673—1750），字仁圃，号“拙庵”，泰安人。清康熙间进士，官至刑部尚书、礼部尚书，拜文渊阁大学士。在位几十年，不惧权势，有远见卓识。后求退归田，讲学于泰山青岩学院。著有《文统类编》《大学困知录》《小园杂记》《塞外吟》等。

祠依凌汉峰，东有投书涧，西有香峪，分东西两院。东院为五贤祠，有大门、正殿及东西配殿；西院为讲书堂，有正房和西配房，后多次重修。冯玉祥先生曾在此攻读《春秋》《左传》，著《春秋左传札记》，1976年拆除。今唯剩残垣卧碣，有“讲书台”“授经台”“侍立石”“能使鲁人皆好学”等摩崖石刻。

祠内有清康熙五十一年（1712）翰林院侍读黄叔琳撰书《重修岱麓三贤祠碑》，有嘉庆元年（1796）泰安府知府金棨撰书《新构东配厅三楹石亭碑》，有民国间范明枢撰、邓长耀书《五贤祠记碑》，惜均仆卧在地。

祠东有巨石如屋，巅平如台，下邻深涧。传当年胡瑗千里访学于此，卧石攻读，十年不归，见家书有“平安”二字，不复展读，即弃涧内，因名“投书涧”。明万历六年（1578）钦差巡抚赵贤在此题碣：“胡安定公投书处。”明末萧协中赞：“野焉芸芸绿间黄，当年习静任亡羊。清心不逐家缘扰，涧底犹腾翰墨香。”

溪畔有石亭，额书“洗心亭”。四面皆有清代人题联：南侧赵起鲁题“碧涧潺湲溯游道脉，苍岩巀嶭（高峻）卓立儒修”；北侧蒋大庆题“艮（八卦之一，象征山）止坎（八卦之一，象征水）流会心不远，言坊行表即目可寻”；东为周桐题“秋月清光凝碧涧，春风余韵满烟萝”；西为贾培荣题“真山水不须图画，大圣贤皆自奋兴”；亭内为金棨题“云过峰头流墨气，水来祠畔度书声”。另外亭内额版上还有冯玉祥于1932年题刻：“你忘了没有，东三省被日本人侵占了去，有硬骨头的人应当去拼命夺回来。”并刻东北三省的面积和人口。

祠东南，路东有巨石，似大象卧息，因名“卧象石”，上书“弘毅”。

三阳观遗址　坐落在凌汉峰右山膀的山坳平壤间。自五贤祠后沿峻岭野径北登1.5公里即是。这里杂树蓊蔚，松柏葱茂，泉石铿訇，幽奥而僻。观为明嘉靖初道士德藩所辟，嘉靖三十年（1551）东平道士王阳辉（号三阳）穷游四域，历遍名山，遂隐于此。并携其徒昝复明凿石以居。德藩之王嘉其苦行，捐资相助。神宇未竣，三阳去世。明复继而大兴缔造，弥历三纪，遂使四方道俗香火醮祝，岁无虚月。至万历间礼、刑两部尚书兼翰林院学士萧大亨又凿崖开石，展力重修，使其更加壮丽。礼部尚书兼翰林院学士于慎行为之记：“入门三重，得磴道而上，有殿有阁，以奉玉帝命曰‘混元’。左为客寮四楹，以待游镳。阶下有泉，汇而为池，羽人（道士）饮焉。阁后有洞，方广丈许，命曰‘朝元’，昝公居之。由阁左上，磴道数曲，茅亭三五，棋置松间，鸟鸣云飞，凛如异境。峰之半壁，孤亭出焉，颜曰‘木末’。登是而望，忽若飘撇上腾，以临云霓，神霄、芙蓉诸峰环之如扆，青入无倪。南俯川陆势尽数百里，徂徕、梁父拱揖左右，以朝于岳；汶水出其下，茫茫如练，蒸为浮烟；长天平野，混以返照，丹翠异色，徘徊啸歌。暮不得下，顷之月出东峰，风林飒飒，凭栏上下，颢气回合，如汛银海，肌骨懔慄不可以留。信乎仙圣之秘境，寰宇之大观也。”

观由门阁、三观殿、真武殿、混元阁、天仙圣母大殿为中轴，两侧配以道房、客室。1979年拆除。今唯剩山门、混元阁及圣母殿天梯石阶。殿前石崖壁立，上书“全真崖”。观内外碑碣横七竖八，荒草蔽掩，计41块。著名的有明万历间萧大亨撰《三阳庵新建门阁记》、于慎行撰书《登岱六首》、昝复明立《饮差太监樊腾遵奉大明皇贵妃郑淑旨皇醮记文》，有民国间冯玉祥撰书《赞满大炼师碑》等。观内有双泉，今仍甚旺清冽。山门外有道士林，王阳辉、昝复明及其徒子徒孙之墓和墓碑尚存。

三阳观之上是凌汉峰巅，上有南宋建炎元年（1127）石匠姜博士及孙上座起寨于此而进行抗金活动的题刻、房基、石臼等。

范老墓　在普照寺前十字路口西北侧。石栏环围，柏林遮掩。墓后有三碑并束，中书“故山东省参议会范议长明枢之墓”，左右分别是林伯渠、谢觉哉题挽词“革命老人永垂不朽”“永远是人民的老师”。碑阴载公葬委员会于1950年12月撰书范老生平履历。

范老（1866—1947），即范明枢，又名炳辰，字明枢，泰安人。教育家，革命家。自幼家贫苦读，及壮以清增生留学日本习教育。回国后大办教育，在济南创建省立模范小学。“九一八”事变后，因力倡抗日而被捕，经冯玉祥营救出狱，与其创办泰山武训小学。抗日战争爆发后，他以七秩高龄奋勇参加抗日救亡运动，四处奔走呼号。1942年山东人民在党的领导下，成立山东省参议会，范老被推选为参议长。1946年经中共中央批准，81岁高龄时加入中国共产党。次年病逝于山东乐陵县。1950年移葬于此。

范老毕生追求真理，坚持正义。在抗日战争中不屈不挠、老当益壮，被山东人民誉为“抗日寿星”“抗战老英雄”，其忠心耿耿、鞠躬尽瘁的革命精神，足以昭示后来，永垂不朽！

冯玉祥墓　在西溪谷口东侧，环山路西首。墓为泰山花岗石砌成，傍山临涧，庄严雄伟，苍松郁郁，翠柏森森。1952年破土动工，1953年10月15日安葬。墓壁上横镌郭沫若题书“冯玉祥先生之墓”七个金色大字。壁中央洞穴内安放骨灰盒，外嵌铜浮雕头像，衬以白色花岗石底，周以黑色花岗石镶边，庄重朴素。下嵌磨光黑色花岗石碣，上刻冯先生于1940年5月30日隶书自题诗《我》：“平民生，平民活，不讲美，不讲阔。只求为民，只求为国，奋斗不懈，守诚守拙。此志不移，誓死抗倭，尽心尽力，我写我说。咬紧牙关，我便是我，努力努力，一点不错。”

墓有石阶4层，66级，标志着冯先生一生度过了4个阶段，66个春秋。

墓左侧有冯玉祥先生原配夫人刘德贞之墓。

冯玉祥先生于1946年9月赴美国考察。1948年7月31日响应中国共产党的召唤，离美回国参加新政治协商会议的筹备工作，9月1日行至黑海，因轮船起火而遇难。党中央为纪念冯玉祥先生的历史功绩，按其遗嘱而安葬泰山。

墓前是大众桥，冯先生于1935年建。桥跨石峡两岸，两边护以红色铁栏，在青山绿树的映衬下显得肃穆庄严。

樱桃园　在泰安市西郊。自东岳大街西花坛顺高速公路西行2公里，至大佛寺村，再北去1公里，穿过杜家庄后就是樱桃园。它东临巍巍傲徕峰，西靠绵绵横岭，北依嵯峨拔山，南有宽阔石河。三面环山，高岸长谷，深涧清溪，飞泉叠潭，是旷远清幽的避暑胜地。清光绪二年（1876）山麓王庄隐士鲁泮藻不慕荣利，不求仕进，以山水自娱，在此广植樱桃，密栽青竹，构筑室宇，因名“樱桃园”，又称“鲁氏别墅”，俗称“鲁家山庄”。

鲁泮藻，字品方，号“涧谷”，世居王庄。自幼聪敏过人，十五岁肄习于郡兵科，咸丰间跟随泰安太守防守东平，以功授“从九品”。中年酷爱读书，避世隐此。集资购地，凿岩辟拓，觅源察脉，架木引水。平坎坷，清丛莽，遍植樱桃、花果、绿竹、荷蒲等。荒涧野岭、寂寥无人之处遂成别墅，鲁先生榜其楣曰“樱桃精舍”，朝文摊卷，寝馈其中。

鲁先生去世后，其二子峄亭、质庵承其父志，将余资构亭台、安几席、开新渠、创新境。清末赵尔萃有《樱桃园记》：“今则田禾茂密，果实缤纷，树可合围，竹可拱把；而池、而鱼、而藕、而芰，鸣禽上下，水木明瑟。来游者莫不欣然艳羡，谓天下以此佳境。”

当年谷口石崖题书“饮水思源”，谷西岸为精舍。堂前有池，题“川华”；东偏门外又一池，题“鉴我泉”。东岸有平台，藤萝如虬，下有池，蒲荷茭荠，挺生翘秀。东北垒石为垣，泉从崖下出，瀌瀌震耳，称“宜竹泉”。

如今鲁氏别墅已成鲁家山庄，樱桃葱郁，翠竹茂密。门前有双株高达十余米的大玉兰树。东院亭台保留较完整，亭三间，廊式硬山顶，西山嵌清光绪二十五年（1899）刻《桃源村记》横碣一块，汶北居士候芳苞撰文、泰邑后学李泽溶正书。院中油松对生，古柏参天，清静幽雅。亭台下有石砌方池，池北侧嵌清光绪二十四年（1898）滋甫李润深正书“鉴我泉”方碣。池南有石几、石凳。南墙嵌方碣，南阳王均于民国二十一年（1932）隶书“翠落庭荫”。

樱桃村东临长谷深涧，顺涧北去百余米有石峡，再北有碧水深潭，叫“乌龙潭”。潭北山谷渐窄，约行0.5公里即入壶天山坞，东岸山窈又有山庄，均被樱桃树所掩，因名“上樱桃园”。自此而下，涧愈深，谷愈窄，山愈险，峰愈奇，林愈茂，溪愈清。群崖欲倾，怪石欲飞，鸟语不绝，花香沁腑，涧水自拔山老沟顺谷而下，穿山越涧，曲曲数里，池潭毗连，瀑流跌宕。这里是泰山螭鳞鱼的最佳品种——金赤鳞的产地。

金螭鳞身披金鳞黄甲，方头阔嘴，在阳光下游动时金光闪烁，而在暗处则全身变乌，当长到一定程度，其鳍翅即由黄变红，更为俏丽。其肉质细腻鲜嫩，味美无腥，盛夏暴晒可化为油，仅剩皮骨。它不仅是营养价值极高的珍肴，也是名贵药材。金螭鳞无大鱼，大者仅20厘米左右，重约4两。梁富成同志曾于1962年在此涧内捉到过6两重的金螭鳞，极为罕见。“文革”中，因乱捕乱钓，大者已绝迹。近些年，山东农业大学为保护这种稀有鱼种，在此建池引水，进行人工饲养。泰安市人民政府于1981年宣布：“自乌龙潭起，北至拔山东西潭子涧一段为金螭鳞资源保护区。”但因管理不善，捕捉不绝，金螭鳞已濒临灭绝。

樱桃园原有石屋、车厢石、旗杆石等奇石及诸题刻，后均被采石所毁，今唯剩乌龙潭东岸的金鸡窝。窝在巨石内，西南侧有洞口，自然天成，洞内高1.1米，宽1.5米，可容四五人。山民传：古时每夜深人静，便闻洞内鸡鸣，每更一次，白日则空空如也。据传后来有南方人夜盗金蛋，金鸡遂飞迁而去。

第三节 东路

登泰山一般从岱阳沿东、中、西三溪而上。汉武帝登封泰山时曾沿东溪上，后来随着奉高城邑的变迁，东路逐渐废弃，而中路成为登山主道，遂称登山东路，西溪为西路。其景区自山麓岱宗坊至岱顶南天门，计盘道5800余级，7.7公里，有碑碣196块、摩崖刻石360余处。前半部谷阔临城，古代建筑成群，以人文景观为主体；后半部峪深壑窄，山势峻峭，以自然景观为主体，人文景观为其点缀。这里林荫夹道，石级盘旋，泉溪争流，名胜众多。

岱宗坊 南距岱庙后门0.5公里，为登山之始。明隆庆间建，清雍正间重修。坊建于石台基上，四柱三门式，九脊歇山顶。额版篆书贴金“岱宗坊”。坊前有清雍正九年（1731）内务府掌部郎中丁皂保和营造司郎中赫达塞《重修岱宗坊记碑》《重修泰山记碑》，东西对峙。

坊东北原有丰都庙，明弘治十四年（1501）太监李瑾建，祀丰都大帝，配以地府十王。民国初改为慈善院，后为泰安县立师范，中华人民共和国成立后拆除。其北为泰山宾馆，1979年建。

坊西南旧有凤凰台，传汉宣帝元康元年（前65）凤凰集泰山，后人设台以记。清乾隆间毁。今为山东省林业学校操场。北为乾隆行宫，清乾隆三十五年（1770）建，规模宏大，松柏奇石林立，后荒废。民国间屡住军队，宫宇拆毁，古树尽伐。“文革”间建驻军营房。今为泰安军分区干部休养所。

白鹤泉故址 岱宗坊北路西有石坊，额“白鹤泉”，又额“玉皇阁”，柱联：“庙貌巍峨威镇千山灵佑；神光普照恩敷万国咸宁。”

坊南为白鹤泉故道及玉皇阁遗址。泉因传白鹤曾集于此而名。宋代创城时疏泉开渠，经岱庙，过运舟街，至城西南会渿河入泮河。明末萧协中在《泰山小史》中追述道：“白鹤泉在岳南麓，流涌而味甘。往城中有渠，可以运舟，即此水所注也。”《大明一统志》：“悬崖下泻出，宛如垂练。”明嘉靖间举人封尚章建别墅于泉侧，引水为池，称“封家池”。宾客游人常宴集于此。尚章去世后，家人苦于应酬，便用大铁锅阻塞，并立阁于上。泉塞后，阁下出泉甚旺，每夏秋大雨时，犹闻地下隐隐如雷吼。后来宋焘、赵国麟均欲濬疏而未成。干休所院内有井，井壁嵌方碣，上刻“白鹤泉”，即原白鹤泉支流。这里原有玉皇阁，明万历八年（1580）建，祀玉皇大帝。阁东南有“仙人洞”，清代内供道士孙真清尸身。据清代宋思仁撰《泰山述记》云，孙真清系直隶河间府阜城县（今河北省东南部）人，游泰山后留居阁内，行修60余年，功成道就。康熙四十年（1701）冬某日，孙道士忽然呼唤道徒说：“吾死停于阁内，三年开视，可埋则埋。”语毕即亡。十余年后，其徒开视，见真清端庄如生，便设坐龛于阁下，供其尸身。又传清乾隆皇帝南巡将至泰山，恰逢孙道士羽化。当日官府有禁令：一月内不准办丧葬。阁南即行宫，其徒无奈，便将尸体掩埋于石灰坑中。帝离行宫后，将尸挖出，则俨然成一蜡人。其徒视为奇物，以为与道家尸解（谓遗弃肉体而仙去）之说相合，即将尸身披以华服，头颅更为贴金泥塑，膝足裸露，坐供其中，人称“仙人洞”。自清代至民国间，善男信女接踵而来，香火不绝。中华人民共和国成立后洞毁，1950年移尸身于王母池蓬莱阁下，1964年“破四旧”时运往济南焚毁。

关帝庙　南距岱宗坊1公里，在红门汽车站西侧，坐北朝南，创建无考，内祀关公。明清时泰城盐商、当店多晋人，因与关公有桑梓之谊，便奉为福神，聚会祭祀，故又名“山西会馆”。清代屡次拓建。1983年重修彩绘后设国家文化部文物局泰安培训中心。

庙分东西两部分，东半部是主体建筑，西半部是原山西会馆。山门外有影壁，门前石狮列峙，古槐蔽荫。山门后接戏台，台北是拜棚三间，为祭神跪拜之地。北为正殿三间，原内祀关公，今为学员教室。东侧是东山门，跨道而东是西向憩厅三间，原是香客休息之所，今为旅游门市部。

东山门北是东厢房两间，北有过厅，西接正殿，过此直达后院。院北有后殿三间。院中有古柏一株，碣书“汉柏第一”。树干高仅0.8米，直径达1.1米，三股枝杈盘旋而上，似龙飞凤舞。

西半部有南山门、正殿和配殿。正殿东侧为新建教师宿舍楼。

一天门　在关帝庙北。明代建跨道双柱石坊，参政龙光题额。清康熙五十六年（1717）巡抚李树德重建。坊前两侧有明隆庆间钦差监兑户部员外郎杨可大题“天下奇观”及明嘉靖间登州府通判孙价书“盘路起工处”大字碑。

坊后是“孔子登临处”坊，四柱三门式。明嘉靖三十九年（1560）山东地方都察院右副都御史朱衡等建。状元罗洪先题额并联：“素王独步传千古，圣主遥临庆万年。”“文革”中遭毁。坊东侧有明嘉靖间济南府同知翟涛题“登高必自”，西侧有巡抚山东监察御史李复初题书“第一山”大字碑，碑阴有明代人书道家秘文符篆：“入云有路。”旧传此文可驱鬼怪，治百病。西侧还有清嘉庆初泰安府知府金棨撰书《泰山种柏树记碑》，记载嘉庆初三年中共植柏22000株。

再后是双柱式“天阶”坊。明嘉靖四十三年（1564）建。巡按山东监察御史高应芳题额并联：“人间灵应无双境，天下巍岩第一山。”

红门宫　在天阶坊北。东临中溪，西靠大藏岭。因岭南崖有红石如门而名。创建无考，明清时均重修。先是道教庙宇，后佛道合一。庙分东西两院，东为佛寺，西为道观，两院由飞云阁相连。

飞云阁为跨道门楼式建筑。下有拱形门洞，额镶“红门”石匾；上有飞云阁三间，原祀观音大士，西有石阶通西院。门洞东侧嵌清光绪间泰山权守（临时代理郡守）吴祖芬题《经石峪看红叶诗》碣：“中天门外梵仙乡，枫叶初经九月霜。独倚高柯舒冷艳，不侪凡卉炫秋香。孤红莫恨荣华晚，众绿都成惨淡光。休上危桥云步迥，更高寒处更凄凉。”

东为弥勒院。院内正殿三间，原祀木雕弥勒佛，“文革”初被毁。东有穿堂式更衣亭三间，后廊临中溪，可在此品茗赏景。旧时套间可供达官贵人更衣。南有南穿堂三间。

西为红门宫。碧霞元君有上、中、下三庙，上庙是碧霞祠，下庙为灵应宫，此为中庙。东山门外有石坊，清康熙五十二年（1713）建，额“红门宫”，又额“瞻岩初步”，柱联：“万壑泉声沉宝磬，千峰云影护禅关。”院内正殿三间，原祀碧霞元君，今置九莲菩萨铜像。西有且止亭三间，南有穿堂式茶亭三间。正殿后是禅房院，正房三间，东西配房各两间。

红门宫是泰山中溪门户，以飞云阁为中心，呈半封闭凹形空间。再加宫前三重白色石坊及碑碣，构成一组高低错落、色彩鲜明、形若天梯的古建筑群。自阁洞北望，林荫夹道，石级绵延，具有欲扬先抑的艺术效果。自古有“红门晓日”之景，清代赵国麟诗：“凌晨登红门，霁色明朝旭。俯视万家烟，平畴尽新绿。”

阁后巨石耸列地表，形似泰山峰峦，上刻“小泰山”。古人以此为碧霞元君的化身，故旧时香客多在此石前焚香祈福。稍北路西有清代和民国间“合山会记”碑26块，记载着当年朝山进香的盛况，今称“小碑林”。盘道西墙内嵌清光绪八年（1882）任道镕书《修泰山盘路碑记》，俗称“泰山之碑”。文中言：去泰山顶40余里，6700级。

白骡冢遗址　在红门东。郑棨《开元传信记》载，唐玄宗开元十三年（725）封泰山时乘益州（今四川省成都）所献白骡，体伟背宽，无颠簸之苦。登封礼毕后下至山坳而累死，遂封为“白骡将军”，并备棺垒石为冢。白骡冢后来遭平毁，今尚存《垂拱残字碑》，即俗传《白骡冢碑》。《开元传信记》只言垒冢，未说立碑。《泰山小史》：“今碑记、冢迹尚存。”因碑自明代即仆卧在地，再加碑甚伟，难于立起，故金石志书不载其文。《泰山道里记》始言：丰碑断踣，磨灭无字，唯碑额棱上有“垂拱元年月廿五日造二年五月”等13字；碑侧犹存宋人题识“当日东封安在哉，茫茫今古泯尘埃”。到民国二十一年（1932）赵新儒新刻《泰山小史》时，雇工数十人立石，共计残字25个。1981年笔者考其碑：下截已毁，横卧在地，高5米，宽2米，厚0.7米，下左角断裂，见残字12个。1982年下左角断石又毁，残字碑变为无字碑。今被民宅所围。

垂拱是武则天年号，清人及赵新儒据此疑即唐高宗《小字登封记号文碑》，为武后补刻，故名《垂拱残字碑》。

小洞天　在红门宫东北深涧内。片石如几，广10余平方米，厚1.5米，南侧有明代泰安州事甘应甲题、范广书“小洞天”。东侧有圆柱形巨石横卧，横断面西向，直径2.3米，上书“醉心”。汉代枚乘称为“泰山之溜穿石”。石下有洞，森阴湿暗。石前断崖层叠，横瀑飞流。自北而南有柳条、饮马、石峡三湾。

小洞天南谷底两侧多圆柱形黑色花岗岩巨石，横断面向内，层层包裹，似枯木年轮，因名“黑石埠”。这是发育在基性脉岩内的环状节理杂岩，俗称“汽油桶节理岩柱”，其构造成因及发育历史是地质学研究的新课题，国内尚无报道。这里一壑曲绕，清溪碧潭，茂林涧草，森森蔓蔓。仰视西崖盘道，行人如在画里，终日不绝，别有洞天。

大藏岭　在红门宫西北。因其巅风化糠瓤成屋能藏物而名。岭南崖有天然浅穴，东西宽3.6米，高1.7米，丹红中分，似双门，故叫“红门石”。

岭巅西侧山石峭利似刀，又名“垂刀山”。宋真宗大中祥符元年（1008）曾派王钦若在此山下假造降天书。西侧为丰都峪，俗称“鬼儿峪”。旧传人死鬼魂游此。陡谷窈远幽深，朝曦罕至，多槲树，多墓冢。谷上口有“岳观林界”残刻，疑为唐宋古刻。

万仙楼　南距红门0.6公里，又名“望仙楼”。明万历四十八年（1620）建。后多次重修，1959年翻修。跨道门楼式建筑。下层为拱形门，门额刻“万仙楼”；上层殿三间，黄琉璃瓦九脊歇山顶，前为重檐廊式。殿内原祀王母，配以列仙，后增祀碧霞元君。民国间像尽毁。殿墙根四周外嵌明代朝山进香碑63块。

楼前道东有古柏三株，挺拔并列，苍翠凌云，似刘备等人桃源三结义，故碣曰“三义柏”。再前西崖题“勇登仙境”，下有洞，内有石龟，俗称“龟洞”。传旧时有一赃官，想在万仙楼前为自己立碑树传，便令人先凿石龟座运此，石龟怕受诛连而被众人唾弃，便趁深夜爬进此洞。

楼洞后额书“谢恩处”。传旧时香客登岱归回至此无恙，即叩谢碧霞元君保佑之恩。又传古帝王登泰山，地方官员送驾于此而止，众官员便叩谢皇恩。

烈士纪念碑　在万仙楼北。1946年建，后炸毁，1953年重建。由碑座、碑体和碑首组成。碑首呈方锥体，南面贴金题额“革命烈士纪念碑”。碑体南面何克希题记新四军一纵三旅转战南北的壮烈事迹；东、西、北三面刻记一纵三旅于1946年夏季为解放泰安而牺牲的708名烈士名单。

纪念碑西侧有峭石挺立，清代人于光绪年间隶书“拜石”。传宋代米芾在无为（今安徽省中部）当通判时，拒不朝拜贪官麦知州，而是每早穿礼服拜古石玩器，口中念念有词：“我宁拜无知石，不参面老鼠（即麦知州）。”麦知州闻后大怒，遂将米芾贬职。题此颂耿直清廉。

桃花涧　在万仙楼至烈士纪念碑之间的东溪内。古时这里桃花浓艳若绮，游人疑为武陵桃源。又因其南端夹涧多樱桃、翠竹，又名“樱桃园”。古诗“冉冉孤生竹，结根泰山阿”即指此。清代顺治时书法家杜溎曾颂：“樱桃生涧底，石上多古苔。山下花已落，山头花未开。”

涧中石坪广阔，断崖跌宕。溪水潺潺而来，潆洄湍急而去，或为瀑，或为潭，而后沿陡坡石峡奔流而下，汇为深广碧池，名“碧泉湾”。

涧北首有大断崖横贯东西，长30余米，高约3米。崖上古刻遍布：宋代大字题名历历在目，唐大历八年(773)泰山女道冠张炼师曾陪京都众官登泰山，题刻依稀可辨，元至正十八年(1358)红巾军占据泰安州时诸将领游山题刻大部可识。

如今涧中樱、竹、桃虽已无存，但杨槐满谷，柏林夹岸，横瀑如帘，石刻衬映，别有情趣。

桃花涧北有巨石如罗汉，上题“罗汉崖”。谷东有罗汉峰。溪中清泉涓涓，磐石累累。东岸花木茂盛，辛夷、玉兰、紫薇、紫荆等红绿相间。

溪西有“蔚然深秀”“洞天福地”“万古凌霄”“肤寸升云”“步玉清”及字谜“虫二”诸刻，与山色辉映。“步玉清”是清光绪七年(1881)历邑杨逢霖题。道家有玉清、上清、太清“三境”之说，皆天帝所居。玉清为元始天尊所居，称最高仙境。“虫二”是光绪二十五年(1899)历下刘廷桂题。此为拆字游戏，即“風月”二字拆去边框，喻风月无边，景色秀丽。

斗母宫　南距万仙楼0.55公里。因东临龙泉峰，又有龙泉之水自西北山崖而下，绕宫东注中溪，故古称“龙泉观”，创建无考，为泰山古道观。明嘉靖二十一年(1542)重建。清康熙十二年(1673)尼僧住持，重修拓建，祀北斗众星之母神，因名“斗母宫”，又名“斗姥宫”，别称“妙香院”，从此道观成尼庵。至清光绪间，宫宇辉煌，尼僧众多，陈设豪奢，香火特盛。1982年进行翻修，彩绘一新。

斗母宫分前、中、后三院。中院有西向山门，门檐下一对雕刻精湛、光滑似玉的石狮把守。门两侧分列钟、鼓二楼。院内正殿三间，绿琉璃瓦前后廊式。殿内设须弥座神台，原祀斗母神像，俗称“千手千眼佛”。此佛实有42只手，据佛经称，观音曾发誓要普度众生，然而众生芸芸，观音颇有力不从心之感，于是观音分成42个大慈大悲菩萨。如来无量佛见其状，劝诫不要急躁，否则欲速不达。无量佛将42个个体撮合在一起，只留下42只手臂，又让每只手掌上长出一只眼睛，代表一个化身。这样，除去主体的两只手臂，每只手臂上各配佛门三界的25“情”，两数相乘之积为一千。“文革”初像毁，今置智上菩萨铜像。

东有配殿三间，后接卷棚悬山顶明廊，可临溪赏景。原内祀精致木雕观音、文殊、普贤三菩萨，“文革”初被焚毁。

过南穿堂是南院。穿堂东有僧房三间。东南有寄云楼五间，筑于绝涧之上，下为地下室，上为环廊式楼，廊外砌砖花墙。院中有光绪二十五年（1899）赵尔萃建棱形池，蓄龙泉水灌田，因名“天然池”。池北有蕴亭，1982年建。

后院有正殿、配殿，原祀观音、碧霞元君诸像。正殿后为禅房院。正殿东南有听泉山房三间，前后廊式，南北山墙各开一门，通达无阻。

山房北有龙泉井。井北有石亭三间，1982年建，内悬安廷山书“龙泉亭”匾。

宫筑于深壑绝壁之上，重峦叠翠，深秀幽雅。涧内有三潭叠瀑，如龙飞舞，名“飞龙涧”。又因碧潭映月，故俗称“三潭印月”。民国间袁克文题“流水音”。游人至此，听泉观瀑，品茗赏月，醉心涤虑，流连忘返。清代宋思仁有《斗母宫诗》：“上方钟磬出云微，斗母宫严静掩扉。满涧松阴尘不到，夜深风雨有龙归。”

宫前有卧龙槐，巨枝伏地，如卧龙翘首。

宫北有高老桥，古代黄老（黄帝与老子）道徒高氏创建。

桥北道西是三官庙。明代为人祖庙，祀秦始皇。清代改为三官庙，祀天官、地官、水官。清光绪八年（1882）重修时由斗母宫尼僧妙山住持。原有大殿、客房、僧舍数间，后渐毁。中华人民共和国成立后改为三官庙小学。

庙北西崖有清光绪十二年（1886）金石学家吴大澂仿秦代李斯小篆《琅琊刻石》及《汉镜铭》：“上泰山，见神仙，食玉英，饮醴泉。驾蜚龙，乘浮云，宜官秩，保子孙。寿万年，贵富长，乐未央。”

经石峪　在斗母宫东北，相距0.47公里。峪中有缓坡石坪，约1800平方米，上刻北齐人隶书《金刚经》经文。传说唐僧取经时，途中雨湿经卷，曾在此晾经，故俗称“晒经石”。明隆庆六年（1572）河道总督万恭大书“暴经石”。经石峪刻字大50厘米见方。结体宏阔自然，富于变化，用笔刚柔自如，神采潇洒安闲，丰润雄浑。书艺之高，字体之大，规模之巨，自古罕见。《书法津梁》称“大字鼻祖”，康有为誉“榜书第一”。

《金刚经》全称《金刚般若波罗蜜经》，东晋时鸠摩罗什译。按佛家之言：金刚是金中之刚；般若是智慧；波罗蜜是彼岸及无极之意。经文主要说明般若（智慧）的实际在于不著事相（无相），也就是情所无寄（无往）。它教育佛徒，用智慧断除烦恼，便能到达彼岸的极乐世界。《金刚经》全文共5100余字。经石峪原刻计2700余字，历经1400多年的风剥雨蚀，今存1067字。

南北朝时，佛道盛行。至周武帝时深知沙门祸国，于建德三年（574）五月十七日下令灭教："断佛、道二教，经像悉毁，罢沙门、道士，并令还民。"（《周书·武帝纪》）建德六年（577）北周灭北齐，仍令尽毁齐境之教。北齐武平年间，国临亡，佛尽毁，故使经刻未竣而止。

经文东北断崖若斩，原来涧溪之水漫石而下，若横阔短帘，因名"水帘泉"。崖上有"枕流漱石""千古奇观""泠然清韵""万颗明珠"诸刻，隐隐匿水中。明万历十九年（1591）崔应麒曾在西崖草书《晒经石水帘诗》："晒经石上水帘泉，谁挽银河落半天。新月控钩朝挂玉，长风吹浪暮凝烟。梵音溅沫干还湿，曲涧流云断复连。选胜具觞恣幽赏，题诗愧乏笔如椽。"

1967年为使经文不受冲刷，在水帘泉北，筑坝拦水西流。1982年又在经刻四周建石栏保护。

石坪东北侧原有明代人刻《大学》，俗称《大学圣经》。楷法整饬，字体端庄。刻《大学》之文，欲压倒佛家，使人们不事佛，而归服儒家。所以明万历六年（1578）都御史李邦珍又在巨石北侧大书"经正"，并有注语："孟轲氏云：君子反经而已矣，经正则庶民兴。石上之经亦经也，今以圣经反之，故曰经正。"惜《大学圣经》于清康熙间尽毁。

经文西北有巨石，高约5米，宽约13米，从中劈为两半，上题"试剑石"，又叫"仙峡石"。万恭于明隆庆六年（1572）依崖筑石亭，并就崖摹刻《高山流水亭记》，与大字辉映。

石亭于1965年移西山谷口。亭额"高山流水之亭"，又额"源头活水"。柱联："天门倒泻一帘雨，梵石灵呵千载文。"

水帘洞　南距斗母宫0.5公里。一涧深广，石桥横跨，名"注水流桥"。桥西北危崖千仞，飞瀑垂珠，如带若帘，因名"天绅岩"，俗称"水帘泉"。又因岩壁上有横阔石缝如洞，故又名"水帘洞"。岩顶山坳北则有明万历四十四年（1616）文学家钟惺等人合作《水帘诗》："晴雨所覆（钟惺），白云之上（吴惟明），冬爰其源（林古度），阙流斯养（钟惺）。石穹其中（吴惟明），俟时而响（钟惺），岱寔为之（吴惟明），劝登宏奖（钟惺）。"旧志将此误为钟惺一人所为，《泰安县志》（民国十八年重修）言诗佚，皆因未登崖稽考所致。

天绅岩北为登仙桥，俗称"东西桥子"。桥西南遍地红沙石，名"红沙岭”。桥北西侧有古洞如屋。溪东石崖悬空欲坠，如棚可容马，原称“马棚崖”，明代吴维岳大书“歇马崖”。

北为总理奉安纪念碑，1929年6月1日为纪念孙中山先生灵柩由北京运往南京安葬途经泰安而建。上为三角形，表示“三民主义”；底座为五棱形，表示五权宪法。

又北古柏夹道，浓荫遮天。人行其中，如入洞穴，虽炎夏酷暑而凉气袭人，清光绪二十五年（1899）张玢题“柏洞”。

洞北有古槐四株，因名此地为“四槐树”。树高大擎云，蔚然葱翠。传为唐槐，后又继生三株，今已老幼难辨。

壶天阁　在四槐树北，南距斗母宫1.8公里。因四面环山，若壶而名。道家以壶天为仙人之宅，故明代称“升仙”，至清乾隆皇帝登岱驻跸时拓建改今名，1980年重建。阁三间，跨道门楼式建筑，九脊歇山黄琉璃瓦顶，前廊式，清嘉庆六年（1801）泰安太守崔映辰题联：“壶天日月开灵境，盘路风云入翠微。”嘉庆二十一年（1816）知泰安府事廷鏴又联：“登此山一半已是壶天，造极顶千重尚多福地。”门洞上有双柏自墙中横生，盘旋向上，堪称奇景。

阁北有元君殿三间，前后廊式，卷棚硬山顶，内置元君铜像。西有依山亭三间，前后廊式，卷棚硬山顶。东北崖勒乾隆《壶天阁诗》三首。

回马岭　在壶天阁北。元君殿西侧有石坊，双柱式五脊顶，1937年重修时吴绍曾题额“回马岭”。因山势陡峭，峰回路转，至此马不能登而名。古称“石关”，又名“瑞仙岩”。旧志传为宋真宗回马处极谬，唐《鸳鸯碑》中即言回马岭。东汉泰山郡守应劭在《汉官马第伯封禅仪记》中载，汉光武帝东封泰山时，至中观留马。疑名自汉始。

坊后盘路岌岌陡绝，梯云御风，东南上而西北折，形似马蹄，因称“马蹄盘”。盘侧题“勒马回看岱岭云”。

岭东为十峰岭，峰峦重沓，夏云奇多，古称“云岩”；西南有云头埠，怪崖突起，烟云中若人立，似兽蹲；西为九峰山，重山横亘。

岭巅有金星亭，又名“药王殿”。面西方形，有门联，今残缺不可读。西为三大士殿三间，廊式五脊硬山顶。殿内原祀观音、普贤、文殊菩萨。岭西北是鹰石涧，因涧东有巨石高耸如鹰而名。垮涧是步天桥，桥北为十二连盘。盘西有集《兰亭帖》题刻：“峻极永齐天，云云迹已迁。临风俯万类，怀古一幽然。”

中天门　南距壶天阁0.7公里，又名“二天门”。这里高岭拦壑，土色黄赤，名“黄岘岭”，为中溪发源地。

岭顶有双柱式石坊，额书“中天门”。坊北有虎阜石，如虎卧伏，再北盘侧有吴大澂大篆“虎”字。东北原有二虎庙，祀黑虎神，为镇山兽而设，后毁。1972年在其旧址建售货亭。1973年在东侧建茶楼，楚图南题匾额“黄岘品茗”。1980年又在其东建中天门饭店。坊西南为国民党山东省政府主席韩复矩别墅，后废。1979年在此建“中天门宾馆”。1983年又在宾馆北侧建泰山索道电缆车“中天门站”。西南建宾馆楼。

泰山客运电缆索道，下起中天门黄岘岭，上至南天门西侧的月观峰。索道斜长2078米，落差602米，电缆车在空中与山谷最深处的垂直距离为150米。每车搭客30人，上、下行两车相对而开，7分钟即达。索道上、下站房依山凿石而建，富丽堂皇。中天门距岱庙5.5公里，至南天门3.5公里，至大众桥12公里。上者或沿盘路继续登攀，或乘缆车一游；下者或步行沿中溪东路直达岱庙，或乘游览汽东沿西溪公路至火车站，交通十分方便。1986年在中天门后始建停车场，面积3000余平方米；1987年竣工，上下两层，可容机动车100余辆。

中天门峻岭阔谷，风景秀丽，楼阁簇拥，登临朝可观日出，夕可望晚霞；可赏西溪诸景，可眺傲徕雄姿；可望徂徕似屏，汶水如带；北瞻巍巍岱峰，众山拱立，林茂泉飞，缆车凌空，天然成画。清道光十九年（1839）孔宪彝在此题刻：“长风莽荡日曛昽，回指天门又几重。云海平铺三万里，朗吟人在众高峰。”

快活三里　在中天门北，至云步桥南，又名“快活山”。久登盘道，忽逢坦途，气爽景幽，舒畅欢快。

中天门后路东有石穴出水，甘美异常。1983年武中奇题“玉液泉”；后为增福庙旧址。西折北路旁有石笋如剑，上刻“斩云剑”。此处是谷口，云雨变幻莫测，寒云顺谷而下与暖云相遇即化为雨，故名斩云。再北路东有巨石，纹理盘旋若龙，上书“蛟龙石”，又名“龙纹石”。

龙纹石北是小龙峪，峪东崖有两石，中喷清泉，故叫“小龙口”。北为月牙亭故址。东崖遍布大字题刻“云路先声”“山辉川媚”“人间天上”“天下名山第一”等。还有民国间李和谦书字谜“如”，释为如意。

西为拦住山，山势峻峭多古松，怪姿跌宕。山腰横耸一峦，似悬似系，名

“弄月岩”。明人在此建半山亭。《泰山小史》载，亭下有李斯小篆碑，“字不多，而上官征取摩拓，殆无虚日”。后亭废，碑沉埋荒草。《斯篆碑》是《泰山刻石》残字碑还是仿斯篆碑？金石书未载，久为疑案，今记以待稽考，今拦住山东侧巨石上，有大字题刻“趺松隔溪奏笙簧”。

拦住山东临潜龙涧，水西南流入西溪。

云步桥　在快活三里北首。大壑忽临断崖，壁立如削。崖上石坪坦豁，宋真宗曾在此搭帐驻跸，因名“御帐坪”，今柱窝尚存。谷内诸水从云间奔流而来，飞瀑下泻，溅沫迸珠，生云化雾，蔚为壮观，故又名“飞瀑岩”“天河”“护驾泉”。崖上有“红桥飞瀑”“霖雨苍生”“河山元脉”“太古清音”等题刻。明代陈凤梧赋诗“百丈崖高锁云烟，半空垂下玉龙涎。天晴六月常飞雨，风静三更自奏弦。苍水佩悬云片片，珠帘洞织月娟娟。晚山倒着肩舆下，回看斜阳景更艳”。

崖前石桥飞架，民国二十六年（1937）建。因谷深林茂，常有云雾萦绕，杨承训题“云步桥”。

桥东有方形石亭，西侧额“酌泉亭”，北侧额“观瀑亭”。亭柱遍刻联语。西侧内联为清宣统元年（1909）刘光照撰书：“跋险惊心，到此浮云成梦幻；登高极目，从兹俗虑自销沉。”外联为同年刘振声撰书：“风尘奔走，历尽艰辛思跪乳；因果研究，积成功德敢朝山。”亭内侧有清光绪三十三年（1907）刘光启题“曲径通幽处，连山到海隅”。西侧有光绪三十年（1904）段友兰书“断崖瀑落晴天雨，一线路入青冥端”。北侧有1920年种蔗老圃题“且依石栏观飞瀑，再渡云桥访爵松”。

桥周围有“月色泉声”“云步跻天”“绝巘飞流”“耸壑昂霄”“快活天”“气象岩岩”等题刻50余处。真、草、隶、篆、行书、飞白诸体荟萃，琳琅满目。

自桥西沿阶而上为三蹬崖，因陡险难登，俗称“三瞪眼”。上有巨石如屋，传明万历三十一年（1603）夏遇大风雨，石自山巅坠此，柯绍皋题“飞来石”。

御帐坪东有望驾石，如老翁拱立。传宋真宗封泰山时有灵石望驾。又东翠峰崛起，虬松附石，攫拿舞云，望之如老将军披巾坐鞍马，故名“老人寨”，今称“老云寨”。下有朗然子洞，元初道士刘朗然修真处。洞大可容20余人。下为三叉沟，会双沟而西南流。

五大夫松　在云步桥北，南距中天门1.9公里。御帐坪西侧有五大夫松坊，旧称“诚意门”，又名“小天门”。原坊毁，1984年重建。坊西有古松，据《史记》载，秦始皇封泰山时中坂遇雨，避于大树下，因封“五大夫”。东汉《汉官仪》《泰山记》均言“小天门有秦时五大夫松”。至唐代将五大夫讹为五株，后雷雨坏其三。明万历初有两株，万历三十年(1602)又被洪水冲走。清代雍正八年(1730)钦差丁皂保奉敕重修泰山时补植五株松，今剩三株，1983年又枯亡其一。余松拳曲古拙，苍劲葱郁，自古被誉为“秦松挺秀”，列为泰安八景之一。北侧石崖有乾隆《咏五大夫松》:“五松列峙泰山道，祖龙经锡大夫号。后世因以称秦松，其实嬴秦时已老。疾风暴雨何时无，何时郁菀何时枯。曩日司工人补植，兹看磊砢龙鳞粗。异哉名实谁宾主，实以名存今即古。何不谓之舜五臣，肆觐于斯同律度。”

松西有五松亭，又名“憩客亭”。亭面阔五间，环廊卷棚歇山顶。亭后拦住山坡上有望人松，长枝下垂似躬身招手邀客。

朝阳洞　在五大夫松西北，系天然石洞，深广如屋，南辟向阳，旧名“迎阳”，又叫“云阳”，洞后壁线刻元君像。南为关龙友饭店，路从院中过。原南为乾隆驻跸亭，北为元君殿，后毁。

东北为绝壁，名“御风岩”。岩上刻乾隆《朝阳洞诗》，高20余米，宽约9米，字大近一米见方，因名“万丈碑”，又叫“清摩崖碑”。其东有一碑，为张宗昌于民国间题勒。

西北山坡有桃石，又因两石相靠似情人依依难舍，因名“情人石”。

北原有古松独挺山崖，虬屈苍劲，有君子傲然不倚之姿，明代涂泽民题“独立大夫”，方元焕又题“处士松”。明万历三十一年(1603)被风雨所毁，今存题碣。

对松山　在朝阳洞北。双峰对峙，古松万株，苍翠蓊郁，层层叠叠，又名“万松山”“松海”“十三层松”。下有千仞之渊，上荫百仞之松，云出其间，天风莽荡，虬舞龙吟，松涛大作，堪称奇观。李白有“长松入云汉，远望不盈尺”的诗句，乾隆则言“岱宗穷佳处，对松真绝奇”。谷口有“松门”“松云绝壁”“举足腾云”及“发育万物，峻极于天”诸刻；谷内又有“雄山胜景”“风涛云壑”“至此又奇”“苍松翠霭”等。西崖有线刻画：一只粗壮有力的拳头将披发山鬼打翻在地，上题“永居九幽”，迥异众刻，为岱阳唯一石画。

前为对松亭，耸立西岩崖，为明代乾坤楼旧址。亭南旧有圣水桥，原盘路在溪东，清乾隆末年改盘路于溪西。亭对岸绝壁如垣，大字题刻尽述其胜："龙洞""林远尘""明月松翠""涛声云影""松风吹冷尘心""石面迸出水，树头穿破云"。

松山至此，谷愈狭，峰愈危，松愈挺，景更奇。任克溥题诗西崖："岩岩气象岱宗开，五岳首推信壮哉。势接沧溟藏雨露，形连霄汉起风雷。千丛脉秀龙鳞树，万丈骨高虎卧台。策枝重游堪纵目，盘桓懒去问蓬莱。"

梦仙龛　在对松亭东南。沿大字石壁下野径，盘旋东南百余米即见红庙一间，单脊硬山顶，悬坠于对松山南端绝壑危崖上。清代道光年间封见亭游泰山至此，见翠岩壁立、松荫茅屋，恰与先父所云梦游仙境相同，便建此龛。龛前嵌双碣记其事。若在谷口远眺庙龛，万绿丛中一点红，分外引人注目。

十八盘　在对松亭北。高阜上双崖夹道，旧称"云门"，今名"开山"。东壁题"问心朝山"，十八盘自此而始。开山北，西崖有清道光年间魏祥摹书一笔大草"龙门"。旧有龙门坊，东为大龙峪，众水归峡，飞泉若泻。

前为新盘口，明万历年间参政吕坤因见春节后朝山者甚多，旧盘拥塞不堪，往往有人被挤坠崖谷，便在此跨涧建"渡天桥"。并顺大龙峪源头修新盘，直达碧霞祠南神门，令登顶者上从东，下从西，以免拥挤践踏。桥与新盘均毁于清代乾隆年间。

盘口南为雁翎峰，峭锐如翎，为莲花峰下址。北有大龙口，崖缝如龙口，水自口中出，又名"龙口泉"。西为金母殿旧址，其北为鸡冠峰，片石悬立于上，为翔凤岭南岩。

盘口北两山陡立，中有一线天，因名"石壁谷"。东为飞龙岩，西为翔凤岭，中为十八盘，上有南天门，下有双柱式升仙坊。仰视天门，盘路陡绝，似云梯倒挂。

泰山十八盘，原来专指升仙坊以北的最险处。明清时俗以坊北为紧十八，坊南为慢十八。民国间又出现三个十八盘之说，沿袭至今：自开山至龙门为慢十八，393级；龙门至升仙坊为不紧不慢又十八，767级；升仙坊至南天门为紧十八，473级。三个十八盘，共1633级。

十八盘两侧有"天门长啸""层崖空谷""天门云梯""如登天际""努力登高""云路千盘""共登青云梯"诸刻。紧十八中途西崖有悬空巨岩，如佛头侧枕，高鼻秃顶，慈颜微笑，名“迎客佛”。

东汉应劭曾在《汉官仪》中生动地描述道：“仰视天门，窔辽如从穴中视天。直上七里，赖其羊肠逶迤，名曰环道，往往有绠索，可得而登也。两从者扶挟，前人相牵，后人见前人履底，前人见后人顶，如画重累人矣。所谓磨胸捍石，扪天之难也。”后来绳索更为铁链，中华人民共和国成立后又换成铁栏扶手，石阶加宽加密，但仍艰险难登。明代祁承业《十八盘》：“拔地五千丈，冲霄十八盘。径从穷处见，天向隙中观。重累行如画，孤悬峻若竿。生平饶胜具，此日骨犹寒。”

第四节　西路

自西溪谷口大众桥至中天门为登山西路。旅游汽车由泰安火车站可直达中天门，全程14.35公里。公路建于1980年，原为土石路面，1985年改造为水泥路面，并增设护栏。游人若步行登山，多走东路中溪登山盘道；若走西路，可在公路旁寻小径上山。

西溪旷达幽奥，峻峰簇拥，窈然而深，蔚然而秀。树木荫翳，道路盘曲，清泉奇石，瑰玮万状。有碑碣27块，摩崖刻石72处。

天外村　在大众桥西侧，南距火车站2.35公里，今设泰山公路管理检查站。北为黑龙潭水库，1944年建，蓄水36万立方米。它拦截西溪，构成山间平湖，山色湖光，相映成趣。

龙潭水库北是建岱桥，1964年建。北有茶水亭，1965年建。桥东南侧有水湾似飘油花，故名香油湾。传吕洞宾与张果老在此下棋，一卖油郎观棋后见油担子已腐烂，方知误入仙界。回家后村民皆不识，只言油郎进山200年未归，油郎返回后却不见仙人，但见飞鸦峰上有一对仙人影。如今站在桥上，远望飞鸦峰南崖，仍有仙人对拱而立，可惜现在西边稍白者已被苍柏所掩。

香油湾前有石板小桥，1926年建。桥侧石崖上刊刻捐款者名单及钱数。范梦九为之记：“佳山水成于天，非成于人，以人工夺天工则伤地脉。然未可概论，扇子崖巉岩绝壑多不可登，自修盘路、驾长桥（长寿桥），香侣便之。而山足阙如，亦属遗憾，民国丙寅冬，桥工峻，因果之愿始慰。”湾北是泰山游览西路售票处。

白龙池　在建岱桥北，因上有百丈崖悬流下掷，似玉龙顺峡穿山越涧，直泻入池而名。池北有巨石，层崖峭削，若圭，若舟，上刻“玄圭石”。南朝梁沈约撰《宋书·符瑞》：“玄圭，水泉流通，四海汇同则出。”每当山洪暴发，它如巨舟停激流中，岿然自若；当雨霁天晴，它又像巨龟出池，伏岸晒背，所以又叫“石舟”，俗称“晾龟石”。石之东双崖如削，石峡中穿，北为三元石，上刻“白龙池”“龙潭”等大字。此石与玄圭石上遍布题刻，顾炎武考得宋人题名15首，后人又考得16首，今大部尚存。

白龙池历史悠久，相传是东海龙王的幼子小白龙镇岱治水之处。据宋代碑载，自汉唐以来至宋，历代帝王均派重臣至此投金龙、玉简，烧御香等为之祈祷求雨。宋元封五年（1082）神宗皇帝封白龙为“渊济公”，并建神龙祠。明代泰安州知州袁稽还在此题白龙颂歌：“白龙之潭，渊渊莫测，有祷则应，沛降甘泽。粒食生民，四境既宅，灵承神休，永祀功德。”

民间传，白龙神曾变成一个美少年到岱南田家做工，田老汉见其勤劳忠厚，就把小女许配与他。白龙每夜灌田均畦满透地，但不闻辘辘声。邻人疑惑，暗暗窥视：只见白龙数丈，银鳞万点，寒光夺目，入井吸水，再吐入畦内。窥者被吓倒，白龙知道事已泄露，即与妻告别说：“我家住傲徕峰百丈崖下。”说完化龙飞去。

白龙池东有招军岭，西有飞鸦峰，前有锣鼓湾，后有黑龙潭。夏暮秋朝，看黑螭白龙，神潭水府，云烟吞吐，晦明变灭，轰雷掣电，风云莫测，被古人誉为“龙洞甘霖”，被列为泰安八景之一。李正养有《白龙池之胜诗》：“传闻池上好，秋水白泠泠。纡曲穿山谷，纵横照日星。雨晴龟曝背，风软鹤梳翎。吾欲寻珠去，白龙醒未醒。”

黑龙潭　在白龙池北，距天外村1.8公里。潭北是东百丈崖，瀑流下泻，直冲崖下石穴。石穴因常年溪水撞击，腹大口小，形若瓦坛，深广数丈，传说与东海龙宫相通，故名“黑龙潭”。潭之西有西百丈崖，西南有南百丈崖，每夏秋之际，阴雨连绵，三条瀑流犹如玉龙从云中凌空而降，古称“云龙三现”。所以古人云：“冒雨游山也不嫌，游山遇雨景更添。”

龙潭东南隅有石亭，名“西溪亭”。北侧有清光绪三十四年（1908）知泰安府事宗室（帝王宗族）玉构题联：“龙跃九霄，云腾致雨；潭深千尺，水不扬波。”

长寿桥　在黑龙潭北，东百丈崖之上。桥横跨西溪，犹如长虹卧波。再加两侧置以红色箭杆铁栏，与青山绿水相映，玲珑别致。桥为弧形石拱建筑，1925年军阀张培荣建。桥两侧有石亭，东为“云水”，西名“风雷”，1965年建，遥遥相对，供游人小憩赏景。

桥北涧底平缓，溪水潺涓而来，骤然飞落绝涧，似银河倒流，生风化雾，气势磅礴。因瀑泻若垂绅（古代士大夫系的大带子），又名“天绅泉”。崖边有几条平行白纹横贯东西，因其南是悬崖，如游人越过此线，即有滑下深涧丧生的危险，因名“阴阳界”。为防意外，冯玉祥先生在泰山时曾在界北设铁栏防护。后来铁栏被冲毁，1976年又重设护栏。

桥与栏之间是广阔石坪，被山洪溪流冲刷得光滑平整，一尘不染，游人多坐坪观景。民国间吴迈在此大书“洗我国耻”、巩如峰草书“还我山河”。

无极庙　在西溪西侧，距长寿桥0.4公里。原为西溪古刹竹林寺遗址。寺莫知所始，自唐之后屡经兴替。元代元贞年间法海僧重修时，文学家李谦在重修碑中记述道：“东振齐鲁，北抵幽燕，西逾赵魏，南距大河，莫不闻风趋赴。其送施者朝暮不绝。”明代高丽僧满空拓建，至明末仍盛，萧协中云：“小径沿山，清流夹道，盘曲羊肠，景随步换。抵寺，四水参天，朱樱满地，晨钟晚磬，另一凄清。”寺后毁。1925年张宗昌督鲁时，兖州镇守使张培荣封其夫人为无极真人，建无极庙于此。

庙由庙门、正殿、东西配殿和禅房组成。庙门联曰：“天台岩下藏五百，须弥顶上隐三千。”院内石筑正殿三间，门额“太虚灵妙”，联称：“玉楼琼华高山阆苑，青琳翠水俯视昆仑。”东间前窗额“泰岳仙宗”，联：“涵阴育阳，两仪之始；开天辟地，万法所宗。”西窗额“乾坤正体”，联：“普降甘霖，慈云垂荫；宏开觉路，宝月增辉。”正殿前有东西配殿各三间，西院为禅房院，有西屋、南屋各三间。1986年对其进行了整修。

庙门外有碑三块，记创建无极庙和长寿桥的经过。

天胜寨遗址　自无极庙西北行，沿高岸石级约2公里即是。这里东临深谷，仅有自然石门可通，形势险要。入门后北崖有金贞祐三年（1215）题刻：“公府东至大滩，寨部领人夫勾当使州，委差修完山。”西行忽开阔坦荡，北有一洞，门额称“玉皇洞”，因洞中可窥天三处，故又名“三透天”。洞前为西汉末年赤眉军寨址，房基、张旗石、柱窝、石臼皆存。西南山岗为跑马场，西北山岗平坦处为演武场。场北侧有山坳，西有三石洞，其一额“仙阳洞”。洞皆阔宽，石墙隔间，为民国间女道修行处。

当年赤眉军为暂避官府镇压，由琅琊（今诸城）开赴泰山，利用山险地势，修栈道，设望哨，开校场，筑房宅，建立根据地，扩充壮大队伍。王莽于地皇三年（22）派太师王匡和更始将军廉丹率兵十几万，东征赤眉，在无盐成昌决战。赤眉军领袖樊崇作战勇猛，大败官兵，更始死于乱军之中，王匡落伤而逃，20余名将领被杀，一万余人被歼。无盐大捷后，赤眉军发展到几十万人，更始二年（24）兵分两路直杀长安。途中因“人心思汉”便立皇族，年仅15岁的牛官刘盆子为帝，立号“建世”。所以天胜寨又叫“刘盆子寨”。如今傲徕峰之阴壶瓶崖上有刘盆子洞，俗称“牛王洞”。明代宋焘在《泰山纪事》中言：“琅琊人樊崇起兵于莒，转入泰山，后议立盆子时，兵已数十万，鼓行而西。则盆子固未尝据此，特以崇归盆子，部下名刘盆子寨耳。”

扇子崖　距天胜寨约1公里。沿石阶西行，见路北有高峰，形似雄狮，因名“狮子峰”，俗称“骆驼峰”或“鸡冠峰”。再西又一峰，高耸峻削，如同巨扇，故叫“扇子崖”。明代杨博题名“仙人掌”。其峰峻拔奇特，丹壁如削，惊险难攀，只有从西南隅借助绳索方可攀爬至巅。明代举人王无欲曾筑室崖巅，后又结茅其下，曰“西山别业”。清代孙宝僮在《扇子崖诗》中写道：“剑峰怒刺天，积铁拔千仞。阴崖辟断崿，欹侧恐重偾。俯临鬼谷幽，奇倚丈人峻。望来方骨惊，栖者先足振。石屋依崖悬，断壁垂绠进。造物既设幻，斯人亦好遁。何年寻猿栖，此日欲鹏运。矫首望青冥，浩然已神奋。”

扇子崖之西是傲徕峰，又名“芙蓉峰”。因巍峨突起，有与岱顶争胜之势而名。峰虽高不过泰山主峰之半，但犀利峥嵘，傲然不向泰山低头。古有民谚：“傲徕高，傲徕高，近看与岱齐，远看在山腰。”

峰之西南，绝壁之下有月亮洞，阴森可怖。内有清泉，冬春两季渗泉沿洞顶下滴，结冰为柱，似龙宫冰穴。民国初，有女道在此修炼。有一天，女道正在洞中盘膝打坐，忽觉身轻上浮，她自以为功成道就、天仙召唤，惊喜若狂。但抬头一望，见大虫长舌似火，虎视眈眈，女道遂惊呼逃跑。

傲徕峰与扇子崖交接处有山口，山口后是长谷绝涧，因旧时多青桐，故名“青桐涧”。涧北是壶瓶崖，因危崖万丈、突兀类古鼎彝状而名。站在山口，东瞻扇子崖如半壁城垣，摇摇欲坠，让人心惊目眩；西望傲徕，层叠而上与天接；北眺壶瓶崖，绝壁入云，连绵数里。刘应时诗云：“独秀西南数傲徕，天门洞宇镇蒿莱。竹林曲抱青峰云，月障高悬碧涧开。石壁谷中云散去，仙人掌上鹤飞回。登临不尽平生兴，对景愧无作赋才。”

元始天尊庙　在山口前，明代王无欲建。原有石庙，名“无梁殿”，祀玉皇大帝，后毁。民国间道士梁鸿峻重修。今院内有天尊殿三间，原祀元始天尊像。西侧为地母宫、吕祖祠、太阳庙、太阴庙。地母宫后有圣贤洞，因地僻失修，陆续坍塌。

自庙西侧沿石阶顺涧下行约60米，有石洞南向，清光绪二十三年(1897)建，内原祀玄武神像，题额“镇武洞”。民国十三年(1924)重修时又额“玄天上帝”。玄武即四方四神之一，道教常以青龙、白虎、朱雀、玄武作护卫神，以壮威仪。宋真宗因避圣祖赵玄朗之讳，改玄武为真武，尊为“镇天真武灵应祐圣帝君”。再沿阶而下是会仙庵旧址，今房基尚存，并有石庙。

南为弄水岩，双峰崛起，涧水东流，自西百丈崖下注西溪。

自无极庙至扇子崖庙盘路皆为民国间道士梁鸿峻募化修建。

黄西河　西溪上源。因上纳龙峪之水，又经中天门黄岘岭西侧而名。自长寿桥上行1.65公里是黄西河桥，越桥不久，路西北侧有深池，因周围有马蹄迹而名“马蹄湾”。此处又因有“仙人草履”之迹，故名“仙趾峪”，俗称“马蹄峪”。

自马蹄湾转而北，顺大虎峪中野径，逶迤曲曲约行2公里即是“九女寨”。明人查志隆撰《岱史》云：“昔有九女避兵于此。”至今峰巅尚存房基。《泰山道里记》载：“地多石英，白者如水晶，有色淡紫者莹彻五棱。《魏书》：‘景初元年(237)增崇宫殿，凿泰山之石英也。’”寨峰南崖有石人悬立，似猪八戒捧爵饮酒，故名“八戒饮酒”。其西北为三尖山，今称“龙角山”。自山阳看双峰突兀似龙角，从山阴则见三尖之峰耸峙天表。这里峰峦峻峭，草木郁郁，人迹罕至，野兽出没，阴森可怖。仰视峰巅，毛骨悚然，惊汗流背。山之阴是桃花峪。

马蹄峪东是黄西河水库，1984年动工，1987年竣工，蓄水60万立方米，供中天门及岱顶用水，解决了泰山主景区饮水难的问题。水库东南有养鹿场。由此至中天门5.15公里。

第五节　岱顶

自南天门至玉皇顶称岱顶，面积0.6平方公里。登此日近云低，如入天宫，可跨天门、游天街、望天阙、渡仙桥、逛琼阁；可尽赏“旭日东升”“晚霞夕照”“黄河金带”“云海玉盘”“碧霞宝光”“隆冬雾凇”等奇观；虚幻缥缈，绝妙无穷。岱顶有碑碣22块，刻石245处。

南天门　又名“三天门”。恰处于石壁谷上口，海拔1460米，不仅形势险要，而且恰恰在登山盘路中轴线上端，使游人在山麓即可仰望观瞻。每当山间云雾出没变幻时，天门在云海中时隐时现，十八盘似天梯倒挂，雄伟壮观。

南天门原来并无室宇，元初岱庙住持道士张志纯创建。门为城楼式建筑，石砌拱形门洞，上复摩空阁三间，黄琉璃瓦重檐歇山顶。阁额“摩空阁”，门联：“门辟九霄，仰步三天胜迹；阶崇万级，俯临千嶂奇观。”游人登此，一览众山，满目空翠，疲劳顿失，使人情不自禁地吟诵李白的千古名句：“天门一长啸，万里清风来。”南天门在泰山主峰中居于突出的地位，双峰夹峙，犹如天门自开，真乃“山如穹窿势浑成，盘道千重若龙腾。云中回首惊来路，岱顶犹忆遥参亭”。南天门是自然景观与人文景观巧妙结合的典范，人工借自然之势，自然借人工之力，可谓匠心独运。

南无门前西侧有石屋，内有《天门铭》。元代著名书法家杜仁杰撰文，东平路总管严忠范正书，中统五年（1264）立，记述张炼师建南天门“经构累岁乃成”的经过。

南天门内是封闭式小院，北为正殿，两侧是配殿。正殿原为三灵候殿，祀周谏官唐宸、葛雍、周武。传宋真宗东封泰山时见三神人于天门内，因加封供祀。后改为关帝庙，前廊下有清道光间知泰安县事徐宗干立《关公圣像碑》，并题跋语。中华人民共和国成立后改为未了轩。殿内今置东岳大帝铜像，西侧有明万历间御制铜钟。

1984年重修南天门及未了轩，重建东、西配殿，并在正殿北新辟观景台，石栏半围，开阔宽敞，供游人眺望岱阴诸景。

月观峰　在南天门西，因与日观峰对峙而名，又讹称“越观”，能望古越国。又因天晴气朗时，可望济南灯火，俗称“望府山”。山头上有亭，名“月观亭”。山阳为泰山索道南天门站。山阴有两石对立如门，故称“西天门”。《汉官仪》及《泰山记》所谓“山顶西岩为仙人石闾也”。明万历四十四年（1616）钟惺、林古度均题“西阙”于此。钟惺在《登泰山记》中颂道：“岱之为天门者三，西天门者，石自门焉，真天门也。”

天街　南天门东北有石坊，明人题额“升中”（古帝王祭天上告成功），清末废。1986年重建，四柱三门式花岗石牌坊。石坊雕刻四根通天盘龙石柱，八座戗柱石麒麟，造型别致，武中奇题额“天街”，故今称“天街坊”。自此至碧霞祠为天街。

坊东路北为唐代文学家苏源明读书处故址，苏京兆武功（今陕西武功县）人。少孤贫，客居徐、兖，刻苦攻读，博览文史。天宝中登进士第，累迁秘书少监，与杜甫交谊极深。杜诗曾云：“武功少也孤，徒步客徐兖。读书东岳中，十载考坟典（古书的通称）。”清乾隆十二年（1747）在此建行宫，御书额“云巢”，后圮。

天街北侧，自明清至民国间，贫困的山民在一排排小茅草屋内经营着茶水和客店，因旧时善男信女多是文盲，各店铺均以木雕“双升”“棒槌”“金钟”“木碗”“鹦鹉”等实物为招牌，招徕顾客。

近些年自西向东改造和加宽了路面，整修了旅馆、饭店，新建仿古阁楼式升中阁及蓬元、工艺美术、碧云斋、白云居等商店。道路平整，殿宇毗连，如同天上街市。

凤凰山　在碧云斋之东。东崖有清嘉庆三年（1798）金棨大书“气通帝座”四字，下有古刻西夏文碑。山前旧有明人建蓬元坊。唐代杜光庭《洞天福地岳渎名山记》：“泰山周回一千里，名蓬玄之天。”坊依此而名。街南为象山，俗称“象鼻峰”，因山南端似象鼻而名。峰西有白云洞，又名“云窝”。因地处悬崖、下有绝涧、巉岩多窍、白云缭绕而名。洞内明人题“卧云”“锁云”，洞口有清光绪四年（1878）山东按察使豫山题联：“品物流天，万民所望；山泽通气，百谷用成。”东侧有“白云深处”“山河一览”“贮云峰”“白云洞”诸刻。

洞南深谷峻削，因名“百丈崖”。

象鼻峰之东有青云洞，传阴雨天洞内冒青烟，与白云洞之云相遇即雨遍天下。

凤凰山之东是围屏峰，又名“悬石峰”，前有白云居商店。东为虎头崖，因巨石状如卧虎而名。上有1984年6月10日邓颖超登泰山时题“登泰山看祖国山河之壮丽”。崖南跨涧为莲花峰，五峰攒簇如莲花，上题“海日石莲”。峰东为五花崖，峰崖相连，因旧时谷中有盘路，登峰视盘道中往来行人如蚁，俗呼“望人峰”。峰顶有试心石，二石勾连于上。旧传登之心诚则不动，若动摇则表明心不诚，便跌入崖底。

虎头崖东为避风岩，因向阳背风而名。

孔子崖　在天街东首路北山坞后。据《韩诗外传》载，颜子与孔子登泰山望吴国都门，颜子见白练，孔子指为马。因名“孔子崖”，又叫“望吴峰”。崖上有“泰山乔岳”“高山仰止”“遵循圣经”“谢洙登此”诸刻。

崖东北为岱顶宾馆。崖西南有崇岗，传吕洞宾常登此，故名“登仙台”。崖东南为孔子庙，明嘉靖间尚书朱衡创建，万历间郝大猷、查志隆重修，有正殿、配殿、南山门。内奉孔子铜像及四配像。清康熙间重建，乾隆间改建于旧基南，御书额“因高喻大”。中华人民共和国成立后渐毁，今存清代孔子石像及徐宗干于道光年间题联：“仰之弥高，钻之弥坚，可以语上也；出乎其类，拔乎其萃，宜若登天然。”1984年自天街至孔子庙前新建盘道125米，台阶96级，外安垂带石。门前筑平台，盘路口重建“望吴圣迹”石坊。孔子庙也正在重建中。

庙前路西旧有万寿宫，明万历四十二年（1614）建，祀九莲菩萨孝定皇太后铜像，崇祯十四年（1641）复增祀智上菩萨孝纯皇太后铜像。宫毁于前清，像移至山下天书观，庙东南为斗仙岩，明代人大书“振衣岗”，多宋元人题名。上有鲁班洞，稍北为北斗坛，明万历时筑：四面皆门而中通，上复为台，名“礼斗”，俗呼“辅、弼二星”，取泰山北斗之意。民国间台毁，1984年重建。台顶设有泰山花岗岩石栏杆，上刻牛郎、织女、天鹅、北斗等图案，台中心设有一块石制圆形日晷，刻有子丑、寅卯等十二个时辰。重建后的北斗台巍然肃穆，十分壮观。

北斗台东有巨石，高耸若鼎彝，明代查志隆题“天柱”。因峰前即玉女池，是秦李斯篆书《泰山刻石》立石处，故俗称“斯碑崖”。崖上有宋熙宁八年

（1075）题名："新兖守（兖州太守）尚书外郎马熙，自仙源（今山东曲阜县）来谒帝祠（岱庙），是日登岳，遍游东西绝顶，新宿州掌岳掾（主管泰山的副官）林会从。"

斯碑崖南原有明代建西公署，额称"仰止亭"，凡达官止宿于此，清代废。

碧霞祠　在天街东首，距南天门0.54公里，是碧霞元君的上庙，宋大中祥符间创建，名"玉女祠"，金称"昭真观"。明洪武间重修，弘治间改称"灵应宫"，嘉靖时拓建，额称"碧霞灵佑宫"。今称"碧霞祠"。祠为二进院落，以照壁、金藏库、南神门、大山门、香亭、大殿为中轴线；两侧为东西神门、钟鼓楼、东西御碑亭、东西配殿。

南神门外是金藏库，俗称"火池"，专供香客焚纸烧香。火池南是照壁，大书"万代瞻仰"。前院南神门上有歌舞楼，盘路穿越东西神门。院中东有钟楼，西为鼓楼，北为重台。

后院有南大门五间，筑于重台上，铁瓦九脊歇山顶，前后廊式，檐施点金彩绘。前后廊东西山墙下各筑神台，供四方护卫神青龙、白虎、朱雀、玄武铜像，以壮威仪。后院大殿五间，廊式九脊歇山顶，瓦垄计360，象征周天之数。因山高风大，瓦多堕毁，故盖瓦、鸱吻、脊兽、檐铃均为铜铸。檐下有清乾隆十三年（1748）御赐匾额"赞化东皇"。殿内中悬清雍正九年（1731）御赐匾额"福绥海宁"。下有神龛，内祀碧霞元君铜铸坐像，凤冠红袍，慈颜庄重。两侧为眼光、送生二圣母铜像。像前有木制东西宝库，储存捐施。

大殿前有东西配殿各三间，上覆铁瓦。东殿祀眼光奶奶铜像，西殿供送生娘娘铜像，分别题匾额为"受安之佑""诚有感应"。院中为香亭，即明万历间所建金阙处，后移至山下。今亭重檐八角，黄琉璃瓦歇山顶，内祀碧霞元君铜像，传吕纯阳题额"金光普照"。亭两侧有铜碑对峙，东为明万历四十三年（1615）大学士方从哲奉敕撰、礼部郎中汪民孜书并额《敕建泰山天仙金阙碑记》；西为明天启五年（1625）立《敕建泰山灵佑宫金碑记》。香亭前有明嘉靖和万历间铜铸千斤鼎和万岁楼。

院东南、西南隅是御碑亭，内有清乾隆皇帝御制玉碑，刻乾隆登岱诗。

霞碧祠是岱顶最大的高山古建筑群，巍峨严整，气势宏伟，远望白云萦绕，金碧辉煌，俨然一座天上宫阙。明代万历间礼部尚书兼文渊阁大学士王锡爵在《东岳碧霞宫碑》中描绘道："琼宫银阙，连岭被麓，丹青金碧，掩映层霄。香烟烛焰，若云霞蒸吐碧落间，是为碧霞元君之宫。”碧霞元君是泰山女神，又叫“泰山玉女”，俗称“泰山老奶奶”。其神历史久远，众说纷纭。据清代唐仲冕《岱览》载，李斯随从秦始皇东封，在泰山顶发现了玉女像，因祭之，称“神州姥姥”。《文献通考》云，宋真宗东封泰山在玉女池内发现泰山神前的侍女石像，便令皇城使易以玉雕像，并建石龛奉祭。真宗封其为“天仙玉女碧霞元君”。从此香火大盛。

碧霞元君的由来，还有很多传说，晋代干宝《搜神记》传为东海泰山神女；南朝梁沈约《宋书·符瑞》言玉女是天赐之妾；唐刘禹锡《送东岳张炼师》中有“久事元君住翠微”之句；宋李谔《瑶池记》以为黄帝所遣玉女；明万历间岱顶御制铜钟上有《太上老君说天仙玉女碧霞护世弘济妙经》，言玉女是西天斗母精运元气的化身，在泰山修炼年久，功成道就，受敕“弘济真人”，“永镇泰山、助国裕民、济厄救险、赏功罚罪，自受敕命不得有怠”。而民间则传元君是石徂徕的三女儿，修炼成仙。

泰山神主要是帝王崇祭，而泰山老母则是帝王、百姓均崇祭，自宋代至民国间历代不衰。苏辙《岳下》有“车徒八方至，尘坌百里内”之句。清韩锡胙《元君记》载：“统古今天下神祇，首东岳，而东岳祀事之盛，首碧霞元君……自京师以南，河淮以北，男妇日千万人。奉牲牢香币，喃喃泥首阶下。”明清时全国各县均有泰山行宫元君庙，仅京都就有五六处，香客云集，烟雾终日缭绕。

东神门外路北是清代驻跸亭。明代置东公署，香税总巡官曾住此。泰山香税始自明初，清雍正十二年（1735）奉旨永禁。今为道院。院之对面为宝藏岭，因上有巨石类狮，俗称“狮子峰”。

大观峰　在碧霞祠东北。因峰上刻唐玄宗于开元十四年（726）御制《纪泰山铭》洋洋大观而名。又因绝壁如削，而名“弥高岩”。

《纪泰山铭》俗称“唐摩崖碑”，高13.3米，宽5.7米，上刻序言、铭文及额款共1009字，是唐玄宗东封泰山颂功德的纪事碑。1982年重新贴金，体伟幅巨，飞龙蟠首，金光夺目，蔚为壮观。碑文通篇为八分隶书，文辞雅驯，分隶遒逸。明代文史学家王世贞评论说：“穹崖造天铭书，若鸾凤翔舞于云烟之表，为之色飞。”《重修泰安县志》载：“盖自汉以来，碑碣之雄壮未有及者，相传燕许修其辞，韩史润其笔，以故文颇雅驯，不猥弱。而御书遒劲若怒猊渴骥，羁束安闲，不比《孝经》之多肉少骨。”

纪铭西侧原有唐玄宗从封大臣题名，又有唐高宗封泰山时中书舍人李安期于乾封元年（666）撰《封禅朝觐坛颂》，后均铲毁。再西是云峰，因常有云雾缭绕而名。峰上有唐文学家苏颋撰、书法家梁升卿八分书《唐玄宗东封朝觐颂》。后明人刻大字尽毁。今上有清康熙皇帝题“云峰”二字，下有乾隆皇帝诗刻《夜宿岱顶作》。

大观峰和云峰上题刻遍布，重重叠叠，能识者80余处。“天日苍茫”“呼吸宇宙”“置身霄汉”“青壁丹崖”等大字与纪铭辉映；唐刘仁愿、宋赵明诚、元徐世隆、明朱衡、清阮元及施闰章等历代名流题名均历历在目。

大观峰前原有东岳庙，是东岳大帝的上庙，历史悠久，元、明、清重修，乾隆皇帝题额“资始惟生”“上摩苍昊”，民国间被毁。今存台基及清咸丰七年（1857）重修碑一块。

大观峰东南有《宋摩崖碑》，上有宋真宗东封泰山时御制功德铭。明代翟涛书“德星岩”，将其镵毁。今剩篆额“登泰山谢天书述二圣功德铭”。上有“泰山乔岳”“俯仰乾坤”“天柱东维”“超然尘表”“只有天在上，更无山与齐”等大字题刻。

云峰西南盘路旁有柱石突兀，南刻“一拳石”，北书“聪明正直”，即清代孔贞瑄所谓“真泰山取五岳真形之义”。西北为青帝宫，由山门、大殿、东西配殿组成，祀主管东方的天帝之一青帝。又西为后寝宫，明称“神憩宫”，由正殿和东西配殿组成。两宫均创建于明，重修于清，像被毁于民国间。今殿宇完好，为岱顶宾馆。

玉皇顶　距碧霞祠0.5公里，为泰山绝顶，海拔1545米。旧称“太平顶”，又名“天柱峰”，俗呼“玉皇顶”。上有玉帝观，即古太清宫，今称“玉皇庙”。由山门、玉皇殿、观日亭、望河亭、东西道房组成。庙创建无考，明成化间重修，隆庆六年（1572）都御史万恭改殿于巅北，使极顶石重见天日。中华人民共和国成立后多次修葺，1982年又重修。庙内正殿三间，硬山前后步廊式，内祀明代铜铸玉皇大帝像。神龛上匾额“柴望遗风”，言远古帝王曾在此燔柴祭天，望祀山川诸神。东亭可观日出，西亭可望黄河。

殿前有极顶石，民国十年（1921）增修石栏时王钧题“极顶”。极顶石西北有《古登封台碑》，表明古帝王登封泰山在此设坛祭天。马第伯《封禅仪记》：“东北百余步，得封所，始皇立石及阙在南方，汉武在其北，二十余步得北垂圆台。”庙门前有汉武帝《无字碑》。

《无字碑》世称“汉石表”，据传碑内封藏金简玉函，故又称“石函”，是汉武帝于公元前110年东封泰山时所立，为方柱体，高6米，宽1.2米，厚0.9米。由趺座、削身、帽首三层迭递而成，以示高上加高。碑为谁立？史家众说纷纭，民间有谚语“秦始皇的碑一字不錾”，东侧明代张铨诗碑有“来补秦王无字碑”之句。至清初顾炎武断为汉碑。《史记·封禅书》：“自泰山阳至巅立石，颂秦始皇帝德，明其得封也。”这是秦刻石有文字之证。又云：“（前110）东上泰山，泰山之草木叶未生。乃令人上石，立之泰山巅。”只言立石而不言其刻，是汉碑无文字之证。所以顾炎武在《日知录》中批驳说：“然则此无字碑明为汉武帝所立，而后之不读史者误以为秦耳。”郭沫若登岱顶时仍断为汉碑，并赋诗：“夙兴观日出，星月在中天。飞雾岭头急，稠云海上旋。晨曦光晦若，东壁石巍然。摩抚碑无字，回思汉武年。”

玉皇顶前盘路两侧有“儿孙罗列”“目尽长空”“青云可接”“舜至孔登”“登峰造极”“五岳独尊”“擎天捧日”等大字题刻及康有为等人题名40余处。

玉皇顶东南石平宽敞，因名“平顶峰”。清康熙二十三年（1684）在此建乾坤亭，中有碣，上刻“孔子小天下处”。孟子言：“孔子登泰山而小天下。”亭毁于民国间，碣毁于“文革”中。

日观峰　即《泰山记》所称“介丘岩”，在平顶峰东，因在此可观日出而名。又传在峰巅，西可望长安，南可望会稽，北可望齐，故又称“秦观峰”“越观峰”“周观峰”。西侧为唐宋封禅坛故址。唐高宗在此设圆坛，名万岁台；唐玄宗筑圆坛，又上筑方坛。宋真宗设圆坛。《岱史》载，明洪武初居民于山中得玉匣，内有玉简16片，刻宋真宗祀泰山后土之文。明成化十八年（1482）秋，峰侧被雨水冲出玉简。清乾隆十二年（1474）十二月有人于日观峰侧凿石，得玉匣两个，均闭封玉检金绳。其一是宋真宗登封玉册，共17简，每简字一行，尺寸如封禅仪所载相同。巡抚何里兖献于朝。峰顶旧有迎旭亭，今为泰山气象站。

峰东侧有观日长廊，1984年依崖而筑，平台地基高达7米，采用泰山花岗岩砌筑，墙体为砖石结构。全长30余米，总面积195平方米，均为大木构件，采用“苏式彩画”。亭廊衔接，似仙阁矗立，鲜艳夺目。峰北有巨石横出，名“拱北石”，俗称“探海石”。石长6.5米，上有“绝妙”“船石岩”及明代人题名等刻。拱北石是登泰山观日出的象征，已成为泰山主要标志之一。游人登临其上，尽赏旭日东升的壮观场面，亦可晴观山色、阴看云海。李兴祖诗颂：“才听天鸡报晓声，扶桑旭日已初明。苍茫海气连云动，石上游人别有情。”峰周围有臧克家题“与天地永大”、方毅题“雄峙东海”、刘海粟题“云海”、陈毅题“泰岳高耸万山丛”等新刻。峰东为鹰愁涧，烟云缥缈，深不可测。水东北流，入岱阴洗鹤湾。涧东岸北崖有古洞深敞，元初女道冠孙清静曾在此修真，因名“清静石屋”。此处川林僻旷，尘迹罕至，俗呼“仙人场”。其北为空明山，中穴通明，日光穿午。

舍身崖　在日观峰南。三面陡峭，下临深渊，旧时常有愚民为禳父母病灾，祈求神灵，跳崖以身相许。明万历初年巡抚何起鸣在崖侧筑墙阻拦，更名“爱身崖”。清康熙间知泰安州事张奇逢建围墙，并派更夫守护。1965年顺崖畔建石栏防护。崖上有巨石突兀，高约3.3米，石旁大书“瞻鲁台”，俗称“幡杆石”。传孔子曾登此瞻望鲁都曲阜。石上有1983年赵朴初题“造化钟神秀”、周而复题“烟横云倚”等刻。台东北有平坦巨石临悬崖，称“可止台”，上有宋代政和年间题名。稍南为方正石，端莹如碑制。

舍身崖南壁腰间有石龛造像，内雕文殊骑狮，疑为北魏造像。西有题刻4处，皆模糊不清。

舍身崖东南有东神霄山，崖悬天半，又名“吓人峰”。南岩有影翠石，下为九龙谷。

舍身崖西是仙人桥。两崖对峙，下临深涧，中有三石衔接抵撑而成桥。桥西南侧是望海石。巨石坦豁如鸟伏卧，石侧各有一小水槽，每逢雨后，水顺槽而流，如鸟之两翼，故明万历间林古度大书“双流翼注”。明代山东提学副使袁洪愈又大书“望海”。

望海石西南为遥观洞，俗称“昭真库”，高深幽旷。又南石壁崚嶒，为蜕仙岩。金末诗人元好问《送天倪子（即元代初岱庙住持张志纯）归布山》：“后日天门重登览，蜕仙岩下幸迟留。”又有王老石屋，翰林王从之盘坐羽化于此。稍东为涤虑谷，水西南流。中有独秀峰，俗称“石笋”。

丈人峰　在玉皇顶西，因状如老翁伛偻而名。古时尊称老人为丈人，加之附近有数块俊秀小石，故又有“老翁弄孙”之称。自古至今人们对妻父母称之为“岳父岳母”“丈人丈母”或“泰山泰水”。《酉阳杂俎》云：“明皇（唐玄宗）封禅太山，张说为封禅使。说女婿郑镒本九品官。旧例，封禅后，自三公以下，皆迁转一级，惟郑镒因说骤迁五品，兼赐绯服。因大脯次，玄宗见镒官位腾跃，怪而问之，镒无词以对。黄幡绰曰：‘此乃太山之力也。’”所以自唐始，“泰山”“岳父”便成了妻父的专称，“丈人”也由原来泛指老人而演变为妻父了。

丈人峰上有“天下第一山”“凌霄峻极”“中天独立”“东柱第一灵区”诸刻，并有乾隆皇帝诗：“丈人五岳自青城（今四川灌县东南），岱顶何来假借名。却是世人知此惯，谁因杜老句详评。”

岱顶奇观　泰山具有拔地通天之势、擎天捧日之姿，加以气象万千、瞬息万变，故大自然为岱顶制造了旭日东升、云海玉盘、晚霞夕照、黄河金带、碧霞宝光、隆冬雾凇等奇观。

自古以来，登岱览胜的游人都殷切希望看到旭日东升，这是泰山最迷人的奇观。拂晓，天晴气朗，万壑收暝，千岩送晓，一线晨曦由灰暗变淡黄，又由淡黄变成橘红。继而，天空云朵赤紫交杂，瞬息而变，但见满天彩霞与地平线的茫茫雾气连为一体，犹如巨幅油画从天而降，云霞雾霭相映，岚光宝气交辉。浮光耀金的地平线上，日轮掀开云幕，撩起霞帐，披着五彩霓裳，宛如一个飘荡着的宫灯，冉冉自天际升起。顷刻间，金光四射，群峰尽染。然而，这只不过是一般的陆地日出，而那海上日出，更为壮观。赤轮乍启，海面半吞半吐，欲上而止，跳荡恍惚，仿佛有二日捧出。太阳初露时，因受海浪影响而忽隐忽现，升起时又受波峰、波谷推进的影响而上下跳动，当强光照射在波面上时，又映出金光夺目的狭长日影。有时还能看到罕见的日珥现象，明代于慎行在《登岱记》中言：“顷之，平地涌出赤盘，状如莲花，荡漾波面而烨炜不可名状，以为日耶！已，又一赤盘大倍于先所见，侧立其上，若两长绳左右汲挽，食顷乃定。”清代孔贞瑄在《泰山纪胜》中也云：“才一转睫，倏露半体，若月弦就望。厥色殷红，韬光不耀，轮腾而上。少顷，日中忽如一灯吐焰，次如炬，次如瓶，次如罍樽（酒器），次如葫芦。上黄白，下紫赤，类薄蚀状。”日珥是太阳表面喷射的火焰状炽热气体，只有日全食时，人的肉眼才能看到它，而这一奇观在岱顶却偶能相遇。

在岱顶观海上日出机遇很少，只有夏至和冬至前后，日出方向避开胶东半岛而在距内陆最近的海域内，夜间晴朗无风，气层折射达52分以上，才能看到它。陆上日出机遇较多，在天高气爽的暮秋和云气较少的初冬，只要山下前一天刮西北风，或是雨后转西北风，次日岱顶则多天晴气朗，就能饱赏旭日东升的奇丽景色。

云海玉盘多出现在夏秋两季。早在战国时《公羊传》中就说泰山之云能雨遍天下。古人言："万古此山先得日，诸峰无雨亦生云。"泰山之云，呼风唤雨，变幻无穷：有时白云滚滚，如浪似雪；有时乌云翻腾，似翻江倒海；有时白云平铺，宛如千里棉絮；有时云霭满壑，像连绵无垠的大海，而那座座峰峦便成了海中仙岛；有时白云缠绕山腰，状如达官贵人腰间玉带，这便是云海玉盘。

每当雨过天晴，天高气爽、夕阳西下之时，你若漫步岱顶，仰望西天，就会看到一片火红，残云如峰似峦，霞光穿云破雾，五彩缤纷；天际、云朵、峰峦尽在燃烧，大地上的湖泊、潭溪成为火海。若新霁无尘，举目西眺，在那层层峰峦的尽头，有时还能看到一条金色的带子：黄白相间，金银织就，波光粼粼，莹莹烁烁，这便是岱顶奇观之一——黄河金带。清代诗人袁枚颂道："一条黄水似衣带，破穿世间通银河。"

碧霞宝光因多出现在碧霞祠东、西、南诸神门外的云雾中而名，俗称"佛光"。若遇浓雾或密云，背光而细察，便见云雾经强光照射而衍生出一个五彩光环，环之中央晃动着观赏者的身影。光环呈现出红、橙、黄、绿、蓝、靛、紫七色，绚丽动人。最外层的艳红光圈如斑斓日珥，烁烁发光。若风定雾稳，其环可持续几十分钟。

泰山隆冬，朔风冽冽，寒气逼人，气温常在-20℃以下。正是这高山严寒气候，又为泰山孕育了另一奇观——雾凇。雾凇又叫"树挂"，因潮湿气流缓行过山，经抬升冷却后，凝结成雾，在运动中触及树枝、电线、房顶、岩崖即急速冻结为冰粒，如此层层重叠，便形成茸毛状蓬松白冰粒层。殿宇盖上了绒罩，大地铺上了洁白的毛毯，石岩变成璞玉，枯枝化作珊瑚，灌木丛绽开了花朵。再经初霁的阳光照射，五光十色，绚丽迷人。

第六节　岱阴

泰山主峰以北为岱阴，群山连绵，茂林森阴，旷远清幽，峰险谷深。怪岩上倒挂古松，乱石下泉流叮咚，称为"奥区"。这里的乱石沟是泰山冰缘地貌还是冰川地貌的争论课题，对研究泰山地区新生代发育历史的恢复和泰山风景地貌的成因尤为重要。岱阴有碑碣30块，摩崖刻石34处。

后石坞　在玉皇顶东北，与岱顶相距1.5公里。自岱顶丈人峰顺坡北去，至山坳处有北天门石坊，1984年重立。原坊额称“元武”（即北方之神玄武），清代废。坊北是摩云岭，丹嶂凌空。东侧有八仙洞，危若鹘栖，传吕洞宾曾在此学道术炼丹。清代在洞口筑吕祖庙，民国间被毁。

自北天门南沿步游路顺谷东去约0.5公里便是巨石嶙峋的乱石沟，明万历间大臣、学者吕坤曾在此建避尘桥，清末被毁。水自此下深涧东折，经鹤山北又东汇为洗鹤湾，夹岸陡险，仓松横卧，水潆洄东流入溪里谷。乱石沟之东是独足盘，明万历间辟，又叫“岱阴环道”。沿独足盘行愈远，路愈险，山愈奇，景愈胜。左侧圭门清雅，苍松倒挂于峭壁；右侧大壑深邃，飞瀑溅沫；上有松林蔽日，鸟雀啾啾；下有花草争茂，野果累累。隔涧南望，峰峦巉岩，奇石突兀，秀拔万状。北崖林古度题“黄花栈”、钟惺题“空翠难强名”、清顺治间兵部右侍郎李元鼎题“松籁云壑”等。

独足盘东北是后石坞，绝壁环抱，摩空托云，崖上大书“天空山”，俗称“玉女山”。其山巅平坦，传尧曾登此，故名“尧观台”。山前有元君庙，因尼姑住持，俗称“姑姑子庙”。庙分东西两院。西院正殿祀元君，西舍祀三官（天、地、水），东舍原为万松亭，后改弥勒殿。沿石级向上进透天门为东院，正殿为三官殿旧址；西舍上为蔚然阁，下有地下室，门西向，额书“吕祖洞”。庙东为清雍正间所建“元君墓”和“白猿墓”。庙因年久失修，均坍塌荒芜。

西院元君殿后有古洞，因洞周围多黄花菜而名“黄花洞”，传为玉女修真处。洞系天然石洞，较宽阔，洞顶渗水成珠，滴入洞底深池，叮咚作响，因名“灵异泉”，又名“来鹤泉”。洞口有清康熙间巡抚蒋陈锡题“灵山玉柱”。此洞因背阴天寒，终日云雾缭绕，故有盛夏尚存冰柱的奇观。姚奎《游记》：“石窦涓涓，凝结玉柱大十围；高丈余，晶莹可鉴。”赵国麟有“洞名黄花冽清泉，六月寒冰坚玉柱”的诗句。

东院之后有莲花洞，因洞顶石瓣似莲而名。洞内有石乳泉，悬流涓滴。庙址前有绝涧，溪水东流入洗鹤湾。湾因旧时常有松鹤集憩于此戏游争鸣而名。

后石坞有明代王之纲题“玉女修真处”、吴同春书“岱岳奥区”、吴献台书“丛翠”，有清代宋思仁题“石坞云间”、周汉题“松峰叠翠”、武廷适题“雪巘云凝”等题刻30余处，有碑碣14块。

后石坞之东是九龙岗，上有鉴池，俗呼“玉女洗头盆”。北有凤凰池，东北为饮虎池。九龙岗南山崖上有天烛峰，从谷底豁然拔起，直插云霄。更奇者，峰端横生怪松，俯临万丈深渊，为天烛峰增添了风韵。峰之东又有一峰，恰处于溪里峪大谷口，因其更加高大雄伟，而名“大天烛峰”。两峰旧称大、小牛心石，又因其形如双凤，故明万历十七年（1589）吴同春在小天烛峰南侧题“双凤岭”。

后石坞到处是千姿百态的古松。有的侧身绝壁，有的屈居深壑，有的直刺云天，有的横空欲飞。乱石沟中的鸳鸯松、溪里峪中的龙虎松、黄花栈的卧龙松、玉女山崖的飞龙松、九龙岗上的姊妹松、天烛峰上的烛焰松等，均在各自特殊的自然环境中生长出独特的风姿。而这万顷松林经山风，松涛阵阵，使这岱阴石坞越发惊险幽奥。这石坞松涛连同那古洞清泉、瀑流溪潭组成了一曲神奇的交响曲，扣人心弦，让人陶醉。更奇者，每待仲秋前后，在这里还能看到四季并存的美景：花的阳春，溪的盛夏，果的金秋，洞的隆冬。清代萧儒林曾游此赋诗：“石坞松围万顷阴，纡回鹤径入萧森。凌晨海雾平清涧，向夜江涛卷碧岑。脂落悬崖收圃药（摩云岭北有采芝庵，旁有烟脂石），响连幽洞听鸣琴。耳根何幸尘缘洗，谡谡（古松劲拔）犹闻太古音。”

九龙岗东北为饮虎池，池东北为磨山，其巅有五女圈石。《岱史》云：“夜有呼号相力之声诘朝，见石垒成圈，盖五仙女为之。”北京大学考古专家据此疑为五千年前母系社会时的石圈文化，并大胆推断宋真宗在岱顶所封碧霞元君石像，可能就是石圈文化中的母神像遗存，但经笔者与北大学者于1986年联合考察，尚未发现遗址，五女圈石也已无踪迹。

佛爷寺　南距岱顶20公里。有山径南可通岱顶，北可抵济南。古寺在泰安市郊区麻塔办事处和尚庄西侧，地处佛峪北岸的山窈中。古时山民曾在峪内拾到罗汉像，因名“佛峪”，或称“佛谷”。又因南有谷山，东有玉泉，又名“谷山寺”，或称“谷山玉泉寺”，俗名“佛爷寺”。传古代有猎人行猎，在东南莲花峰侧遇到了罗汉像，每相遇即终日无所猎获，猎人大怒，便集薪焚烧罗汉。次日却见佛像坐于高崖上，而薪燎不可及，猎人恍然大悟，遂面佛跪拜谢罪。

寺为南北朝时北魏高僧意师创建，金代善宁僧重建，元代普谨僧又在东北侧创建七佛阁。后屡兴屡废，清代自道光二十三年（1843）至光绪十年

（1884）即重修四次。光绪五年（1879）重修后，第二年即遭火灾，普照寺住持华峰上人率众徒托钵城乡，募化重修。明清盛时僧侣百余名。

今院内银杏参天，石台高筑。台上原有大雄宝殿三间，中祀释迦牟尼，侧立十八罗汉，四周有壁画。正殿前有前殿三间，祀唐初政治家魏徵等塑像。殿西侧为僧房六间，“文革”中均被拆毁。台前有古银杏三株，为唐人所植，高大蔽日，大者直径为1.8米，高30余米。清光绪间《重修谷山玉泉寺碑》：“有银杏三株，簇生，每大二十余围（两只手的拇指和食指合拢后的长度），诚旷世所罕见，闻而慕之。”树下有元代《重修谷山寺记碑》，杜仁杰撰、严忠范书。树后墙内嵌金代《谷山寺敕牒碑》，上刻金代章宗时尚书礼部分别于泰和六年（1206）和大安元年（1209）所下达的两个牒文。碑首四螭盘绕，中雕佛龛，内坐释迦，造型古雅。上截是“玉泉寺蝶”，下为“香严寺牒”。上截分三层：最上为泰安州奉符县（今泰安市）第一乡泰山佛峪谷山寺授业第三代住持僧智崇，于泰和六年买到洪字第125号寺额一道，故乞书赐额“玉泉禅寺”；中为章宗皇帝完颜璟应准并赐额；下为群臣署名。牒文之上共盖有十五方尚书礼部篆印。下截是智崇僧于大安元年买到院额后，又乞请赐“香严禅院”之额的牒文。两文格式相同，是研究金代宫廷行文及泰山佛教沿革的实物资料。其字真书、行书相兼，遒劲有力。碑阴有草书小字，记叙智崇化募买额经过并附募捐者名单。此碑于1984年移至岱庙东碑廊。

正殿东侧山岗上，原有药师七佛阁，内祀大医王佛和释迦、毗婆尸佛、尸弃佛、毗舍婆佛、拘楼孙佛、拘那含佛、迦叶佛等七塑像。清中期阁毁，今唯存《药师七佛阁记碑》。碑为元代至元二十一年（1284）立，著名文学家阎复撰文，李谦八分书，翰林学士王磐篆额。文曰：“岱宗之阴曰谷山道场，岩峦回抱，林树亏蔽，盖云山之都会，烟霞之堀宅也……殿中央以居大雄法像，谓七佛之坛不可不严，于是辟增崖而阁焉。”其隶书体正笔健，秀丽典雅，独具风采。元碑之北有古松一株，蔽阴山岗，因名“一亩松”。

寺东为苹果园，石砌地堰内有古泉，大旱不减。泉侧嵌碣，金代党怀英隶书“玉泉”二大字，俗称“八宝疏璃泉”。1983年夏暴雨毁堰，碣断为两截。

寺西侧山腰有《谷山寺记碑》，金泰和元年（1201）立，大学士党怀英撰书并篆额。碑中主要叙述金代住持僧善宁、法朗、智崇等人相继重修、拓建寺院的经过：“继有僧善宁，远涉荒梗，首至谷山旧址，破屋废圮而已。独山色如旧，出没起伏，益远而益秀，善宁独喜，雅契宿心。于是日趋山下，乞菽粟，携火具结茅而休焉，往来山坂，无难色。暇日畚（音本，用竹编成的盛器）筑溪涧，勤苦作劳而无怠意，短褐芒履，从事如初。自是涧隈（弯曲的地方）山胁，稍可种艺植栗数千株，迨于今充岁用焉。斋粥所须，日益办具，凡卅余年，则谷山初祖矣。天眷二年（1139）四月间，诣官言：寺之旧地东至黑山分水岭，南至恩谷岭，西至于张远寨，稍北至于返倒山岭，有司可其请。其后，僧法朗继之，锄理荒险，不避寒暑，经营成就，复卅余年，则谷山第二祖矣……"

寺东西山岗上有巨石，均有天然大脚印，长0.4米，俗称"东西佛脚"。传神佛当年为建寺院而度一步定其基址。

寺东南为莲花峰、香炉峰，西为摩天岭，南临岱顶，北依返倒山、长城岭。

寺前为佛谷，谷南是恩谷岭，又南是谷山，其顶有孤松挺秀，耸立霄汉，俗名"定南针"。顶之东南为周明堂故址。顶之西北有二金矿洞，即明代查志隆《岱史》所言金丝洞，元初长春真人丘处机炼丹处。顶之西南有黑闼石屋。再南是卖饭棚子。因旧时济南、历城、章丘等北部地区的朝山进香者均沿此山路登岱，僧人及山民即在此善舍饭、水，或卖饭、卖水，故名。

卖饭棚子西南有峻峰似劈去其半，因名"半边山"。其南为孤山，再南是看月岩、木龟沟、船石山、岱顶。

卖饭棚子之南、半边山之东是大冰牢峪，俗称"天牢谷"。石凹极阔，冰洞甚危，又名"冰阱"。东南为扬子峪，再东是眺平台，俗称"老平台"。台南是小冰牢峪，俗称"小天牢谷"。因阴壑陡绝，四围如洞，背阴天寒，冰冻经盛夏始解，故又名"凌冰洞"。南为明月嶂，群峰秀列，俨然若屏障。其北侧有懒张石屋，传为明代著名道士张三丰修真处。其上旧时有采芝庵，宋代道人张景岩结茅隐此，因曾采紫芝一本而名。旁有胭脂石，因色红而名。南为摩云岭、岱顶。

周明堂故址　在岱顶东北群峦之中，地处大津口西北、佛爷寺东南的明家滩村。距泰安市18公里，距佛爷寺5公里，是古帝王巡狩祭天祀祖和朝见诸侯的地方。汉武帝封泰山时在此坐明堂接受群臣朝贺，并颁布诏书，说自己封泰山时看到了一种神秘的"景光"，封泰山是上天的认可。但后来因其地荒僻不显，又筑明堂于汶水之上。

明堂是古天子崇礼其祖、以配上帝的太庙，也是宣明政教的地方。传其制始于远古黄帝时，夏称世室，商谓重屋，周叫明堂。古人认为明堂可上通天象，下统万物，天子可听察天下。战国时儒家经典著作《周礼·冬官考工记》言："周人明堂度九尺之筵（竹席）。东西九筵，南北七筵，堂崇一筵；五室，凡室二筵。"西汉戴德编《大戴礼·盛德篇》："明堂九室，室有四户八窗，（共）三十六户，七十二牖……宫三百步，在近郊三十里。又云堂方百四十四尺，坤之策也；屋圆径二百一十六尺，乾之策也。"至汉武帝时，根据济南公玉带所献《明堂图》而建汶上汉明堂："中有一殿，四面无壁，以茅盖。通水，圆宫垣为复道，上有楼。从西南入，命曰昆仑，天子从之入，以拜祠（祭）上帝焉。祠太一（至尊天神）、五帝（青、白、赤、黑、黄帝五天神）于明堂上坐，令高皇帝（汉高祖刘邦）祠坐（牌位）对之。祀后土于下房。以二十太牢。"

明家滩原叫明堂村，后讹为明家滩。今有大小二明家滩村。东临竹子园，西南为黑山，西北为谷山，天津河曲绕东流。《泰山小史》："周明堂在岳之东北，山峪连属四十余里，今遗址尚存。"党怀英《谷山寺记》："耕垦之余，瓦砾被之，与沈存中（即北宋政治家、杰出科学家沈括）之说'高丽制度瓦皆有纹者'合。"民国十年（1921）村民凿井时，曾挖出古玉器20余件，被济南茹古斋骗购变卖，后在战乱中多流散于国外。明代萧协中诗云："明堂当日奠王居，水色山光丽有余。一自殿庭隤圮后，赋诗总属野人书。"

泰山齐长城　中国不仅有西起嘉峪关、东到山海关的万里长城，而且有泰山千里齐长城，春秋战国时齐国修筑。因恰好在泰山山脉和鲁中丘陵的南北分水岭上，故又称为"长城岭""大岭"。它的历史比万里长城还要久远。

春秋战国时，奴隶主贵族与新兴地主阶级发生了尖锐复杂的矛盾，周天子大权旁落，徒有虚名，许多诸侯国纷纷作乱、争霸天下。不少国家为防他国侵袭，即修长城以为防。《管子》："长城之阳鲁也，长城之阴齐也。"说明春秋时就有了齐长城。《泰山道里记》云："按：长城岭俗称大岭，古长城所经，《战国策》所谓'齐有长城，巨防者也'。《史记·六国年表》：'齐威王十一年，赵取我长城。'《楚世家》：'还，盖长城以为防。'《正义》曰：'《太山郡记》云：泰山西北有长城，缘河经泰山千余里，至琅邪台入海。《齐记》云：齐宣王乘山岭之上筑长城，东至海，西至济州，千余里以备楚。'今《泰山郡记》《齐记》皆不可见，而《竹书纪年》谓'周显王十八年齐筑防以为长城，其时盖齐威王之二十八年'。"古籍中还有齐桓公、齐湣王、齐宣王修齐长城的记载，可见修筑长城对齐国巩固边防、称霸诸侯具有重要作用。

齐长城西自长清区境内黄河东岸的古防门（今广里店），沿古济水（今黄河下游）右岸东北行，经五道岭折而东南，过万德以南的长城铺村又转而东北行。绕泰山西北麓的长城岭，东经岱阴，过泰安、历城、章丘、莱芜诸市县入博山。再经沂源、临朐、沂水、莒南、五莲、诸城等地，至著名的胶南琅琊台之北的小朱山之阴的东于家河村北入黄海，全长689.6公里。

齐长城已有两千多年的历史，如今仍有很多断断续续的城墙。自长清区城东南深山中，至泰安市下港谷山村一带，约50公里的山脊上均有底宽6～10米、高2～4米的石砌残墙。莱芜市境内的一段也长达50余公里，全段有三个门，史称三关：西有天门关，东有青石关，中间是齐鲁要冲锦阳关。锦阳关威武壮观，位于上游乡的娘娘庙村，抗日战争时毁于战火。青石关一带的城门、城墙基本保留完好。

山东半岛五莲县境北部也有长达50余公里的长城遗址，横跨潍、涓二水，历经100多个山头。此段为泰山山脉之东现存遗址中最完整的一段，尤以院西乡西段保存最好：长约1.5公里，高2.5米，顶宽3.5米，底宽6.5米，砂土夯筑，至今仍十分坚固。它坐落在马耳、分流两山之间，前后有长城村，中有古道，东西侧均筑烽火台，今台基尚存。

泰山齐长城是泰山古老文明的见证，是研究古代史和古代战争史的实地资料，是中华民族的骄傲。

桃花峪　在岱顶西北，有山路相通。原来上段称“桃花源”，下段为“桃花峪”，今统称“桃花峪”，因旧时桃林满谷而名。又因丹英饰涧，纷飞如雨，幽奥清绮，故又名“红雨川”或“红甫川”。此峪林深涧曲，豁达空旷，奇峰垒列，怪崖耸峙，逶迤10.5公里。峪底筑公路，沿途千潭叠瀑，万壑汇川，花果满谷，竹林葱翠。元代诗人泰山道士张志纯颂曰：“流水来天洞，人间一脉通。桃源知不远，流出落花红。”

岱顶月观峰西南侧为上桃峪，西北侧为沐龟沟，双谷之水与龙角山西侧的雁群峪之水相汇，聚为深涧，因名“三汊涧”，又名“桃花源”。沐龟沟北侧山岗坦处为朱红场，因沙石朱红而名。场内有二虎庙遗址，原祀黑虎神，今墙基仍存。沟下端有断崖跌瀑汇为池，名“混元池”。四周石皆黝黑，唯中央独白，宛如圆月嵌于潭中，俗称“月印潭”。

三汊涧南双峰崛起，突兀如柱，旧称“十字峰”，今名“铃铛山”，又称“笔架峰”；涧北为桃花源林区驻地；西北为老虎窝沟，沟东南为雁窝崖，石壁峻绝，今称“鹦鹉岩”。自涧北老虎窝沟口，沿东南崖攀爬0.4公里就是清风岭。其南侧为绝壁，下有洞，深10.5米，宽10米，高1.7米，名“老虎窝”。其东石棚宽敞，深4米，宽15米，高18米，东壁有明人吴同春题“岱西佳处”。再东为绝壁环抱的小石坞，断崖悬瀑，昏暗阴森，为节理发育所形成。坞内一片南蛇藤及芦苇丛，前有台基房址，为元都观遗址。

二汊涧西南为青岚岭，与清风岭对峙。其岭因山色岚光，空中常有佛光出现而名。西北为龙湾，碧潭深广。湾东侧有峦阜，峻拔如岛。西北为黄石崖，崖岩皆赤黄。其南为思乡岭，峰峦陡险，因旧时传人死鬼魂归此思乡而名。

黄石崖西北是香泉，俗称“薄湾”，池水甘洌广阔。右有浅沟峪，谷口东北为牛角洞，深5米，宽3米，高2米，系岩石风化而成。浅沟东北有野人洞，俗称“湘子洞”，传唐代八仙之一韩湘子曾在此修真。西北为映霞峰，上有傅老庵故址。再西北为猛虎沟，又名“斗虎涧”，俗称“老虎沟”。传孔子过此遇妇人哭于坟，问其故，妇人言：“我公爹及丈夫过去都被老虎伤害了，如今儿子又这样送了命。”孔子劝道：“为何不到山外去住？”妇人哭诉：“这里没有苛刻残暴的政令！”孔子哀叹道：“苛政猛于虎也！”

老虎沟西侧为河上林，因旧时多桃树而名。涧至青天岭谷口南折，下有断崖叠瀑，飞流注入石窟，西纳白草谷之水，渊深莫测，因名“大海眼”。西为幞头岩，因形如岸帻（古代包头巾）而名，今讹称“蒲头岩”。

大海眼西南，涧谷宽阔，石坪坦广，花纹斑斑，因名“彩带溪”。溪水漫石而下，汇为大池，称“彩带湾”。西南是胡桃园林业队驻地，下为竹子园，南为梯子山，远望如云梯百级，今称“屋脊岭”，南有大南沟，因双崖夹缝如线，俗称“一线泉”。西南路北有三潭相连，大者为龟湾，中有巨石如梁，似覆舟，似倒置的元宝，旧称“石艃”，今名“元宝石”。其西有巨石耸立，巅平如砥，称“钓鱼台”。台西北为老鸦峰，山石黑黎如积铁。山势若鸦欲飞。峰下为碧峰寺故址，原寺内有铁佛，故俗称“铁佛寺”。今唯存明代赐进士陕西按察司副使萧大亨于隆庆五年（1571）撰书《重建佛殿碑记》，高1.6米，宽0.76米，厚0.15米，字迹完好，与钓鱼台隔涧相对。

钓鱼台南是透明山，嵯峨峻拔，怪崖嶙峋，陡峭入云。峰顶多洞透光，峰侧有巨石如倒靴，故又名“靴子顶”。西南为中军坪，今称“后寨门”。门东南是黄石岩，因巅石土黄而名，今称“黄崖顶”。其东北为龙山，山顶为姜儿寨，寨南有巨石挺立若人，故名“真人峰”。今讹称“江米人峰”。

后寨门西北为襁负山，以大山负小山若襁子状而名，俗称“降福山”。今讹称“蒋山”或“强伏山”。山巅有巨石负小石，似老翁弄孙。山东侧为裸岩，半腰有镜儿石，巨石莹削如圆镜；西南侧有象鼻石、老鹰石、棒捶石等；东南有平地数亩，俗呼“台子地”，为古云台庵故址。此处原有明代正德年间僧人道转所立《重建三教堂碑》，1983年遭毁，今剩碑座。山之西北侧有吴道人庵，恰处于襁负山与西神库之间的青天峪源头，山坞仅亩余，千仞绝壁环围。清代宣统年间有道人于义成依崖筑庵，三层叠递而上。因崖底有古洞，曾为吴道人修真处，故名“吴道人庵”。上为玉皇殿，下为客寮香积之宅，西有清泉，前临深涧，险奥穷佳。民国间山坞及其周围曾是齐长城内外深山村民举办庙会的场所。今殿宇尚存，残碑遍地。在这人迹罕至的地方，松柏掩映，古楸遮庇，垂丝卫茅的红花粉果点缀其间，僻而幽，深而秀，险而奇。

峪口有元君庙，今剩配殿三间，古松长臂罩顶，巨柏盘旋蔽日；其北为桃花峪林区驻地；其西南北崖上原有清乾隆皇帝《桃花峪》诗刻：“春到桃花无处无，峪名盖学武陵乎。五株（指秦松）不见苍松老，半点何曾受污涂。”此刻于中华人民共和国成立后因采石而被毁。

元君庙东南为骆驼岭，前有藏峰寺，元代初年宝峰寺、竹林寺之僧定禄、福岩相继创建拓修，后屡次重修。今寺内墙基、残碑及石雕菩萨残像尚存。元代延祐年间刘绂在此撰书的《创建藏峰寺碑记》于1979年移存岱庙。

元君庙西是麻套村，北为北顶山，山脊及其山口处有齐长城断壁，逶迤10余公里。

桃花峪因溪清潭深，僻远幽绝，水质尚未污染，含氧量高，矿物质少，硬度低，故成为泰山螭鳞鱼的繁衍盛地，金、银、铁、草等四个不同品种的螭鳞鱼均在此生息。

谷内植被葱茂，林木以油松为主，间有华山松、黑松、赤松、枰柳、辽东桤等。秋天，黄花菜、南蛇藤、五角枫、菠萝树像艳丽的锦缎，将峰峦悬崖装扮得五彩缤纷。

出谷口至麻套村可乘公共汽车直达泰安市。

第七节　昆瑞山

昆瑞山为泰山支脉，在泰山东北麓济南市南郊柳埠镇东北。自泰安市越岱顶、长城岭、玉皇岭至昆瑞山约40公里；自济南市南郊越柳埠镇至昆瑞山37公里。昆瑞山，又名“昆嵛”“金庐”“金舆”，是我国古代佛教圣地。《水经注》载，东晋苻秦时竺僧朗居之。又据《酉阳杂俎》，僧朗开发金舆山，后亡，所乘之驴入深山后变成金驴，故又名“金驴山”。旧传其谷多虎狼，人多执仗结队而行，至朗公立精舍后，猛兽归服，夜行无恙。这里群峰对峙，苍柏满山，林深叶茂，翠竹参天，飞流叠瀑，清凉宜人，有碑刻100余处。

神通寺　在昆瑞山谷中，古称“朗公寺”，隋开皇三年（584）改神通。西南距柳埠镇约1公里。前秦苻健皇始元年（351）朗僧西游东返隐居泰山，在前秦、南燕统治者的支持下，“大起殿宇，连楼累阁”，创建了朗公寺。南燕主慕容德曾以三县之民赐予寺院为佃户。当时上下诸院十有余所，长廊延袤千有余间。隋唐时更加兴盛，有僧500余人，大建佛塔，广造佛像，成为山东佛文化中心之一，唐后渐衰。原寺以门楼、大雄宝殿、千佛殿、方丈禅堂、法堂为中心轴线，左右以伽蓝、达摩两配殿及斋廊为翼。至清代荒废，今剩遗址。

四门塔　在神通寺遗址东侧。建于隋大业七年（611），全部用当地大块青石砌成，是我国现存最早的石塔、最古的地面石建筑，为全国第一批重点文物保护单位。

塔为方形。单层尖顶。崇丽古朴，高15.04米，边宽7.4米，壁厚0.8米，用雕花青石砌成。四壁均有半圆形拱门，因名“四门塔”。檐部挑出，叠涩五层，顶部用23行石板，层层收缩，为四角攒尖锥形。顶端由露盘、山华、蕉叶、相轮构成塔刹。塔内有方形塔心柱，柱四面备有一尊后人移置的石雕佛像。北面佛座上有东魏武定二年（544）《扬显叔造像记》的拓片摹刻。塔后古柏参天，主干上分九枝，故名“九顶柏”，传为汉代遗植。四门塔西侧有南北朝时创建的涌泉庵，后来庙宇坍塌，但涌泉依然长流不息。

墓塔林　在神通寺遗址西北，俗称“和尚林子”，是宋、元以来历代高僧的墓地，共41座。塔林南端的一座叫“龙虎塔”，因塔身雕有龙虎而名，创建无考，疑为唐筑。塔为重檐方塔，高10.8米，砖石混合砌筑。塔身有高浮雕罗汉、力士、使乐、飞天等像，建筑华丽而古朴，雕刻精美，再配以砖砌仿木结构塔檐，更加别具一格，成为民族建筑与佛教雕刻艺术的完美结合体。附近山坡上还有一座小型石雕塔，上有唐开元五年（717）题记，并雕有龙虎，因名“小龙虎塔”。此塔原在突泉村皇姑庵，1972年移至此。

千佛崖　在神通寺西侧山腰崖壁上，是山东地区唐代早期石刻造像艺术的珍品，南北长65米，大小窟龛100余个，大小造像220多躯，题记43则。造像一般高2.6米左右，造像者多为皇亲、贵族、官吏、僧尼，刻工精湛，保存较好。其中最著名的是南第一窟，为显庆二年（657）南平长公主（唐太宗第三女）为死去七年的太宗皇帝所造。佛像面容端庄安详，丰润和蔼，线条柔和流畅。同时还有齐州刺史上柱国驸马都尉刘元意（南平长公主的丈夫刘政会的字）和青州刺史赵王李福（唐太宗第十三子）分别于显庆二年、显庆三年为太宗皇帝敬造佛像，并题刻祝词：“四夷顺命，家国安宁。法界众生，普登佛道。”

九顶塔　在柳埠镇南2.5公里处的灵鹫山南麓。建于唐代，单层八角，通高13.3米，实体塔心。其结构奇特，塔体呈凹形曲线，八角各隅之上筑有高达2.84米的三层小塔，中心部位筑以5.33米高的同型塔，聚为九顶，故名“九顶塔”。其造型华美，设计精巧，为我国罕见。

第八节　娄敬洞山

娄敬洞山位于泰山西北麓，在长清区张夏镇东南。《泰山小史·娄敬洞》云：“由岳顶而西，涉险蹈危，行可百里，众山巑岏之中，汉娄敬隐是。”山因传说汉高祖刘邦的谋臣娄敬（今山东人）将军曾在此隐居而名。又因山形似老龙盘曲，如佛座莲台、莲朵，故又名“蟠龙山”“莲台山”“万花山”等。这里长谷深幽，丹崖翠峰，历史悠久，古迹遍布；奇峰环围如城郭，古洞毗连似仙府；

林木茂密，鸟语花香；景色秀丽，深藏绝胜之处。

民国间李镜蓉在《重修老君洞记》和《创修张良祠碑记》中，曾概述其特点和历史：“济南长清境之名山三，曰灵岩、曰五峰、曰莲台。此皆泰岱钟毓而岩谷幽秀者也。然灵岩、五峰局势宽敞，岭壑峻幽，古称胜境，但古洞甚少，不若莲台山之洞多，且深藏也。”“吴越春秋时，范蠡伐吴后易姓名来隐于此，有碑可考。迨汉留侯张子房（汉初大臣张良之字）辟谷于此，其对高祖云：愿弃人间事，欲从赤松子游者在此也。因名张山。及汉将军娄敬亦栖隐于此，故名娄敬洞山……后历唐宋明清诸代，有得道之人何胜枚数。”又传，张良欲杀秦始皇，先与娄敬谋划，因在博浪沙（今河南原阳县）狙击始皇未遂，始皇大怒而“大索天下”，所以他们便隐此避秦之害。后历代“殿宇峻起，神像璀璨，金碧辉煌，山谷生色”。清嘉庆间，因香火特盛，道人不规，被长清县令李应曾查抄封禁，没收田产225亩，房75间，改建书院。自此之后百余年间庙毁林伐，山洞苍凉。至民国六年（1917）经邑人周连钦、李镜蓉、王蕴芳等人提倡，捐资整修，焕然壮丽。继而又植树造林，松槐耸翠。此山自古有七十二洞之说，著名的有青龙洞、王母洞、八卦洞、火龙洞、仙姑洞、三清洞、娄敬洞、老君洞、朝阳洞、聚风洞等。至今山内尚存寺庙及其遗址10余处、碑碣40余块。

蓬莱观　由张夏镇沿环山路南行2公里是丁家庄，因清初历城县民丁仲选出家为僧，来此开辟山场，聚众说法而名。转而东1公里便是娄敬山谷，俗称“小娄峪”。谷外沙河横流，谷内拱形门石砌坊耸峙，额书“莲台胜景”。坊壁嵌1935年周连钦撰《建修石坊字版》。坊内为洞虚观遗址，仅存元代诗人、散曲家杜仁杰所撰重修碑。沿谷南岸东上为蓬莱观，重修后的无梁殿尚存。明崇祯九年（1636）《重修观音堂碑记》及清康熙年间《创建三元宫碑记》《重建蓬莱观碑记》等碑碣仍完整无损，惜旧志所言观内白鹤泉已枯塞。东为张仙祠，民国初创建。祠坐东朝西，大厅三楹，南北配殿各三间，山门一间，基本完好。厅后有万花洞，北有破败茅屋院落，为王蕴芳修养处。

青龙洞　自张仙祠南行远望南山，峰峦端坐如僧，奇险峻拔。再沿密林小道顺陡坡向东南攀登是青龙洞，洞口西北向，洞高1.9米，宽1.5米，深40米，外大内小，呈蛇尾状。继续上登是王母洞，险居东山腰，高2.3米，宽1.7米，深20米。民国初重修洞门，额书“西望瑶池”，联曰“壶中灵药山中采，宴内蟠桃洞内寻”。洞内有石雕王母像，高1.5米，丰姿端庄，衣带飘然，完整无损。洞分上下两层，开凿竖井相连，井壁高13米，有28级石阶，游人可只身沿阶向上攀登。上洞高15米，宽3米，深40米，洞口呈竖梭形。站在洞口远望轡岑高峙，郁垒远围，山草野卉，争逞异态，俨若桃源。洞北侧有王母泉，水虽不甚旺，但大旱不涸。

玉皇殿　沿山腰北去至谷底为梯子崖，蚁行攀缘而上，又有高崖，崖壁刻周连钦打油诗《群仙赏山祠》，壁根有细流渗出，成三泉。崖巅悬筑天台庵玉皇殿，小巧玲珑。殿两间，面西，院两米见方开南北山门，南门额书“南天门”，门下有清康熙年间摩崖刻石《重修天台观碑记》及嘉庆年间《重修玉皇殿记碑》。出北门是绝壁环抱的深洞山坞，有三洞毗邻。南为八卦洞，高2米，宽7米，深13米，洞口两侧有线刻人物画，粗犷古朴，疑为秦汉遗作；又有摩崖刻石，记明嘉靖二十一年（1542），因道姑高大霞于三年前在此逝世而塑像纪念。北为仙姑洞，高2米，宽3米，深3米，内有悬伞宝盖钟乳石，秀美奇观。中为火龙洞，高8米，宽2米，长10米。洞口有李镜蓉撰《重修莲台山火龙、八卦、三清、仙姑等洞碑记》，文称：“火龙洞冬暖如炉，八卦洞夏凉，居之可置丹炉。”

三峰山　南天门东是娄敬洞山的主峰三峰山，小娄峪至此被峰峦阻截为坞，全长3公里。坞底北侧有三清洞，高7米，宽8米，深10米，内有神龛，供三清天神石雕像，额书“古今独尊”，联曰“道大千年祀，德高万世师”。洞西有清康熙年间摩崖刻石《三清洞碑记》。坞东崖壁上凿石成龛，依崖雕成大佛像，高5米，宽2.7米。龛外建殿，额书“主佛殿”，墙内嵌1926年《创建主佛殿碑记》。谷口外是俊秀的馒头山，它的整个山体即是出露齐全的寒武纪标准地层剖面。殿南便是娄敬洞。

娄敬洞　娄敬洞又名“白鹤洞”“灵芝洞”，据传古时聚白鹤、多灵芝。此即所传范蠡、张良、娄敬隐居处。洞口西北向，高8.5米，底宽7米，呈三角形；洞内宽敞似厦，高45米，宽30米，全长175米，洞中有山，洞中有洞，阴森黑暗，崎岖难行，游人须结伙持手电筒方可穿行，因山系古生代沉积岩，易于被水侵蚀，所以洞内多钟乳石，奇形怪状，似人似兽，洞顶最高处栖居着密密麻麻、数以万计的蝙蝠。行至东南向洞口，有巨石如虎影，旧时前有神龛，供范蠡、张良、娄敬三石像，中华人民共和国成立后尽毁，今龛基尚存。古洞东西相通，出东洞口后仰视其上，但见三峰山突兀峻拔，摩云接天；

俯临下界是深山盆地，俗称“大娄峪”，梯田环绕，山庄居中；远眺东南，岱峰如人峙立，恰与洞口相对。洞南侧石壁上有金代皇统九年（1149）的摩崖刻石，述其透明岩洞的历史：“济南府长清县天花南管陇山，其山有洞，名曰白鹤、灵芝，洞下有灵泉，上有三峰，汉朝娄敬先生号草衣子住洞，迄今千三百余年矣。洞有古塑范蠡、张良及先生之像，今者住洞道人徐真道及禹城善人张彦等……”

老君洞 返至梯子崖下，沿北岸山腰小道西北行约百米，即是险居悬崖峭壁的老君洞，民国间依崖砌阶，如天梯直上。洞高3米，宽5米，深4米。洞口建小庙，额书“福佑群生”，联曰“前古后今道远大，上天下地我独尊”。内供石雕老君像，今唯剩石身。洞外立1923年李镜蓉撰《重修老君洞记碑》。北为玉柱峰，夏季大雨后水从石窟喷出，形成飞瀑奇观。再返至梯子崖下西行是吕祖祠，民国间创修，正殿及山门尚存。殿西侧为历城张英麟题“清静别墅”，山腰坦处，一片废墟，院内有清康熙间《创建九皇堂碑记》和民国间《段公祠碑记》《重修七真院吕祖祠祀》等碑碣。由吕祖祠东侧沿盘道上行是朝阳洞，洞居峭壁，石磴悬空。洞外筑清雅小院，洞内分内外两洞。外洞如屋，高3米，宽5米，深7米，中间修神龛，内供浅石浮雕太上老君、吕祖、白鹤盲人三神像，额书“默朝上帝”，联曰“洞古山深修罗汉，阳生阴灭炼真人”。洞壁灰饰精工，白光耀目。内洞口小腹大，高2.5米，宽4米，深24米；持灯入内见钟乳石如莲花、如灵芝、如云如盖，精美玲珑；洞中央筑神龛，不知原祀何像。

朝阳洞之西是天烛峰，拔地而起，奇峭俊秀，峰腰有透明洞，俗称“风洞”，可沿天然断层云梯蚁行入洞，峰之西南为谷口。

娄敬洞山不但怪峰垒列、幽洞遍崖，而且山鸟聚集、蝙蝠奇多，所以植被茂密、满谷葱翠，中华人民共和国成立后从未发生虫害。这里既有历史悠久、佛道共荣的人文遗迹，又有万物峥嵘、生态平衡的自然景观，真乃泰山绝胜处。深秋时节，霜染红叶，正是“置身着色娄敬山，红叶醉倒回家难”。诗意盎然，美不胜收。

第九节　灵岩山

灵岩山位于泰山西北麓，在济南市长清区境内，距岱顶约20公里，距京沪铁路万德车站7公里，济南市、泰安市均有游览汽车直达灵岩山。这里四面环山，苍岩如堵，飞泉激越，溪水曲回，寺院辉映，松柏遍野，有历代碑刻490余处。

灵岩山原称“方山”，因其主峰陡峭如削，上平如砥，方方正正而名。又因这里好像神话中的仙山西昆仑，故又称“昆仑山”。此山为东晋高僧朗公开辟并建寺院。朗公曾师事佛图澄（西晋后赵时僧人），硕学渊通，于东晋初卜居泰山，先于昆瑞山创建神通寺，后来方山讲经。南朝梁慧皎著《高僧传》：“朗公和尚说法泰山北岩下，听者千人，石为之点头，众以告，公曰：‘此山灵也，为我解化。’遂率众开山，别立精舍数十余区。”从此其方山即称灵岩山，方山前长谷便叫灵岩谷，谷中精舍就是灵岩寺。如今灵岩谷东天门南侧有怪石数丈高，状类老僧伛立执杖，酷似朗公讲经，因名“朗公石”。传为当年朗公的化身。

灵岩谷　在方山之阳，其谷西口是灵岩寺与外界相通的必经之路。这里有鸡鸣山与塔宝峪南山头相对峙，鸡鸣山下有台，有洞，传夜半常闻洞内鸡鸣。其南峰西岩有麻衣洞，为元代麻衣先生李坚栖隐处。自此进入峡谷，跨道有坊，巍然屹立，清乾隆二十六年（1761）建，乾隆皇帝题额“灵岩胜境”。又东为大横沟，石峡数折，涧崖壁立，跨沟设桥，名曰“崇兴”，俗呼“大石桥”。桥西路北有《重修崇兴桥记》，北宋大观二年（1108），学者、画家郭思撰文，其子郭升卿真书，颇效兰亭。其碑阴为宋元丰时尚书兵部朗中王临飞白书“灵岩道场”。过大石桥南望，石齿嶙峋，山势如楼似阁，这便是孔明山。山巅峭壁上有一圆形孔穴，大如车轮，南北相通，如明镜高悬，又像皓月当空，为灵岩一大奇观。传说北魏法定和尚重开灵岩山时，青蛇引路，二虎驮经，当他走到这里，仰观山如连城，四面壁立，陡不可攀，便面壁三九二十七天，由于心诚而感动了菩萨，菩萨便令太阳神射穿岩石，光照数里，法定循其阳光前进，直达灵岩寺故址。清代韩章赋诗：“何年凿辟见神工，嘉兆分明应朗公。宝刹既成人已去，犹留满月照山中。”

沿溪谷山庄前行，又有小横沟，跨桥叫“明空”，俗呼“小石桥”。桥头双柏枝密叶茂，连理如阖门，故有“对松门”之称。明空桥之东是黄茅岗，路旁龟背石上有黄茅岗亭，今称“接官亭”，为寺僧迎客处。亭内原置苏东坡《黄茅岗诗碑》，后移寺内。过岗后跨新石桥经柏林如洞的“十里松”，就是灵岩寺。明代文学家王世贞称颂道：“登泰山不游灵岩，不成其游也。”

灵岩寺　朗公创建。北魏太平真君七年（446）太武帝灭佛，庙宇尽毁；孝明帝正光年间法定禅师重修。寺先建于方山之阴，叫“神宝寺”；后建寺于方山之阳的甘露泉西侧，名“灵岩寺”。唐贞观中期，高僧慧崇又迁建于泉西南麓。这时寺院在山东境内已有很高的声望，唐高宗李治与武则天封泰山时曾驻跸于此；德宗时宰相、史学家李吉甫把它与天台国清寺、江陵玉泉寺、南京栖霞寺誉为“域中四绝”。后经历代重修拓建，至明初时极盛。今寺内主要有千佛殿、御书阁、五花殿、大雄宝殿等古建筑。

千佛殿是寺内主体建筑，建于唐，拓于宋，明嘉靖间重建。大殿规模宏伟，保存完好，面阔七间，进深四间，单檐庑殿式顶，雕梁画栋，金碧辉煌。檐角长伸高耸，大有展翅欲飞之势。殿前有多棱石柱，覆莲式柱础，雕刻精美，为唐代遗物。殿内中置须弥座，上有三尊释迦分身大佛：中为毗卢（佛真身之尊敬）遮那，端坐于莲花座上，系宋代僧惠从所造；东为卢舍那，西为释迦牟尼，为明代铜铸。殿内四壁台座上，置40尊罗汉泥塑，壁面上有明代所置3至7排高约30厘米的小木佛像（间有铜铸），表现分身释迦牟尼集会说法的热烈场面，故称“千佛殿”。

罗汉坐像为宋代佳作，敷以彩色，高1.01～1.20米，比现代人稍大，塑造技法精湛。人物性格刻画入微，喜怒哀乐无一雷同，连血管脉络都清晰可见，真乃栩栩如生，呼之欲出。塑像以现实人物为基础，其形体、比例、相貌，不但符合一般人体生态，而且具有山东大汉的特征，摆脱了一般佛教造像的固定程式，为古代雕塑艺术的珍品。1922年梁启超在《千佛殿宋罗汉造像碑》中，称其为“海内第一名塑”。

千佛殿之东有汉柏，下有苏东坡撰书：“醉中走上黄茅冈，满冈乱石如群羊。冈头醉倒石作床，仰观白云天茫茫。歌声落谷秋风长，路人举首东南望，拍手大笑使君狂。”草书龙飞凤舞，若江河奔泻，与诗的意境融为一体。《灵岩志》载，尚书礼部郎端明殿学士苏轼，元祐八年（1093）八月二十日因奉命下齐州祀东岳至灵岩。但据有关史料考证，苏轼并未到过灵岩，此诗是他在元丰元年（1078）守徐州时，登城南云龙山黄茅冈所作。显然，后人为点缀名山宝刹而附会于此。这里又有苍苔之崖，崖上嵌清乾隆皇帝御题“卓锡泉”大字碑。此泉传为佛图澄锡杖卓出者，故又名“锡杖泉”。又东有二井相连，碣书“双鹤泉”。金代陈寿恺记云：“昔法定建寺，患其无水，双鹤飞鸣，其下涓涓，果得二泉。”今皆塞涸。

千佛殿之前是五花殿，又名“五花阁”。宋景祐间琼环禅师创建，明清重修。阁原为双层石砌而成，上祀三大士，下祀菩萨，四面各五间，四门相通，龟首四出，四廊华丽，极为壮观。现仅存阁门及门前八棱石柱与覆莲石柱础。阁前又有大雄宝殿，宋时叫“献殿”，朝拜五花殿时所用的前堂，明正德年间改为今名。殿面阔五间，进深六间，原殿内供佛像，后毁。

千佛殿之后是御书阁，原为唐代慧崇和尚建，后经历代重修。阁内原有唐太宗、宋太宗、真宗、仁宗等御书供奉于内，金代贞祐间在兵燹中尽毁。阁门前有宋徽宗大观时仁钦篆书门额。阁壁上下嵌历代名人石刻，前壁有宋蔡卞于元丰二年（1079）草书《园通经》之碣，计1400余字，笔势豪放，仪态万方，如龙蛇屈伸。明嘉靖初学士方豪认为“灵岩名笔固多，惜多为石工所败。惟此字最佳”。蔡卞是王安石的女婿，自幼从学于王安石，绍圣间登科，累官至尚书左丞，为当时著名书法家。

灵岩寺有双重山门，均为明代建筑，内壁嵌历代碑碣17块，中立宋皇祐间经幢一座。

辟支塔　在千佛殿西侧。唐天宝中创建，宋淳化、嘉祐间重修。塔基为石筑，四周浮雕阴曹地府的各种酷刑；塔身砖砌，八角九级，十二檐，通高54米，每级四门六窗，塔顶铁刹直刺云端，八大金刚拽引加固。塔南有石砌地洞，叫“鲁班洞”，《灵岩志》称为“朗公墓穴”。洞内有唐宋时游人题名石刻，并有唐代大书法家李邕（因曾任北海太守，人称“李北海”）于天宝元年（742）所撰书《灵岩寺颂并序》之碑。此碑是李邕65岁时的得意之作，其文骈散兼行，其字行楷并用，刚健豪放，笔力雄浑。

辟支塔北院墙上，嵌有苏辙诗碣：“青山何重重，行尽土囊底。岩高日气薄，秀色如新洗。入门尘虑息，盥漱得清泚。升堂见真人，不觉首自稽。祖师古禅伯，荆棘昔亲启。人迹尚萧条，豺狼夜相抵。白鹤导清泉，甘芳胜醇醴。声鸣青龙口，光照白石陛。尚可满畦塍，岂惟濯蔬米。居僧三百人，饮食安四体。一念但清凉，四方尽兄弟。何言庇华屋，食苦当如荠。”诗为苏辙出任齐州掌书记时，于元丰二年（1079）游灵岩所题。字迹端庄潇洒，诗意盎然，把灵岩幽绝之处描写得淋漓尽致。

墓塔林　在灵岩寺之西，为寺内历代住持高僧之墓塔，计167座。墓塔一般由座、身、刹组成。塔座有方有圆，或须弥座，或雕莲瓣，金刚力士顶托；塔身为主体，有圆柱体、多角长方体、钟形等，上刻祖师僧之名和年号；塔顶一般为长方形雕莲花瓣覆钵及圆形相轮，上置宝瓶或相轮式宝尖。最著名的是慧崇塔，建于唐天宝年间，石砌而成，单层方形，顶为重檐，高约5米。南面辟门，砌磨精致；东西饰门，有侍女凭门缝作启门状，极为生动。门上槛有火焰式浮雕，刻有狮头、使乐、飞天、武士等图案。塔檐以二层石板叠涩挑出，上置塔刹，形似四门塔，古朴典雅。此外，这里还有墓志铭碣81块，其中有体现古代中日友好交往的《息庵禅师道行碑》。息庵禅师曾担任过少林寺15代住持和灵岩寺39代住持，元代至正元年（1341）圆寂后，弟子由少林寺分灵骨而建塔于此，碑文是日本山阴道但州正法寺住持邵元撰书，文辞雅驯，行书流畅潇洒。郭沫若曾为其题诗：“息庵碑是邵元文，求法来唐不让仁。愿作典型千万代，相师相学倍相亲。”

红门　在方山之巅，又名“证明功德龛”，或称“证明龛”。龛为唐贞观间凿壁而成，平面呈椭圆形，内雕高约5米的释迦牟尼坐像，旁有四行者（今剩其二），壁上多唐宋题刻。明嘉靖间在窟外增建献堂，因墙壁为红色，故称“红门”。

第十节　徂徕山

徂徕山为泰山支脉。在泰山东南，相距20公里，面积约250平方公里。其最高峰是太平顶，海拔1027米。徂徕山古称“尤徕山”，山上多松。《诗经·鲁颂》称“徂徕之松”。《水经注》记载“山多松柏”。《邹山记》夸其“犹有美松”。西汉末年农民起义军领袖樊崇曾率赤眉军驻扎徂徕山，自号“尤徕三老”。其山背依泰岱，东接新甫（今称“莲花山”），双汶自东而西络其面背，汇于西南，徂徕犹如逆水东航之舟。它气候湿润，林木茂盛，峰峦嵯峨，盘亘奇崛，今存碑碣50余块，摩崖刻石100余处。

太平顶　为徂徕山极顶，居中独高，四山环抱。其巅双峰颉颃，老松偃覆其上。西峰颇平，上旧有感应侯祠，金代明昌元年（1190）封山神为护国感应侯，因建祠奉祀，后塌毁。西岩有紫霞洞，每当天晴气朗，夕阳西下时，攒红散紫，金光烁烁，美不可言。感应侯祠故址有巨石屹立，上有元至正二十五年（1365）文人补刻唐代隐士国子博士王希夷（号野人）的《王野人诗》：“徂徕山下是吾家，吸露嘘风卧紫霞。几百年来无个事，朝朝坐对老松花。”今被藓苔所掩，已模糊不清。

顶南为万松岭，相距约5公里，下有石屋，中有洌甘泉。

顶东南为贵人峰。峰巅奇石突兀，卓然云表，孤秀刺天，上下如削，遥望如人立，因此而名。古人云：“泰山有丈人，徂徕有贵人。”

光化寺　在徂徕山东南麓光化寺林场院内，创建于北魏，隋代称“光化寺”，宋代改名“崇庆寺”。元代初兖州军节度使时珍重修。寺居山奥，左右双峰如抱，前望诸山如翠屏遥列，后有山泉引流入庭。

今存寺院一所，内有正殿三间，硬山前廊式。殿内四壁有清代壁画，为西游记等故事。殿前配房分列，古柏挺立。东山门内有清乾隆、光绪年间重修碑。院西南有古松，冠盖如伞，遮地亩余，传为唐植；北有古柏擎云。

寺后门路东有巨石，俗称“将军石”。石高1.9米，宽2.4米，厚1.2米，上刻北齐梁父县令王子椿隶书《大般若经》（即《大般若波罗蜜多经》，为佛教般若类经典之汇编，唐玄奘译，意为通过智慧到达彼岸），实为高僧安道一所书。西侧直书18行，计89字，每行6～9字，每字字径12～15厘米见方：“大般若经曰，内空外空，内外空（以下不清），冠军将军梁父县令王子椿造。道慧、道升、道昂、道恂僧真共造。”东侧直书2行，共8字：“中正胡宾武平元年（577）。”《泰安县志》：“佛名石刻在大般若经之左，四佛名并列一大石上。”今石已毁，字无存。寺东南公路之西有墓塔林遗址，今有墓塔石十几块，均为元明时遗物。

墓塔林再东是映佛岩，耸峙陡险。其巅有巨石凌空，南壁刻王子椿经办、安道一隶书《般若波罗密经》，今存85字，分三层。上层直书大字三行："般若波罗密经，主冠军将军梁父县令王子椿。"字高30厘米，宽40厘米。中层直书四行："普忆武平元年僧斋大众造维𨛬慧游。"字径25厘米。下层直书十四行："文殊师利曰，佛言世尊何故？名般若波罗密。佛言般若波罗密无边无际、无名无相，非思量无归依，无洲渚、无祸、无福、无暗、无明如法界……"字径20厘米。

徂徕山刻石具有较高的史学和书法价值，其字古拙苍润，为历代书法家所推崇。宋代赵明诚《金石录》，清代冯云鹏、冯云鹓《金石索》等金石名著均载其文。古刻历经1410余年的剥蚀；今已残缺不全。

礤石峪　在徂徕山南麓。自光化寺顺公路西南行，经查山口再西北行即是。这里群峰簇列，一曲水环，松柏丛阴掩映，云霭满谷旷幽。《泰安县志》称"徂徕第一奥区"。再沿谷而上有古道观，圆椒秀岑，中藏精舍。原为巢父（古代隐士，传因巢居树上而名）庙，后称"隐仙观"。明万历间道士于蚖虚辟此而居。据传他于晚年不吃不喝，坐化而逝，死后尸身干枯完好，人称"蝉蜕真人"。

观在溪东岸，坐北面南，依山势叠筑而成。东侧，前有玉皇阁一间，分上下两层，单檐硬山顶。上为木结构，前廊式；下有石砌门，额刻"金阙云宫"，门前有银杏双挺。后为三清殿。殿三间，硬山式，原祀天皇、地皇、人皇诸神像。西侧，前有吕祖殿三间，硬山前廊式，后为六逸堂，原祀竹溪六逸，匾额"筱洞天"。原来还有灵官庙、山神庙、六逸亭、迎仙桥等，后均遭毁。抗日战争期间，观内曾为徂徕山起义营地，今为徂徕山林场礤石峪分场驻地。

古庙悬室倚崖，涧泉绕出其南，溪流藏藤葛之下。观内有清康熙五十三年（1714）赵国麟撰书《蓬莱派重修碑记》和嘉庆十六年（1811）蒋大庆撰书《重修楼阁殿宇碑》等碑碣4块，溪内有"竹溪""云路""激湍""壁立千仞""桃园深处""仙闾灵府"等题刻20余处。

隐仙观东侧岭上有巨石，为陈抟酣睡处。传五代十国时后唐隐士谏议大夫陈抟曾在此憩眠。其北为炼丹石屋，有天然石洞、石门、石床、石枕、石鼎、石灶等，传为于仙炼丹处，赵国麟题"炼丹灶"。其上为贵人峰，下有于仙葬衣冠冢。

隐仙观南1.5公里为清风岭，因高可避暑而名。下为卧石山，奇石络绎如群羊。西去1.5公里为天平前寨，即赤眉军山寨，垒石为台，其址犹存。

清人徐德谦有《礤石峪诗》:“苍黄变丛树，殿阁出峥嵘。仰面孤峰插，回头嶂叠更。马登岩径险，人到石梁平。山犬当关起，狺狺吠履声。”

竹溪六逸遗址　在徂徕山西南麓的乳山之下。峰峦突起林藿绵蒙，旧多竹木；又因自然石坪上有花纹，如深雕片片竹叶，故名“竹溪”。金代安升卿就巨石大书“竹溪佳境”。其下为二圣宫，元初时珍创建，祀孔子、老子。后增建玉皇阁、王母殿、三清殿等，今房基犹存。其址原为六逸堂故址。唐天宝间李白与文人孔巢父、韩准、裴政、陶沔、张叔明等同隐于此，号为“竹溪六逸”。东侧为贪乐岩，元代儒家学者鹿茂之隐居处；东南峭石壁立，上有篆刻“贫乐岩”。其北是演易斋，元初理学家集贤大学士许衡弃官避世居此，演习《易经》。其室匾称“鲁斋”，学者因称“鲁斋先生”，王天定在乳山下真书“许鲁斋读书处”。稍北石洞南辟，方广如屋，赵国麟书额“箪瓢”。明代诗人邱璇题诗《竹溪六逸图》:“徂徕之山竹满溪，溪中流永清漪漪。昔人已往不可见，至今陈迹犹依稀。”

竹溪东南为三岭崮，因其巅三峰突兀鼎峙、高耸入云而名，又名“三台山”。其北岩为独秀峰，峰下有“独秀峰”三字，传为李白真书。峰阴有金大定十年(1170)石震题刻:“徂徕居士石震过独秀峰，览太白遗刻有感，题识于后。婿党怀英偕行。”李白族叔李阳冰于唐肃宗乾元元年(758)任县令、文学家、书法家，工小篆；党怀英为其真传弟子，金朝大定进士，工书法，翰林学士承旨。

乳山西北旧有毛姑庵，元初州人毛仙姑在此修持三十余载，死后兖州军节度使时宥(时珍之子)为表其墓，因称其地为“毛媪谷”，俗称“毛老谷”。顺谷东北行，经高胡村后，两山渐峻，溪谷愈狭，山腰有茅舍数间，后有巨石，高2.5米，宽6.2米，上存元代时宥等人的题刻，周围有“玩峰亭”“重修上清之观”“密真堂”等篆刻。

徂徕山西南麓团山下为大寺，古称“四禅寺”，北齐河清二年(563)创建，后经历代重修。清乾隆三十四年(1769)七月四日古寺被暴雨冲毁。1938年1月1日，中共山东省委在此组织武装起义，建立“八路军山东人民抗日游击队第四支队”，洪涛任司令员，黎玉任政治委员，创立了徂徕山抗日根据地。今为徂徕山林场驻地，内立徂徕山起义遗址纪念碑，为山东省重点文物保护单位。

中军帐　在太平顶西北，相距5公里。相传吴王伐齐时，中军设于此；又与太平后寨相邻，故当年赤眉军常聚此。后来，唐朝文人王希夷也曾在此隐居。

清康熙间建三清殿，前有地道深杳；后又增建吕祖阁、蓬莱观等，今仅剩房基。其址北依悬崖，南临深谷，群峦叠翠，丹壁凌空，峰回溪转，松涛云气。清代人题碑联："万叠青松千涧月，一曲流水四周山。"殿前有古松三株，巨大遮日，虬枝长伸，似大鹏展翅欲飞。东侧有升山泉，西侧有坞旺泉，并有招军石及石臼等。

中军帐院中今有清康熙年间立《新修蓬莱观、三清殿碑记》《修醮祝寿碑》及嘉庆年间立《徂徕山重修中军帐正寺殿碑记》等碑碣13块。

中军帐之东有金鱼石，相传岩石中藏神鱼，一夕风雨交加，巨石自裂，其一半仆地，神鱼乃化龙飞去。今壁上有鱼状痕迹，与仆地仰卧石上的鱼痕大小相符，赤黄莹然，金鳞闪烁，真乃大自然的奇迹。上有明嘉靖十二年（1533）泰安知州许应元题"金如石"、举人封尚章题"金鱼石"。其旁又有巨石高耸，上立石剑，仅露剑口可握，古人附会当年仙人持剑劈石取金鱼，留其剑柄为纪。

中军帐再东是长春岭，与此相距6公里。岭下有徂徕书院遗址，宋初学者石介在此筑室讲书，故称"讲书堂"，俗称"徂徕书院"。其旁有北宋时姜潜别墅，因姜曾随孙复、石介学《春秋》，故叫"读易堂"。石介在蜀时曾寄姜潜诗："连云栈外四千里，读易堂中一帙书。"北为天平后寨，即樊崇聚兵之地，今有演武场、柱窝等遗迹。

中军帐之北为玲珑山，因秀拔玲珑而名，又称"空空山"。其上有野人洞，又叫"走神洞"，唐开元间王希夷（号野人）隐此。唐玄宗李隆基东巡时，希夷至驾前上访，年96岁。帝嘉其道义，召以朝散大夫、守国子博士。其洞上依峭壁，下临绝壑，周围乱石嶙峋，地势险峻。洞口南向，洞顶为巨石挤压而成，是石夹劈洞，极为险恶，今被草木所掩。抗日战争期间，中共泰安县委和抗日民主政府领导人曾居住于此。

中军帐之西为角山，两峰并峙似角而名。山上双石卓立，其上又横置一石，故俗称"秋千峰"。又西登土岭为大寨口，寨口西北为攒石崮。山坞俊秀，地势奇伟，怪石兀立，北崖篆刻"竹溪"二字，传为金代大学士党怀英所书。西北为党怀英读处书，额称"竹溪庵"，因西有竹溪而得名。自隋唐以来，历代名流隐士不断至此隐居著书立说，故又名"作书坊"。党怀英曾在此著《竹溪集》三十卷。早在北宋时，石介就有《访竹溪呈孟节有怀熙道诗》："到头泉石是吾家，坐石听泉日已斜。一片青衫非富贵，千竿绿竹好生涯。君曾览照头皆雪，我试看书眼亦花。便好结为山伴侣，教他夔益佐勋华。”

竹溪庵及其殿阁在抗日战争期间被日寇所焚，今存阁四壁及“玉皇上帝”石匾额，并存元大德四年（1300）泰安州儒学教授时震撰《竹溪庵记》残碑、明正德十二年（1517）僧塔碑和许应元题刻等，计碑碣8块，摩崖刻石5处。今为区别两地之竹溪，称乳山下竹溪为“李竹溪”，或“唐竹溪”；称此地为“党竹溪”，或“金竹溪”。

石介故里　在徂徕山西北麓桥沟村。石介是北宋初著名学者、文学家，因常耕读徂徕山下，以《易》教授于家，故号“徂徕先生”。他曾赋《村居》描述故里：“幽居一亩枕溪棱，阶下松杉缠古藤。常爱园林深似隐，不嫌门户冷如僧。麦宜过社犹催种，山近经秋却懒登。已把壮心闲顿置，少年莫要苦相憎。”

石介在京都任职时，因割除时弊，以笔为战，褒贬大臣，写下了著名的《庆历（宋仁宗年号）圣德颂》，赞其新政，抨击保守，故屡遭以夏竦为首的保守派的打击和诬陷，忧愤而终，享年仅41岁。葬于徂徕山下石氏先茔，俗称“石家林”。欧阳修撰书《徂徕先生墓志铭》：“先生貌厚而气完，学笃而志大，虽在畎亩不忘天下之忧。以谓时无不可为，为之无不至，不在其位，则行其言。吾言用，功利施于天下，不必出乎已；吾言不用，虽获祸咎，至死而不悔。其遇事发愤，作为文章，极陈古今治乱成败，以指切当世，贤愚善恶，是是非非，无所讳忌。世俗颇骇其言，由是谤议喧然，而小人尤嫉恶之，相与出力必挤之死。先生安然不惑、不变，曰：‘吾道固如是，吾勇过孟轲矣！’”

石家林在北望庄（古称北王村）北，桥沟村之南。原墓林占地20余亩，古柏千株，浓荫蔽日。前有明万历年间御史宋焘所立《宋太子中允徂徕石先生神道》碑，后为石介墓。墓前立明代学者吴希孔书《宋故太子中允石介之墓》碑，碑侧嵌苏轼《哭石徂徕先生》诗碣：“先生魂气归于天，先生形魄归黄泉。堂堂世上文章主，幽幽地下埋今古。”墓林中还有石介于康定二年（1041）八月所撰《石氏先茔墓表》之碑。墓林在“文革”中平毁，碑碣散佚。今唯在地堰中尚见“宋太子中允”及诗刻“直道遭三黜，依然柳下风。奸臣来验墓，难剖寸心忠”等残碑石块。

东岳神府岱庙

李继生　编著

序

李继生同志编撰的《东岳神府岱庙》一书脱稿后，让我代为序言，诚知笔拙，然盛情难却，考虑再二，勉为序言。

岱庙，古柏参天，碑刻如林，文物荟萃，景观奇异。这颗镶嵌在泰山脚下的明珠，熠熠生辉，光彩耀人。岱庙内的建筑规模宏大，庄严雄伟，巍然耸立，金碧辉煌。她不仅是供人游览的名园胜地，还是珍贵的文物宝库：这里有我国珍贵的稀有文物——泰山秦碑残字，有著名的“镇山三宝”，有极有价值的宋壁画《泰山神启跸回銮图》，有历代文人墨客留下的诗词歌赋……值得庆幸的是李继生同志经过多年的努力，查阅了大量的古籍文献，访遍了知情之人，经过勤奋劳作，成就了这本著作。这是我所知道的第一本系统介绍岱庙的书，书中详细介绍了岱庙建筑、碑刻、文物、植物的滥觞、流传以及涉及的典故、神话，以大量的考据、形象化的描写，使我们仿佛徜徉在历史的长河中，时而看到我国古代三大宫殿式建筑的宋天贶殿雄姿，时而看到泰山神出巡的浩荡场面，时而沉浸在美丽的神话传说里，时而陶醉于碑刻书法的浓厚艺术气氛之中。整本书内容充实、雅俗共赏。

这本书的问世，必将为游人提供更多的雅兴，使大家了解我们伟大祖国古老悠久的文化，增强对祖国的热爱之情。近年来，在泰安市府的领导和人民的努力下，岱庙重新焕发出她的青春，正热情地张开双臂迎接着中外游人。真诚地希望李继生同志再接再厉，编写出更多的反映泰山、歌颂祖国的好书!

曲进贤

1985年11月

前　言

岱庙，旧称“东岳庙”或“泰山行宫”，俗称“泰庙”。因“岱”是泰山的别称，所以今称“岱庙”。它是泰山最大、最完整的古建筑群，为道教神府，是历代帝王举行封禅大典和祭祀泰山神的地方。它位于泰山脚下的泰安市北部，恰处于南起旧泰城南门、北抵岱顶南天门的中轴线上，山与城和谐地统为一体。

岱庙，城堞高筑，庙貌巍巍，宫阙重叠，气象万千。其建筑采用帝王宫城的模式，规格居祠庙之首。总面积96637.2平方米，合160余亩，周环三华里，呈长方形，南北长405.7米，东西宽236.7米。因东北角、西北角均被占用，故今实际面积为68265.2平方米。庙内现有古建筑150余间。庙前有遥参亭、岱庙坊；庙中南北轴线上贯穿着正阳门、配天门、仁安门、天贶殿、后寝宫、厚载门；东侧辅以汉柏院、东御座、东道院；西侧佐以延禧殿、雨花道院。整个庙宇高大雄伟，结构严谨，雕梁画栋，富丽堂皇，俨然是一座帝都神府。

岱庙创建历史久远，屡兴屡废。据庙内《宋天贶殿碑铭》云：“且复讨论前载追求遗范，辉景下烛，秦既作畤，珍瑞云获，汉亦起宫。其后因轨迹而增崇建，名称而不朽者非可以悉数也。”南北朝时北魏郦道元在《水经注》中引《从征记》：“泰山有下、中、上三庙，墙阙严整。庙中柏树夹两阶，大二十余围，盖汉武帝所植也。赤眉尝斫一树，见血而止，今斧创犹存。门阁三重，楼榭四所，三层坛一所，高丈余，广八丈。”《潜山县志》载：汉武帝于元封五年（前106），“登礼潜之天柱山（今安徽省潜山县西北），号曰南岳。祭岳时，见五岳云中出现，爰立五岳祠”。曾任泰山郡守历时六年的东汉学者应劭，在《风俗通义》中说：“岱宗庙在博县（今泰安市旧县村）西北三十里，山虞长（官名，负责掌管山林）守之。”综上所述，岱庙约创建于汉，东汉末年已有下、中、上三座东岳庙，岱庙即是下庙。后来历代均予修葺拓建。

据中华人民共和国成立后考古发掘所见，厚载门内有唐代大殿遗址，柱础尚存，这说明唐时已殿阁辉煌。至宋真宗大举封禅时，又大加拓建，创建天贶殿；宣和六年（1124）重修后更是蔚为壮观：“增治宫宇，缭墙外围，罘罳分翼，岿然如清都紫极，望之者知为神灵所宅。凡殿、寝、堂、阁、门、亭、库、馆、楼、观、廊、庑合八百一十有三楹（间）。”（《宋宣和碑》）金大定十八年（1178）春，庙遭火灾，“虽门墙俨整，而堂室荡然”。第二年重修，第三年告成。金末及元代复毁于兵祸，元至正十三年（1353）重修时“又创为新堂五楹，前轩后闼，高明虚敞，以待宾客；西为神库，以藏天子赐物；复辟东廊，设以轩榻，高其陛所，以待诸官府有事岳祠者”（《东岳别殿重修堂庑碑》）。明天顺五年（1461）重修殿宇、周廊、门观、缭垣等。嘉靖二十六年（1547）庙灾：“仅存寝宫及炳灵、延禧二宫。越十五年壬戌（嘉靖四十一年）始兴建，凡十数月告成。”（《大明重修东岳庙碑》）清康熙六年（1667）帝命秘书院学士刘宛平重修岱庙，次年竣工：“城之雉堞、殿之垣墉、户之枨枢，土者为台、木者为榭，鼓钟之楼、斋湢之所，宋窗棨椟（堂中栋梁及柱头斗拱）、瓴甋罘罳，莫不毕治。穹碑断碣，踣者复立。”但当年农历六月十七日山东郯城、莒县发生了8.5级大地震，影响范围达410多个县，泰城“坏城垣民房几尽”。接着又重修岱庙，历时十年，康熙十六年（1677）方大功告成。至乾隆盛世时，帝为纪念自己的六十大寿及迎接皇太后次年八十大寿，于乾隆三十五年（1770）又重修岱庙：“凡神像、大殿以及各殿宇、廊庑、门垣全行拆改新修，次第具举。”（《刘浩重修碑记》）

民国间因兵事战乱，岱庙沦为兵营。民国十七年（1928）日寇在济南制造“五三惨案”，国民党山东省政府撤至泰安，将岱庙辟为中山市场，遥参亭设民众教育馆，配天门为民众餐馆，仁安门为货品陈列处，藏经堂、鲁班殿、环咏亭并为民众旅馆和澡堂，东御座为市场保管委员会，天贶殿成了人民大会场。处处残垣废墟，破烂不堪。赵新儒在《新刻泰山小史》中云：“省府令就岱庙营市场，发帑十万元。撤神像，环咏亭、雨花道院废为旅馆、澡堂，古刻石碣凿供石料。”王建屏在《兵事日记》中载：民国十七年“九月二十日，遥参亭神像被人抬出捣毁，将道士逐驱。……十一月十二日，岱庙配天门下大神像用巨绳拉倒，西配殿神像抬出”。民国十八年“正月十五日，岱庙四角楼拆毁，峻极殿（即天贶殿）匾上换字。……炳灵宫大殿拆毁。……正月二十六日，岱庙祭告碑全行推倒。……抚今追昔，殊可惨目”。民国十九年（1930）

军阀混战，晋军驻泰城，战火纷飞，岱庙大殿、壁画、碑碣、古树尽遭炮火轰击。中华人民共和国成立后，屡经修葺，使古庙重生。特别近几年，全面整修遥参亭，重建岱庙正阳门、厚载门及东西碑廊，新建仿古文物楼，使其殿宇生辉，焕然一新。

岱庙自宋以来，既是祭祀东岳大帝的场所，又是繁华的游乐之地。明代杨定见刊本《水浒传》第七十四回叙述燕青和李逵到泰安州岱庙参加相扑竞赛时，正值东岳大帝诞辰日（旧历三月二十八日）“原来庙上好生热闹，不算一百二十行经商买卖，只客店拥有一千四五百家，延接天下香客”。“那日烧香的人，真乃压肩叠背，偌大一个东岳庙一涌便满了，屋脊梁上都是看的人。”这种庙会一直延续到民国年间，中华人民共和国成立后由庙会转变为物资交流大会。小说中还有一段“话本赞子”，描绘了当年辉煌的建筑和神祇的生动形象：“楼台森耸，疑是金乌（太阳）展翅飞来；殿阁棱层，恍觉玉兔（月亮）腾身走到。雕梁画栋，碧瓦朱檐。凤扉亮槅映黄纱，龟背绣帘垂锦带。遥观圣帝（泰山神像），九旒（古帝王冕冠前后悬垂的玉串）冕舜目尧眉；近睹神颜，衮龙袍汤肩禹背。九天司命（星宿官）芙蓉冠掩映绛纱衣；炳灵圣公（宋真宗赐泰山神三子的封号）赭黄袍偏称蓝田带。左侍下玉簪珠履；右侍下紫绶金章。阖殿威严，护驾三千金甲将（指天贶殿壁画人物）；两廊勇猛，勤王（出兵救援王朝）十万铁衣兵。五岳楼相接东宫（指炳灵殿）；仁安门紧连北阙（厚载门）。”

据宋张君房辑《云笈七签·五岳真形图序》：“东岳泰山君领群神五千九百人，主治生死，百鬼之主帅也。”因此，泰山神威灵赫赫，祭祀活动遍及神州大地。宋《陈淳论》：“据泰山鲁封内，惟鲁公可以祭。今隔一江一淮，与南方地脉绝不相干涉，而在州县皆立东岳行祠。”清孙承泽所纂《天府广记·寺庙》载：北京自元代就有张留孙真人，在朝阳门外购地建东岳庙，祠（祭祀）东岳大帝。明弘治十六年（1503）《孝宗御制重修东岳庙记》（已毁）：“东岳之庙今遍于天下，其在泰山者为专祀，历代所重，故庙之规制甲于他方，香火特盛。”泰山神在全国的影响历千百年而不衰，迄民国间冯玉祥先生在《读春秋左传札记》中，仍感慨地写道：“在从前人的心目中，凡是一水一山，甚至于一草一木，必定都有神人在主持。像这样伟大的泰山，当然有一位神通广大的神主宰着了。所以我们可以看见在全国的每一个县里都有一个泰山行宫，这势力之大也就可想而知。”这正如明代王元坤所颂：“地开神府自鸿蒙，作表群灵控大东。

万国朝宗瞻巨镇，两仪生物藉元功。”

岱庙不仅是帝宫神府，也是文物荟萃之地。这里既有琳琅满目的历代帝王赐予泰山神的祭品、供器、工艺品，也有闪烁着华夏文明光华的泰山出土文物和革命历史文物，并保存着大量泰山典籍和道经等。更为珍贵的是至今庙内尚存168块历代碑碣和48块汉画像石，这些石刻为研究我国古代史、封禅史、建筑史及文学、书法、雕刻等艺术，提供了翔实的资料。又因碑刻大部分为帝王重臣、名流大家之作，故诗文并茂，各有千秋；真草隶篆，绚丽多姿，把岱庙装点得更加古朴典雅。此外，岱庙还是花木交杂的名园胜地。这里古柏蔽荫，银杏参天，盆景玲珑，花卉争艳。大院内共有古桧、侧柏212棵，观赏植物86科，计290余种（包括其变种），四季有花，月月飘香。

第一章
遥参亭

遥参亭位于岱庙前，是岱庙的前庭。古帝王凡有事于岱宗，必先至此进行简单参拜，而后入庙祭祀，再行登封，所以又称“草参亭”。亭在唐时叫“遥参门”，宋代在门内创建高亭，遂改“草参亭”。明时因规模狭隘，复加恢拓，并奉元君像于亭中。嘉靖十三年（1534），当时任山东参政的吕经因升任右副都御史，临行前改为“遥参亭”。明汪子清《泰山志》：“遥参亭旧曰‘草参门’，门中有台，台再成台。上有亭，亭重檐四面十有六角，碐嶒绮丽。”清康熙、乾隆、咸丰年间皆有重修。中华人民共和国成立后曾多次维修，1978年至1983年间，先后翻修了正殿、配殿、前后山门，重建四角方亭。正殿及山门施墨线大点金、小点金彩绘。黄瓦红墙，气象焜耀。

遥参亭前临御街，后与岱庙正阳门连通，左右是东、西太尉街。门前有遥参坊，额曰“遥参亭”，清乾隆三十五年（1770）建造，左右铁狮蹲列，旗杆高竖。坊前为双龙池，清光绪六年（1880）开建，方石垒砌，引王母池之水，环绕岱庙注入池内。因池中西北、东南角各有石雕龙头一个，故名。池北侧华板上刻“龙跃天池”，池前有《双龙池碑》和《万古流芳碑》，均为清光绪七年（1881）引水竣工记事碑。碑前为通天街，街南端即为古泰城南门。旧时游人一进入南门，就置身于“登泰山如登天”的气氛中。池旁有古槐蔽荫，池后有《济南五三惨案纪念碑》，民国十八年（1929）五月立。1928年日军侵占济南，5月3日屠杀我军民6000余人，省府被迫迁至泰安，次年在此立碑。其碑座方形，碑身四棱上削，肃穆端庄。抗日战争爆发后，日军于1937年12月侵占泰城，汉奸组织“维持会”将此碑推倒，爱国市民连夜将其埋于遥参亭院内。1983年3月在绿化庭院时挖出，复立于原位，成为反法西斯战争的历史教材。

遥参亭南北长66米，东西宽52米，二进过亭式院落，由南山门、正殿、配殿、后山门等组成。南山门三间，三柱五檩五架梁中柱式，九脊歇山顶。进门后过双柱卷棚歇山顶仪门即是前院，院中台基上正殿五间，黄瓦盖顶，四柱五架梁，九脊单檐歇山顶，前后廊式。殿内明清时祀碧霞元君像，1928年像毁，今为泰山书画展室。殿前有东西配殿，五脊硬山顶，室内陈列泰山征集文物200余件。东有远古三叶虫化石、鹿角化石，大汶口文化遗址出土的背壶、陶鬶、石刀、石斧、石铲，商铜爵、齐刀币，春秋铜戈、宝剑等；西有商周铜卣、觚、爵，秦半两钱、楚铜贝、汉五铢钱等。

南山门两侧有掖门，东掖门内有清康熙五十九年（1720）泰安州事张奇逢为破除迷信而立《禁止舍身碑》，规劝往来香客不要再到岱顶舍身崖舍身。他在碑中叙述道：康熙五十六年（1717）“目击山东曹县李进贤十月初十日投崖身死，河南商丘市韩大小十月十五日投崖身死，江南徐州（徐州当时属江南省）张文举十月二十日投崖身死。未经一月，轻生者三，而成仙者何在？报亲者又何在耶？”接着又大力宣扬：“与其毁身以辱亲，何如保身以养亲？与其身死而求仙，何如存身而积善？”穿过月亮门为后院，中有四角亭，松竹簇拥，亭北是北山门，与岱庙正阳门相对。

第二章
岱庙坊

遥参亭与岱庙之间为岱庙坊。坊通高12米，宽9.8米，进深3米，清康熙十一年（1672）山东巡抚兵部右侍郎赵祥星与提督布政使施天裔创建。坊起三架，中高错落，重梁四柱，通体浮雕，其造型雄伟，雕工精细，为清代石雕建筑的珍品。

坊顶为九脊庑殿歇山式，螭吻凌云，斗拱层叠，檐角飞翘，脊兽欲驰。正脊之中立宝瓶，两侧有四大金刚拽引加固。坊下奠方石座，座上均竖双柱，柱下侧是滚墩石，石上前后皆饰立雕蹲狮两对：雄者戏耍绣球，雌者嬉闹幼狮，姿态各异，生动活泼，情趣盎然。梁、柱、额板及滚墩石上分别雕有铺首衔环、丹凤朝阳、二龙戏珠、群鹤闹莲、天马行空、神牛角斗、麒麟送宝、喜鹊登梅等30余幅栩栩如生的祥兽瑞禽图。图案设计采用对称手法，构图和雕刻均变化多端，有着很强的艺术感染力。坊内柱两面均有刻联。南面为施天裔撰书："峻极于天，赞化体元生万物；帝出乎震，赫声濯灵镇东方。"意思是高峻的泰山与天齐，它佐助天地，化生万物；主宰宇宙的泰山之神，显赫之威灵震慑东方。北面有赵祥星题联并书："为众岳之统宗，万国具瞻巍巍乎德何可尚；掺群灵之总摄，九州待命荡荡乎功孰与京？"意思是说：泰山为五岳之宗，全国各地的人们都来瞻仰它的雄伟高大！它化育万物的德泽恩惠谁能超过呢？泰山之神把持操纵着群神仙灵，天下都听从其命！它那保佑群生的功劳，广大远博，谁能与之相比？双联概括了泰山的历史和它的神威。

第三章
正阳门

岱庙坊之北是正阳门，门内便是岱庙大院。庙四周围筑城墙，周环1500米，城墙下叠筑基石5层，上砌磨面大青砖，横断面呈梯形，下宽17.6米，上宽11米，高约10米。庙有8个门，南向5个，中为“正阳门”，是岱庙的正门。《楚辞·远游》：“漱正阳而含朝霞。”王逸注：“正阳者，南方日中气也。”所以，日中为正阳。两侧为“掖门”，《汉书·高后记》：“入未央宫掖门。”颜师古注：“非正门而在两旁，若人之臂掖也。”掖门两侧，东为“仰高门”，西为“见大门”，取《论语·子罕》“仰之弥高”之意，言登泰山可仰望其高，可目睹其大。东面有“东华门”，西有“西华门”。按《周礼·天官》载，天神有五帝——东方青帝、南方赤帝、中央黄帝、西方白帝、北方黑帝，故东华又称“青阳”，西华又叫“素景”。北门叫“厚载”，亦称“鲁瞻”。按阴阳八卦之说：阳为乾天，阴为坤地。前门是正阳，属乾象，后门是阴，属坤象。古人云：天以高为尊，地以厚为德。大地能载九皇之德，故名厚载。原各门之上皆有楼，正阳门上有五凤楼，凌云飞翘。《舆地纪胜》：“（唐）天佑中，张崇筑城创楼，凤集其上，因以纪瑞。”《名义考》卷四：“（梁）太祖（朱温）即位，罗绍威取魏良材建周翰所谓去地百丈，在天半空，五凤翘翼者也。”《小学绀珠》卷十：“五凤：赤者凤，黄者鹓鸰，青者鸾，紫者鸑鷟，白者鹄。”另外，庙城四角都有精巧玲珑的角楼，均按八卦，各随其方而名：东北为艮，东南为巽，西北为乾，西南为坤。可惜门楼、角楼均毁于民国间；“文革”期间正阳门改为水泥柱铁棂门，厚载门改为拱门；近两年又按宋代建筑风格重建正阳门、厚载门及门楼。如今正阳门总高约19米，上有五凤楼5间，高11米，九脊单檐歇山顶，上覆黄琉璃瓦，四方明柱24根，周镶条棂隔扇。檐下斗拱出三翘四，雅乌墨小点金彩绘，额方金龙飞舞，富丽堂皇，远远望去，气势非凡，大有凌空欲飞之感。

第四章
配天门、仁安门

进入正阳门就是岱庙大院，迎面是配天门，取孔子语“德配天地”之意，当代书法家舒同大书匾额。门创建于乾隆中期，面阔五间，进深八椽，黄琉璃瓦九脊歇山顶，穿堂式。殿内原祀青龙、白虎、朱雀、玄武等四方星宿。两侧有配殿，东为三灵侯殿，祀周朝谏官唐宸、葛雍、周武三人。传宋真宗东封时在岱顶天门见三神人，遂加封为“三灵侯”，后来建此殿专祀。西为太尉殿，祀唐代邠（音宾，古都邑名，在今陕西旬邑西南）公杜悰，此人在唐武宗会昌年间曾拜中书侍郎。

配天门后是仁安门，取孔子语“天下归仁”之意，元代至元四年（1267）创建。殿内原设天聋、地哑之神，两侧有东西神门。配天门、仁安门原为门，后改为殿。今两殿甬道相连，前有铜狮蹲列，后有石狮守卫，更增加了殿宇的威严，可惜配殿及神门均在1968年拆除后改建为平顶展览馆。现在配天门下，东为书画展销部，西为泰山工艺门市部；仁安门下，东为历代瓷器展览，西为书库。

配天门前后，花木交杂，柏墙环绕，一簇簇，一片片，煞是好看。蜡梅、月季、迎春、紫玉兰、丁香、百日红、樱花、凌霄花等自元旦至初秋，竞相开放，争芳斗艳。特别是“五一”节前后，花丛中几株深红艳丽的大碧桃，宛如对对浓妆淑女，亭亭玉立在五彩缤纷的牡丹花圃中。这一难得的时令、难得的景致，吸引着游人尽赏花香国色。

配天门两侧有碑碣20块。最著名的是东南方的《宋宣和重修泰岳庙碑》和西南方的《大宋封东岳天齐仁圣帝碑》，两碑高大雄伟，东西对峙，龟趺螭首，气势非凡，为岱庙两大丰碑。《宣和碑》是宋徽宗宣和六年（1124）立，碑高9.25米，宽2.1米，仅青石龟座就达7立方米，重40000余斤。翰林学士宇文粹中撰文，朝散大夫张漴篆额并书，文26行，每行74字。碑文追溯泰山祭祀的历史，粉饰太平盛世，叙述宋徽宗自建中靖国元年（1101）登基后至宣和四年（1122）间“诏命屡降，增治宫宇”“庀工鸠材，因旧增新”，陆续重修岱庙的情景。碑阴有明代万历十六年（1588）山东巡抚李戴、巡按吴龙征题，田东正书“万代瞻仰”四个大字。从此碑可以看出：岱庙在北宋末年已发展到相当宏大的规模，各种建筑计813间。

《天齐仁圣帝碑》是宋真宗祥符六年（1013）立，俗称《宋祥符碑》，因真宗将泰山神由“王”晋封为“帝”而立。碑高8.2米，宽2.3米，翰林学士晁迥撰文，翰林待诏、朝散大夫尹熙古篆额并书。碑文34行，每行80字，书法工整，苍劲潇洒而又秀丽端庄。碑文首先借助泰山的神威，对北宋王朝极尽歌颂：“太祖皇帝（赵匡胤）总揽英雄，鞭挞宇宙，勤劳四征，削平多垒”；“太宗皇帝（赵炅）纂隆洪绪，懋建皇极，斟酌道德，统和天人”；“仁孝皇帝（赵恒）陛下，承鼎定之基，格孟安之世，显仁以育物，广孝以奉先”。接着从唐玄宗首封泰山神为“天齐王”讲起，叙述赵恒于大中祥符元年、四年不断晋封泰山神为“仁圣天齐王”“天齐仁圣帝”的经过，鼓吹宋真宗封泰山谢“天书”后的重大变化。他们把“澶渊之盟”后由于辽国内乱而暂时出现的稳定局面，附会为封禅之功，是宋史的一段趣谈。碑阴有明万历二十四年（1596）巡抚张允济、巡按王立贤题“五岳独宗”四大字。

此外，东侧《大元太师泰安武穆王神道之碑铭》《重修东岳蒿里山神祠记》《创塑七十子记》，西侧《泰山赞碑》《可摘星辰方碑》等也较著名。《神道碑》立于元代延祐四年（1317），高7.3米，宽1.78米，螭首龟趺，穹高屹立，元文学家翰林集贤大学士姚燧撰文并书。文两面刻，各37行，每行99字。碑原在泰城小西关旧校场街，北里许有土公土母坟，1978年移至岱庙立于炳灵门前。碑文主要介绍元大臣泰安武穆王（帝赐封号）忙兀（姓）博罗欢（蒙古达达儿氏）的生平及其功德。据碑文载：“（成宗铁穆耳）大德庚子（1300）五月二十有二日薨于临安（今杭州西部）寓舍，年六十有三，以其年七月八日葬于檀州（今北京市碑云县）西北太行山。”大德七年（1303）姚燧曾作墓志，查《元史·博罗欢传》与碑文大致相同。自葬至立此碑相距15年，所以此碑疑为葬后复迁于泰安所立，可补《元史》之缺。《蒿里碑》为元代至元二十一年（1284）知名道人东岳提点监修官兼东平路道教都提点张志纯重修蒿里山神祠后所立。碑高3.61米，宽1.05米，文学家翰林集贤学士徐世隆撰文，泰安州知事徐汝嘉书丹。碑原在泰城西南蒿里山森罗殿后，1972年移于岱庙。碑文阐述泰山主生死的神威，是考证泰山为阴曹地府及其沿革的重要历史资料："蒿里者，古之挽歌之名，出于田横门人，伤而成歌。汉李延年（音乐家）分为二曲：薤露送王公贵人；蒿里送士大夫、庶人。后代以为人死精魂归于蒿里，其山有神主之，因立七十五司，以为追逮收捕出入死生之所也。故张华《博物志》、陆机《泰山吟》皆云：人死其魂拘于蒿里。《白乐天诗》曰：'东岳前后魂，北邙新旧骨。'《樊殿直修庙记》亦言：'人生受命于蒿里，其卒归于社首（蒿里东侧小丘，已毁）。'今东岳山有地府，府各有官，官各有局，皆所以追死注生，冥冥之中，岂无所宰而然耶。其祠距东岳庙之西五里许，建于社首坛（古帝王禅地之所）之左。自唐至宋香火不绝，望之者入则肃然，近则威然，出则怖然；若有追之者，岂非世人如见真鬼神而然欤！"《创塑州学七十子记》系元至正九年（1349）立，高3.2米，宽1.09米。泰安州儒学教授张从仁撰文，中奉大夫袭封衍圣公五十五代孔克坚书丹。碑原在泰城文庙，1970年移至岱庙。碑文首先宣扬"三纲五常"的封建伦理："人生天地之间，其不可负者三：曰君、曰亲而师与焉。乐士安业而享太平者，君也；抚字鞠育而全躯者，亲也；诗书六艺诲导启迪以成其材德者，师也。人能忠于君、孝于亲、敬其师乃天之恒则。"继而追述"大成至圣文宣王"五十二代孙孔之严在泰安郡任判官时创塑孔子七十弟子神像的原因及其经过。碑虽宣扬封建伦理，但亦可反映中华民族几千年来孝亲尊师的优良传统。

《泰山赞碑》为清乾隆四十年（1775）立，横长方形，高2.23米，宽2.85米。正面是泰安府知府朱孝纯撰序和赞铭，碑阴刻泰山图，碑文歌颂泰山的雄伟壮丽及其古老文明。序曰："盖泰山者，上应角亢（星宿名，属青龙七宿）之精，下据青兖（青州与兖州）之封。综万物而交代，冠五岳以独宗；繄（语气词）一元之肇始，兼二气而成终。其体磅礴，其势穹隆，根昆仑以迤北，跨渤澥而遂东，象葱茏其在木（五行之一），形夭矫以犹龙，乃谓震（按八卦东方属震）男，厥神（天神五爵之一）青帝（五天帝之一）。性本乾刚，心则仁粹，辟群萌以必先，含众生之所际，迎日月之鲜华，蕴风雷而蔚萃……"铭曰："于赫东岳，嵚崎岞崿，出震宣扬，先天所作。青帝宅宫，表海于东，兴云施雨，其泽鸿濛。自昔天子，或封或祀，玉帛斯陈，降以嘉祉（大福）。惟我圣朝，河广岳乔（川大山高），莫不怀柔（归顺），百神孔昭（神光照射）……"字八分隶书，端庄雅重，秀美多变，乃隶书之杰作。《方碑》于明万历间立，高2.75米，宽0.9米，厚0.82米。东侧刻穆光胤于明万历四十七年（1619）撰书《登岱四首》，笔画匀称，刚劲有力，在岱庙诸刻中别具一格。西侧有明天启三年（1623）杨炳书“可摘星辰”四大字，语出李白《夜宿山寺》：“危楼高百尺，手可摘星辰。不敢高声语，恐惊天上人。”言泰山之高。南侧有泰安知府金棨于清嘉庆二年（1797）和五年的题字。北侧有何人鹤于清乾隆四十八年（1783）撰书《登泰山绝顶五首》：“攀崖驾壑走云烟，腋挟松风类羽仙。水自前年观北海，门从今日上南天。直来青帝灵霄殿（指青帝宫），欲挽曦和御日鞭。笑语兹游真快绝，乾坤亭畔数山巅……”

另外，东侧自南而北还有《大元太师泰安武穆王祠碑》、明嘉靖十一年（1532）济南知府杨抚题“大观峰”大字碑、清咸丰八年（1858）《重修普慈庵碑记》、明嘉靖二十六年（1547）《明僧悟亭碑记》、清康熙五十六年（1717）《重修关圣帝君庙记》、明崇祯间《重修金桥碑记》《金大定重修宣圣庙记》。西侧有元延祐六年（1319）《创建藏峰寺记》、明万历三十一年（1603）《供祀泰山蒿里祠记》、明隆庆元年（1567）刘翾题“翔凤岭”及“飞龙岩”大字碑、清道光十二年（1832）《定亲王赠浚川大炼师诗碑》等。

第五章
天贶殿

仁安门北是宽阔的大院，古柏参天，浓荫蔽日。透过空隙可看到一座巍峨峻极、金碧辉煌的宫殿，即岱庙的主体建筑、东岳大帝的神宫——宋天贶殿。殿面阔9间，进深4间，东西长48.7米，南北宽19.79米，通高22.3米。殿顶采用我国传统的重檐庑殿式，上覆黄琉璃瓦，殿内六柱五架梁，重梁起架，柱下施覆盆式柱础，顶部中间设藻井，天花板上绘金色升龙，檐下竖八根大红明柱，檐施金琢墨石碾玉彩画，重檐间高悬“宋天贶殿”巨匾。整个大殿矗立于高达2.65米，面积为800多平方米的双重品级台上，雕梁画栋，辉煌壮丽，峻极雄伟，气宇轩昂。

殿系宋真宗大中祥符元年（1008）封泰山之后，为答谢降“天书”之恩，第二年创建。真宗景德元年（1004），辽国肃太后与圣宗亲率大军南下，深入宋境。宋真宗畏敌，欲从王钦若、陈尧叟之计，迁都南逃，因宰相寇准坚持主战，促使真宗勉强至澶渊（今河南濮阳）督战，结果大胜辽军。真宗素主议和，虽打了胜仗却签订了屈辱和约，由宋每年输银10万两、绢20万匹，史称“澶渊之盟”。真宗在这内外交困之际，为借助“君权天授”维护统治，又与王钦若等导演了一场泰山降“天书”的丑剧，扬言“授大中祥符之锡”，改景德五年为大中祥符元年，并东封泰山，天贶殿便是谢“天书”的产物。

殿内供奉着威威赫赫的东岳大帝，历代统治阶级为加强其统治，而“假神道以设教”，都竭尽为泰山神晋爵加封，崇拜备至。泰山神又叫“东岳大帝”，民间传为“黄飞虎”。《封神演义》（明许仲琳编）中云：姜子牙奉太上元始天尊敕命，封屡树战功的武将镇国武成王黄飞虎为“东岳泰山天齐仁圣大帝”，总管天地人间的吉凶祸福，并“执掌幽冥地府一十八重地狱，凡一应生死转化人神仙鬼，俱从东岳勘对，方许施行”。山神原来并无封号，均以山为名。到唐玄宗开元十三年（725）东封泰山时，始封泰山神为“天齐王”；宋真宗东封泰山，以东方主生而晋加“仁圣”二字，祥符四年（1011）进一步加封为“天齐仁圣帝”；元世祖至元二十八年（1291）再次加封为“天齐大生仁圣帝”。于是泰山由山变“神”，由神变“王”，由王升为“帝”，与天帝相齐。明太祖朱元璋登基后，去掉山神封号，改称“东岳泰山之神”。

泰山崛起于齐鲁古国，处于古济水和黄河下游。它东临烟波浩渺的黄海，西襟黄河，南有汶、泗、洙、淮之水。纵览东部沿海区域的地理形势，泰山居高临下，成为广袤万里原野上的“东天一柱”，同时它也是古人类繁衍生息的中心地带，也是古文化的重要发源地。据“五行”“五德”之说，东方是太阳初升的地方，是新生的代表。又据西晋张华撰《博物志》云：“泰山一曰天孙，言为天帝孙也。主召人魂魄。东方万物始成，知人生命之长短。”这得天独厚的地理位置使泰山成为峻极于天、发育万物的神山。所以泰山就成了紫气之源、吉祥之地、神灵之宅、万物之所了，它俨然成了天的象征。泰山神于是乎就威震华夏，使历代帝王纷至沓来，祭天告地，乞求延祚益寿之福。

大殿与神像历代皆有重修、重塑，并倍加修饰。宋之前殿址在厚载门内，宋时前移。《隋书》：“开皇十四年（594）将祠（祀）泰山，令使者致石像神祠之所。”宋《陈淳论》中曾描绘泰山神说：“俨然人形貌，垂旒端冕，衣裳而坐。”宋真宗曾命翰林礼官：“详定冕服制度，崇饰神像之礼。”金代将神像更为白玉石。《金史·舆服志》中规定：“东岳旗青质，赤火焰角；绘神人冠七梁冠；黄襕青袍、绿裳，白中单素蔽膝；执圭。”明重修大殿时，改名称“峻极殿”，中置铜胎泥塑像，并增左右列侍者。清代屡加修葺，民国间像毁。1944年重塑泥胎像，1966年复毁，1984年再塑。如今神龛上金龙飞舞，泰山神肃穆端坐；舜目尧眉，庄重安详；身着衮袍，手持圭板；冕冠九旒，俨然帝君。龛上高悬清康熙帝于康熙二十三年（1684）朝泰山时所题“配天作镇”巨匾。神前陈列着清乾隆年间铸的铜五供，上有五岳真形图，还有明代铜鼎、铜釜等。两侧有森严的卤薄：金瓜、月斧、朝天蹬、龙头杖、华盖等。东次间有明代铜铸照妖镜一架。清乾隆时诗人、礼部侍郎沈德潜有诗云：“闷殿（祠庙）崇东国，唯神配极闻。钟沉汶源水，香和泰山云。桧柏森灵气，碑铭辨古文。升阶肃瞻拜，万虑静纷纭。”

古帝王朝泰山谒岱庙时，至泰城南门换乘步辇，沿通天街中间的大红地毯到遥参亭做简单的参拜。礼毕回行宫择良辰吉日入庙朝拜。清乾隆帝于乾隆十三年（1748）春二月二十九日奉皇太后东巡至泰山首谒岱庙时，行二跪六叩之礼，仪典极其隆重和烦琐。帝于凌晨五时，身着御龙袍补服（前胸、后背用金线和彩丝绣成的龙袍），乘舆自行宫入岱庙正阳门，卤薄（仪仗）前导，至配天门前降舆。这时由专门导引皇帝行祭礼的赞引官和对引官恭导帝步入配天门内的黄锦帷幄少憩，然后进大殿行礼。其典礼制度十分森严：殿前阁老池、小露台及双重品级台，分别是陪祭重臣、正一品、皇亲国舅、亲王等恭候之地，只有皇帝与典仪官才入殿举行三献之礼。

帝进入大殿后，先立于拜褥（供行礼的大垫子）前，仪礼官、执事官、乐队、舞生各就其事。赞引官首奏“就位”，帝立于拜褥上。仪礼总指挥典仪官唱呼“迎神”：司香官捧香盒至祭案右侧恭立，乐奏“祈丰之章”；赞引官恭导帝立于香案前，司香官跪候，赞引官奏“上香”，帝上香三次；赞引官奏“旋（归）位”，帝回原位而立，乐止。典仪官唱呼“行初献礼”：献帛官、献爵官分别捧帛、爵立于泰山神牌位前，乐奏“华丰之章”；献帛官捧帛跪献于祭案正中，行三叩之礼退回；继而献爵官捧爵立献于爵垫正中，退回；读祝（帝祭告泰山神的祝文）官在案前行一跪三叩头礼，再捧祝文至案前跪候，乐止；赞引官奏“跪”，帝跪，读祝官宣读祝文，再捧祝版至神位前将其跪放于帛匣内，三叩退回；乐起，赞引官奏“叩”，帝三叩首，乐止。

初献毕，典仪官唱呼“行亚献礼”：献爵官捧爵立于神位左侧，乐奏“兴丰之章”；献爵官将爵献于爵垫之左，退回，乐止。典仪官唱呼“行终献礼”：献爵官捧爵立于神位右侧，乐奏“仪丰之章”；献爵宫将爵献于爵垫之右，退回，乐止。典仪官唱呼“撤馔”：乐奏“和丰之章”，馔撤，乐止。典仪官唱呼“送神”：乐奏“赐丰之章”；赞引官奏“跪叩”，帝行二跪六叩之礼，乐止。典仪官唱呼“祝帛馔”：将帛与馔恭送于燎位，祝香、帛、馔等官均至神位前跪捧其物；祝帛官行三叩之礼；各官捧祝礼依次送入燎炉内焚烧，以供东岳神享用。同时赞引官恭导帝转立于东侧，撤拜褥；待祝礼官过后再铺拜褥，帝回褥前而立。乐起，赞引官、对引官恭导帝出大殿，至配天门前复乘舆还行宫。

同时，历代王朝国有大典礼、大政务，或征伐，或祈雨等，均遣官致祭。元代田文举在《代祀东岳记》中载：“甲申（至元二十一年）闰二月丁卯，皇上（元世祖忽必烈）端拱（无为而治）九重，齐明盛服，敬授内八府宰相臣塔刺海、臣冲真明远玄静真人（封号）张德隆，以名香银盒、白金一锭锦幡一盒，驰驿以至岱宗祠下。是月二十七日，臣塔刺海等斋沐，昭告守土之官：‘戮力协心，敬趋厥职。’越二十九日己丑，致祭于东岳天齐大生仁圣帝，焚香祝颂，恪恭荐祼（恭敬地斟酒敬神）三献肃雍，礼成而退。神之格歆（感通而羡慕），不崇朝（从天亮到早饭之间，喻时间短促）而雨，田畴足润，年丰有望。实神岳之灵，以应天子敬恭。”

殿内北、东、西三面墙壁上绘有巨幅《泰山神启跸回銮图》，传为宋代壁画。画全长62米，高3.3米。画面通过描绘泰山神出巡的浩荡宏伟场面，表现宋真宗东封时的威严气派。画以殿后门为界，东半部是“启跸”，西半部为“回銮”。启跸就是帝王出巡时为其开路清道，禁止他人通行。金銮殿前有殿中侍、墀下卫士、十八大学士等送行。东岳大帝端坐四轮六马大辇，端端庄庄，穆穆皇皇。前有两乘亮轿陪行，穿红袍者是泰山神三子“炳灵王”，留髯者是道教神仙“延禧真人”。大辇四周文武百官，前簇后拥。前边祥兽奔腾，鸾旗飞卷，骑士严阵，仪仗列侍；再前是宫乐齐奏，夜叉鸣锣，麒麟开道，十八城隍接驾。《回銮图》与《启跸图》基本相同，仅增加了二夜叉抬虎和骆驼驮卷宗，以示出巡圆满成功。整个画面上共计697人，加以祥兽坐骑、山石林木、宫殿桥涵，疏密相间，繁而不杂，是构图中的伟大精密之作。

大殿在金、明两代三次遭火灾，清代又遇地震，故原画早毁，现存壁画是清初画家在保留宋画原貌的基础上重绘的。显而易见，下部主题人物与宫殿、桥梁，系我国传统画法，人物前后无大小之分，建筑物采用均角透视，人物面部多用正面画法，衣纹用铁线描，色彩平涂无晕染，用笔严谨。这说明壁画在重绘时，人物是照原稿本模拟，而顶部山石、林木、建筑物等，则运用了近大远小的西洋画法。这时正值西画传入我国，画家视为新奇，便在衬托部分加以模仿，遂使上下格调迥然不同。据当代山水画家俞剑华教授考证：此画基本上保留了宋画原貌，但背景是清初人受西画影响后的补作。虽非原画，但它仍是我国绘画史、道教壁画史上的杰作之一，是古代艺术的瑰宝。

第六章
东西碑廊

天贶殿两侧原有环廊百余间，与仁安门两侧的东西神门连接。廊内绘十殿阎罗（地狱的统治者分居地府十殿）七十二司，各种鬼神工巧奇丽，善恶其状均朝泰岱，因果相报，惟妙惟肖。东廊之中为鼓楼，后有东斋房；西廊之中为钟楼，后有神器库。《水经注》引《从征记》："库中有汉时故乐器及神车木偶，皆靡密巧丽。又有石勒，建武十三年（37）永贵侯张余上金马一匹，高二尺余，形制甚精。"进一步证明岱庙建筑由来已久。可惜廊、楼、房、库均毁于清末。1982年在旧址重建廊房54间，1984年续建8间，为三柱五架梁前廊式建筑，黑顶红柱，古朴典雅。北廊内设泰山文物商店，主要经营古瓷器、玉器、金银首饰、文房四宝和字画、碑拓等；东廊内为历代碑刻陈列及泰山摩崖碑拓展览；西廊内是汉画像石陈列室。

东碑廊内自北而南按历史年代为序，共陈列名碑19块。其一，《仿秦刻石二十九字碑》，是泰安知府徐宗干于清道光六年（1826）根据梁章巨（曾任过两江巡抚）所存明代《泰山秦刻石》残留29字拓片复制。

其二，《汉衡方碑》，碑高2.75米，宽1.08米，立于东汉灵帝建宁元年（168），篆额"汉故卫尉卿衡府君之碑"。碑原在汶上县郭家楼，1953年移存岱庙。《金石图》载："碑在汶上县西南十五里郭家楼前，清雍正八年汶水泛决陷卧，村人郭承锡等复建。"衡方，字兴祖，平陆（今汶上县）人，在州里举孝廉，曾任会稽东部都尉、右北平太守、颍川太守。汉桓帝时为保卫皇宫的卫尉，汉灵帝继位后任步兵校卫，统六师之帅，但到任不到半年即病逝。此碑便是门生为其立的墓碑，追颂生前事迹。碑文温润，笔画端正稳重，笔意粗壮古拙，隶书浑古，仪态敦厚，以体丰骨壮而著名。

其三，《汉张迁碑》，高2.7米，宽1.15米，立于东汉灵帝中平三年（186），比《衡方碑》晚十八年。篆额“汉故谷城长荡阴令张君表颂”。后长期埋于地下，到明代才在东阿县境内被发掘出来，所以碑文至今基本完好可读。明时东阿县属东平州，碑即移立于东平州学府（今东平县城东北隅文庙旧址），1956年移东平县人民政府礼堂后，1965年移至岱庙。张迁原是谷城（今东平）长，因当时黄巾起义军在泰山周围异常活跃，青、徐一带郡县均被起义军攻陷，唯张迁所守谷城未破，因此被调升荡阴（今河南省汤阴县）为令。于是故吏便捐银刊石，表颂张迁及其祖先政绩。碑文追述张迁祖先皆为忠良名门，上溯周宣王时的张仲“以孝友为行”，汉高祖时的张良能“在帷幕之内决胜负千里之外”，文、景之间的张释之“建忠弼（辅助）之谟（计谋）”，武帝时张骞“广通风俗，开定畿寓”。而后颂张迁做谷城长时“路无拾遗，犁种宿墅。黄巾初起，烧平城市，斯县独全”，表明继祖先之遗教，忠实维护封建统治者的利益。碑阴刻故吏41人的姓名和捐银之数。此碑自出土以来，为历代金石、书法家所推崇：“词旨淳古，隶书朴茂”“字体方整中多变化，朴厚中见媚劲”“蚕不并头，雁不双设，外方内圆，内摈外拓”。真乃龙威虎震，剑拔弩张，气势万钧。《辞海》《辞源》收其词条，《中国书法大字典》尽收其字。《张迁碑》与《衡方碑》均为研究汉代碑刻及书法艺术的珍品，亦是宝贵的历史资料。

其四，《孙夫人碑》，高2.45米，宽0.95米，立于西晋泰始八年（272），额曰：“晋任城太守夫人孙氏之碑。”碑原在新泰莲花山麓张庄附近，清乾隆五十八年（1793）钱塘江凤彝搜得西晋石刻本，见夫人碑铭字多毁，即命新泰县令柳世珍建碑亭保护。后移县城，1965年移至岱庙。碑中主要叙述晋吏部尚书孙邕之女、任城（今济宁）太守之妻孙夫人慈孝贤良的美德。碑文夸曰“少有淑质”“宽仁足以容众，明敏足以辨物”，是夫人的颂德碑。碑文隶书，文辞古雅，笔势严谨，方劲厚重，犹存两汉遗风。晋时碑尽短碣，唯此碑与历城的《郛休碑》、河南的《太公望表碑》并称晋代三大丰碑。

其五，《魏齐隋唐造像记刻石》。记载东魏武定五年（547）、北齐乾明元年（560）、隋开皇十一年（591）、唐天宝十年（751）佛教造像情况。依此可窥视南北朝及隋唐时期佛教盛行之一斑。

其六，《大唐齐州神宝寺之碣》，立于唐开元二十四年（736）。碑高2.6米，宽1.3米，原在灵岩寺山之阴神宝寺遗址（今长清张夏小寺村，因东靠神谷，北依宝山而名），1965年移至岱庙。碑额篆书方古，碑文词语严谨，隶书典雅遒劲。文先以其周围的恶劣环境为衬托，概述释家艰苦创业的精神：“貔豹蹲踞，人绝登临，虺蟒纵横，鸟通飞路。……貔豹枕膝，禅心寂而不惊；虺蟒萦身，戒定澄而不乱。”继而描绘大唐重建神宝寺后的辉煌气派：“寺内有石浮图两所，分十一级；舍利塔（安置佛之身骨的宝塔）一所，众宝庄严。胡门洞启，石户交晖，返宇锵锵，飞檐䡾䡾（高翘）。半天鹏起，遥遥烟雾之容，一地龙盘，宛宛丹青之色。挹（舀）朝霞之昈昈（明亮），湛夜月之濯濯；风牵则宝铎（檐铃）枪枪，日照则花盆皛皛；迢迢亭亭，郁郁青青，皓皓旰旰（盛大的样子），焕焕烂烂。远而望之，炳若初日照灼皎扶桑；近而察之，尤似素云霴霺（云密集貌）度夕阳。”依此可考证泰山佛教的发展，了解神宝寺的沿革。

其七，《唐岱岳观造像记碑》，高3.18米，宽1米，为唐高宗和武则天于显庆六年（661）遣道士郭行真到泰山建醮造像所立。因碑是两块相同条石并立而成，上有覆盖，下有承座，形制特异，喻意武后与高宗同治天地，威齐高宗，所以俗称《双束碑》或《鸳鸯碑》。碑原在岱岳观（今王母池西侧老君堂旧址），1959年移虎山水库西畔，并建“鸳鸯碑亭”保护。“文革”初为免遭破坏，泰山管理部门将其移岱庙埋存地下，1983年立于此。今碑下截约半米处及两侧大部剥蚀。碑文四面环刻，每面作四五层，共刻唐代“六帝一后”（高宗、中宗、睿宗、玄宗、代宗、德宗、武后）的斋醮造像之事20则。空间并有唐宋人题名、颂诗，多为青祠醮章、投龙作功德、黄冠名氏及侈言符应等。字为真书，虽不工整，却十分古拙可爱。尤为难得的是武则天易唐为周而称帝时的七则刻文中，采用了她自制的十一个字：𠀑（天）、埊（地）、𤯔（人）、𤣩（王）、𠦚（年）、㊊或匨（月）、㉃（日）、〇（星）、𠙺（正）、𥠢（授）、𡔈（初）。碑刻不仅是武则天摄政称帝的历史见证，而且反映了唐代推崇道教对泰山的深远影响。

其八，《唐经幢》，立于唐僖宗广明二年（881）。上刻佛教陀罗尼经文，后记中有“诸王太后宝位常在，辅相近臣长资宠锡”之句，知为唐皇室辅臣为祈福而立。原在肥城市西幽寺旧址，1979年移岱庙。

其九，《宋升元观敕牒碑》，高1.76米，宽0.65米，立于政和八年（1118），是宋徽宗赵佶准泰山“建封院”改为道观，并赐额“升元”之敕，由尚书省签发。敕是皇帝的诏书，牒是公文。碑按原样模刻，对研究北宋敕牒文格式有重要价值。碑原在岱麓玉皇阁内，1976年移岱庙。

其十，《金泝庄创修佛堂之记碑》，立于大定十一年（1171）。碑阴有明

《重修藏峰寺记》，嘉靖四十二年（1563）刻，为研究佛堂寺自金至明兴衰史的翔实资料。碑原在藏峰寺旧址（今小曹庄附近），1979年移岱庙。

其十一，《金重修天封寺碑》，高1.88米，宽0.96米，立于大定二十四年（1184），金代文学家、书法家党怀英撰书。原在旧县天封寺旧址，1979年移岱庙。此碑是考证唐宋间泰安县治沿革的珍贵资料："泰安东南三十里，得故废县，曰：'古博城。'在唐为乾封、宋开宝间移治岳祠（岱庙）下，居民从之，而县废焉。"

其十二，《五岳真形图碑》，高1.68米，宽0.79米，明嘉靖间刻。碑上刻道家符篆"五岳图"及注文，东岳图文曰："东岱岳泰山，乃天帝之孙，群灵之府也。在兖州奉符（即泰安）县，是成兴公真人得道之处，长白、梁父二山为副。岳神姓岁讳崇，封号'天齐仁圣帝'。岱岳者，主于世界人民官职及定生死之期，兼注贵贱之分，长短之事也。"又据晋葛洪《抱朴子》云："凡修道之士栖隐山谷，须得五岳真形图。佩之则鬼魅虫虎一切妖毒皆莫能近。"又云："太初中，李充称冯翊人三百岁，常负此图。人或佩之渡江海，入山谷，或夜行宿凶房，邪魔魑魅魍魉悉皆隐遁。虔供居地，必获吉祥。"所以"五岳真形图"传说是道家的法宝和护身符。碑阴刻《东平府路宣慰张公登泰山记》，元代至元二年（1336）立，诗人杜仁杰撰，农学家王祯正书。碑文简单介绍元经济学家东平路宣慰使张德辉的政绩："公治河东（原为河东南北路宣抚使）有异政，考为天下最。上（皇帝）亲召劳以卮酒，至以字呼，朝野荣之。越四年，上复命公为东平宣慰使。"接着写登泰山观日出的情景，是泰山著名游记之一。

其十三，《登岱八首碑》，明人凌志魁于万历三十四年（1606）和文学家于慎行《登岱八首》之韵而作，字为草书。碑阴刻明成化七年（147）山东等处提刑按察司在岱庙置备供器经过和供器分类明细单，早于《登岱八首》135年，是研究泰山祭祀及供器分类的历史资料。

其十四，《太极图碑》，高2.55米，宽0.84米，明嘉靖年间立。图初为北宋周敦颐所绘，其意兼采《易经》和道家思想：提出一个以太极为中心的世界创成说。他在《太极图说》中解释道：太极是最初的绝对的实体，也就是远古时的混沌世界；后来化生两仪，即一动一静，由此便产生了阴阳五行和宇宙间的万物万事。后来南宋理学家朱熹将其说加以发挥，便成为程（北宋理学家程颢、程颐二兄弟）朱理学的理论基础。因泰山是孕育万物之地，故立此碑。碑原在旧县府院内，1979年移此。碑阴还有明代《泰山秦刻石》29字拓刻。

其十五，《谷山寺敕牒碑》，高2.43米，宽0.94米，上刻金代尚书礼部分别于泰和六年（1206）和大安元年（1209）所下达的两个牒文。因碑原在岱阴佛爷寺（即谷山玉泉寺）院内，1984年移此补立。碑首四螭盘绕，中雕佛龛，内坐释迦，造型古雅优美。上截是“玉泉寺牒”，下为“香严寺牒”。上截分三层：上为泰安州奉符县第一乡泰山佛峪谷山寺授业第三代住持僧智崇，于泰和六年买到洪字第125号寺额一道，故乞书赐额“玉泉禅寺”之文；中为章宗帝完颜璟应准并赐额；下为群臣署名。牒文之上共盖有15方尚书礼部之印。下截是智崇僧于大安元年买到院额后乞请赐“香严禅院”之额的牒文。两牒文格式相同，其文是研究泰山佛教历史的实物资料；其字真书行书相兼，遒丽特异。碑阴有小字草书，记叙智崇和尚化募买额经过及附募捐者名单。

其十六，《颂岱诗碑》，明代中州（今河南）胡一龙撰书，崇祯元年（1628）立。诗为登泰山绝顶所作，字为大草，行笔豪放不羁，气势磅礴，似游龙腾空，如金蛇狂舞。原在万仙楼，1979年移此。

其十七，《乾隆御制诗碑》，帝于乾隆二十二年（1757）及二十七年（1762）两次南巡过泰山，作《过泰山五依皇祖诗韵二首》。诗双面刻，行书秀丽典雅，庄重规整。

其十八，《杜甫望岳诗碑》：“岱宗夫如何？齐鲁青未了。造化钟神秀，阴阳割昏晓。荡胸生层云，决眦入归鸟。会当凌绝顶，一览众山小。”泰安知县何人麟于乾隆四十九年（1784）草书。诗气势雄伟，字流畅潇洒，一气呵成，名诗配佳作，相得益彰，趣韵深长。这首五言古诗是《杜甫诗集》中最早的作品，大约是唐玄宗开元二十四年（736）诗人首次游齐、赵时的作品，其时诗人年仅20余岁。因举进士不第而游山河。这首诗生动地反映了青年诗人那种激越的感情和豪放的胸怀，充满浪漫主义色彩。“岱宗夫如何？齐鲁青未了。”诗人一开始便问道：“泰山是怎么样的呢？”接着自己答道：“在齐鲁大地都能看到它那郁郁葱葱的青色。”诗人抓住泰山“从齐到鲁，历二国青未了”这一特点，活灵活现地刻画出它那巍然耸立、青翠欲滴而又绵亘天外的浑茫形象。“造化钟神秀，阴阳割昏晓”这一句着意描绘泰山灵奇秀美的姿态：那奇形异状的高山好像是为神灵所特意制造，把大自然具有的一切神奇秀美都集中在这里；山峰直插云霄，遮断阳光，把岱阳、岱阴分割成两个明暗不同的天地。接着又以“荡胸生层云，决眦入归鸟”进一步描写泰山及其诗人的感受。诗人站在山麓，而神思畅游岱顶，仿佛感到云气荡心胸，化郁涤虑，大开襟怀；诗人由于目不转睛地仰望泰山，使眼角似裂，直到归鸟投林还恋恋不舍。此两句并非完全写实，是诗人的假想，正如明代文学家王嗣奭在《杜臆》中所说："'荡胸生层云'，状襟怀之浩荡；'决眦入归鸟'，状眼界之空阔。想象登岳如此，非实语，不可以句字解也。公身在岳麓，神游岳顶。"最后，诗人以"会当凌绝顶，一览众山小"这种充满豪迈气概的诗句为全诗作结。会当，应当；凌，攀登；众山小，语出《孟子·尽心上》"孔子登东山而小鲁，登泰山而小天下"。诗人只写望岳，为何不亲登绝顶饱览泰山风光呢？"凌绝顶"正恰当地反映了他的远大目光和豪迈气概，一个"凌"字，使诗人那种不畏艰险、勇往直前的决心跃然纸上。这首诗写景和抒情紧密结合，借景抒情，情景交融。"望"字贯穿始终，通过"望"而步步展开，层层深入。诗篇意境开阔，格调高昂，气骨峥嵘，体势雄浑，韵味无穷，使人如临其境。因此，清初文学家仇兆鳌评价说："少陵（即杜甫）以前题咏泰山者有谢灵运、李白之诗。谢诗八句，上半古秀，而下却平浅。李诗六章，中有佳句，而意多重复。此诗遒劲峭刻，可以俯视两家矣。"

其十九《筑桥碑记》，立于明万历三十七年（1607）。碑记为五字叙事诗，书体除书者姓名外，其余52字均采用明代治印方形叠篆。笔画横平竖直，多变难识，独具一格，饶有风趣。碑原在肥城，1979年移岱庙。

西廊内陈列汉画像石48块，汉画62幅。汉画像石是汉代墓穴内的石刻，它的产生和流行是因两汉时期有厚葬的风气，他们以厚葬为德、为孝。《后汉书·光武本纪》："世以厚葬为德，薄终为鄙。"东汉王符在《潜夫论·浮侈篇》中说："京师贵戚，必欲江南檽梓，豫章楩柟。边远下土，亦竞相仿效……工匠雕治，积累日月，计一棺之成，功将千万。"厚葬风气虽是劳民伤财之举，却给我们留下了宝贵的艺术珍品。岱庙汉画像石分别为1960年、1965年、1987年3次清理发掘大坟口和旧县东汉画像石墓而集。这批汉画像石内容丰富，取材广泛。有的反映车马出行、乐舞百戏等社会生活；有的介绍圣人孔子、孝子丁兰等历史人物；有的描述古神话故事，也有关于王君及地方官吏聚会、谒见、讲经等画面。在雕刻技法上，图案工整，造型生动，把中国传统的画技同线刻、浮雕融为一体，是研究中国古代文化艺术和东汉社会历史的重要实物资料。

漫步长廊，石刻林立，相映生辉，书文荟萃，墨香郁郁，处处闪烁着古代艺术的光彩。

第七章
天贶殿大院及后寝宫

天贶殿前重台宽广，雕栏环抱，玉阶曲回。中置大铁香炉，为明万历间铸，供旧时焚香烧纸所用。两侧为蓄水防火用的大铁桶，宋建中靖国间铸。炉、桶之上皆铸龙凤云纹，非常精致。殿前两侧有乾隆六角御碑亭，东西对峙，内立乾隆帝登岱诗碑。东亭之碑载诗五首。正面是帝于乾隆十六年（1751）南巡回銮时谒岱庙诗："岱宗遥望谢重登，岱庙森严玉陛升。只有丰年祈帝贶，愧无明德答神凭。唐槐汉柏形容古，时景民风气象增。迅矣三年成瞬息（自首谒岱庙距今三年），向来欣戚总难胜。"背面是帝于乾隆十三年（1748）春二月奉皇太后登岱首谒岱庙时所作《祀岱庙二律》："释奠（祭先圣先师的一种典礼）回銮礼岱宗，绳先不为事登封。地灵自是神凭宇，庙古还看黛蔚松。阶下崎崟临介石（即迷糊石），殿中肃穆仰苍容。已躬那更求多福，祈岁心殷惠我农。""祀视三公（太师、太傅、太保）旧典行，配天生物镇苍精。崇朝（时间很短）所冀云蒸雨，大德夜符震出亨。寝殿端居帝偕后，仙坛陪享弟随兄。泰山林放（春秋鲁国人，传孔子弟子，尝问礼之本）如相拟，久矣禋宗不易明。"北侧是帝于乾隆三十六年（1771）奉皇太后《谒岱庙六韵》："亿禩（同祀）神庥（庇佑）永，百年（指康熙初重修岱庙至今）庙貌新。佐天生万物，护国福烝（众）民。庆落卜良日（指在山麓白鹤泉按古明堂规制初建行宫），展诚洽仲春。扶桑石突兀，炎汉（汉自称以火得王）柏轮囷（高大屈曲）。肃拜经九载（距上次谒岱庙已九年），慈宁值八旬（皇太后正值八十大寿）。抒忱颙有吁（仰慕呼天），介寿愿重申（祝皇太后寿如介石）。"南侧是乾隆四十一年（1776）奉皇太后登岱《谒岱庙六韵》："庆落当辛卯（乾隆三十六年），来瞻兹丙申。安舆欣莅止，古庙展诚纯。即此康强吉，孰非锡羡仁。东方生众物，万祀佑斯民。松柏那论旧，丹青尚若新。所希绵懿寿，命驾岂辞频。"西亭之碑载诗三首。正面是帝于乾隆二十七年（1762）南巡回銮作《谒岱庙》："时巡指江国（江南诸古国），致祀遣春官（先派礼部尚书致祭）。兹取回程近，亲瞻祭席簟。大生功配帝，如在貌临坛。肃拜无私祷，抒诚心始安。"背面是帝于乾隆二十二年（1757）南巡登岱作《谒岱庙六韵》："春巡限定程，望岳寄遥情。用趁回涂便，一申肃拜诚。震方唯帝出，寅德肇人生。仰载无私祷，祈年有屏营（惶恐貌）。英云笼宝殿，佳气护层城（高大的城阙）。退憩寻环咏（唐槐院原有环咏亭），诗裁不易评。"北侧是帝于乾隆五十五年作《谒岱庙瞻礼》："来因瞻岱宗，岱庙谒诚恭。封禅事无我（乾隆帝只祭祀，不举封禅），阜安（物丰民安）祈为农。代天敷物育，福国锡（宠赐）时雍（时代欢和）。九叩申虔诚，八旬实罕逢。"乾隆祭祀碑是研究泰山封禅告祭的重要史料，从中不仅能考证帝王踪迹，而且还可窥见封禅制度的演变。

自殿前下双重品级台后是连接小露台的甬道。中有孤柏独立，名"孤忠柏"。小露台上有扶桑石，扶桑即日本的代称。《梁书·扶桑国传》："扶桑在大汉国东二万余里，地在中国之东，其土多扶桑木，故以为名。"又云中国高僧慧森和尚从日本回国，带回一船扶桑石献给了梁帝。又传帝王谒泰山神时，陪祭丞相到此止步恭候，因此也叫"介石"。这里是岱庙的游览中心，游人多在此用手帕蒙双目绕扶桑石来回转三圈，然后沿甬道去摸"孤忠柏"正南方的疤缝，若摸准了，泰山神便赐予"大福"，不过一般人很难摸准，那瞎子摸象的笨样子，时时逗得围观者哄堂大笑，故俗称"迷糊石"。下小露台往南去，便是石栏环围的"阁老池"，池内及周围立九块玲珑石，石是金大安六年（1209）奉符县吴衎同母王氏所献。其石均具有透、露、瘦、垢、绉、丑、秀的特点，姿态古怪，耐人寻味。清刘熙载在《艺概》中云："怪石之丑为美，丑到极处便是美到极处。"大殿东南有深井，水清洌甘美，明李钦有《古井记》，万历间吏部侍郎朱之蕃诗称"香井"。《水经注》引《从征记》："（汉柏）树前有大井，极香冷，异于凡水，不知何代所掘，不常浚渫（疏淘），而水旱不减。"

此外，大院内还有古碑碣22块。东南台基上有《大宋封祀坛颂碑》《大金重修东岳庙碑》《清重修东岳庙碑》。宋碑是大中祥符二年（1009）立，开国公宰相王旦撰文，裴瑀篆额并书。碑高4.85米，宽1.57米，是宋真宗东封泰山时的典仪纪实，是研究宋代封禅大典的珍贵资料。碑文详细记叙了封禅过程："备法驾（天子车驾）至于山趾，更衣于帷殿。上（真宗）乃乘轻舆（步辇）陟绝巘、跻（到）日观，出天门，筑圆台于山上，度地宜而循古制也。升山之前夕，层云蔚兴，严飚暴起，达曙（一直刮到天亮）振野而未已，有司失职（因祭祀官祭祀不周而招致风神发怒）而是尤。洎（到）宝箓（指天书）先登，华盖徐至（帝乘华盖笼罩的金辂徐徐而至），焚轮（自上而下的大风）止息，寥泬清霁（天空寥廓晴朗），若胚浑之初判（像宇宙刚诞生一样），状群灵之先置（原来是众神灵先为天子开路）。辛亥祀昊天上帝，设天书位于左次，登歌（乐师登台而欢）乐作，奉迎就位，显奉符而错事也。二圣严配定位侧向（太祖、太宗牌位放于右侧），以申恭事，表继志而奉天也。亚献、终献，作之乐章，以为礼节，一其仪而申昭事也。祝史正辞秘刻勿用（帝祭告天帝的祝文秘刻在玉册上，绝不外泄，正辞放入金匣带回京城，副辞入玉匣封入坛内），黎元蒙福（百姓蒙受恩福），孚佑是祈（祈求天帝的信用和保佑），克其己而厚勤恤也（帝严以克己，宽厚待人，勤奋为民）。衮冕俯偻（天子躬身肃立），金石铿越（钟、磬等金石之乐齐鸣），捧珪币奠牺象（用玉器和牛、羊、猪进行祭奠），络金绳而斯毕（用金线把刻有祝文的玉册缠绕起来，封坛内而礼毕），飞紫烟而上达（烧祭礼让紫烟上达，天帝尽享）。舒迟暨礼（祭礼有张有弛），陟降尽恭，明德之馨（皇帝的惠政将流传久远），至诚之感，苾芬以荐（把芬芳的祭礼献给上天），肸蚃如答（神灵感应）。通帝乡之岑寂（与清静肃穆的天宫相通），接云汉之昭回。协气上浮（吉祥协和的云气上升），纤罗不动（天朗气爽，连罗纱也纹丝不动），神策锡灵（天书显灵），长之祚日（帝座长久）。卿奏殊尤（特异）之瑞，垂绅委珮（众臣恭敬肃立），蹈舞斋室之前，鳌抃山呼（鳌鱼鼓掌，群峰欢呼），声震层霄之外……”全文行书43行，每行字100，洋洋4000余言。撰者王旦当时任“天书仪卫使”和“封禅大礼使”，虽溢美夸张之辞颇多，但资料翔实，描述栩栩如生，与《宋史》完全吻合，并补其“略而不详”之缺，有极高的史料价值。

金碑是大定二十二年（1182）立，金世宗时礼部侍郎杨伯仁撰文，礼部员外郎黄久约书，大学士党怀英篆额。《金史》称伯仁文辞典丽，久约善书，怀英工篆籀。三美荟萃，书笔秀逸，实为金元时金石之冠。碑高6.28米，宽1.83米，是金代重修岱庙之记：“大定十八年岁在戊戌春，岳庙灾，虽门墙俨若而堂室荡然。……凡殿寝、门闼、亭观、廊庑、斋库，虽仍旧制加壮丽焉。诏谓格神之道所贵致洁，其当阳之像毋用漆塑，以涿郡（今陕西涿州市）白玉石为之，殿楹高敞。”清碑是乾隆三十五年（1770）御制，高6.84米，宽1.48米，因“岁庚寅

（即乾隆三十五年）为朕（乾隆帝）六十庆辰，至辛卯（次年）恭逢圣母皇太后八旬万寿”而重修岱庙。碑是满汉两种文字，故称“满汉碑”。又因琢磨光滑，明亮如镜，又俗称“透明碑”。此外，台北还有明万历二十七年（1599）《题泰山碑》、明隆庆五年（1571）《修建元君行宫碑记》、清康熙四十七年（1708）《泰安州儒学王师爷德政碑》、清乾隆四十八年（1783）《重修元君庙记》、民国十七年（1928）山东全省民众立《五三纪念碑》。

院西南隅台基上也有三块碑。中为《大宋天贶殿碑铭》，宋大中祥符二年（1009）立，碑高3.86米，宽1.48米。北宋文学家、史学家、翰林学士、尚书兵部员外郎杨亿撰文，翰林待诏、国子博士尹熙古篆额并书，为宋真宗封泰山、谢天书创建天贶殿后所立。碑文先大肆宣扬授命于天的古帝王，均见符瑞而发迹：“伏牺受龙图以作八卦，轩辕得龟篆以朝万灵；放勋获玉泥青绳之文，帝舜膺赤文绿错之瑞，夏商以降绩用昭明。故大禹梦苍水之符，帝乙拜元玉之字，西伯之赤雀止户，武王之白鱼入舟，皆盛烈通于神祇。”接着详细介绍宋真宗夜梦神人及在泰山发现“天书”的经过：“元年仲夏既望之后夕，上复梦神人，谕以谆谆之意，期以来月锡符于泰山。……是月六日也，粤有梓匠，晨诣灵液亭，给斤劚之役，草露方渥，人迹罕至，忽得黄素（天书）于灌莽之上。其文有‘皇帝崇孝育民，寿历遐岁’之言，词章震骇，魂思飞越。”最后写创建天贶殿的情景：“乃诏鲁郡申饬（告诫）攸司，爰就灵区茂建清宇。授规于哲匠董役，以廷臣朴斫前施，暨涂咸备，法大壮而取象，曾不日以克成。直寒门（北门）□□（碑缺）之庭，镇阿阁神房之麓。云封崛起，回对于轩檐；泉流冽清，载环于阶城，只若天贶，表以徽名。”碑阴有明天顺五年（1461）所刻《重修岱庙碑记》（面东），礼部左侍郎、翰林学士薛瑄撰文，山东等处承宣布政司左布政李颙篆额，济南府知府陈铨书丹。

《天贶殿碑铭》之南有石幢一座，因上刻佛教经文，故称《经幢》，高6.4米，共六层八面，下刻西蕃莲花纹，雕刻精细。古幢由于年深月久，字已全部剥蚀，致使清代有人曾把它断为秦始皇无字碑。碑铭之北是明太祖朱元璋于洪武三年（1370）御制《封东岳泰山之神碑》，俗称“去帝号碑”，高6.55米，宽1.56米。唐、宋、元三代，君王把泰山神晋封到无以复加的地步，明太祖认为古时岳镇海渎并无封号，均以山川之名而称之。后来由于“渎礼不经”才崇名美号，所以立碑为其正名，诏告天下：“因神有历代封号，余起寒微，详之再三，畏不敢效。盖神与穹壤同始，灵镇东方，必授命于上天后土，为人君者，何敢予焉？惧不敢加号，特以东岳泰山名其神，依时祭神。”台基北还有明弘治七年（1494）《泰安州重修庙学记》、清康熙五十一年（1712）《泰安疏泉导水记》、雍正五年（1727）《重修青岩书院碑记》、嘉庆二十一年（1816）《重修北斗殿记》、道光三十年（1850）《重修玉皇阁神像碑记》、民国二十二年（1933）《重修玉皇阁记》及《浴鹤》（原在白鹤泉）、《醴泉》（原在天书观）等碑刻。

另外，在小露台前两侧还有三块碑。东为《大观圣作之碑》，高5.8米，宽1.53米，宋大观二年（1108）立。宰相蔡京题额，殿中丞、书学博士李时雍摹宋徽宗瘦金体而书。碑文是宋徽宗于大观元年颁行于全国各郡邑的学宫校规，是培养和选拔封建社会人才的标尺：“取士科八行者，善父母为孝，善兄弟为悌，善内亲为睦，善外亲为姻。任于朋友为任，仁于州里为恤；知君臣之义为忠，达义利之分为和。反是为八刑。”西为明太祖谕祭《东岳祝文碑》，明洪武十年（1377）立，高5.3米，宽1.43米。朱元璋于洪武三年去泰山神封号后废除了劳民伤财、追求虚名的封禅大典，仅遣使致祭。祝文曰：“今予自建国以来十年，于兹国为新造，民为初安，是不得亲临所在而祀神也。特遣开国忠臣李文忠、道士吴永舆、邓子方以代予行奉牺牲、祝帛于祠下，以报效灵。自今以后，岁以仲秋诣祠致祭，惟神鉴之，尚飨。”文辞通俗无华，凝练概括；字为正楷，端庄丰润，浑厚遒劲，与宋碑浮夸拖沓、艰涩难懂的文风形成了鲜明的对比。祝文碑之北是清康熙十七年（1678）山东布政使施天裔重修岱庙纪事碑，高5.97米，宽1.28米，施天裔撰书。碑阴附《重修岱庙履历纪事》，把这次历经十年的浩繁工程的起止时间、所费财力、所购材料、所栽树株、所建殿庑、斋堂、垣堞、楼观一一刻记，仅在庙内植树就有638株，是一份珍贵的重修档案资料。

天贶殿之北是后寝三宫，中为正宫，两侧是配宫。宋真宗封泰山时，认为泰山神既然封为帝，就应有“皇后”，于是又想象了个“淑明后”，因建三宫。今为“泰山陈列室”，室内陈列内容主要是泰山的地理环境、风景名胜、物产及古文化的模型和照片。

第八章
汉柏院

配天门东南有西向之门，上悬云纹匾，大书“炳灵门”。因院内原有炳灵殿、内供泰山神的三太子炳灵王而得名。院内还有古柏五株，传为汉武帝所植，所以此院旧为“炳灵宫”，今称“汉柏院”。晋左太冲《蜀都赋》：“近则江汉炳灵，世载其英。”吕向注：“炳，明也；载，犹生也。言江汉明灵，故代生英哲。”炳灵就是显赫的英灵。元马端临撰《文献通考》：“炳灵公庙在泰山下，后唐长兴三年（932）诏以泰山三郎为威雄将军。大中祥符元年十月封禅毕，亲幸加封，令兖州（当时泰安归属兖州）增葺祠宇。经度制置使王钦若自言：尝梦睹神。又于庙北堧（墙内空地）建亭，名曰灵感。”这说明早在唐代时这里就有炳灵殿，宋时又倍加拓修。唐李吉甫撰《元和郡县图志》引汉《郡国志》：“庙前有柏树，汉武帝所种。”宋李昉等编《太平御览》引《泰山记》：“泰山庙在山南，悉种柏树千株，大者十五六围。”院内炳灵殿毁于民国间，今尚存汉柏。树身扭结上耸，若虬龙蟠旋，虽肤剥心枯，却又继生新枝，苍古葱郁，真乃绝奇。它以古雅的身姿，赫赫的高龄博得历代文人的高度赞赏，为泰安八景之一，称之“汉柏凌寒”。元代王奕曾赋诗：“肤剥心枯岁月深，孙枝已解作龙吟。烈风吹起孤高韵，犹作峰头梁父音。”

院北为1959年在炳灵殿旧址所建“汉碑亭”，因亭内陈列汉《衡方碑》而名。“文革”初将汉碑更换为毛泽东诗词碑，遂改为“汉柏亭”。亭耸立于三层石砌台基上，上层是须弥座式，四周浮雕飞禽走兽及梅、兰、竹、菊等纹饰。亭三间，廊式卷棚歇山顶，檐下悬陈叔亮题“汉柏亭”匾，柱挂魏传统题唐诗句抱柱联：“万壑千岩凌霄汉，登高壮观天地间。”亭下陈列汉白玉碑，上刻毛泽东同志草书《满江红》和《六盘山》词二首。登亭四望，可瞻岱宗雄姿，可瞰泰城全景，可眺徂徕如屏，可观晚霞夕照。亭后有观赏盆景展览，其中迎门处有古松盆景一株，树龄约600年，因枝繁似虬龙盘绕，叶茂如华盖笼罩，秀雅苍翠，婆娑多姿，可与普照寺六朝松媲美，故美其名曰“小六朝松”。另外还有300多年生的灵岩柏、百年生的翠兰柏，均盘根错节，顶盖似云，使人为之赞叹。

院中有1961年建八角石栏水池一座，喷泉阵阵，鱼荡碧波。天晴时，可凭栏尽赏汉柏翠影，因名“影翠池”。

院南，有北宋时名儒孙明复学馆。史称孙明复及其弟子石介、胡瑗为“宋初三先生”。石介于康定元年（1040）在《泰山书院记碑》中说：“乃于泰山之阳起学舍，斋堂聚先圣之书满屋，与群弟子而居之。”金大定初又创建鲁两先生祠，内祀孙、石二先贤。后因拓建岱庙，祠迁至普照寺西北，称声“泰山上书院”，金党怀英有《鲁两先生祠记碑》：“两先生筑室泰山下以为学馆，属大辟岳祠堧基甫迫乃北徙山麓，而以旧馆为柏林地。”但其后旧址仍香火不断。1965年在此建茶室7间，供游人小憩品茗。廊檐下有黄廷惠书“汉柏影翠”匾及楹联“影垂千条纪天功，翠云碧宇清心肠”。

院内今存历代碑刻90块，东墙内嵌53块，亭基四周嵌23块，院中立14块。其中乾隆帝登泰山诗碑26块，诗30首，东墙上较著名的有汉张衡郁郁不得志时效屈原《离骚》体而赋的《四思篇》（原名《四愁诗》）、魏曹植神气仙味的《飞龙篇》，两诗同碑，都是后人篆隶。《四思篇》：“我所思兮在泰山（喻时君），欲往从之梁父（古帝王禅地处）艰（喻小人），侧身东望涕霑翰（笔毫）。美人（喻君子）赠我金错刀，何以报之英琼瑶（美玉）。路远莫致倚逍遥，何为怀忧心烦劳。”《飞龙篇》：“晨游泰山，云雾窈窕（深远）。忽逢二童，颜色鲜好，乘彼白鹿（祥兽），手翳芝草。我知真人（得道者），长跪问道。西登玉堂，金楼复道。授我仙药，神皇所造。教我服食，还精补脑。寿同金石，永世难老。”其余多为纪事碑和颂岱诗碑。其中主要有元代史学家翰林集贤院学士徐世隆于至正二十四年（1364）因提点道教岱庙主持张志纯于至正四年（1344）重修蒿里山神祠而赠诗《送天倪子（志纯之号）归泰山》、明弘治七年（1494）刑部右侍郎戴珊因到孔府行册封之礼后还道泰安州朝岱而赋《登岱诗》、明万历间少子少保兵部尚书张佳胤《登岱四首》、万历间兵部员外郎毕懋康《岱岳庙碑》、清康熙二十八年（1688）修泰山时从香税中扣银两之纪事碑、嘉庆间泰安县令蒋大庆撰书《岱工增修小记》、咸丰间泰安县知事张延龄撰书《重修泰安邑廨记》、道光间岱庙道纪禹贞文书《保护各庙名碑告文》等，均是重要的历史资料。

亭四周较著名的有西晋文学家陆机和南朝宋诗人谢灵运所赋《泰山吟》。《泰山吟》原为乐府《楚词曲》名，《乐府诗集》引《乐府解题》：“《泰山吟》，言人死精魄归于泰山，亦《薤露》《蒿里》之类也。”两诗同名同碑，为后人所书小篆：“泰山一何高，迢迢造（远至）天庭。峻极周已远，层云郁冥冥。梁父亦有馆，蒿里亦有亭。幽途延万鬼，神房集百灵。长吟泰山侧，慷慨激楚声（悲叹、凄清的哀声）。”“岱宗秀维岳（泰山秀丽而高大），崔崒刺云天。岞崿既崄巇，触石辄迁绵（绵延不断）。登封瘗崇坛（埋祭文的高坛），降禅藏肃然。石间何晻蔼（汉武帝曾加禅盛大的石闾山），明堂秘灵篇（明堂故址藏着神书）。”第二层台基上还有清乾隆四十九年（1784）泰安知县何人麟草书杜甫诗《秋兴八首》。其余均为竹兰图和颂岱诗，多残缺不全。

院中炳灵门内北侧石台上有三块碑。中为乾隆帝于乾隆二十七年（1762）《御制汉柏图碑》，高3.46米，宽1.18米，中为汉柏图，上端刻题跋：“岱庙东院汉柏六株，森郁庭宇，信数千年神物。其西北隅一株尤为轮囷奇古，壬午（乾隆二十七年）初夏南巡回跸经此，默识其状，以归毡庐（似蒙古包的毡房），清暇点笔成图，并系短句：遥望嵩山结昆仲（汉武帝元封元年游中岳时封嵩阳书院中的古柏为‘大将军’），近临西院是云仍（远孙，言西院唐槐是汉柏的后裔）。大椿岁月犹虚拟，万古埢垣（弯曲的围墙）永瑞凝。”碑阴及两侧均有御制颂汉柏诗。南有明崇祯十五年（1642）陈昌言绘制《汉柏图碑》，左佩玹篆额，陈昌言题跋：“有菀（茂盛）者柏，蟠株灵宇，植之何年？云自汉武。形寄青峦，巍峙崇阶，兄彼秦松，弟乃唐槐。飞润流津，函云满月，乔柯孤引，修干高揭亭亭偃……”北有清康熙四十九年（1710）河道总督张鹏翮题书《汉柏诗碑》：“古柏千年倚碧峦，太平顶（在岱顶）上觉天宽。晴空白鹤时来舞，云外逍遥得静观。”炳灵门内南侧石台上有明嘉靖十四年（1535）四川巡抚张钦书“观海”大字碑，高2.84米，宽1.38米，上有叶份跋文，夸之有岩岩气象：“得心应手，端严遒劲，盖有出于颜筋柳骨之外者。”影翠池后北侧有宋代著名大书画家米芾的“第一山”碑。米芾书法以行书成就最高，笔墨峭劲，格调超迈，他与蔡襄、苏东坡、黄庭坚并称“宋代四大书法家”。原碑在东阿城东门外的小泰山上，后佚。此碑是1964年根据拓片摹刻。

院内还有汉石阙、宋经幢及1984年新立当代名人、书画大师题字碑四块：邓颖超登岱后题“登泰山看祖国山河之壮丽”，舒同题“汉柏凌寒”，刘海粟题“汉柏”，沙孟海题杜甫《望岳》诗句“荡胸生层云，决眦入归鸟”。

第九章
东御座

汉柏院之北是东御座，为清帝驻跸之所，因在东华门内而名，明代称“迎宾堂”，清康熙间增建“三茅殿”，内祀三茅真人。三茅即茅盈、茅固、茅衷三兄弟：传为汉景帝时咸阳人，在句曲山（今江苏句容境内）得道成仙后，太上老君授大茅君盈为“司命真君”，中茅君固为“定篆真君”，小茅君衷为“保生真君”。《宋史》载，宋真宗东封时封其为“九天司命上卿”，加号“保生天尊”；大中祥符六年（1013）改号“东岳司命上卿祐圣真君”。《集仙传》称其为“东岳上卿”。据此至少自宋代便在岱庙崇祀三茅真君，并历代不废。到清乾隆三十五年（1770）拓建时改为驻跸亭，移祀三茅于延禧殿。

东御座由垂花门、仪门、大门、正殿和厢房组成。垂花门坐东朝西，与东华门相对，卷棚悬山顶。进门后穿越双柱卷棚歇山顶仪门就是坐北向南的穿堂大门，正与汉柏亭相望，门额新悬金龙镶边大匾，当代书法家李传周书“东御座”三字，苍劲有力，金光耀目。大门三间，三柱五架梁后廊式，卷棚硬山顶，正间装棋盘式大门。进门但见一派殿堂式古建筑，殿庑毗连，步廊环围，布局玲珑，雕梁画栋。再加四合院中的青松翠柏，秦碣宋刻，更显精巧古朴，典雅别致。1984年修葺一新，1985年辟为泰山珍贵文物陈列室，共陈列精品250余件。

院内正殿5间，面阔18.8米，进深10.1米，通高6.8米，四柱六架梁廊式卷棚硬山顶，两侧带耳房，建在长19.06米、宽10.5米、高1.7米的石砌台基上。殿内陈列清乾隆帝于乾隆二十七年、三十六年朝泰山时御赐“镇山三宝”：沉香狮子、温凉玉和黄蓝釉瓷葫芦瓶。并尽可能按清宫室的设置做复原陈列。沉香狮子一对是由珍贵沉香木疙瘩精雕细刻而成，每个重约3.5公斤。全身疙瘩突起，形似蜷毛，蹲坐翘尾，仰首凝视，警觉欲搏，栩栩如生。温凉玉一块，色白微青，又名“青圭”或“苍玉圭”，长92.2厘米，上宽29.5厘米，重27.75公斤。《周礼》：“以青圭礼东方（因东方归青帝管辖）。”《宋史》《金史》均规定泰山神“执圭”，所以青圭亦传为泰山神手中所持镇山之宝。圭由上、下两截衔接而成，因上截为硬玉，质密而凉；下截为璞，质疏而温，故名“温凉玉”。上截刻日、月、星辰和山海图，蓄意泰山神主宰乾坤，灵应九州；下截刻“乾隆年制”。清人王以敏曾颂：“青圭三尺兼温凉，座上沉香兽一双。待到翠华（皇帝仪仗中一种用翠鸟羽作装饰的旗）南幸日（皇帝有幸南巡至此），道人手拓碧云窗（当年为深藏玉圭而设专室的窗子）。”瓷葫芦是明嘉靖间官窑制品，藏于宫庭，乾隆五十二年御赐泰山，黄质青花，盎然古趣，一直存于岱庙。1942年冬曾被盗，落于济南鸿宝斋，后又转售于北京燕东银行监事，经严加追查，遂失而复得。可惜摔碎一个，今只存其一。另殿中陈列部分古木家具与工艺品，家具都是珍贵的紫檀木器，雕刻精致，镂孔圆润，上有牙雕、骨雕及螺细镶嵌组成的各式图案，与大理石天然花饰和金织锦绣博古挂屏相映争辉，那精湛古朴的艺术，那华美浑厚的韵味，让人惊叹不已，仰止古人。殿前两侧有大刀，叫“青龙偃月刀”，是明清时泰山关帝庙的陈列品。其中大者长3.4米，重400余斤，刀与柄的交接处铸一大型青龙首，是泰山现存的最大神器。

东西配殿各3间，卷棚硬山顶前廊式。东殿陈列泰山工艺品玉雕、陶瓷、织绣等：有玲珑剔透的白玉花瓶、狮子、海兽；有清瓷佼佼者粉彩双鱼耳活环莲花纹瓶及珍珠釉飞龙瓶；有花纹繁缛精美、配色富丽堂皇的清代京绣官服和凤衣；还有银质法罐、团扇、水晶罗汉、象牙镂孔八仙庆寿笏等。西殿陈列清代乾隆、嘉庆年间的祭器：有掐丝工整、镀金华美的铜胎掐丝法琅天神八宝；有宫廷定样、景德镇御窑所制的粉彩缠枝莲托八宝纹奔巴壶和五供；有质纯图茂、錾技娴熟的银质錾胎珐琅五供。此外还有鎏金镶嵌宝石法轮（佛之轮宝，永转不息，据传能摧恶灭灾，降服四方）、银质法琅七珍八宝、珊瑚釉描金五供等。

院中今存碑15块。台基下西有驰名中外的《泰山秦刻石》，东有《青帝碑》。《泰山秦刻石》上刻秦始皇功德铭和秦二世诏书，传李斯篆书，故又叫《斯篆碑》。刻石历经2000余年的沧桑沉沦，今唯剩10个残字，被列为国家一级文物，堪称稀世珍宝。

秦始皇嬴政于公元前221年统一六国后，便进行一系列的重大改革，“端平法度”“器械一量”“同书文字”“兴利致福”。一方面他自以为统一大业告成，必须夸示天下；另一方面又感到东方六国的反抗势力并未平息，认为“东南有天子气”，决心“东游以压之”。于是在他继位的第三年（前219）便效法古帝王“授命”而后举封禅的做法，率群臣东封泰山，在岱顶碧霞祠西侧玉女池畔立石颂德。《史记·封禅书》：“自泰山阳至巅，立石颂秦始皇帝德，明其得封也。”刻辞曰：“皇帝临位，作制明法，臣下修饬（整顿治理）。廿有六年，初并天下，罔不宾服（没有不服从的）。亲巡远黎，登兹泰山，周览东极。从臣思迹（追思始皇盛迹），本原事业，祗（恭敬）诵功德。治道运行，诸产得宜，皆有法式。大义著明，垂于后世，顺承勿革。皇帝躬听，既平天下，不懈于治。夙兴夜寐，建设长利，专隆教诲。训经宣达，远近毕理，咸（都）承圣志。贵贱分明，男女体顺，慎遵职事。昭隔内外，靡不清净，施于昆嗣（子孙后代）。化及无穷，遵奉遗诏，永承重戒。”其文三句为韵，六句为段，计36句、12韵、6段、144个字。它宣扬了统一天下的功绩，表达了治理国家的决心。公元前210年秦始皇病死于东巡归途中，少子胡亥继为二世皇帝后即与宦官赵高说：“先帝巡行郡县以示强，威服海内。今晏然不巡行，即见弱，毋以臣畜天下。”于是次年东封泰山，并在始皇刻石之阴刻其诏书，颂始皇功德：“皇帝（二世）曰：‘金石刻尽始皇帝所为也。今袭号而金石刻辞不称始皇帝，其于久远也，如后嗣为之者，不称成功盛德。’丞相臣斯、臣去疾、御史大夫臣德昧死（冒昧而犯死罪，臣子上书时的客套话）言：‘臣请具刻诏书刻石，因明白矣。臣昧死请。’制（帝王命令）曰：‘可。’”诏书共78个字（其中“大夫”是合文，即大字下加两横点），唐代张守节注曰：“二世言始灭六国，威振古今，自五帝三王未及。既已袭位，而见金石尽刻其颂，不称始皇成功盛德，甚远矣。”

秦始皇统一六国后，李斯遵照其命令，统一度量、统一文字，以笔画简易而形体整齐秀美的小篆，代替了当时笔画繁赘、书写歧异的大篆。《秦刻石》共有泰山、峄山、琅琊、芝罘、东观、碣石门、会稽等7种，保留至今的唯泰山、琅琊二残石，故《泰山刻石》已成为稀世瑰宝。又因碑文系秦代大书法家李斯所篆书，也成为研究秦始皇实行“书同文”时的书体和书法艺术的珍贵资料。李斯篆书艺术水平极高，严肃、浑厚、平稳、端宁；字形工整匀称，线条圆健似铁，愈方愈圆；结构左右对称，横平竖直，外拙内巧，疏密宜适。上承籀篆，下拓汉隶，为书法鼻祖，在书法艺术史上有着重要的地位，历来为书法家和金石学家所重视。元初翰林侍读学士郝经在《太平顶读秦碑》中赞颂道："拳如钗股直如筋，屈铁碾玉秀且奇。千年瘦劲益飞动，回视诸家肥更痴（这时诸家秦刻多佚，尽为肥呆的摹刻）。"

《泰山刻石》原在岱顶，后渐泯灭。宋大中祥符元年（1008）宋真宗东封泰山时，兖州太守献出40余字的拓本。宋徽宗大观二年（1108）春及政和三年（1113）秋，汶阳刘跂先后两次观察除垢，可识者146字。到明嘉靖间只存二世诏书的29字，后自榛莽中移置碧霞祠东庑。清乾隆五年（1740）宫遭火灾，石遂失。历75年后泰安旧尹蒋伯生于嘉庆二十年（1815）从玉女池中搜得残石二块，存残字10个："斯臣去疾昧死臣请矣臣。"后移存山下岱庙，光绪十六年（1890）该石被盗，泰安知县毛蜀云严加查询，最后在泰城北门外一座小桥下发现，重置于岱庙。今秦刻仍为"泰山十字"，但"十而又残缺者三"：完整者"臣去疾臣请矣臣"，半残者"斯昧死"。秦碑下嵌清道光、宣统年间泰安知县徐宗干、俞庆澜题跋，概述秦刻历险记。碑阴嵌泗水王家榕于清嘉庆二十一年（1816）题跋并颂诗"访古因耆旧，临池（玉女池）意渺然。零星两片石，卓越二千年。体变周宣后（斯篆继中国最早的石刻周宣王时期的石鼓文），功垂汉武先。只今题勒壁，谁共此留传"。

《青帝碑》为宋真宗大中祥符元年（1008）封泰山时封岳神为"东岳仁圣天齐王"的同时，又将所谓主管东方和泰山的天神青帝加封懿号为"广生帝君"，并亲自撰书立碑，篆额"青帝广生帝君之赞"。《洞渊集》："太昊为青帝，治东岳，主万物发生，盖即周官（即《尚书》中的《周礼》）五行之帝之一。"《隋书·礼仪志》："（开皇）十五年（595）春，行幸兖州（隋文帝东巡至兖州），遂次岱岳，为坛如南郊（设祭坛规制如京都南郊之祭坛），又壝外为柴坛，饰神庙，展宫悬于庭，为埋坎二于南门外。又陈乐设位于青帝坛，如南郊。帝服衮冕，乘金辂，备法驾而行。礼毕，遂诣青帝坛祭焉。"古帝王在泰山祭青帝由来已久。宋真宗在碑中赞曰："节彼岱宗，奠兹东土。生育之地，灵仙之府。"碑阴刻同年帝遣尚书兵部员外郎祭青帝的祝文。碑原在西眼光殿下的"青帝观"（今金山烈士陵园前），清乾隆十二年（1747）为俗吏所毁，民国间葛芸庵搜寻糜石碎片修复于此。今碑之额剩5个字，赞铭、祝文存56字，是研究青帝主泰山的唯一残存资料。

院内南廊墙内嵌当代著名文学家、史学家、考古学家郭沫若于1961年5月中旬登泰山即兴赋诗六首及1965年所书《孟子》语“挟泰山以超北海”、《庄子》语“驭大鹏而游南溟”；有朱德同志于1960年6月由合肥乘机回京过泰山时的赋诗和陈毅1947年所作《纪念莱芜战役》诗碑，均系1979年刻立。

第十章
唐槐院

配天门西南是唐槐院，因院内有唐槐一株而名。唐槐原来高大茂盛，为岱庙一大胜景，明崇祯年间尚“大可数抱，枝干荫阶亩许”。由于历寿千年，后来渐枯衰老，到清嘉庆时已“空腹皵裂，乔枝炕叶，荫广数弓”。民国初“古干中劈，荫覆半亩”。后因兵燹战乱，古槐倍受摧折，渐渐枯死。1952年又在枯槐内植小槐一株，俗称“唐槐抱子”。今新槐已成大树，扶疏郁茂。树前有双碑：一为明万历十五年（1587）甘一骥书“唐槐”二字碑；一为清康熙四十九年（1710）河道总督张鹏翮题《唐槐诗》：“潇洒名山日正长，烟霞为侣足徜徉。谁能欹（倾侧）枕清风夜，一任槐花满地香。”

唐槐之东旧有延禧门，之北有延禧殿，祀延禧真人。《文献通考》（元马端临著）：“开元（唐玄宗年号）时，天台道士司马承祯言‘今五岳神祠是山林之神也，非正真之神也。五岳皆有洞府，有上清真人（道教尊奉三位天神：玉清元始天尊，上清灵宝道君，太清太上老君）降任其职，山川风雨、阴阳气序是所理焉。冠冕服章，佐众神仙，皆有名数，请别立斋祠之所。’上（玄宗帝）奇其说，因敕五岳各立真君祠一所。”说明自唐代便在此建祠崇祀延禧真人，宋时香火渐盛。在天贶殿壁画中，延禧真人与泰山三郎齐名，是左右陪行重臣，因此岱庙中轴线两侧，东有炳灵宫，西有延禧宫。清乾隆间延禧殿并祀三茅真君，民国间殿毁。宋代在殿后创建诚明堂、御香亭、庖厨、浴室、环廊等。元至正十三年（1353）尹杜翔在《东岳别殿重修堂庑碑》中记：“其内城西南隅有殿，曰延禧，有堂，曰诚明。缭以回廊，别以庖湢（浴室），以待天子、行人、御王命以代祀者。至则奠香币于殿，退斋于堂，垂思储精，卜日涓吉，乃有事于东岳天齐大生仁圣帝，示弗敢亵也。（自宋拓建）三百年来岳祠再废再作，金季俶扰（动乱），复毁于寇，唯斯殿与堂独存。”这时岱庙道教提点范德清勤于其职，主持重修，又创建“馆宾堂”五楹。前轩后闼，高明虚敞，以待宾客。可惜堂、廊、庑均毁于清初。

延禧殿西北原有环咏亭，四壁嵌历代名人诗刻。明万历初《毛在重修环咏亭记》：“其地南北仅数丈许，广（宽）如之，周以基垣，取旧制，（将碑碣）拂拭之胪（陈）列于其上。中创亭一楹，仍扁（匾）：环咏。四视玲珑，虫书鸟篆争效奇焉，斯亦岱下一大观。”后桑东阳又重修。崇祯年间萧协中在《泰山小史》中云：“四周亩余，俱名人石刻、砌垣。其间韩琦、蔡襄、范仲淹、欧阳修、石曼卿诸名贤手笔尤称珍贵。”清乾隆十二年（1747）复加修葺拓新，至嘉庆间亭中共存碑碣95块。民国十九年（1930）亭毁，碑刻大部损坏散失。亭东北旧有鲁班殿；北有藏经堂，内贮历代经文典诰；再北为两花道院，是道人斋宿之地。

今唐槐院内驻泰山管理机关。1984年在诚明堂旧址建文物楼。

第十一章
后花园、厚载门

后寝宫之北是后花园。东为木桩盆景，千姿百态，情趣横生；西为花卉盆景，百花斗艳，万紫千红。东南隅台基上矗立着一座铜亭，又名“金阙”。道家谓天上有黄金阙、白玉琼，为天帝所居。亭金系铜铸件，仿木结构，重檐歇山式鎏金顶，明万历四十三年（1615）中官董事铸于岱顶碧霞祠，曰“金殿”，内祀碧霞元君铜像。其结构严谨，造型优美，工艺精巧，是目前国内仅存的三大铜亭（另两个一在北京万寿山，一在云南昆明凤鸣山顶）之一。明末清初移至山下灵应宫（今蒿里山东），1972年迁入岱庙。与亭对峙的西南隅石台上有铁塔一座，原13级，在天书观（泰城上河桥北首），后被日寇飞机炸毁，剩三级，1973年移此。

此外，岱庙内古柏参天，形状奇特，还天然形成了耐人寻味的“八景”。正阳门内路东可看“挂印封侯（猴）”，唐槐院可见“唐槐抱子”。站在汉柏亭上，西可眺墙外“百鸟朝岳”，南可望“汉柏凌寒”。扶桑石旁，南有“麒麟望月”，北有“孤柏披衷”。大殿品级台上可观“灰鹤展翅”，后花园内尽赏“云列三台”。

厚载门，1984年建，仿宋建筑。门上有“望岳阁”3间，与正阳门“五凤楼”式法相同，黄瓦明廊，红柱隔扇，如云端琼阙。阁檐下悬当代书法家欧阳中石书“厚载门”匾额。游人站在门楼阁下，可仰望巍巍泰山与天齐，可眺瞻天门云梯隐天际。

“当日东封安在哉，茫茫今古泯尘埃。”古老文明的岱庙，像一颗光彩闪耀的明珠镶嵌在泰安市区中央，殿阁辉映，文物荟萃，历经沧桑沉沦，如今焕然一新，成为世人瞩目的旅游胜地。随着社会的飞跃，它还将以日新月异的俏姿，迎接八方游人的到来！

附录

登山里程（公里）表

扇子崖															
3.3	长寿桥														
	1.3	龙潭水库													
		0.6	大众桥												
			0.8	照普寺											
					后石坞										
					1.5	玉皇顶（752・1545）									
					2.3	0.8	南天门（1659・1460）								
					3.1	1.6	0.8	对松亭（946・1130）							
					3.8	2.3	1.5	0.7	五松亭（683・940）						
					5	3.5	2.7	1.9	1.2	中天门（987・847）					
					5.7	4.2	3.4	2.6	1.9	0.7	壶天阁（1098・650）				
					7.5	6	5.2	4.4	3.7	2.5	1.8	斗母宫（327・360）			
					8.8	7.3	6.5	5.7	5	3.8	3.1	1.3	红门（111・250）		
					10	8.5	7.7	6.9	6.2	5	4.3	2.5	1.2	岱宗坊（0・165）	
7.8	4.5	3.2	2.6	1.8	10.5	9	8.2	7.4	6.7	5.5	4.8	3	1.7	0.5	岱庙（0・150）
西路					中路										

（括号内为台阶数及海拔米数）

登山道里表

景区	起止点	类别	路程（公里）	所经景点或村镇
岱麓	岱庙—关帝庙	公路	1.50	岱宗坊、白鹤泉故址
	王母池—大众桥	公路	2.12	小金山、普照寺、范老墓
	普照寺—冯玉祥墓	公路	0.80	范老墓
	泰山大桥—普照寺	公路	1.73	儿童乐园
	小金山—凌汉峰	山路	2.80	鬼儿峪、大藏岭、垂刀山
	王母池—经石峪	山路	2.30	桃花涧、罗汉崖
	火车站—大众桥	公路	2.15	大石峡水库
	大众桥—长寿桥	盘路	1.90	黑龙潭水库、香油湾、黑龙潭
	泰城西花坛—樱桃园	公路转山路	5.50	御碑楼村、杜家庄村
岱阳	关帝庙—中天门	盘路	4.00	红门、万仙楼、斗母宫、壶天阁
	斗母宫—经石峪	盘路	0.80	炮高岭、高山流水之亭
	中天门—南天门	盘路	3.50	快活三、云步桥、对松山、十八盘
	大众桥—中天门	公路	14.35	黑龙潭、马蹄湾、马蹄峪
	长寿桥—扇子崖	盘路	3.30	无极庙、天胜寨
	王家庄—扇子崖	山路	4.20	周公庙、傲徕峰
	斗母宫—香油湾	山路	4.30	凌汉峰阴山口、白杨坊
	马蹄湾—龙角山	山路	3.00	大虎峪、九女寨
岱顶	升仙坊—南天门	盘路	0.15	石壁谷
	南天门—碧霞祠	盘路	0.54	天街
	碧霞祠—玉皇顶	盘路	0.33	大观峰、青帝宫、平顶峰
岱阴	岱顶—后石坞	盘路	1.50	乱石沟、独足盘、黄花栈
	岱顶—天烛峰	山路	3.50	北天门、东尧观台、九龙岗
	佛爷寺—岱顶	山路	15.00	卖饭棚子、老平台、半边山、铜器行

（续表）

景区	起止点	类别	路程（公里）	所经景点或村镇
岱阴	岱顶—扫帚峪	山路	5.50	后石坞、天烛峰
	岱顶—大津口	山路	10.00	窑子沟、天井湾、明家滩
	泰城—佛爷寺	小公路	20.00	凤台、北上高、艾洼、范家庄、大津口、藕池、和尚庄
	黄前镇—佛爷寺	小公路	18.00	黄前水库、西麻塔、大津口
岱东	泰城—汉明堂	小公路	6.50	凤台、北上高、西谢过城村
	泰城—周明堂	小公路转山路	16.00	凤台、刘家庄、艾洼、小湾子、小明家滩、大明家滩
	刘家庄—中天门	山路	6.00	黄家庄、柴草河、大直沟林场
	大津口—周明堂	山路	2.50	竹子园、大明家滩
	泰城—四门塔	公路	60.00	山口镇、黄前水库、窝铺、柳埠镇
岱西	南天门—三汊	山路	3.50	月观峰、上桃峪
	铜器行—三汊	山路	5.50	二虎庙旧址、马棚崖
	泰城—界首	公路	12.50	御碑楼、董家庄
	泰城—桃花峪	公路	16.50	界首、南麻套
	界首—齐长城	公路转山路	5.00	南麻套、北麻套
	泰城—万德	公路	26.00	界首、长城村
	万德—灵岩	公路	7.00	鸡鸣山、大石桥
	泰城—张夏	公路	39.00	界首、万德
	张夏—馒头山	公路转山路	2.50	毛庄、徐庄
	张夏—娄敬洞山	小公路	3.00	丁家庄东北

泰山全年气温对照表（摄氏度）

季节	月份	季平均温度	月平均温度	游览点气温情况			山顶山下温差
				山下（岱庙）	山腰（中天门）	山顶（玉皇顶）	
春	3	11	9	6	1	-2	8
	4		10	14	9	6	8
	5		15	20	14	12	8
夏	6	21	20	25	19	16	9
	7		22	26	21	18	8
	8		21	26	21	17	9
秋	9	10	16	20	16	13	7
	10		10	14	10	7	7
	11		3	7	3	0	7
冬	12	-4	-4	-1	-4	-6	5
	1		-6	-3	-6	-9	6
	2		-3	0	-3	-7	7

岱顶日出时间表

月	日	时	分	月	日	时	分
1	1	7	15	7	1	4	47
	11	7	15		11	4	52
	21	7	11		21	4	59
2	1	7	5	8	1	5	7
	11	6	55		11	5	16
	21	6	44		21	5	24
3	1	6	34	9	1	5	33
	11	6	20		11	5	41
	21	6	5		21	5	49
4	1	5	49	10	1	5	57
	11	5	35		11	6	5
	21	5	21		21	6	15
5	1	5	9	11	1	6	25
	11	4	59		11	6	35
	21	4	51		21	6	46
6	1	4	45	12	1	6	55
	11	4	43		11	7	4
	21	4	43		21	7	11

历代帝王封禅告祭一览表

朝代	帝王	时间	地点	遗迹遗物
夏以前	无怀氏	远古传说时代	封泰山禅云云山	
	伏羲	远古传说时代	封泰山禅云云山	
	神农	远古传说时代	封泰山禅云云山	
	炎帝	远古传说时代	封泰山禅云云山	
	黄帝	远古传说时代	封泰山禅亭亭山	
	颛顼	远古传说时代	封泰山禅云云山	
	帝喾	远古传说时代	封泰山禅云云山	
	尧	远古传说时代	封泰山禅云云山	岱阴尧观顶
	舜	远古传说时代	封泰山禅云云山	
夏	禹	公元前21世纪	封泰山禅会稽山	
商	汤	公元前16世纪	封泰山禅云云山	
周	周成王	公元前11世纪	封泰山禅社首山	岱阴周明堂遗址
秦	始皇	公元前219年	封泰山禅梁父山	岱阳五大夫松
	二世	公元前209年	封泰山禅梁父山	岱庙秦刻石残碑
西汉	武帝	元封元年（前110）	封泰山禅肃然山	岱顶无字碑岱庙汉柏
		元封二年（前109）	过祠泰山	
		元封五年（前106）	封泰山禅祠明堂	泰山东南麓汉明堂遗址
		太初元年（前104）	封泰山禅蒿里山	
		太初三年（前102）	封泰山禅石闾山	
		天汉三年（前98）	封泰山禅祠明堂	
		太始四年（前93）	封泰山禅石闾山	
		征和四年（前89）	封泰山禅石闾山	
东汉	光武帝	建武三十二年（56）	封泰山禅梁父山	
	章帝	元和二年（85）	封泰山禅祠明堂	
	安帝	延光三年（124）	封泰山禅祠明堂	

（续表）

朝代	帝王	时间	地点	遗迹遗物
北魏	太武帝	太平真君十一年（450）	祀岱庙	
隋	文帝	开皇十五年（595）	祀岱岳祭青帝	
唐	高宗与武则天	乾封元年（666）	封泰山禅社首山	岱庙双束碑及红门东垂拱残碑
	玄宗	开元十三年（725）	封泰山禅社首山	岱顶唐摩崖碑
宋	真宗	大中祥符元年（1008）	封泰山禅社首山	岱庙祥符碑、封祀坛颂碑、天贶殿碑铭及岱顶宋摩崖碑等
清	圣祖	康熙二十三年（1684）	谒岱庙、登岱顶	岱顶有云峰和普照乾坤等题刻
		康熙二十八年（1689）	朝岱宗谒岱庙	
		康熙四十二年（1703）	朝泰山登岱顶	
	高宗	乾隆十三年（1748）	奉皇太后祀岱庙	有御制碑刻50余块；岱庙存镇山三宝及铜五供等
		乾隆十六年（1751）	谒岱庙	
		乾隆二十二年（1757）	谒岱庙登顶祀元君	
		乾隆二十七年（1762）	谒岱庙登顶祀元君	
		乾隆三十年（1765）	谒岱庙登顶祀元君	
		乾隆三十六年（1771）	奉皇太后谒岱庙登岱顶祀元君	
		乾隆四十一年（1776）	奉皇太后谒岱庙登岱顶祀元君	
		乾隆四十五年（1780）	谒岱庙	
		乾隆四十九年（1784）	谒岱庙	
		乾隆五十五年（1790）	谒岱庙登岱顶祀元君	

历代遣官祭告泰山表

朝代	帝王	时间	原因	被遣者
北魏	献文帝	皇兴二年（468）	青徐既平	中书令高允
	孝文帝	太和十九年（495）	行幸瑕邱	特使
唐	玄宗	开元二十五年（737）	谢封禅告成	礼部尚书杜暹
	玄宗	天宝元年（742）	祝太平	光禄卿及太子等
后周	太祖	广顺二年（952）	亲征兖州	翰林学士窦仪
宋	太祖	建隆元年（960）	平定泽潞	特使
	真宗	祥符元年（1008）	加号泰山天齐王	职方郎中沈维宗
金	章宗	承安元年（1196）	祈雨祈雪	特使
元	成宗	大德四年（1300）	祈太平	特使
明	太祖	洪武十年（1377）	天下宁谧	曹国公李文忠道士吴永舆和邓子方
		洪武二十八年（1395）	讨伐龙州赵宗寿	国子监生王济道士乐本然
		洪武三十年（1397）	用师西南夷	道士朱铎如监生高翥
	成祖	永乐四年（1406）	师伐安南	道士严士安监生马武
		永乐五年（1407）	讨安南之胜	道士复生、监生张礼
	宣宗	宣德十年（1435）	祈年丰	泰安知州胡宗敏
	英宗	正统元年（1436）	嗣承大统	吏科给事中车逊
		正统三年（1438）	祈年丰	泰安知州胡宗敏
		正统九年（1444）	祈雨	翰林院侍读习嘉言
	代宗	景泰元年（1450）	嗣承大统	礼部左侍郎仪铭
		景泰二年（1451）	风调雨顺	工部右侍郎张敏
		景泰三年（1452）	河流泛溢	太子太保都御史王文
		景泰四年（1453）	雨雪过多	刑部尚书薛希琏
		景泰五年（1454）	祈雨	太常寺少卿李宗周
		景泰六年（1455）	祈年丰	刑部尚书薛希琏

（续表）

朝代	帝王	时间	原因	被遣者
明	宪宗	成化元年（1465）	嗣承大统	尚宝司丞李木
		成化四年（1468）	祈年丰	山东巡抚都御史原杰
		成化六年（1470）	祈雨	礼部尚书李希安
		成化九年（1473）	祈雨	礼部左侍郎刘吉
		成化十三年（1477）	连岁灾害	山东左布政使陈俨
		成化二十年（1484）	祈雪	山东布政使戴琪
		成化二十一年（1485）	地震	山东巡抚盛容
	孝宗	弘治元年（1488）	嗣承大统	大理寺右少卿李介
		弘治四年（1491）	祈雨	左通政元守直
		弘治六年（1493）	祈雨	山东巡抚王霁
		弘治七年（1494）	河决章丘	平江伯陈锐等
		弘治十年（1497）	祈雨	山东巡抚熊冲
		弘治十七年（1504）	祈雨	右副都御史徐源
	武宗	正德四年（1509）	祈年丰	山东布政使司左参政张文佐
		正德五年（1510）	祈雨	户部左侍郎乔宇
		正德六年（1511）	兵讨宁夏逆党就擒	山东布政使司右参议徐永告
		正德七年（1512）	祈年丰	山东布政使司左参政张津
	世宗	嘉靖元年（1522）	嗣承大统	吏部尚书石瑶
		嘉靖十一年（1532）	祈嗣	泰安知州李旼
		嘉靖十七年（1538）	元子诞生谢泰山	泰安知州丁方
		嘉靖三十二年（1553）	黄河涨溢	山东巡抚沈应龙
		嘉靖三十三年（1554）	修濬河道工成	山东巡抚沈应龙
	穆宗	隆庆三年（1569）	水灾	山东巡抚姜廷颐
		隆庆六年（1572）	漕河横溢	山东巡抚傅希挚

（续表）

朝代	帝王	时间	原因	被遣者
明	神宗	万历元年（1573）	嗣承大统	左布政使曹科
清	世祖	顺治八年（1651）	崇泰山发育万物	都察院右都御史刘昌
		顺治十八年（1661）	崇泰山发育万物	乾林院侍读学士左敬祖
	圣祖	康熙六年（1667）	崇泰山发育万物	内秘书院学士刘芳躅
		康熙十五年（1676）	崇泰山发育万物	宗人府府丞马汝骥
		康熙二十一年（1682）	祈神佑疆域荡平	宗人府府丞李廷松
		康熙三十五年（1696）	祈年丰	内阁学士张榕端
		康熙三十六年（1697）	剿除塞北兵患	起居注侍读学士傅伸
		康熙四十二年（1703）	南巡登岱	内阁侍读赵世芳
		康熙五十二年（1713）	庆帝寿六旬四方宁谧	吏部侍郎孙桂
		康熙五十八年（1719）	皇太崩后太庙礼成	内阁侍读学士朱汝锠
	世宗	雍正元年（1723）	皇考坐享升平六十余载	宗人府府丞吴梁
		雍正十三年（1735）	神佑国祚民安	翰林院侍读学士伊尔敦
	高宗	乾隆十四年（1749）	中宫摄位慈宁晋号	内阁侍读学士明德
		乾隆十六年（1751）	南巡过泰山	太仆寺卿伊拉齐
		乾隆十七年（1752）	慈宁万寿	翰林院侍读学士洙兰泰
		乾隆二十年（1755）	平定准噶尔大功告成	内阁侍读学士龚学海
		乾隆二十四年（1759）	边乱荡平	吏部右侍郎五福
		乾隆二十七年（1762）	南巡过青齐	协办大学士兆惠
		乾隆三十年（1765）	南巡	御前侍卫五福
		乾隆三十六年（1771）	将奉太后登泰山	礼部侍郎德福
		乾隆四十一年（1776）	两金川平定	内阁学士汪廷玙
		乾隆四十五年（1780）	七旬	内阁学士达敏
		乾隆五十五年（1790）	八旬	皇十一子成亲王永瑆

古代名人游山一览表

朝代	姓名	简介	游山作品及遗迹
先秦	孔子	春秋思想家、政治家、教育家	《邱陵歌》、孔子小天下处等
汉	司马迁	西汉史学家、文学家、思想家	《史记·封禅书》
	应劭	东汉著名学者，曾任泰山太守	《汉官马第伯封禅仪记》
三国	曹植	曹操第三子，工于诗赋	《飞龙篇》《驱车篇》《梁父行》
唐	李白	唐代大诗人，曾隐居徂徕山	《游泰山六首》
	杜甫	唐代大诗人	《望岳》诗
	苏源明	唐代诗人，曾隐居泰山读书	岱顶苏源明读书处
	李德裕	唐代诗人，武宗时居相位	《泰山石》诗
宋	孙复	宋初学者，曾隐居泰山，世称“泰山先生”，与胡瑗、石介并称为“宋初三先生”	泰山书院遗址
	胡瑗	宋初学者、教育家	五贤祠投书涧
	梅尧臣	北宋诗人	《登泰山日观峰诗》
	石介	宋初学者、文学家、孙复弟子，隐居徂徕山，世称“徂徕先生”	《石徂徕集》《泰山书院记碑》
	苏辙	北宋诗人、散文家	《岳下诗》
	米芾	北宋大书画家	游泰山白龙池题名石刻
	赵明诚	北宋金石学家、李清照之夫	游岱顶题名石刻
金	党怀英	金文学家，工篆书曾隐居徂徕山	《谷山寺记碑》徂徕山“竹溪”题刻及“竹溪庵”遗址
	元好问	金文学家	《登岱》诗等
元	许衡	元代理学家，曾隐居徂徕山	徂徕山有“演易斋”遗址
	郝经	元初诗人	《太平顶上读秦碑》
	王恽	元初文学家	《题龙口》《汉柏》诗等
	赵孟頫	元书画家	《玉帘泉》诗
	王祯	元农学家及活版印刷技术改进者	真书《登泰山记碑》

（续表）

朝代	姓名	简介	游山作品及遗迹
元	张养浩	元散曲家	《登岱》诗
	杜仁杰	元文学家	《天门铭》《东平路慰登泰山记》
	王旭	元诗人	《游竹林寺》《西溪》诗
	王蒙	元末四大书画家之一，明初曾任泰安知州	画《岱宗密雪图》
明	李东阳	诗人，为“茶陵诗派”代表	《望岳》诗
	王守仁	著名哲学家	《登岳》《泰山高》诗
	李梦阳	文学家	《郑生至泰山以诗问之》
	边贡	文学家	《登岱四首》《回马岭》诗
	罗洪先	学者、嘉靖八年状元	《孔子坊联》
	李攀龙	文学家，“复古派后七子”首领	《怀泰山》诗
	王世贞	史学家、文学家、戏曲理论家	《登泰山记》《登岱诗》
	王锡爵	文学家，曾任礼部尚书	《碧霞灵佑宫碑记》
	吕坤	学者、文学家	岱阴题刻“回车岩”
	于慎行	大臣、文学家	《游泰山记》及《登岱诗八首》
	董其昌	官吏、书法家	《望岳诗》
	宋焘	万历进士、泰山五贤之一	《泰山纪事》
	钟惺	文学家，“竟陵派”代表人物	《岱记》《登岱顶诗》及水帘洞、西天门题刻等
	王思任	文学家	《登泰山记》
	林古度	文学家	岱顶、后石坞题刻等
	张岱	散文学家	《岱志》
清	顾炎武	学者、思想家	《泰山诗》《无字碑辨》等
	施闰章	诗人	《云中望岱》《登岱诗》《岱顶夜雨》及题名石刻等
	毛奇龄	学者	《奉和扈从登封应制二首》

（续表）

朝代	姓名	简介	游山作品及遗迹
清	朱彝尊	清初学者、词人，博学多才	《泰山道中晓雾诗》《重修碧霞灵佑宫碑记》
	蒲松龄	文学家	《登岱行》《青石关诗》《秦松赋》
	王士祯	诗人	《徂徕山下田家》《岳下作》《徂徕怀古二首》等诗
	张鹏翮	文学家	《汉柏》《唐槐》诗
	赵执信	诗人	《暮春泰山道中遇雨》《转晴过岱下》诗
	沈德潜	诗人、拟古主义诗派代表	《谒岱庙诗》《梁父吟》《望岳》《红门》等诗
	袁枚	诗人	《登泰山诗》
	钱大昕	著名史学家、考据学家	《泰山道里记序》
	姚鼐	散文家	《登泰山记》等
	朱孝纯	诗人，曾任泰安知府	《泰山图志》《泰山赞》
	阮元	清大臣、经学家	《泰山志序》及岱顶大观峰题名
	魏源	思想家、史学家	《泰山经石峪歌》
	曾国藩	清大臣、古文学家，擅考据	《游岱日记》
	吴大澂	清末大臣、古文字家、金石学家	泰山仿李斯小篆题刻
	刘鹗	清末小说家	《老残游记》片段
	康有为	近代改良运动首领	岱顶题名刻石及《普照寺六朝松》诗
	梁启超	近代改良运动首领	灵岩寺题“海内第一名塑”
	刘鹗	清末小说家	《老残游记》片段
	康有为	近代改良运动首领	岱顶题名刻石及《普照寺六朝松》诗
	梁启超	近代改良运动首领	灵岩寺题“海内第一名塑”

现存历代重要碑碣一览表

（以时间为序）

碑名	立碑时间	撰者	书者	书体	今存地点
泰山刻石残碑	秦二世元年（前209）		李斯	篆	岱庙东御座
无字碑	西汉元封元年（前110）				岱顶玉皇庙前
衡方碑	东汉建宁元年（168）			隶	岱庙东碑廊
张迁碑	东汉中平三年（186）			隶	岱庙东碑廊
孙夫人碑	西晋太始八年（272）			隶	岱庙东碑廊
金刚经大字	北齐武平年间		安道一	隶	经石峪
鸳鸯碑	唐显庆六年（661）			真	岱庙东碑廊
纪泰山铭	唐开元十四年（726）	唐玄宗	唐玄宗	隶	岱顶大观峰
神宝寺碣	唐开元二十四年（736）			隶	岱庙东碑廊
灵岩寺颂并序	唐天宝元年（742）	李邕	李邕	行楷	灵岩寺
二圣功德铭	宋大中祥符元年（1008）	宋真宗	宋真宗	真	岱顶德星岩
青帝碑	宋大中祥符元年（1008）	宋真宗	宋真宗	真	岱庙东御座
封祀坛颂	宋大中祥符二年（1009）	王旦	裴瑀	真	岱庙天贶殿前
天贶殿碑铭	宋大中祥符二年（1009）	杨亿	尹熙古	行	岱庙天贶殿前
东岳帝碑	宋大中祥符六年（1013）	晁迥	尹熙古	真	岱庙前院
访黄茅岗诗	宋元丰二年（1079）	苏辙	苏辙	真	灵岩寺
黄茅岗诗	宋元祐八年（1093）	苏轼	苏轼	草	灵岩寺
圆通经碑	宋元符二年（1099）		蔡卞	草	灵岩寺
大观圣作碑	宋大观二年（1108）	宋徽宗	李时雍	真	岱庙天贶殿前
重修崇兴桥记	宋大观二年（1108）	郭思	郭升卿	真	灵岩寺
升元观敕牒碑	宋政和八年（1118）	宋徽宗	宋徽宗	行	岱庙东碑廊
谷山寺记	金大定二十一年（1181）	党怀英	党怀英	隶	岱阴佛爷寺
重修岱庙碑	金大定二十二年（1182）	杨伯仁	黄久约	真	岱庙天贶殿前

（续表）

碑名	立碑时间	撰者	书者	书体	今存地点
重修天封寺碑	金大定二十四年（1184）	党怀英	党怀英	真	岱庙东碑廊
谷山寺敕牒碑	金太和六年（1206）	金章宗	金章宗	行	岱庙东碑廊
天门铭	元中统五年（1264）	杜仁杰	严忠范	真	岱顶南天门
登泰山记	元至元二年（1265）	杜仁杰	王祯	真	岱庙东碑廊
重修蒿里祠记	元至元二十一年（1284）	徐世隆	徐汝嘉	真	岱庙前院
药师七佛阁记	元至元二十一年（1284）	阎复	李谦	隶	岱阴佛爷寺
泰安武穆王碑	元延祐四年（1317）	姚燧	姚燧	隶	岱庙前院
息庵禅师碑	元至正元年（1341）	日本邵元	邵元	真	灵岩寺
去帝号碑	明洪武三年（1370）	明太祖	明太祖	真	岱庙天贶殿前
东岳祝文碑	明洪武十年（1377）	明太祖	明太祖	真	岱庙天贶殿前
重修铁佛殿记	明隆庆五年（1571）	萧大亨	萧大亨	真	岱阴桃花峪
重修岱庙碑	清康熙十七年（1678）	施天裔	施天裔	真	岱庙天贶殿前
重修岱麓三贤祠记	清康熙五十一年（1712）	黄叔琳	黄叔琳	真	岱麓五贤祠
赡田记	清康熙五十三年（1714）	赵国麟	赵国麟	真	徂徕礤石峪
万丈碑	清乾隆十三年（1748）	清高宗	清高宗	行	朝阳洞东北
重修岱庙碑	清乾隆三十五年（1770）	清高宗	清高宗	真	岱庙天贶殿前
泰山赞碑	清乾隆四十年（1775）	朱孝纯	朱孝纯	隶	岱庙前院
望岳诗碑	清乾隆四十九年（1784）	杜甫	何人麟	草	岱庙东碑廊
谒岱庙诗碑	清乾隆年间	清高宗	清高宗	行	岱庙御碑亭
泰山种柏树记	清嘉庆三年（1798）	金棨	金棨	真	岱阳红门宫南
重修楼阁殿记	清嘉庆十六年（1811）	蒋大庆	蒋大庆	真	徂徕礤石峪
桃园村记	清光绪二十五年（1899）	候芳苞	李泽溶	真	岱麓樱桃园
五贤祠记	民国间	范明枢	邓长耀	隶	岱麓五贤祠
登岱六首碑	1961年	郭沫若	郭沫若	行	岱庙东御座

登山东路主要摩崖石刻一览表

（以登山顺序为序）

位置	题刻内容	年代	题书者	书体
红门北	勇登仙境	民国三十三年（1944）	萧震、朱端甲	真
万仙楼北	虎	民国十四年（1925）	张正寰	草
	洞天福地	清光绪二十五年（1899）	刘廷桂	隶
	步玉清	清光绪七年（1881）	杨逢霖	行
	望岳诗	清光绪十二年（1886）	吴大澂书杜甫诗	篆
	肤寸升云	清光绪二十五年（1899）	苏容德、刘芳桂	隶
	（字谜）虫二	清光绪二十五年（1899）	刘廷桂	真
	万古凌霄	民国六年（1917）	魏宗莲	真
斗母宫北	秦二世诏书	清光绪十二年（1886）	吴大澂摹琅琊刻石	篆
	渐入佳境	清光绪二十六年（1900）	石祖芬	真
	放怀	民国三十三年（1944）	陈天啸	隶
	死依云山	民国三十四年（1945）	吴伯笃	篆
	万笏朝天	年号已毁	萧国铭	真
	万古长青	民国十年（1921）	胡恩桐	真
	天衢	清光绪三十年（1904）	缪玉瓒、刘廷桂	真
	歇马崖	无年号	吴维岳	真
	柏洞	清光绪二十五年（1899）	张玢	真
壶天阁北	勒马回看岱岭云	年号毁	房文奎	真
	峰回路转	年号已毁	刁文元	真
	回马岭诗三首	清乾隆年同	清高宗	行
	山高水长	民国二十一年（1932）	海军军官旅行团	隶
中天门北	虎	清光绪十二年（1886）	吴大澂	大篆
	但去莫复问，白云无尽时	1983年	张爱萍	草

（续表）

位置	题刻内容	年代	题书者	书体
中天门北	中华精神	1983年	黎玉	草
	接踵过中天， 高山群仰止。 为问熙攘人， 曾忆国耻否	民国二十一年（1932）	吴迈	真
	虎	1983年	张逊三	大草
	玉液泉	1983年	武中奇	草
	斩云剑	民国十年（1921）	无题名	隶
	蛟龙石	无年号	方遇熙	真
	天空	民国二年（1913）	刘道忠	真
	泉	民国五年（1916）	李星源	真
	云路先声	清宣统二年（1910）	王寀基	魏
	山辉川媚	清光绪二十九年（1903）	恭曾	真
	从善如登	清光绪九年（1883）	孙符乾	隶
	郁确其高	清光绪十三年（1887）	王启恩	真
	天下名山第一	清光绪二十六年（1900）	石祖芬	真
	若登天然	明万历三十七年（1609）	史学迁	真
	（字谜）如	民国间	李和谦	象形 大草
云步桥周围	飞泉	清光绪二十三年（1897）	崔钟善	篆
	涤虑	清光绪二十二年（1896）	汪望庚、周庆熊	真
	河山元脉	清咸丰十年（1860）	文煜	真
	月色泉声	明万历五年（1577）	方攸绩	真
	云桥飞瀑	民国十七年（1928）	杨道专	隶
	笨云天衢	民国二十二年（1933）	邵元冲	真
	寒云	民国三年（1914）	袁克文	隶
	气象岩岩	民国三年（1914）	丁其璋	隶

（续表）

位置	题刻内容	年代	题书者	书体
云步桥周围	泉响云飞	清康熙十六年（1677）	赵武星	真
	排闼送青	清道光二十年（1840）	陈显彝	真
	栏环翠秀	清咸丰六年（1856）	升福	行
五松亭周围	飞来石	年号已毁	柯绍皋	真
	同步青云	清宣统元年（1909）	任凤苞、德人巴贺	真
	抚松盘桓	清光绪十五年（1889）	裕德	真
	东天一柱	清光绪三十二年（1906）	吴廷斌	真
	秦松	清光绪十二年（1886）	吴大澂	篆
	群峰拱岱	清嘉庆十九年（1814）	孙庆镕	真
	冠盖五岳	清光绪三十一年（1905）	吴筠孙等	魏
朝阳洞	朝阳洞	明嘉靖三十八年（1559）	万安、朱衡	真
	维天东柱	清乾隆四年（1739）	法敏	真
对松山	松云绝壁	清康熙二十一年（1682）	卞三畏	行
	发育万物， 峻极于天	明隆庆五年（1571）	吴文华	真
	空翠凝云	清乾隆五十三年（1788）	宋思仁	行
	举足腾云	清康熙八年（1669）	祁国祚	行
	千山闻鸟语， 万壑走松风	1984年	楚图南	隶
	雄山胜景	1984年	萧华	行
	虬枝万千嵌危峰， 稷稷清风翠影浓。 自是腰间森傲骨， 当年不受大夫封	清道光十九年（1839）	王大堉	真
	岱岳雄姿	1984年	何海霞	行
	能成其大	民国二十一年（1932）	熊克武	真
	风涛云壑， 至此又奇	明嘉靖四十二年（1563）	伊介夫、马一龙	真

（续表）

位置	题刻内容	年代	题书者	书体
对松山	松风泉韵	明崇祯十五年（1642）	陈昌言	真
	涛声云影	清光绪四年（1878）	增瑞	真
	松风吹冷尘心	清乾隆五十三年（1788）	不必留名	行
十八盘	龙门	清道光年间	魏祥	大草
	仰不愧于天，俯不怍于人	癸亥端阳	姜学海书孟子语	隶
	绝顶云蜂	清宣统元年（1906）	朱其宣	真
	天门云梯	癸亥初夏	萧娴	行
	开訣荡，何险危。仰不愧，履不夷	清光绪三十二年（1906）	柳堂摩天门铭	真
	首出万山	明嘉靖四十三年（1564）	脱镐	真
	努力登高	清光绪二十九年（1903）	玉靖宣	行
	天门石辟	明嘉靖间	翟涛	真
	颂十八盘诗	清乾隆间	清高宗	行
	睥睨千峰下临无地，发育万物峻极于天	清同治八年（1869）	萧培元	真
	云路千盘	1984年	聂荣臻	草

古生代寒武纪标准剖面地层表

类别	名称	命名地点	分布范围	价值	现状
寒武纪剖面地层	上寒武纪	固山阶	泰山西北麓长清区固山唐王寨	属寒武纪标准剖面，距今五亿年左右，是中国区域地层对比的重要依据，也是国际寒武纪地层对比的依据	自山麓至山巅出露齐全，层叠而上，化石丰富，保护完好
	中寒武纪	张夏阶	长清区张夏镇西南2.5公里处的馒头山及其周围地区		
		徐庄阶			
		毛庄阶			
	下寒武纪	馒头阶	馒头山底部		

泰山杂岩表

类别	名称		命名地点	分布范围	价值	现状
泰山杂岩	环状节理杂岩（俗称“汽油桶节理岩柱”）		泰山中溪小洞天“醉心石”	主要分布在岱阳红门宫至经石峪之间的溪谷中和岱阴天井湾下的深涧里	长轴垂直于脉壁的环状节理构造在中国首次发现，已引起各国地质学家的重视，其成因、构造及发育尚在研究中	今存50余处，出露明显，风化严重
	变质岩	沉积岩		泰山东北部地区	泰山杂岩形成于太古代，其最高年龄为30多亿年，是中外地质科学研究的重要基地	出露齐全
		斜长角闪岩		泰山西部地区		

泰山古树名木表

树种	俗名	地点	树龄（年）	树高（米）	胸径（米）	冠幅（米）	长势
侧柏	汉柏	岱庙汉柏院	2100	12.5	1.27	9.5	衰弱
	挂印封侯	岱庙南门内	2100	10.5	1.33	9.0	极弱
	百鹰争食	岱庙汉柏院西	2100	13.5	1.40	11.5	极弱
	汉柏	灵岩寺	500	16.0	1.27	14.0	较弱
	三义柏	万仙楼前	187	14.0	0.92	16.0	旺盛
	独立大夫	朝阳洞上	187	11.2	0.43	8.0	已亡
圆柏	汉柏	岱庙汉柏院	2100	8.0	1.56	10.5	衰弱
	汉柏第一	关帝庙内	500	6.6	1.00	16.0	旺盛
油松	望人松	云步桥北	500	7.8	0.70	14.0	旺盛
	六朝松	普照寺内	1500	8.3	0.82	16.7	旺盛
	五大夫松	五松亭	250	6.5	0.48	13.8	衰弱
	一品大夫	普照寺内	300	3.6	0.35	13.2	旺盛
	一亩松	佛爷寺	500	12.5	0.99	26.8	旺盛
	十里松	灵岩寺西	500～1000	27.0	1.19	15.6	旺盛
	摩顶松	灵岩寺	500以上	10.5	0.95	7.4	衰弱
国槐	姐妹松	后石坞	500以上	6.8	0.88	17.0	旺盛
	卧龙松	后石坞	500以上	5.8	0.98	9.4	旺盛
	唐槐	岱庙唐槐院	1300	11.0	1.78	11.7	已亡
	四槐树	壶天阁南	1300	35.5	1.60	26.9	已衰
	过街槐	中天门北	1300	10.5	1.54	21.8	已亡
	卧龙槐	斗母宫门前	600	13.0	0.52	13.0	旺盛
	翠影秀	遥参亭前	500	10.0	1.15	14.6	旺盛
银杏	白果	灵岩寺院西	1000	23.4	1.49	18.8	旺盛
	白果	岱庙内	1000多	29.0	1.70	23.3	旺盛
	白果	佛爷寺	传唐植	32.1	2.39		旺盛
青檀	鸳鸯檀	灵岩寺	300	8.7	0.95	7.0	旺盛
蜡梅	冬梅	王母池	320	7.0		10.3	旺盛
紫藤	藤萝	孙子登临处	150				旺盛
凌霄		关帝庙	150				旺盛
牡丹		红门宫	120				旺盛
玉兰		樱桃园	110	13.5	0.50		旺盛
油松	唐松	徂徕光化寺	传唐植	10.5	0.88	24.5	旺盛
	将军松	徂徕中军帐	500以上	12.5	0.94	22.6	旺盛

编后记

《古老的泰山》《泰山游览指南》《东岳神府岱庙》，分别由新世界出版社（1987年）、山东友谊出版社（1987年）、山东人民出版社（1986年）出版，现收入《中华泰山文库》著述书系（20世纪专著集成类）。此次结集出版，按现行出版规范及本丛书要求，著者与编者做了相应的技术处理，特此说明。

编　者

2019年1月